经济管理学术新视角丛书

DETERMINANTS AND ECONOMIC CONSEQUENCES
OF INTERNAL CONTROL EFFECTIVENESS
OF CHINESE LISTED COMPANIES

我国上市公司内部控制有效性的影响因素与经济后果研究

邓德强 吴清林 等著

本书系国家自然科学基金项目"金字塔结构与大股东利益侵占：内部控制的中介机理与经验证据"（项目批准号：71002107）的最终成果之一，也是国家博士后科学基金项目"金字塔结构、内控信息披露质量与债务融资成本：基于我国家族上市公司的理论与实证研究"（项目批准号：20090451182）的最终成果。本书还得到了南京理工大学研究生教育工程建设项目以及经济管理学院"教学工程"培育项目的资助。

图书在版编目（CIP）数据

我国上市公司内部控制有效性的影响因素与经济后果研究/邓德强，吴清林等著. —北京：经济管理出版社，2014.12
ISBN 978-7-5096-3543-8

Ⅰ.①我… Ⅱ.①邓… ②吴… Ⅲ.①上市公司—企业内部管理—研究—中国
Ⅳ.①F279.246

中国版本图书馆 CIP 数据核字（2014）第 288792 号

组稿编辑：赵喜勤
责任编辑：张　艳　赵喜勤
责任印制：司东翔
责任校对：张　青

出版发行：经济管理出版社
　　　　　（北京市海淀区北蜂窝 8 号中雅大厦 A 座 11 层　100038）
网　　址：www.E-mp.com.cn
电　　话：（010）51915602
印　　刷：北京京华虎彩印刷有限公司
经　　销：新华书店
开　　本：720mm×1000mm/16
印　　张：21
字　　数：398 千字
版　　次：2014 年 12 月第 1 版　　2014 年 12 月第 1 次印刷
书　　号：ISBN 978-7-5096-3543-8
定　　价：62.80 元

·版权所有　翻印必究·
凡购本社图书，如有印装错误，由本社读者服务部负责调换。
联系地址：北京阜外月坛北小街 2 号
电　话：（010）68022974　　邮编：100836

前　言

"安然"等财务舞弊事件严重影响了投资者对资本市场的信心。美国政府为了提振投资者对资本市场与上市公司的信心，在2002年通过了《2002年公众公司会计改革和投资者保护法案》（简称萨班斯法案）。时任美国总统的布什称其为"自罗斯福总统以来美国商业界影响最为深远的改革法案"，对上市公司的治理结构、内部控制、高管人员的行为进行了前所未有的严格规范。在美国之后，欧盟、日本等国也纷纷跟进，颁布了一些相类似的法律法规。受其影响，在充分借鉴国际经验并结合我国实际的基础上，我国也于2008年和2010年先后颁布了《企业内部控制基本规范》和相应的配套指引，沪深证券交易所也出台了一系列旨在规范上市公司内部控制信息披露行为的规章制度。这些规范必将对上市公司内部控制制度建设与执行以及制度有效性产生深远而重大的影响。在上述现实背景下，上市公司内部控制有效性的内涵如何界定、哪些因素会影响内部控制有效性以及内部控制有效性有何作用等相关问题越来越受到实务工作者以及理论研究者的关注。

不管是根据目前被广为接受的COSO（1992）所提出的内部控制概念，即内部控制是"由董事会、经理层和其他员工实施的，为运营的效率效果、财务报告的可靠性、相关法令的遵循性等目标的达成而提供合理保证的过程"，还是根据我国《企业内部控制基本规范》（2008）中认为的"内部控制是企业董事会、监事会、经理层和全体员工实施的，旨在实现控制目标的过程"，内部控制在控制和防范上市公司的经营风险、财务风险等各种企业风险的过程中起着重要的作用，是上市公司政策经营活动有序开展、财务等相关信息真实可靠、资产配置合理安全、各项法律和政策有效遵循以及实现可持续发展的重要保障。可以说，内部控制有效与否是上市公司生产经营成败、战略目标是否实现的关键因素。如果内部控制有效性对上市公司如此重要，那么，例如"何为有效的内部控制"、"如何计量上市公司内部控制有效性"、"哪些因素会影响内部控制有效性"以及"内部控制有效性有何作用"这样的问题就势必需要得到回答。

为解答上述研究问题，第一，本书分析了不同主体视角下的内部控制有效性内涵，特别关注了投资者决策需求下的内部控制有效性的概念以及计量问题，并在此基础上计量我国上市公司内部控制的有效性现状。第二，本书结合上市公司公司治理因素和业务经营因素分析了内部控制有效性的影响因素。我们认为，股权结构是公司内部治理结构的产权基础，决定着一个公司所有权的配置效率，是直接影响公司内部控制系统的有效设计与执行的重要内部因素。在当前大股东代理问题较为突出的背景下，我们需要从大股东利益侵占的角度来探讨股权结构以及内部控制有效性的影响机制与作用程度。因此，在公司治理因素方面，本书关注到了在大股东利益侵占视角下的我国上市公司中的金字塔股权结构因素对于内部控制有效性的影响。另外，随着企业规模的扩大以及经营业务的日趋复杂，尤其是多元化经营等模式的发展，使得内部控制的内容和形式也变得越来越丰富多变，也势必影响内部控制有效性的实现路径和程度。因此，我们从业务复杂性的角度来探讨多元化经营对于内部控制有效性的影响机制和作用程度。第三，本书从多维资本市场参与主体的角度讨论了内部控制有效性的经济后果问题。本书从机构投资者异质性的视角讨论了内部控制有效性对于机构投资者股权投资决策的影响。另外，在控制权私人收益视角下，本书还研究了内部控制有效性对大股东利益侵占以及内幕交易的抑制作用。

  本书的研究与写作由我主持、历时近 2 年的时间完成。在此过程中得益于我们研究团队成员的鼎力支持和协助。本书的第二和第三章由吴清林负责撰写，其他内容是我与我所指导的硕士研究生甘玲、金月娟、刘玉、潘琳娜、刘昊天、袁京齐等合作的结晶。最后吴清林对全部书稿进行了审阅，由我完成总纂定稿。本书研究过程中所形成的工作稿曾多次参加国内的学术会议，承蒙多位学界前辈和同行的不吝指教。在此谨致以由衷的感谢！

  由于水平所限，书中谬误、疏漏在所难免，恳请批评指正！

邓德强

2014 年 10 月 20 日

目 录

第一章 导论 ·· 1
  第一节 研究背景 ··· 1
  第二节 研究问题与意义 ··· 2
    一、研究问题 ··· 2
    二、研究意义 ··· 4
  第三节 文献综述 ··· 6
    一、内部控制有效性的评价与计量相关文献综述 ················· 6
    二、内部控制有效性的影响因素相关文献综述 ···················· 10
    三、内部控制有效性的经济后果相关文献综述 ···················· 13
  第四节 研究思路、结构与概况 ·· 17
    一、研究思路 ··· 17
    二、本书的结构与概况 ·· 17

第二章 我国上市公司内部控制相关制度背景 ························· 21
  第一节 引言 ·· 21
  第二节 我国上市公司内部控制规范的发展历程 ···················· 23
    一、我国内部控制规范的发展阶段 ·································· 23
    二、我国上市公司内部控制规范的演化与具体要求 ············ 30
  第三节 我国上市公司内部控制规范的执行情况 ···················· 43
    一、我国上市公司内部控制自我评价规范的执行情况 ········· 63
    二、我国上市公司内部控制鉴证规范的执行情况 ··············· 67

第三章 我国上市公司内部控制有效性的评价模式 ·················· 79
  第一节 引言 ·· 79
  第二节 注册会计师审计需求下的内部控制有效性评价 ·········· 81
    一、注册会计师财务报表审计需求下的内部控制有效性评价 ········· 81

二　注册会计师内部控制审计需求下的内部控制有效性评价 ……… 85
第三节　管理层管理需求下的内部控制有效性评价 ……………………… 89
　　一　管理层管理需求下的内部控制有效性评价目的 ………………… 89
　　二　管理层管理需求下的内部控制有效性评价主体与客体 ………… 90
　　三　基于要素的整体层面内部控制有效性评价过程 ………………… 92
　　四　基于流程的业务层面内部控制有效性评价过程 ………………… 97
第四节　投资者决策需求下的内部控制有效性评价 ……………………… 103
　　一　投资者决策需求下的内部控制有效性评价的理想体系 ………… 104
　　二　投资者决策需求下的内部控制有效性评价的现实选择 ………… 110

第四章　我国上市公司内部控制有效性的度量与现状 …………………… 113

第一节　引言 ………………………………………………………………… 113
第二节　我国上市公司内部控制有效性的度量标准 ……………………… 115
　　一　内部控制有效性的概念内涵 ……………………………………… 115
　　二　内部控制有效性度量标准的选择 ………………………………… 116
第三节　我国上市公司内部控制有效性现状：基于内部控制缺陷 ……… 120
　　一　内部控制缺陷的总体概况 ………………………………………… 121
　　二　内部控制缺陷的分类现状 ………………………………………… 123
第四节　我国上市公司内部控制有效性现状：基于内部控制鉴证报告
　　　　及意见 …………………………………………………………… 127
　　一　内部控制鉴证报告及意见总体概况 ……………………………… 127
　　二　内部控制鉴证报告及意见分类现状 ……………………………… 129

第五章　金字塔股权结构与内部控制有效性：基于大股东利益侵占的
　　　　视角 ………………………………………………………………… 137

第一节　引言 ………………………………………………………………… 137
第二节　文献综述、理论分析与假设发展 ………………………………… 140
　　一　金字塔股权结构相关文献综述 …………………………………… 140
　　二　理论分析与研究假设 ……………………………………………… 144
第三节　研究设计 …………………………………………………………… 150
　　一　主要变量定义与计量 ……………………………………………… 150
　　二　研究模型与样本数据来源 ………………………………………… 152
第四节　我国上市公司金字塔股权结构特征现状 ………………………… 156
　　一　金字塔股权结构的显著特征：现金流权与控制权分离 ………… 156

二、我国上市公司金字塔股权结构现状 …… 158
　　三、我国上市公司现金流权与控制权分离现状 …… 163
第五节　实证检验结果 …… 166
　　一、单变量均值检验 …… 166
　　二、相关性检验 …… 167
　　三、回归分析 …… 168
第六节　本章小结与讨论 …… 172

第六章　多元化经营与内部控制有效性：基于业务复杂性的视角 …… 175
第一节　引言 …… 175
第二节　文献综述、理论分析与研究假设 …… 177
　　一、相关文献综述 …… 177
　　二、理论分析与研究假设 …… 182
第三节　研究设计 …… 183
　　一、主要变量定义与计量 …… 183
　　二、研究模型与样本数据来源 …… 186
第四节　我国上市公司多元化经营现状分析 …… 188
　　一、我国上市公司多元化经营程度分析 …… 188
　　二、我国上市公司多元化经营趋势分析 …… 190
第五节　实证检验结果 …… 191
　　一、单变量均值检验 …… 191
　　二、相关性检验 …… 192
　　三、回归分析 …… 192
第六节　本章小结与讨论 …… 195

第七章　内部控制有效性与机构投资者持股决策：基于机构投资者异质性的视角 …… 197
第一节　引言 …… 197
第二节　文献综述、理论分析与假设发展 …… 200
　　一、相关文献综述 …… 200
　　二、理论分析与假设发展 …… 201
第三节　我国机构投资者持股现状：基于异质性的视角 …… 204
　　一、不同机构组织视角下的机构投资者持股现状 …… 204
　　二、不同持股数量视角下的机构投资者持股现状 …… 211

三、不同独立性视角下的机构投资者持股现状 …………………… 212
  第四节　研究设计 …………………………………………………………… 213
　　　一、主要变量的定义与计量 ……………………………………………… 213
　　　二、研究模型与样本说明 ………………………………………………… 215
  第五节　实证检验结果与分析 ……………………………………………… 218
　　　一、描述性统计、单变量检验与相关分析 ……………………………… 218
　　　二、回归分析 ……………………………………………………………… 220
  第六节　研究结论与讨论 …………………………………………………… 227

第八章　内部控制有效性与大股东利益侵占：基于控制权私利的视角 …… 229

  第一节　引言 ………………………………………………………………… 229
  第二节　文献综述、理论分析与研究假设 ………………………………… 231
　　　一、大股东控制权私利相关文献综述 …………………………………… 231
　　　二、理论分析与研究假设 ………………………………………………… 237
  第三节　研究设计 …………………………………………………………… 239
　　　一、主要变量定义与计量 ………………………………………………… 239
　　　二、研究模型与数据来源 ………………………………………………… 242
  第四节　我国上市公司大股东利益侵占之现状描述 ……………………… 244
　　　一、我国上市公司大股东利益侵占的手段 ……………………………… 244
　　　二、上市公司大股东利益侵占的水平 …………………………………… 246
  第五节　实证检验结果 ……………………………………………………… 248
　　　一、单变量检验 …………………………………………………………… 248
　　　二、回归分析 ……………………………………………………………… 249
  第六节　本章小结与讨论 …………………………………………………… 254

第九章　内部控制有效性与内幕交易：基于高管与大股东减持的视角 …… 257

  第一节　引言 ………………………………………………………………… 257
  第二节　文献综述、理论分析与研究假设 ………………………………… 261
　　　一、内幕交易相关文献综述 ……………………………………………… 261
　　　二、理论分析与研究假设 ………………………………………………… 264
  第三节　研究设计 …………………………………………………………… 267
　　　一、主要变量定义与计量 ………………………………………………… 267
　　　二、研究模型与样本数据来源 …………………………………………… 270
  第四节　我国上市公司内幕交易的存在性分析 …………………………… 273

一、我国上市公司内幕信息知情者交易现状 …………………… 273

二、我国上市公司内幕交易存在性检验 ………………………… 276

第五节　实证检验结果 ………………………………………………… 287

一、内部控制有效性与第一类内幕信息知情者（高管）内幕交易
相关性 ……………………………………………………………… 287

二、内部控制有效性与第二类内幕信息知情者（大股东）内幕交易
相关性 ……………………………………………………………… 291

第六节　本章小结与讨论 ……………………………………………… 295

参考文献 ………………………………………………………………… 299

第一章 导论

本章旨在简要介绍本书的研究背景，对本书所涉及的主要研究问题进行解释，并阐述本书的研究意义和价值。在对内部控制有效性以及其影响因素和经济后果做出比较翔实的综述的基础上，本章将说明本书的整体研究思路和总体结构框架。

第一节 研究背景

现代企业的主要优势在于通过分工与合作提高生产效率，而且还可以通过组织权威来减少由市场组织生产而带来的交易成本。然而，随着全球经济一体化进程的不断加快，企业所面临的战略风险、经营风险、财务风险持续提高，在经营中出现各种各样的"错误"，将许多跨国企业送上了轰然破产的末路。同时，随着组织结构的不断拓展和业务复杂程度的加大，公司制企业的出现使所有权与经营权的分离更为彻底，由于团队生产中的偷懒行为及代理问题而产生的"舞弊"丑闻也随之不断出现。可见，如何防范和解决经营过程中的"错误"和"舞弊"已成为现代企业可持续发展过程中必须解决的关键问题。企业中客观存在的"错误"和"舞弊"行为是内部控制制度产生的客观基础。企业的错误、舞弊行为是不可能完全清除的，因此内部控制作为一种基本制度而嵌入组织机体之中就成为必然。对任何组织而言，"纠错"和"防弊"是其生存和发展的基本前提，内部控制制度以其"纠错"和"防弊"功能成为一个组织的"免疫系统"：识别组织面临的风险，评估各种风险的可能危害及表现形式，找到应对各种风险的措施方法，形成对组织风险做出有效监控的信息反馈机制，通过内部控制的内在约束机制实现组织的经营目标、报告目标以及合规目标。因此，有效的内部控制对企业的可持续发展具有保驾护航的重要功效。

作为现代企业的典型代表，上市公司的可持续发展对于一国经济之重要性毋庸置疑。上市公司不仅通过资本市场获取了经营发展的必要资金支持，还会受监管等因素的驱动而主动或被动提高内部控制和经营水平，进而为投资者带来丰富的投资回报。这些公司的靓丽业绩会进一步吸引投资者的资金追捧。然而，还有一些公司由于陈旧的内部控制制度而导致财务信息的虚假，甚至违法违规行为，再或者是既定的经营和战略发展目标无法实现，最后陷入破产的境地，投资者因此蒙受了巨大的损失。例如，美国的安然、世通公司因财务欺诈丑闻而导致破产，中航油新加坡公司因违规进行衍生品交易造成巨大的资金亏损，这都与低效的内部控制有着直接的联系。

"安然"等财务舞弊事件严重影响了投资者对资本市场的信心。美国政府为了提振投资者对资本市场与上市公司的信心，在2002年通过了《2002年公众公司会计改革和投资者保护法案》，即人们经常简称的"萨班斯法案"。该法案被美国前总统布什称为"自罗斯福总统以来美国商业界影响最为深远的改革法案"，对上市公司的治理结构、内部控制、高管人员的行为进行了前所未有的严格规范。该法案中的部分条款对上市公司内部控制做出了新的规范要求，即公司对每一笔需要记录的交易的每一个环节都要建立相应的内部控制制度，公司管理层要定期对公司的财务报告内部控制进行评价，并在年报及其他定期报告中披露自我评价报告，同时负责该公司财务报表审计的注册会计师还要对管理层的评价报告进行鉴证，并发表独立意见。萨班斯法案不仅对美国企业有着重大的影响，同样也影响了全球的相关制度建设。在美国之后，欧盟、日本等国也纷纷跟进，颁布了一些相类似的法律法规。受其影响，在充分借鉴国际经验并结合我国实际的基础上，我国也于2008年和2010年先后颁布了《企业内部控制基本规范》和相应的配套指引，沪深证券交易所也出台了一系列旨在规范上市公司内部控制信息披露行为的规章制度。这些规范必将对上市公司内部控制制度建设与执行以及制度有效性产生深远而重大的影响。在上述现实背景下，上市公司内部控制有效性的内涵如何界定、哪些因素会影响内部控制有效性以及内部控制有效性有何作用等相关问题越来越受到实务工作者以及理论研究者的关注。

第二节 研究问题与意义

一、研究问题

无论是根据目前被广为接受的COSO（1992）所提出的内部控制概念，即内部控制是"由董事会、经理层和其他员工实施的,为运营的效率效果、财务报告的可靠性、相关法令的遵循性等目标的达成而提供合理保证的过程",还是根据我国《企业内部控制基本规范》中规定的"内部控制是企业董事会、监事会、经理层和全体员工实施的,旨在实现控制目标的过程",内部控制在控制和防范上市公司的经营风险、财务风险等各种企业风险的过程中起着重要作用,是上市公司政策经营活动有序开展、财务等相关信息真实可靠、资产配置合理安全、有效遵循各项法律和政策以及实现可持续发展的重要保障。可以说,内部控制有效与否是上市公司生产经营成败、战略目标能否实现的关键因素。既然内部控制有效性对上市公司如此重要,那么,例如"何为有效的内部控制"、"如何计量上市公司内部控制有效性"、"哪些因素会影响内部控制有效性"以及"内部控制有效性有何作用"这样的问题就必须要得到回答。

第一,何为有效的内部控制?这个问题与内部控制有效性评价紧密相关。内部控制有效性评价是整个企业内部控制体系中极为重要的一环。从动态角度看,内部控制是一个设计、执行、评价和整改的循环过程。在这一过程中,有效性评价起到了极其重要的枢纽作用。因为内部控制制度的设计和执行,需要经过评价才能判断其合理性和有效性,同时发现控制过程中存在的缺陷,然后根据评价结果方可进入整改环节。我们认为,内部控制有效性的内涵会随着内部控制有效性及其相关信息的需求主体的不同而出现差异。因此,我们就需要从多个上市公司内部控制有效性评价及其相关信息需求主体的角度,分析内部控制有效性及其评价问题。

第二,如何计量上市公司内部控制有效性?这个问题一直困扰着理论界和实务界,尤其对于拟开展实证研究来说,此问题尤为重要。然而,由于内部控制系统是公司重要的内部管理机制,外界难以获取相关信息,再加上内部控制有效性评价方法和技术等种种限制,使得现有内部控制有效性的计量方法难以满足需要。我们认为,对于如何计量上市公司内部控制有效性这个问题,由于有效性评价以及相关信息需求主体的不同也存在不同的答案。从上市公司存在的意义是为投资者不断创造价值这个视角来看,投资者决策需求下的内部控制有效性格外重要。因此,我们需要着重讨论投资者决策需求下的内部控制有效性计量问题,并在此基础上计量我国上市公司内部控制的有效性现状。

第三,哪些因素影响了上市公司内部控制有效性?这个问题的研究实质就是要探讨哪些关键因素严重影响了上市公司内部控制有效性,从而为实务界和理论界就提高内部控制有效性提供参考。如何提高上市公司内部控制有效性是上市公司内部管理的出发点和落脚点。从上市公司内部控制的现状来看,大多数上市公司均已按照相关的法律法规并结合本单位的具体情况制定了一套内部控制制度,从文字和形式上来看，这些制度较为完备，但对内部控制是否有效地执行却存在明显的漏洞，如缺乏监督或难以落实，有章不循、有制不依、处罚不严，使上市公司内部控制执行明显弱化，内部控制制度形同虚设。那么，如何提高内部控制有效性呢？此问题可以从上市公司治理因素和业务经营因素来综合考虑。我们认为，股权结构是公司内部治理结构的产权基础，决定着一个公司所有权的配置效率，是直接影响公司内部控制系统的有效设计与执行的重要内部因素。在当前大股东代理问题较为突出的背景下，我们需要从大股东利益侵占的角度来探讨股权结构及其内部控制有效性的影响机制与作用程度。另外，随着企业规模的扩大以及经营业务的日趋复杂，尤其是多元化经营等模式的发展，内部控制的内容和形式也变得越来越丰富，这势必影响内部控制有效性的实现路径和程度。因此，我们也需要从业务复杂性的角度来探讨多元化经营对于内部控制有效性的影响机制和作用程度。

第四，上市公司内部控制有效性有何作用？这个问题的答案在理论上比较清楚，即内部控制的有效性与上市公司的运营效率效果、财务报告的可靠性、相关法令的遵循情况等目标有着紧密联系。例如，无效的内部控制会产生这样的现象，提供给管理者做决策制定程序的信息中含有错误，这直接关系到企业能否实现战略目标。内部控制要求组织将近期利益与长远利益结合起来，在单位经营管理中努力做出符合战略要求、有利于提升可持续发展能力和创造长久价值的策略选择；它要求结合自身所处的特定经营、行业和经济环境，通过健全有效的内部控制，不断提高营运活动和对营运活动及业绩的监控，提升组织的诚信度和公信力，维护单位良好的声誉和形象，等等。但是，这个问题的现实答案却不很清楚。我们认为，机构投资者是资本市场的主要参与者，其在市场的地位和作用日益凸显，我们需要讨论内部控制有效性对于他们股权投资决策的影响。另外，与关注大股东代理问题视角下的内部控制有效性影响因素一样，我们仍然需要关注在控制权私人收益视角下，内部控制有效性对大股东利益侵占以及内幕交易的抑制作用。

二、研究意义

本书的研究意义主要体现在以下几个方面：

第一，本书的研究结论有利于：①帮助利益相关者根据《企业内部控制基本规范》来评价企业内部控制的整体有效性；②为企业内部管理者不断完善内部控制有效性提供新的思路；③帮助企业外部监管者做出有利于投资者决策和制约大股东利益侵占和代理问题的有效对策。

第二，本书特别关注了金字塔股权结构、内部控制有效性与大股东利益侵占之间的联系。我们认为：①现有的文献基本是研究金字塔结构直接对大股东利益侵占的影响，然而在金字塔结构下大股东有利益侵占的动机但是并不一定直接导致侵占的行为，因此本书关注了内部控制研究中，关于金字塔结构以及由此带来的控制权与现金流权的分离对内部控制有效性的影响和内部控制有效性对大股东利益侵占的影响，并用最新的内部控制数据进行了实证检验，丰富了这方面的研究，拓展了内部控制有效性的影响因素、经济后果的研究领域以及大股东利益侵占动机的相关经验证据；②该研究能拓宽企业内部管理者不断完善内部控制有效性的思路并对完善监管者制约大股东利益侵占的对策有一定的作用；③本书提出并检验了内部控制有效性在金字塔结构与大股东利益侵占之间的中介作用，对于今后的继续研究有一定的启发。

第三，本书特别关注内部控制有效性对不同类型机构投资者持股决策的影响。我们认为有如下重要意义：①鉴于机构投资者日益成为我国证券市场的重要力量，他们对于内部控制有效性是否重视或偏好能够显示投资者对内部控制有效性的态度。②机构投资者作为重要的信息中介，他们的持股决策能够反映出其对上市公司事项的预期。因此，研究机构投资者对于内部控制有效性的偏好，可以间接说明机构投资者能否利用内部控制有效性信息进行防患未然式的预测，检验内部控制有效性能否向投资者传递有用的信息。③近年来，我国正在如火如荼地进行着内部控制制度建设和实施，本书的研究可以检验我国内部控制制度建设是否存在实际的政策效用。

第四，本书还特别关注了内部控制有效性对于大股东和高管内部交易的抑制作用。我们认为，内幕交易的产生机制中，信息不对称成为关键因素。拥有较多信息的内部人员相较于外部人员具有很强的信息优势，其在对公司未来发展及业绩评价上具有更高的准确性，同时又能够通过一定的方式（延迟发布重大信息等）影响外部人员的信息质量，因此，内部人员更能把握其信息优势精准选择交易时机获得额外利润。而内部控制作为合理保证公司信息质量和披露的一种有效机制，能够降低内部人和外部人之间的信息不对称程度。因此，从理论上来讲，内部控制的有效性对内幕交易的发生会产生一定的抑制作用。本书通过对现有文献的整理发现，关于内幕交易和内部控制之间的作用机制的研究几乎没有。因此，本书对于内幕交易和内部控制方面的研究具有理论意义，可作为后续研究的试脚石。另外，内幕交易的存在很大程度上破坏了证券市场公平、公正、公开的原则，对证券市场的效率和长足发展产生重大影响，而且内幕交易的发生往往伴随着较大的经济利益侵害，发现成本高，如何通过有效的机制来降低甚至消除内幕交易成为时下关注的热点。本书正是从这个角度出发，通过分析内幕交易和内部控制之间的内在作用机理,研究内部控制对内幕交易是否存在抑制作用,是否可以通过建立健全公司内部控制制度降低内幕交易的发生。从这个角度来讲,本书的研究具有一定的现实意义。

第三节 文献综述

内部控制有效性对于企业的经营发展至关重要,但在《萨班斯法案》颁布以前,由于企业内部控制信息资料难以获取等方面的原因,国内外内部控制研究尤其是内部控制有效性的实证研究比较少。随着《萨班斯法案》的颁布和实施,国外学界对内部控制相关问题进行了大量的研究。我国于2008年和2010年分别发布了《企业内部控制基本规范》和《企业内部控制配套指引》,上市公司逐步开始执行内部控制相关规范要求,也为开展我国上市公司内部控制相关问题研究提供了契机。

一、内部控制有效性的评价与计量相关文献综述

美国注册会计师协会(AICPA)在1929年发布的《财务报表》报告中指出,"要对内部控制的有效性做出评价而抽查的范围将取决于检查内部控制系统的结果",此报告第一次提出了内部控制评价这一概念。在制度基础审计模式下,当时的审计人员为了提高审计工作的效率和效果,开始采用以评价内部控制为基础的抽样审计,以取代传统的详细审计。审计人员通过调查表、流程图、文字描述、证据检查、穿行测试、实地观察等方法对企业的内部控制水平展开测试和评价,并以此决定其随后进行的实质性测试的性质、时间和范围。由此,审计模式下的内部控制有效性评价一直受到审计师的重视。

随着企业规模的扩大以及经营业务的日趋复杂,管理层逐渐意识到内部控制对于企业自身发展的重要性,开始自发对其内部控制的有效性展开自我评估。其中比较成熟的控制自我评估(Control Self Assessment, CSA)方法是由加拿大海湾资源有限公司于1987年提出的。经过多年发展,该公司已经总结出了一套系统的技术和方法,这种方法的核心内容是通过召开控制自我评估会议,把内部审计人员以及相关的管理者和员工召集起来就特定问题或控制过程进行面谈和讨论,通过这种双向交流的方式发现问题并共商解决问题的方法。目前这种方法在美国、加拿大及欧洲等地得到了广泛的运用(杨雄胜、夏俊等,2009)。

1992年，美国COSO委员会（Committee of Sponsoring Organizations of the Treadway Commission）发布了著名的《内部控制——整体框架》（Internal Control—Integrated Framework，COSO报告），可谓目前国际上比较通用的内部控制评价标准。"安然"事件后所颁布的《萨班斯法案》要求企业管理层以及注册会计师定期对内部控制的有效性进行评价。为了配合《萨班斯法案》的实施，美国证监会（SEC）于2003年6月发布了《最终规则：管理层对财务报告内部控制的报告和证券交易定期报告披露的鉴证》（Final Rule：Managements' Reports on Internal Control over Financial Reporting and Certification of Disclosure in Exchange Act Periodic Reports）（以下简称《最终规则》），要求管理层根据一个有效、适当的框架来对企业内部控制的设计和运行的有效性进行评价，并书面记录评价过程，作为形成评价结论的证据。而《最终规则》推荐的内部控制评价框架就是COSO报告所倡导的框架。COSO报告要求通过内部控制五要素的运行情况来评价公司的内部控制有效性。虽然COSO报告被广为引用，但Gupta（2008）对374家美国上市公司的管理层如何利用COSO报告来评估内部控制的有效性进行了问卷调查，结果发现被调查者普遍认为COSO并不是一个很好的评价标准，而且公司管理层在评估其内部控制的有效性时，在很大程度上并没有把COSO报告当作评价框架或标准，其原因在于COSO报告是以原则为导向的，缺乏一个以管理层为中心、以风险为基础的实施指南。与上述情况类似，2008年我国财政部等五部委联合发布了《企业内部控制基本规范》，要求企业结合内部监督情况，对内部控制有效性进行评价，出具内部控制自我评估报告。2010年五部委联合发布《内部控制配套指引》，其中《企业内部控制评价指引》（以下简称《评价指引》）以内部控制五要素为基础，构建内部控制评价核心指标。《评价指引》主要为原则性的指导意见，其中的方法过于复杂，需要大量的内部信息和高额的评价成本，普通的投资者难以有效地使用《评价指引》中的方法度量上市公司的内部控制有效性。

多年来，学术界在如何度量内部控制有效性方面，一直没有找到有效的方法。从现有国外内部控制信息披露的研究文献来看，大多数研究以上市公司所披露的内部控制缺陷（Internal Control Weakness）作为度量内部控制有效性的主要变量，进而研究内部控制有效性与其他相关因素的关系（Ge和McVay，2005；Doyle等，2007，Hammersley等，2008；Ashbaugh-Skaife等，2008、2009）。在这些文献中，大多研究者仅仅关注内部控制缺陷最严重的一种——重大缺陷（Material Weakness），而有的研究者却按照严重程度将内部控制缺陷分成了三个层次：重大缺陷、重要缺陷（Significant Deficiencies）和一般控制缺陷（Control Deficiencies），如Hammersley等（2007）的研究等。Ogneva等（2007）发现内部控制缺陷与权益资本成本不具有直接的联系。Doyle 等（2007）以公司是否披露内部控制重大缺陷作为内部控制有效性的度量方法，研究发现内部控制缺陷与不能实现现金流的低质量应计相关联。Ashbaugh-Skaife 等（2009）研究发现具有内部控制缺陷的公司，风险和权益资本成本都较高。Kim 等（2011）以内部控制缺陷度量内部控制有效性，研究发现贷款方很少愿意将资金提供给披露内部控制缺陷的公司，并且对这些公司给予更严格的非价格条款，银行会提高披露内部控制缺陷公司的贷款利率。另外，还有研究者通过自建的衡量指标进行内部控制信息披露的度量，例如 Giovanna Michelon 等（2009）基于 COSO 报告（1992），将内部控制信息披露分了两个维度进行评价：第一个维度是内部控制的要素（内部环境、目标设定与风险偏好、风险承受、风险识别、风险评价、行动计划、行动计划的执行以及沟通与监督）；第二个维度是内部控制目标、内部控制参与者与内部控制执行机制。

根据金玉娜（2013）的梳理，在国内，内部控制有效性的研究主要采用以下几类方法，第一类方法按照内部控制信息披露情况度量内部控制有效性。这类方法的具体运用思路主要包括两种：一种以公司是否自愿披露内部控制审计报告或内部控制自我评估报告构建虚拟变量。例如，张国清（2008）以公司是否获得正面的内部控制审计报告和是否出具内部控制自我评价报告度量内部控制有效性，发现内部控制有效性的提高，并不能带来盈余质量的提高。张龙平等（2010）以公司是否披露内部控制审计报告作为内部控制有效性的度量方式，发现内部控制审计能够提高公司盈余的质量。另一种则对内部控制审计报告或内部控制自我评价报告中的信息进行内容分析，通过简单加总度量内部控制有效性。例如，单华军等（2010）以上市公司是否披露内部控制缺陷和披露的内部控制缺陷个数衡量内部控制有效性，发现内部控制缺陷能够显著增加公司受到诉讼和违规处罚的可能性。这类方法简单采用公司披露的内部控制信息度量内部控制有效性，虽简便易行，但无法全面、准确地衡量内部控制有效性。对内部控制信息进行简单加总，仅仅考虑了数量特征，无法考虑质量特征。以内部控制缺陷为例，同样是内部控制缺陷，一个严重的内部控制缺陷对公司的影响很可能比多个中低程度内部控制缺陷的影响要大得多。由于无法获取相关指标的具体程度，采用对内部控制信息简单加总的方法可能导致较大偏差。

第二类方法是按照内部控制目标实现情况度量内部控制有效性。例如，张兆国等（2011）按照内部控制目标，选取 25 项以财务变量为主的相关指标，运用功效系数法，构建我国上市公司的内部控制评价体系。张旺峰等（2011）选取一系列体现内部控制目标实现程度的指标，通过个别评分和加权汇总，计算内部控制有效性。中国上市公司内部控制指数研究课题组（2011）以内部控制目标的实现程度为基础，构建内部控制基本指数和内部控制修正指数，度量公司内部控制有效性。这种方法按照内部控制目标的实现情况度量内部控制有效性，虽然具有较强的理论基础，但仍存在诸多不足。第一，存在以结果代替过程的问题。内部控制是旨在为实现内部控制目标提供合理保证的过程，内部控制的结果固然重要，但整个控制过程也不容忽视，仅从控制目标实现情况度量内部控制有效性，无法考察内部控制整个过程的质量。第二，内部控制不是影响控制目标实现的唯一因素。以经营目标为例，公司经营目标的实现程度不仅受内部控制有效性的影响，同时还受到行业竞争状况、政府干预程度等多方面因素的影响。相同内部控制有效性的公司，内部控制目标实现的程度可能存在较大差异，以内部控制目标的实现程度确定内部控制的质量偏差较大。第三，该种度量方法可能导致实证研究结论出现严重偏误。相当数量的与内部控制相关的实证研究中，部分度量内部控制目标的指标与被解释变量具有相同或相似的经济含义，人为地造成内部控制与被解释变量之间的显著相关性，直接导致研究结论与真实经济现象的偏离。

第三类方法按照内部控制要素完善情况度量内部控制有效性。例如，朱卫东等（2005）为了减少主观判断对定性评价的影响，运用 BP 神经网络的方法，将内部控制信息作为输入变量，将综合评价结果作为输出变量，评价公司内部控制有效性。于增彪等（2007）采用实地研究方法，将 88 个内部控制项目划分为 13 个内部控制审计项目，对每个项目再按照内部控制五要素进行分解，然后再将每个要素分解为具体的评分内容，运用内部控制审计方法对公司内部控制有效性进行评价。林钟高等（2007）从内部控制五要素角度选取 17 项指标度量内部控制有效性，研究发现我国上市公司的内部控制的建立和完善对企业价值有高度显著的正向促进作用。袁晓波（2010）以内部控制五要素的完善情况度量内部控制有效性，发现内部控制能够影响财务风险。孙光国等（2012）从内部控制五要素出发，运用调查问卷法，构建内部控制综合评价指数，发现内部控制治理的提高能够显著提高财务报告可靠性。采用这种方法度量内部控制有效性存在两方面的问题：一方面，内部控制要素无法直接度量，只能使用间接替代的方法，由此得到的内部控制有效性是有偏的。另一方面，确定指标权重的技术方法过于复杂，缺乏客观性。这类内部控制度量方法中普遍采用选取大量指标、运用复杂的数学方法，难以避免评价人的主观经验判断，评价结论缺乏客观性，成本较高，使用大样本数据进行研究不易实施。该种方法对于中小投资者，甚至大部分的大股东和专业研究人员，由于技术障碍和数据的不易获得等原因，难以广泛应用。

内部控制有效性度量的恰当性，关系到内部控制对公司非效率投资实证检验的有效性和准确性,也是制约内部控制相关实证研究的深入发展的重要因素。然而,已有研究中内部控制有效性的度量方法虽然可以在一定程度上、从一定的角度反映公司的内部控制情况,但都存在一定的缺陷,难以全面反映上市公司内部控制有效性。

二、内部控制有效性的影响因素相关文献综述

1. 以内部控制缺陷来衡量内部控制有效性的相关文献

《萨班斯法案》(以下简称"SOX法案")通过后,上市公司开始对其内部控制进行评价,并对内部控制的有效性进行披露,披露的内容主要是内部控制缺陷,故内部控制缺陷也就成为内部控制有效性差的一个衡量因素,自此,学界开始了对内部控制缺陷影响因素及存在内部控制缺陷的公司特征的研究。

Ge 和 McVay(2005)对 SOX 法案颁布后的 261 家至少披露一次内部控制重大缺陷(Material Weakness)的公司进行了研究。这些公司在 SOX 的有效日期后用 10-K 申请披露了内部控制重大缺陷,发现内部控制弱化与公司会计资源缺乏有关,披露重大缺陷与公司的复杂性正相关,与公司的年龄和获利性负相关,提出重大缺陷披露的一般原因的描述性信息,并统计分析证明披露重大缺陷的公司相比不披露这些问题的公司规模更小,组织结构更复杂和有更低的获利水平。Bryan 和 Lilien(2005)也发现,相对于同行业的其他公司,具有内部控制缺陷的公司一般都是小的、管理能力较差且经济实力较弱的,并具有较高的市场风险。与这两项研究一致,Doyle 等(2007)以 2002~2005 年披露内部控制重大缺陷的 779 家公司为样本,研究了披露内部控制缺陷的影响因素。他们发现这些公司相对更小、更年轻、财务情况比较差、经营情况比较复杂,或者正在面临重组。虽然在企业层面上存在内部控制问题的公司财务情况较好,但是其业务复杂、多元化以及经营变化快。

Ashbaugh-Skaife 等(2007)和 Doyle 等(2007)通过分析比较披露控制问题的公司与不披露的公司,来确定什么经济因素会对公司内部控制问题具有指示性作用。他们都发现,较小、较年轻、财务质量较差、较复杂、成长较快、近期有组织变化、较多的审计师辞职、有较大会计风险的公司更可能披露内部控制问题。这两篇文章主要的差别在于样本选择。Ashbaugh-Skaife 等(2007)和 Doyle 等(2007)还提出证明,有内部控制缺陷的公司有较低质量的预提费用。Ashbaugh-Skaife、Collins 和 Kinney(2007)研究了 SOX 法案 404 条款前内部控制缺陷的决定因素,并提出对内部控制问题的期望。他们引入一个经济因素理论模型,在 SOX 法案 404 前和 302 后,这些经济因素促使内部控制缺陷成为内部

控制风险因素和管理层披露、报告内部控制缺陷的动机。这种内部控制风险在模型中用以下因素来操作：公司运行的复杂性和范围、公司组织结构的变化、会计原则应用风险、公司用于内部控制资源的缺乏、2003年审计师是否辞退。影响管理层报告和披露内部控制缺陷动机的因素包括审计师优势、以前的财务重述、机构投资者的优势、诉讼风险。研究发现，披露内部控制缺陷的公司明显具有更复杂的运营活动，组织结构亦存在近期变化，且暴露出更多的会计风险，对内部控制投入较少的资源，与不报告内部控制问题的公司相关的较高的审计师辞职率。这项研究也调查了公司发现和报告内部控制缺陷的动机，发现有内部控制缺陷的公司更多地在SEC强化行动前有财务报表重述，更可能使用一个具有优势的审计公司，更可能关注机构所有者。Doyle、Ge和McVay（2007）研究了SOX法案302前与SOX法案404后之间一维的内部控制和重大缺陷。他们检查了重大缺陷的严重性是否随内部控制的缺陷原因而变化，认为重大缺陷严重性又分两种类型：具体会计的重大缺陷（较严重的影响财务报表可靠性的方面）和公司级重大缺陷（更严重）。内部控制缺陷的决定性因素被Doyle、Ge和McVay（2007）根据人员、复杂性或一般因素进行分类。研究了302条款和404条款披露的交叠（他们的样本覆盖期间为2002年8月到2005年），他们的公开组织包括报告重大缺陷的公司。Ashbaugh等（2007）的模型变量包括管理层在404授权的审计条款前必须发现和披露控制问题的动机，他们发现近期有SEC执法行动和财务重述的公司，使用一家国内审计公司，有较集中的机构所有者的公司更可能在302条款下披露控制。

Leone（2007）反驳了Ashbaugh-Skaife、Collins和Kinney（2008）的声明，并透露四大会计师事务所与披露内部控制缺陷的管理层激励之间正相关关系的证据。他们认为，Ashbaugh-Skaife、Collins和Kinney（2008）的结论是被小企业带动的。事实上，规模较小的公司更可能根据404条款报告重大缺陷，这意味着第404条规定要求额外的资源和投资流向内部控制结构，是为了使其成为一个有效的系统。

Zhang等（2007）研究了审计委员会质量、审计师独立性和内部控制缺陷披露之间的关系。他们研究发现，公司审计委员会具有越少的财务专家或者公司审计时独立性越高，那么公司越有可能确认内部控制缺陷。Krishnan和Visvanathan（2007）发现，那些经常召开审计委员会会议的公司以及具有较少比例的财务专家的公司更可能披露内部控制缺陷。Andrew（2007）对年报中披露内部控制缺陷的公司进行了研究，发现内部控制信息披露的影响因素有组织结构复杂性、存在重要组织变化以及在内部控制系统方面的投资等特质，同时提供了一些相关证据。

国内学者近年来也开始关注内部控制缺陷的研究，主要关注的是内部控制缺陷的影响因素。具有代表性的有：田高良等（2011）构建内部控制缺陷披露的概念模型，以深圳证券交易所2008年年报中披露内部控制自我评价报告的494家公司为研究样本，使用Logit回归分析，得出结论，披露内部控制缺陷的公司一般经营更加复杂，存在的会计风险更高，内部控制建设相对更不完善。还发现，经历审计师变更和财务报告重述的公司更可能披露内部控制缺陷；而聘请的审计师质量越高，披露内部控制缺陷的可能性越小。

齐保垒等（2010）也以2008年深市披露内部控制缺陷的公司为样本，实证研究发现，存在内部控制缺陷的企业相比无控制缺陷的企业，其经营更加复杂、上市时间更短，而近期经历了兼并重组或注册会计师变更的公司，对内部控制建设投入的资源更少。同时发现，存在内部控制缺陷的企业更多地经历了财务报告重述，聘请的外部审计师的质量更低。

蔡丛光（2010）则以上海证券交易所2003~2006年年报中披露内部控制缺陷信息的33家公司为样本，同时选取54家公司为控制样本，研究发现，内部控制缺陷的影响因素是公司的分部数目和公司规模。

李育红（2011）以2008年披露了内部控制缺陷的上市公司为样本，研究表明：披露了内部控制缺陷的公司规模小、业务较复杂、正经历组织变革、审计委员会会议次数较多、国有股持股比例高。

刘亚丽等（2011）对我国上市公司内部控制信息披露情况进行分析，发现存在内部控制缺陷的公司具有显著的公司治理特征。然后，将样本组与对照组进行配比，在控制了经营复杂性、盈利能力和成长性等公司特征后发现，当年才成立审计委员会的公司以及董事长与总经理两职合一的公司报告内部控制缺陷的可能性更大；报告内部控制缺陷的公司会计师事务所变更更频繁，重述报告的比例更高。

2. 以其他方法来衡量内部控制有效性的相关文献

国外较少有研究通过自建的衡量指标进行内部控制有效性的度量。Giovanna Michelon等（2009）分析了在欧洲四个不同股票市场（伦敦、巴黎、法兰克福和米兰）160家上市公司的内部控制信息披露情况，发现内部控制信息披露与股权集中度、机构投资者持股比例、管理层持股比例、独立董事比例、审计委员会中会计专家比例呈负相关关系。

在国内，陈关亭、张少华（2003）基于内部控制目标理论，即内部控制的有效设计和执行能够直接影响上市公司的经营效率和效果、有利于保证财务报告的可靠性和保证上市公司遵循相关法律法规，对上市公司内部控制信息是否需要强制性披露与是否需要外部审计师审核的问题进行了问卷调查，经过调查分析，被调查者们强烈同意对上市公司内部控制报告的披露采取强制性措施，并且同意应有注册会计师对其内部控制报告进行审核并发表审核意见。

鲁清仿（2009）选取了 2007 年上交所制造行业 389 家上市公司，以此为研究样本，通过主因子分析、回归分析、边际分析，实证研究发现：上市公司的规模大小、调整后的管理费用、第一大与第二大股东的股权之比以及公司的性质与重大内部控制缺陷呈负相关关系。同时边际分析的结果表明：公司的销售增长率、净资产报酬率以及企业的性质对公司内部控制的影响要比公司内部控制的投入费用、公司的性质及其规模更为重大。

程晓陵和王怀明（2008）以我国 1162 家上市公司为样本，通过实证研究发现，年终股东大会出席率、管理层诚信与道德价值观念与内部控制有效性显著正相关；第一大股东控制力和董事会、监事会会议频率对内部控制有效性并无显著影响；管理层风险偏好与内部控制有效性呈 U 型关系；实际控制人为国有股东的企业，其财务报告质量显著高于其他企业；董事会、监事会规模的扩大、设立审计委员会以及管理层对员工胜任能力的重视显著提升了企业的经营绩效；董事长兼任总经理显著加大了企业违反法律法规的可能性，并且显著降低了财务报告的可靠性。

张颖、郑洪涛（2010）基于内部控制的四个目标，通过问卷调查的方式，主要探讨分析了我国企业内部控制在合法合规目标、财务报告可靠性目标、经营效率效果目标和经营战略目标四个方面的有效性，并采用实证研究法分析了我国企业内部控制有效性的影响因素，分析结果表明：企业发展阶段、公司规模、集权化程度、财务状况、企业文化建设和管理层的诚信和道德价值观念对企业经营的合法合规、财务报告的可靠和经营效率有显著的影响，企业经营的合法合规和财务报告的可靠性同时受审计委员会的有效性和股权集中度两因素的影响，而战略目标的实现主要受企业发展阶段和公司规模两个因素的影响。

三、内部控制有效性的经济后果相关文献综述

1. 内部控制有效性与市场收益率相关文献

Hammersley 和 Myers（2008）运用事件研究法，试图探讨内部控制缺陷信息披露的市场效应，分析内部控制缺陷信息的披露会对股票价格产生的影响，其中用证券市场股票价格的变动来衡量信息披露的市场效应，研究结果表明：当公司披露内部控制重大缺陷时，股价的变动与内部控制缺陷信息的披露呈现负相关关系，即披露内部控制缺陷信息的公司其股票价格会下跌；而当公司披露内部控制有效时，股价的变动与内部控制缺陷信息的披露呈正相关关系，即公司披露内部

控制有效时,其股票价格会上涨。另外,作者还检验了内部控制缺陷信息的披露与股票交易量之间的关系,检验结果表明:当公司披露内部控制缺陷信息时,公司股票的交易量会显著上升。这一结果说明,内部控制缺陷信息的披露具有信息含量,它为投资者提供了有价值的附加信息。

Beneish 等(2008)研究表明,如果投资者在公司披露内部控制缺陷之前就已经认识到该公司有较低的盈余质量,并且对该公司的股票价值做了折价调整,那么公司披露内部控制缺陷的行为就不会产生增量的信息含量。相反,如果公司披露内部控制缺陷这一行为传递了增量的风险信息,或者投资者没有在公司披露缺陷之前将可获取的价值相关的信息在股价中反映出来,那么公司披露内部控制缺陷则会引起负面的市场反应。

Kim 等(2011)则认为内部控制缺陷的披露能够降低市场的不确定性,其带来的收益大于产生的消极影响。实证研究发现,当公司披露其内部控制缺陷时,股票超额收益与市场不确定性变化幅度呈负相关关系。

Ashbaugh 等(2007)研究发现披露内部控制缺陷的公司盈余质量更低,市场对于控制缺陷和重要缺陷都表现出显著的市场反应,但是对于重大缺陷却没有显著的反应。显示出这些信息的披露没有给市场提供更多的信息含量,他认为原因在于投资者难以区分重大缺陷、重要缺陷和控制缺陷。

2. 内部控制有效性与资本成本变动相关文献

Bryan 和 Lilien(2005)发现存在内部控制缺陷的公司通常 Beta 系数更高,权益资本成本更高,但从较短的区间研究重大缺陷披露的市场反应时,结果并不显著。

Ashbaugh 等(2009)还以美国披露内部控制缺陷的上市公司为样本进行实证研究,研究表明披露内部控制缺陷的上市公司非系统性风险和系统性风险均显著高于未披露组;披露内部控制缺陷的公司权益资本成本也显著高于未披露组。通过进一步对比整改内部控制缺陷的公司及未整改内部控制缺陷的公司,Ashbaugh 等得出内部控制缺陷与权益资本成本负相关的结论。

Ogneva 等(2007)以美国上市公司为样本,研究内部控制缺陷与会计信息质量、信息风险、公司权益资本成本的关系。他们认为,内部控制缺陷表明公司会计信息质量低,投资者预期风险会加大,因此公司资本成本将会显著提高。单变量的差异检验发现披露内部控制缺陷的公司权益资本成本显著高于未披露的公司,而在多元回归分析中,对影响内部控制缺陷存在的因素进行控制后,发现内部控制缺陷与权益资本成本之间并无显著关系。因此,Ogneva 等认为内部控制缺陷并不直接导致较高的权益资本成本。

Dhaliwal 等(2011)研究了内部控制重大缺陷的披露对于企业债务成本的影

响,发现内部控制重大缺陷的披露会导致债务成本上升,而 Kim 等(2011)和 Anna 等(2011)研究了内部控制缺陷披露对银行借款成本的影响,也发现了显著的上升效应,Anna 等(2011)还发现在上市公司披露内部控制缺陷以后,银行在借款时降低了对于债务人财务指标的依赖,取而代之的是担保物。

陈共荣、刘燕(2007)以 2006 年上交所上市公司为研究对象,详细分析了内部控制信息披露的现状,运用超额收益法及多元回归分析方法,实证研究表明:与内部控制信息简单披露的公司相比,详细披露内部控制信息的公司在年报公告日前后的累积超额收益较高。进一步的回归分析表明:公司披露内部控制信息的详尽程度与事件期内的累积超额收益显著正相关。

黄寿昌等(2011)以 2007 年上交所的上市公司为研究样本,基于信息不对称理论研究了内部控制信息自愿性披露的市场效应。研究发现:相对于没有披露内部控制信息的公司,自愿披露的上市公司股票交易较为活跃、股票价格波动较小,在一定程度上说明内部控制信息的自愿披露对市场主体之间的信息不对称起了积极的作用;但是内部控制信息的自愿披露行为在 2006~2007 年度没有显著的持续性,暗示内部控制信息的自愿披露有可能是公司基于机会主义倾向的行为。

方红星等(2010)以兖州煤业股份有限公司为研究对象,分析了影响交叉上市公司在内地市场披露内部控制缺陷的因素,并比较了不同市场对内部控制缺陷披露的反应程度。研究发现:交叉上市公司受到更严格的市场监管和外部审计监督,因而能够更及时地披露内部控制存在的缺陷和漏洞并加以补救;市场对上市公司的披露行为和改进行动有所反应。

陈宋生、郭京晶(2011)研究发现,内部控制信息披露引致市场的正面反应,累计异常超额收益为正;强制披露与自愿披露内部控制信息相比,强制内部控制信息披露获得的超额收益率更高。同时,上市公司规模大小、是否为"四大"审计等也影响内部控制信息披露的异常超额收益率的高低。

3. 内部控制有效性与财务报告质量相关文献

Doyle 等(2007)发现,应计项目的质量与内部控制质量之间存在显著的正相关关系。他们将内部控制重大缺陷分为公司层面与会计账户层面,认为低质量的内部控制与较低质量的应计项目之间的关系主要是由公司层面的重大缺陷所导致的。

Ashbaugh-Skaife 等(2008)研究也表明应计项目质量较低并且有显著的正负异常应计项目的上市公司存在内部缺陷的可能性较大,内部控制缺陷的改善对应计项目质量的提高具有显著的推动作用。

当公司内部控制有效性出现问题或存在缺陷时,审计人员为了降低测试风险需要增加实质性测试，因而带来了审计期间的延长，这势必会带来审计费用的提高，在这个问题上，学者们取得了较为一致的结论。Raghunandan（1995）将2004年是否披露内部控制重大缺陷的公司进行对比，研究发现存在内部控制缺陷的上市公司的审计费用高出43%。Hoitash等（2008）实证研究表明公司的审计费用在《萨班斯法案》404条款实施后第一年与内部控制缺陷披露正相关，且高度显著。研究还发现次年审计费用继续增加的现象在那些披露内部控制问题的企业表现尤为突出。Hogan等（2008）将公司规模、风险和可审计性作为控制变量，研究发现审计费用和内部控制缺陷之间存在显著的正相关关系；与同行业的平均水平相比，内部控制存在缺陷的上市公司具有的固有风险与信息风险均更高，并且伴随着更高的审计费用。

方春生、王立彦等（2008）采用问卷调查的方法，根据收集的中国石化的数据资料，考察了内部控制制度和财务报告可靠性之间的关系，检验内部控制制度的实施对财务报告可靠性的影响。研究结果表明内部控制制度实施以后，财务报告可靠性有了显著的提高。

4. 内部控制有效性与代理成本相关文献

Kohlbeck和Mayhew（2004）发现，内部控制中的内部监督要素与关联交易紧密相关，企业可以通过设置相关内部监督机制来阻止大股东通过关联交易转移公司资源。刘建民、刘星（2007）发现，作为内部控制环境的公司高层管理人员薪酬激励政策可以有效抑制关联交易的规模。杨德明、林斌和王彦超（2009）发现，内部控制质量的提高有助于抑制大股东资金占用。Feng、Li和McVay（2009）验证了内部控制有效性和管理指导准确性之间的关系。他们发现，依靠一个无效的内部控制系统会造成不准确的管理指导。精确的管理指导通过加强其财务报告的透明度和公信力能减少信息不对称。此外，当内部控制中的薄弱环节与收入和销售成本相关时，无效内部控制的负面影响较高。总体而言，他们认为，内部控制的质量显著影响管理决策。

第四节 研究思路、结构与概况

一、研究思路

如本章第二节中所述,本书将以我国转轨经济为宏观背景、以我国内部控制制度发展为制度背景,主要讨论我国上市公司的内部控制有效性内涵问题、计量问题、影响因素问题以及经济后果问题,以期丰富现有的学术成果,为改善我国上市公司内部控制有效性,发挥内部控制有效性对于抑制公司代理问题以及利于投资者决策的重大作用提出建议。

为达成上述总目标,本书进一步细化为下列五个方面的研究思路:①梳理清楚我国上市公司内部控制相关制度背景,为本书的其他研究内容奠定良好的研究基础;②探讨清楚我国上市公司内部控制有效性评价及相关信息使用者以及相关评价模式;③辨析清楚我国上市公司内部控制有效性的内涵,探讨和找寻一种既能符合投资者决策需求,又具有客观、可行特征的内部控制有效性计量标准,并在此基础上对我国上市公司内部控制有效性现状进行描述与分析;④研究清楚我国上市公司内部控制有效性的公司治理因素——金字塔股权结构以及经营业务因素——多元化经营,具体就是研究我国上市公司金字塔股权结构、多元化经营对内部控制有效性的影响机理,并利用我国上市公司数据,实证探寻金字塔股权结构、多元化经营影响内部控制有效性的经验证据;⑤研究清楚我国上市公司内部控制有效性对机构投资者持股决策、大股东利益侵占以及内幕交易的经济后果。具体就是研究我国上市公司内部控制有效性对支持机构投资者持股决策、抑制大股东利益侵占和内幕交易的作用机理,并利用我国上市公司数据,实证探寻内部控制有效性对机构投资者持股决策、大股东利益侵占以及内幕交易作用的经验证据。

二、本书的结构与概况

本书包括四个部分,共计九章内容。

第一部分为中国上市公司内部控制有效性概论,包括第一章和第二章。

第一章为全书的"导论",简要介绍了本书的研究背景,对于本书所涉及的主要研究问题进行解释，并解释本书研究的意义和价值，在对内部控制有效性以及其影响因素和经济后果做出比较翔实的综述的基础上，阐述本书的整体研究思路和总体结构框架。

第二章为"我国上市公司内部控制相关制度背景"，该章旨在简要交代本研究所立足的制度背景。第二章简要回顾了我国内部控制规范的发展阶段以及与上市公司相关的内部控制规范的演化与具体要求，并通过数据比较全面地描述了中国上市公司执行相关规范的具体情况。

第二部分为我国上市公司内部控制有效性的评价与现状，包括第三章和第四章。

第三章为我国上市公司内部控制有效性的评价模式，该章旨在为本书关于内部控制有效性的内涵界定与计量评价奠定基础。该章首先分析上市公司内部控制有效性评价及其相关信息需求者在评价目的、评价主客体和程序上的差异性，并在此基础上分别对注册会计师审计需求、管理层管理需求、投资者决策需求展开讨论。

第四章为"我国上市公司内部控制有效性的度量与现状"。该章首先对内部控制有效性的内涵进行详细系统的梳理，针对投资者决策的需求以及我国上市公司现有内部控制制度现状，提出了度量我国上市公司内部控制的两大标准：内部控制缺陷以及内部控制鉴证报告与意见，并依据这两大标准对我国上市公司内部控制有效性现状展开评价与分析。

第三部分为我国上市公司内部控制有效性的影响因素，包括第五章和第六章。

第五章为"金字塔股权结构与内部控制有效性：基于大股东利益侵占的视角"。该章关注金字塔股权结构所带来的现金流权与控制权分离对公司内部控制有效性的影响。该章以2009~2011年沪市和深市A股所有非金融类上市公司为样本，采用理论和实证分析相结合的方法研究了金字塔股权结构与内部控制有效性的关系。书中采用控制权、现金流权以及现金流权与控制权的分离率来衡量金字塔股权结构；用内部控制缺陷的披露程度和内部控制鉴证报告的披露程度来衡量内部控制的有效性。研究结果发现：现金流权与内部控制有效性正相关，现金流权与控制权的分离率与内部控制有效性正相关。研究结果表明，金字塔股权结构对内部控制有效性存在一定的影响，拓展了内部控制有效性影响因素的相关研究。

第六章为"多元化经营与内部控制有效性：基于业务复杂性的视角"。该章结合前人的研究，从多元化经营和内部控制有效性两方面进行理解，分析多元化的效应和内部控制有效性的影响因素，从而进一步得出多元化经营对内部控制有效性的影响，并且通过对我国上市公司的实证研究，证实多元化经营对内部控制有效性的影响，从而针对这种影响制定相应的措施，保证企业更好地实现多元化经营战略和公司的经营目标。

第四部分为我国上市公司内部控制有效性的经济后果，包括第七章、第八章和第九章。

第七章为"内部控制有效性与机构投资者持股决策：基于机构投资者异质性的视角"。该章以 2009 年沪深两市非金融类上市公司为研究样本，以自愿披露内部控制鉴证报告意见作为内部控制有效性的替代变量，在主要以独立性为标准将机构投资者划分为独立机构投资者和灰色机构投资者的基础上，讨论了内部控制有效性对异质的机构投资者持股决策的影响。研究发现，内部控制有效性程度越高，总体机构投资者持股比例就越高；同时，异质的机构投资者对于内部控制有效性程度的偏好存在差异，即独立机构投资者偏好投资内部控制较好的公司，而灰色机构投资者则并不关注内部控制有效性。为了使研究结果更为稳健，在控制了自选择偏误后，我们发现内部控制有效性更显著地影响了机构投资者持股决策，从而更有力地支持上述研究结果。

第八章为"内部控制有效性与大股东利益侵占：基于控制权私利的视角"。该章以 2009~2011 年沪市和深市 A 股所有非金融类上市公司为样本，采用理论和实证分析相结合的方法研究了内部控制有效性与大股东代理问题——大股东利益侵占的关系。研究结果发现：内部控制有效性与大股东利益侵占程度负相关，即内部控制越有效，大股东利益侵占的程度就会越低。另外，研究还发现，内部控制有效性在金字塔股权结构与大股东利益侵占之间是有中介作用的，表明金字塔结构下大股东在一定程度上可以通过影响内部控制有效性的作用实现利益的侵占。

第九章为"内部控制有效性与内幕交易：基于高管与大股东减持的视角"。该章研究了上市公司内幕信息知情者的买卖股票交易中是否存在利用内幕信息交易的现象，将内幕信息知情者分为两类：董事、监事及高级管理人员等高管为第一类内幕信息知情者（高管）；持股 5%以上的大股东为第二类内幕信息知情者（大股东）。该章对第一类内幕信息知情者（高管）内幕交易的研究以 2008~2012 年沪市 A 股上市公司为对象；对第二类内幕信息知情者（大股东）内幕交易的研究以 2008~2012 年深市 A 股上市公司为对象，采用理论和实证研究的方法分别研究两类内幕信息知情者在卖出股票时内幕交易的存在性以及内部控制有效性对内幕交易的影响。该章使用累计相对换手率作为内幕交易存在性的代理变量，实证结果显示累计相对换手率显著区别于零，表明两类内幕信息知情者在卖出本公司股票时普遍存在内幕交易。同时，通过多元回归分析检验内部控制有效性与内幕交易之间的相关性，结果显示，第一类内幕信息知情者（高管）内幕交易与内部控制有效性显著负相关，即公司内部控制有效性的提高能够有效抑制第一类内幕信息知情者（高管）的内幕交易行为。第二类内幕信息知情者（大股东）内幕交易与内部控制有效性负相关，但是统计上不显著，可能是因为我国股权集中模式下，大股东能够避重就轻对于内部控制系统具有选择性偏好，能够选择重在约束高管而对大股东影响最小化的内部控制。

第二章 我国上市公司内部控制相关制度背景

本章简要交代了本书研究所立足的制度背景,简要回顾了我国内部控制规范的发展阶段以及与上市公司相关的内部控制规范的演化和具体要求,并通过数据比较全面地描述了中国上市公司在执行相关规范的具体情况。

第一节 引言

2012年3月23日,山东新华制药股份有限公司[①](000756,以下简称"新华制药")公布了2011年度内部控制审计报告。在报告中,新华制药的审计师——信永中和会计师事务所认为新华制药未能保持有效的财务报告内部控制,因此给出了否定的内部控制审计意见。为了支持该项审计意见,信永中和会计师事务所提出了新华制药的两大内部控制重大缺陷:"第一,新华制药下属子公司山东新华医药贸易有限公司(以下简称医贸公司)内部控制制度对多头授信无明确规定,在实际执行中,医贸公司的鲁中分公司、工业销售部门、商业销售部门三个部门分别向同一客户授信,使得授信额度过大。第二,新华制药下属子公司医贸公司内部控制制度规定对客户授信额度不大于客户注册资本,但医贸公司在实际执行中,对部分客户超出客户注册资本授信,使得授信额度过大,同时医贸公司也存在未授信的发货情况。"信永中和会计师事务所认为,"上述重大缺陷使得新华制药对山东欣康祺医药有限公司(以下简称"欣康祺医药")及与其存在

---

① 据新华制药的官方网站介绍,新华制药的前身是1943年成立于胶东抗日根据地的山东新华制药厂。公司占地300多万平方米,现有职工5000多人,是我国重点骨干大型制药企业、亚洲最大的解热镇痛类药物生产与出口基地以及国内重要的心脑血管类、抗感染类及中枢神经类等药物生产企业,中国医药工业十佳技术创新企业,中国制药工业50强。在我国化工及医药行业具有较高的企业地位和影响力。公司于1996年在香港上市并发行H股,1997年在深圳上市发行A股。目前,公司旗下有九家控股子公司。"新华牌"商标是中国驰名商标,是商务部重点培育和发展的出口品牌。

担保关系方形成大额应收款项 60731 千元，同时，因欣康祺医药经营出现异常，资金链断裂，可能使新华制药遭受较大经济损失。2011 年度，新华制药对应收欣康祺医药及与其存在担保关系方货款计提了 48585 千元坏账准备"。信永中和会计师事务所认为："有效的内部控制能够为财务报告及相关信息的真实完整提供合理保证，而上述重大缺陷使新华制药内部控制失去这一功能"，因此，"由于存在上述重大缺陷及其对实现控制目标的影响，新华制药于 2011 年 12 月 31 日未能按照《企业内部控制基本规范》和相关规定在所有重大方面保持有效的财务报告内部控制。"

虽然新华制药在其同年的内部控制自我评价报告同样披露认为"报告期内，公司未能按照《企业内部控制基本规范》和相关规定在所有重大方面保持有效的财务报告内部控制"，但这样的披露并没有阻碍独立第三方审计师发布否定的内部控制审计意见。这样，我国证券市场中有关上市公司的第一份否定意见的内部控制审计报告由此诞生，这份具有重要历史意义的内部控制审计报告也引起了社会的广泛关注。

上述新华制药的否定意见内部控制审计报告只是我国上市公司近年来内部控制规范发展诸多"第一"之一。从 2001 年 7 月 17 日，陕西秦川机械发展股份有限公司（000837）率先发布了第一份单独的内部控制自我评价报告，到 2006 年 5 月 17 日中国证监会第一次对上市公司内部控制提出具体建设和披露要求，到 2006 年 6 月 5 日上海证券交易所首次以交易所的身份发布了《上海证券交易所上市公司内部控制指引》（同年 9 月 28 日深圳证券交易所也发布了《深圳证券交易所上市公司内部控制指引》），到 2008 年 5 月 22 日首次以财政部、证监会、审计署、银监会和保监会五部委第一次联合发布的《企业内部控制基本规范》（2010 年 4 月 15 日五部委又联合发布《企业内部控制配套指引》），到 2012 年 2 月 23 日，财政部第一次发布的《企业内部控制规范体系实施中相关问题解释第 1 号》（同年 9 月 24 日，财政部又发布了《企业内部控制规范体系实施中相关问题解释第 2 号》），再到 2012 年 8 月 14 日，财政部与证监会首次联合发布了《关于 2012 年主板上市公司分类分批实施企业内部控制规范体系的通知》，再到 2013 年 12 月 28 日，财政部印发了《石油石化行业内部控制操作指南》，首次在《企业内部控制基本规范》和《企业内部控制配套指引》的基本框架下，对单个具体行业开展企业内部控制体系的建立、实施、评价与改进工作提出了具体的操作指导；[①] 再

[①] 法规层面的内部控制规范体系更多是方向性、原则性、指导性的，不可能包罗所有内容。此前的内部控制规范体系留了很多接口，为更具体的、更具有可操作性的行业内部控制操作指南的出台奠定了基础。实际上，财政部也正是这么做的，例如 2013 年 12 月财政部印发的《石油石化行业内部控制操作指南》，指导不同规模、不同产业链中的石油石化行业企业，开展企业内部控制体系的建立、实施、评价与改进工作。

到 2014 年 1 月 3 日，证监会联合财政部发布的《公开发行证券的公司信息披露编报规则第 21 号——年度内部控制评价报告的一般规定》，首次明确要求上市公司对年度内部控制评价报告披露的最低要求，上述的诸多"第一"或"首次"标志着中国上市公司内部控制规范体系的基本建成，该体系在融合国际先进经验的基础上逐步适应我国企业实际情况，并逐步完善成熟。同时，这些内部控制规范的颁布也使上市公司越来越重视内部控制建设与相关信息的披露，从而进一步促进了上市公司财务报告、经营效率效果、遵循法规乃至战略目标的实现。

本书研究的主题是我国上市公司内部控制有效性的影响因素与经济后果。不论是影响因素还是经济后果，均需要对我国上市公司内部控制相关制度背景进行详细的梳理。一般认为，制度是要求大家共同遵守的办事规程或行动准则，是实现某种功能和特定目标的社会组织乃至整个社会的一系列规范体系。所谓制度背景，不仅指制度本身，还包括制度运行的基本态势。因此，本章拟以时间推移为线索，对我国上市公司内部控制相关规范制度逐一分析说明；同时，本章拟以数据为基础，以上述内部控制相关规范的要求为依据，对我国上市公司内部控制规范的执行情况进行详细的描述。

第二节 我国上市公司内部控制规范的发展历程

在企业内部控制制度和规范建设方面，财政部、中国人民银行、中国银行业监督委员会、国资委、中国证监会、上海证券交易所、深圳证券交易所、中国会计学会、中国注册会计师协会等监管机构或行业协会起到了重要的作用，推动了我国企业内部控制规范的不断发展。

一、我国内部控制规范的发展阶段

我国内部控制制度与思想早在《周礼》中就出现了一些萌芽。朱熹在《周礼·理其财之所出》一文中指出："虑夫掌财用财之吏，参漏乾后，或者容奸而肆欺……于是一毫财赋之出入，数人之耳目通焉。"意思是，考虑到掌管和使用财赋的官吏可能会出现贪污盗窃、弄虚作假的行为，因此规定每笔财赋的出入都要经数人之手，以实现相互牵制。当然，类似这样的思想还出现在其他诸多文献和史实中，但孰先孰后，也无从考证。但要真正论及"企业内部控制"这个概念和内部控制制度的形成和发展，则必须以工业革命、现代企业为背景来分析。当然，在我国内部控制发展的漫漫长河中，近20年来的内部控制规范的发展是最为引人注目的，因此，本节仅探讨20世纪90年代以来我国内部控制规范的发展阶段。我们认为，我国内部控制规范的发展可以分为以下四个阶段：

1. 阶段一：审计评价视角下的内部控制规范发展阶段

企业的内部控制质量一直都是审计师（当然不仅仅是外部的注册会计师，还包括内部审计师）关注的重点。不管是传统的制度基础审计还是当前的风险导向审计，内部控制评价都是审计师工作的重要内容之一。通过对被审计单位或者部门的内部控制体系的建立健全性和执行有效性进行评价，评估控制风险的大小，判断内部控制的可信赖程度，进而确定审计范围、审计时间跨度、审计抽样标准以及具体采用的审计程序，确定获取何种审计证据、控制相应审计风险，从而保证审计质量和效率。因此，从某种程度来说，审计师最终的审计结果都是建立在其对被审单位的内部控制有效性的评估结果之上的。根据我们在"北大法宝——中国法律检索系统"以"内部控制"为标题进行的相关法规检索，1995年11月29日，由当时的中国交通部发布的《交通行业内部控制制度评审办法》是我国第一个从内部审计校对关于内部控制制度评审的部门行政法规。该法规旨在指导"交通行业各单位审计部门开展的内部控制制度评审"工作，并提出"交通行业内部控制制度评审是指对交通企事业单位内部控制制度进行检查，确定内部控制制度是否严密，是否有效执行，并据以判断经济信息的可信赖程度"，其评审结果"可作为确定其他专项审计内容、范围、程度等的重要依据"。1996年7月18日，由当时的中国水利电力部发布了《电力企业内部控制制度审计试行办法》。该法规明确提出了内部控制制度审计的概念，即"企业为有效地实施对生产经营业务活动的控制，保证企业资产的完整和会计资料的真实，保证企业经营方针的贯彻和经济效益的提高，对企业内部控制制度的完善性及有效性等所进行的检查、测试和评价"。1997年1月1日，由中国注册会计师协会发布的《独立审计具体准则第9号——内部控制与审计风险》则从外部审计的角度提出有关内部控制的要求。1997年12月31日，国家教育委员会发布的《教育系统企业内部控制制度评审实施办法（试行）》以及1998年2月18日由当时的煤炭工业部发布的《煤炭企业内部控制审计实施办法》等都是各部门所发布的针对各自内部控制审计评价的部门规范。

从上述法规的发布时间可以看出，在20世纪90年代后半期，我国的内部控制规范多从审计评价的视角制定，因此可以将其纳入一个相对集中的发展阶段。但是，这种阶段的划分并不意味着审计评价视角下的内部控制规范发展是完全停滞的。例如，2002年2月9日，中国注册会计师协会又发布了《内部控制审核指导意见》，用于"规范注册会计师执行内部控制审核业务，明确工作要求，保证执业质量"。当然，这个部门规定与 1997 年发布的《独立审计具体准则第 9 号——内部控制与审计风险》中的内部控制评价不同，《内部控制审核指导意见》中所指的内部控制审核是"注册会计师接受委托，就被审核单位管理当局对特定日期与会计报表相关的内部控制有效性的认定进行审核，并发表审核意见"，实质上是对内部控制本身的审核，而非以前作为"财务报告审计"基础的内部控制评价。当然，对于财务报表审计中识别出的内部控制缺陷等问题，财政部在 2010 年 11 月 1 日发布的《中国注册会计师审计准则第 1152 号——向治理层和管理层通报内部控制缺陷（2010 修订）》中，规定注册会计师应当向治理层和管理层通报哪些识别出的内部控制缺陷。除了外部审计的相关规范有所发展以外，内部审计相关规范也在与时俱进。例如，2003 年 4 月 12 日，中国内部审计协会发布了《内部审计具体准则第 5 号——内部控制审计》，从内部审计的角度对内部控制审计做了相关规范。此准则在 2013 年 8 月 20 日由中国内部审计协会发布的《中国内部审计准则》（中国内部审计协会公告 2013 年第 1 号）做了较为全面和系统的修订，并于 2014 年 1 月 1 日起施行。

2. 阶段二：涉及国计民生的重要行业和部门的内部控制规范发展阶段

对于一些涉及重大公众利益的重要行业而言，要求建立和健全内部控制制度一直以来是各个监管机关履行监管职责的重要抓手之一。金融行业在我国国民经济中有着举足轻重的作用，而中央企业则多数涉及国计民生的行业。因此，我国的金融行业监管机构和中央企业的监管部门率先针对各自监管的对象出台了相关的内部控制规范。

在金融行业方面，1997 年 5 月 16 日，中国人民银行发布了《加强金融机构内部控制的指导原则》，提出"为了有效防范金融风险，保证金融业安全稳健运行，各金融机构必须建立科学完善的内部控制制度"。该法规指出包括政策性银行、国有独资商业银行、其他商业银行、城乡信用社、信托投资公司、证券机构、保险机构、财务公司、融资租赁公司、典当行等非银行金融机构在内的金融机构均应当"建立健全有效的内部控制运行机制"，"管理层可以根据自身经营的规模和业务特点，制定实施各自的内部控制模式"。1997 年 12 月 30 日，中国人民银行又发布了《中国人民银行关于进一步完善和加强金融机构内部控制建设的若干意见》，进一步明确了金融机构内部控制建设的指导思想和目标，并提出"各金融机构要结合自身实际，制定出本单位清理整顿的措施步骤和具体时间表"，要求进一步强化统一法人制度，完善治理结构，健全内部制约机制，建立内部风险评估和监测制度等具体措施。1999 年 8 月 5 日，中国保险监督管理委员会（以下简称"保监会"）发布《保险公司内部控制制度建设指导原则》，首次对保险公司"建立科学、完善的内部控制制度"提出了系统的要求，提出了保险公司内部控制建设的目标和原则、内部控制的要素以及"组织机构系统、决策系统、执行系统、稽核监督系统和支持保障系统",强调"内部控制制度的管理与监督"等。2000年4月6日,中国证券监督管理委员会(以下简称"证监会")发布《关于加强期货经纪公司内部控制的指导原则》,首次要求"各期货经纪公司必须按照指导原则的要求,设立运作灵活、控制有效的内部控制机制,制定和实施行之有效、覆盖所有风险点的内部控制文本制度",并提出期货经纪公司内部控制制度建设的目标和原则、内部控制制度建设的具体要求和管理、监督规范。2001年1月31日,证监会发布《证券公司内部控制指引》,首次要求证券公司"应当按照本指引的要求,建立运行高效、控制严密的内部控制机制,制定科学合理、切实有效的内部控制制度",并明确了证券公司内部控制的目标和原则、基本要求以及主要内容等。[①] 2002年9月18日,中国人民银行首次发布了《商业银行内部控制指引》,旨在"促进商业银行建立和健全内部控制,防范金融风险,保障银行体系安全稳健运行",并对商业银行内部控制的基本要求、授信业务、资金业务、存款及柜台业务、中间业务、会计、计算机信息系统的内部控制建设以及内部控制的监督与纠正提出了具体的要求。[②] 2002年12月20日,中国证监会又发布了《证券投资基金管理公司内部控制指导意见》,首次对证券投资基金管理公司的内部控制建设提出了具体要求,并明确"公司董事会对公司建立内部控制系统和维持其有效性承担最终责任,公司经营层对内部控制制度的有效执行承担责任"。2005年2月28日,中国保监会发布《保险中介机构内部控制指引(试行)》,首次要求保险中介机构要建立健全内部控制,即通过制定和实施一系列制度、程序和方法,对风险进行事前防范、事中控制和事后评价的动态过程和机制。2007年1月17日,由当时的劳动和社会保障部发布《社会保险经办机构内部控制暂行办法》,首次要求"各级社会保险机构应建立健全内部控制制度,业务部门负责本业务环节的内部控制工作;稽核部门负责组织实施本地区、本部门管理范围内社会保险内部控制的监督检查工作。上级社会保险机构对下级社会保险机构的内部控制工作进行指导、监督和检查"。2007年10月12日,中国证监会发布《证券投资基金销售机构内部控制指导意见》,首次要求证券投资基金销售机构"应建立有效的内部控制制度,内容至少应包括内部环境控制、业务流程控制、会计系统内部控制、信息技术内部控制和监察稽核控制等"。

---

① 需要说明的是,2003年12月15日,中国证监会依据《中华人民共和国证券法》、《证券公司管理办法》和中国证监会审慎监管的要求对2001年发布的《证券公司内部控制》进行了修订。
② 需要说明的是,2007年7月30日,中国银行业监督管理委员会依据《中华人民共和国银行业监督管理法》、《中华人民共和国商业银行法》等法律规定和银行审慎监管要求,对2002年由中国人民银行发布的《商业银行内部控制指引》进行了修订。

在上述对银行、证券公司、保险公司、保险中介机构、证券投资基金销售机构等的内部控制建设做出一般性的规范后,各个监管部门又对金融机构中有代表性的具体业务或者子行业进行了更细致的规范,例如,2004年12月22日,国家外汇管理局发布了《保险业务外汇管理内部控制制度(试行)》;2004年12月25日中国银行业监督管理委员会(以下简称"中国银监会")发布了《商业银行内部控制评价试行办法》;2006年1月10日中国保监会发布了《寿险公司内部控制评价办法(试行)》;2006年6月30日中国证监会发布了《证券公司融资融券业务试点内部控制指引》(需要说明的是,该指引在2011年被重新修订),等等。

中央企业方面,作为监管中央所属企业(不含金融类企业)国有资产、代表国务院履行出资人职责的国有资产监督委员会(以下简称"国资委"),于2004年11月26日发布了《中央企业发展战略和规划管理办法》,旨在"规范中央企业发展战略和规划的编制与管理工作,提高企业发展战略和规划的科学性和民主性,依法履行出资人职责",为中央企业建立健全有效的内部控制制度提出了原则性的要求;2006年6月6日,为指导中央企业开展全面风险管理工作,进一步加强和完善国有资产监管工作,建立健全中央企业风险管理长效机制,从风险管理的角度提升我国企业的持久竞争力,提高投资回报,促进企业持续、健康和稳定发展,国资委发布了《中央企业全面风险管理指引》,对中央企业开展全面风险管理工作的总体目标、基本流程、组织体系、风险评估、风险管理策略、风险管理解决方案、监督与改进、风险管理文化、风险管理信息系统等方面进行了全面规范和要求。

3. 阶段三:上市公司内部控制规范的初步建立阶段

2000年11月2日,中国证监会发布了《公开发行证券公司信息披露编报规则第1号——商业银行招股说明书内容与格式特别规定》、《公开发行证券公司信息披露编报规则第3号——保险公司招股说明书内容与格式特别规定》以及《公开发行证券公司信息披露编报规则第5号——证券公司招股说明书内容与格式特别规定》,2000年12月21日,中国证监会又发布了《公开发行证券公司信息披露编报规则第7号——商业银行年度报告内容与格式特别规定》和《公开发行证券公司信息披露编报规则第8号——证券公司年度报告内容与格式特别规定》,它们基本构成了对金融类上市公司内部控制建设与信息披露的初步规范。在随后的2001年3月15日,中国证监会又发布了《公开发行证券的公司信息披露内容与格式准则第1号——招股说明书》,2001年4月10日,中国证监会发布的《公开发行证券的公司信息披露内容与格式准则第11号——上市公司发行新股招股说明书》,首次对包括金融类上市公司在内的所有"申请在中华人民共和国境内首次公开发行股票并上市的公司"以及"申请在中华人民共和国境内发行新股的上市公司"提出了内部控制规范。中国证监会在2001年12月10日发布的《公开发行证券公司信息披露内容与格式准则第2号——年度报告的内容与格式》，首次对包括金融类上市公司在内的所有"申请在中华人民共和国境内发行新股的上市公司"的配股说明书、增发招股意向书及增发招股说明书中的内部控制的信息披露提出要求。此准则在此后多年进行了多次修订，基本形成了证监会对于上市公司内部控制的规范要求。

需要重点指出的是，2005年10月19日，国务院以国发〔2005〕34号文批转了证监会《关于提高上市公司质量意见》，明确要求上市公司要建立健全内部控制制度。为此，结合新修订的《公司法》和《证券法》，2006年6月5日，上海证券交易所发布了《上海证券交易所上市公司内部控制指引》（简称《上交所内部控制指引》），要求沪市上市公司自2006年7月1日起开始执行。2006年9月28日，深圳证券交易所发布了《深圳证券交易所上市公司内部控制指引》（简称《深交所指引》），要求深市上市公司自2007年7月1日起执行。

4. 阶段四：内部控制规范体系的发布、实施与持续完善阶段

2008年6月28日，财政部、证监会、审计署、银监会、保监会在北京联合召开企业内部控制基本规范发布会暨首届企业内部控制高层论坛。会议发布了《企业内部控制基本规范》，并就贯彻实施基本规范做出了部署，自2009年7月1日起在上市公司范围内施行，标志着我国内部控制发展进入了规范发展时期。其中规定企业应当定期对内部控制的有效性进行自我评价，并出具内部控制自我评价报告；企业应聘请注册会计师对内部控制的设计和执行情况进行审计，接受企业委托的会计师事务所应当根据该规范内容和相关执业准则，对企业内部控制的有效性发表审计意见。该规范要求所有上市公司对其内部控制信息进行披露，包括内部控制自我评价报告和内部控制审计报告，同时强调区分了上市公司管理层和注册会计师各自的报告责任。

为了推动企业内部控制基本规范的具体应用，2010年4月26日，财政部等五部委颁布了《企业内部控制配套指引》（该指引包括《企业内部控制应用指引》、《企业内部控制评价指引》和《企业内部控制审计指引》）。指引要求所有境内外同时上市的公司自2011年1月1日起都要施行，上交所、深交所主板上市的公司自2012年1月1日起施行。2010年7月28日，深交所发布《深圳证券交易所主板上市公司规范运作指引》、《深圳证券交易所中小企业板上市公司规范运作指引》，在交易所层面进一步完善上市公司内部控制规范。

《企业内部控制基本规范》颁布后，原先就比较重视内部控制建设的金融行业相继发布了全新的行业公司内部控制准则或指引，例如，2010年8月10日，保监会制定了《保险公司内部控制基本准则》，同年11月25日，银监会发布了

《融资性担保公司内部控制指引》；2011年10月26日，证监会发布了《证券公司融资融券业务内部控制指引（2011修订）》；2012年3月1日，保监会发布了《保险公司非寿险业务准备金基础数据、评估与核算内部控制规范》。这些金融行业内部控制规范进一步提升了金融业公司内部控制建设要求，在相当大程度上提升了金融企业抵御金融风险、提升企业经营效率效果的作用。

为了规范注册会计师向治理层和管理层恰当通报在财务报表审计中识别出的内部控制缺陷，财政部于2010年11月1日发布了《中国注册会计师审计准则第1152号——向治理层和管理层通报内部控制缺陷（2010年修订）》，特别关注了注册会计师对于内部控制缺陷的定义和报告规范。

2012年2月23日，财政部就《企业内部控制基本规范》等相关规范执行过程中的一些问题，发布了《企业内部控制规范体系实施中相关问题解释第1号》，2012年9月24日，财政部发布了《企业内部控制规范体系实施中相关问题解释第2号》，都对企业具体执行内部控制基本规范和配套指引过程中所遇到的问题进行了解释。2012年5月7日，国资委、财政部发布《关于加快构建中央企业内部控制体系有关事项的通知》，对央企内部控制建设提出了新的要求。

为了有效确保主板上市公司有效实施企业内部控制规范体系，确保内部控制体系建设得以完善并取得实效，2012年8月14日，财政部办公厅会同证监会办公厅发布了《关于2012年主板上市公司分类分批实施企业内部控制规范体系的通知》（财办会〔2012〕30号），决定在主板上市公司分类分批推进完善企业内部控制规范体系。具体针对上市公司产权性质、市值规模、盈利能力等不同规定了相应的披露董事会内部控制评价报告和注册会计师的财务报告内部控制审计报告时间。

积极推动和建设职能科学、结构优化、廉洁高效、人民满意的服务型政府，加快涉及公共财政领域的配套改革，是有效推进政治经济体制改革的重要突破口。为此，财政部于2012年11月29日出台了《行政事业单位内部控制规范（试行）》（自2014年1月1日起施行），与之相适应，随后的2012年12月6日，财政部以第71号令的形式，公布了重新制定的《行政单位财务规则》（已于2013年1月1日起施行）；2012年12月还配套颁布了重新修订的《事业单位会计准则》、《事业单位会计制度》（也已于2013年1月1日起施行）。《行政事业单位内部控制规范（试行）》的颁布与实施，标志着社会主义市场经济体制的完善，首先表现为政府职能的转变已成现实，全行业时代推行和实施内部控制的机遇期已趋于成熟。推行和开展有效内部控制、提升管理效率和水平的科学管理机制，已开始从企业管理领域的应用逐步拓展到包括政府公共服务管理领域的、全社会各个领域的管理工作中来。在《行政事业单位内部控制规范（试行）》的基础上，为推动、指导各教育行政事业单位进一步完善内部控制，提高内部管理水平，教育部于 2013 年 12 月 5 日发布了《关于做好〈行政事业单位内部控制规范（试行）〉实施工作的通知》。2013 年 12 月 28 日，为推动石油石化行业企业有效实施企业内部控制规范体系，进一步提高石油石化行业企业经营管理水平和风险防范能力，根据国家有关法律法规、《企业内部控制基本规范》（财会〔2008〕7 号）及《企业内部控制配套指引》（财会〔2010〕11 号）等相关规定，财政部制定了《石油石化行业内部控制操作指南》。该指南表明了内部控制规范由整体的框架建设，向具体行业具体问题持续建设逐步迈进。

二、我国上市公司内部控制规范的演化与具体要求

为了更加清晰地说明我国上市公司内部控制规范的演化过程，并详细说明各个发展阶段中内部控制规范的具体要求，本节拟以时间发展为脉络，对我国上市公司内部控制相关规范制度进行逐一说明与分析。

1. 2000 年我国上市公司内部控制规范

关于上市公司内部控制的相关规范，需要追溯到 2000 年 11 月 2 日中国证监会发布的《公开发行证券公司信息披露编报规则第 1 号——商业银行招股说明书内容与格式特别规定》、《公开发行证券公司信息披露编报规则第 3 号——保险公司招股说明书内容与格式特别规定》以及《公开发行证券公司信息披露编报规则第 5 号——证券公司招股说明书内容与格式特别规定》，它们首次针对上市公司内部控制建设和信息披露做出了明确的要求，即商业银行、保险公司和证券公司应在招股说明书正文中专设一部分披露其对内部控制制度完整性、合理性及有效性所做出的相关说明。与此同时，要委托聘请的会计师事务所对公司内部控制制度的"三性"进行评价，提出改进建议，并以内部控制评价报告的形式做出报告，内部控制评价报告随招股说明书一并呈报中国证监会。如果注册会计师指出以上"三性"存在严重缺陷的，应予详尽披露，并说明准备采取的改进措施。

2000 年 12 月 21 日，中国证监会又发布了《公开发行证券公司信息披露编报规则第 7 号——商业银行年度报告内容与格式特别规定》和《公开发行证券公司信息披露编报规则第 8 号——证券公司年度报告内容与格式特别规定》，明确要求商业银行和证券公司应在年度报告中对内部控制制度的合理性、完整性和有效性进行说明，同时要求其所聘请的会计师事务所出具评价报告，对其内部控制制度及是否满足"三性"要求进行评价并提出改进建议，与评价报告一并报送证监会和证券交易所。如果会计师事务所评估发现商业银行和证券公司在"三性"要求上存在严重缺陷，商业银行和证券公司董事会要予以说明，监事会就董事会所

做说明发表意见并给予披露。上述五个法规反映出证监会特别关注金融类上市公司的内部控制建设与信息披露，而对一般性的上市公司并未做强制性规定。[①] 它们基本构成了对金融类上市公司内部控制建设与信息披露的初步规范，即强制要求金融类上市公司招股说明书和年度报告中披露内部控制制度的情况，但对具体要披露的内容未作规定；会计师事务所需要提供企业内部控制评价报告，但并没有要求其提供审核报告，也没有要求对外公开。

2. 2001年我国上市公司内部控制规范

2001年3月15日，中国证监会发布了《公开发行证券的公司信息披露内容与格式准则第1号——招股说明书》（简称《准则第1号（2001年版）》），首次对包括金融类上市公司在内的所有"申请在中华人民共和国境内首次公开发行股票并上市的公司"提出了内部控制信息披露要求，即"发行人应披露公司管理层对内部控制制度完整性、合理性及有效性的自我评估意见。注册会计师指出以上'三性'存在重大缺陷的，应予披露并说明改进措施"。

2001年4月10日，中国证监会发布了《公开发行证券的公司信息披露内容与格式准则第11号——上市公司发行新股招股说明书》（简称《准则第11号（2001版）》），对包括金融类上市公司在内的所有"申请在中华人民共和国境内发行新股的上市公司"在其配股说明书、增发招股意向书及增发招股说明书中的内部控制的信息披露提出要求，即"发行人应披露管理层对内部控制制度的完整性、合理性及有效性的自我评估意见，同时应披露注册会计师关于发行人内部控制制度评价报告的结论性意见。如注册会计师指出以上'三性'存在重大缺陷，发行人对相关内容应予详尽披露，并说明改进措施"。

中国证监会在2001年12月10日发布了《公开发行证券公司信息披露内容与格式准则第2号——年度报告的内容与格式》（2001年修订），该规定要求监事会在年度报告中应对如下事项发表独立意见：公司实际运作情况；公司决策程序是否符合法律法规要求；是否建立了完善的内部控制制度；公司高管是否有违法违规或者损害公司利益的行为。从此准则的表述可以看出，内部控制信息披露的主体是监事会，这与前述证监会在同年4月10日发布的《公开发行证券的公司信息披露内容与格式准则第11号——上市公司发行新股招股说明书》中规定的管理层是内部控制信息披露主体相悖。另外，该准则仅要求监事会对内部控制的评价只有在内部控制存在缺陷的情况下才需要披露，另外也没有要求注册会计师对

---

① 需要说明的是2001~2003年，上述法规进行了修订，以2003年3月19日发布的《公开发行证券的公司信息披露编报规则第18号——商业银行信息披露特别规定》为代表，但对内部控制报告的要求并没有多大变化。

企业的内部控制自我评估意见进行审核,因此该准则过于简单笼统。

3. 2002 年我国上市公司内部控制规范

2002 年 2 月 9 日,中国注册会计师协会发布的《内部控制审核指导意见》,对于注册会计师执行上市公司内部控制审核业务做出了具体的指导。

2002 年 9 月 18 日,中国人民银行首次发布的《商业银行内部控制指引》,对上市商业银行的内部控制建设提出了多项详细的要求。

4. 2003 年我国上市公司内部控制规范

2003 年 3 月 24 日,中国证监会发布了《公开发行证券的公司信息披露内容与格式准则第 1 号——招股说明书》(2003 年修订版)。在此修订版本中,原先《准则第 1 号(2001 版)》中关于内部控制信息披露的要求没有发生变化。

2003 年 3 月 24 日,中国证监会发布了《公开发行证券的公司信息披露内容与格式准则第 11 号——上市公司发行新股招股说明书》(2003 年修订版)。在此修订版本中,原先《准则第 11 号(2001 版)》中关于内部控制信息披露的要求没有发生变化。

2003 年 12 月 22 日,中国证监会发布了《公开发行证券公司信息披露内容与格式准则第 2 号——年度报告的内容与格式》(2003 年修订),与该准则 2001 年版本相比,其内部控制信息披露相关的规范内容没有变化。

5. 2004 年我国上市公司内部控制规范

2004 年 12 月 13 日,中国证监会发布了《公开发行证券公司信息披露内容与格式准则第 2 号——年度报告的内容与格式》(2004 年修订),与之前的该准则 2001 年和 2003 年版本相比,其内部控制信息披露相关的规范内容没有变化。

6. 2005 年我国上市公司内部控制规范

2005 年 10 月 19 日,国务院以国发〔2005〕34 号文批转了证监会《关于提高上市公司质量意见》,要求上市公司要建立健全内部控制制度,并"对内部控制制度的完整性、合理性及其实施的有效性进行定期检查和评估,同时要通过外部审计对公司的内部控制制度以及公司的自我评估报告进行核实评价,并披露相关信息"。同年 12 月 9 日,国资委发布《关于贯彻落实〈国务院批转证监会关于提高上市公司质量意见的通知〉的通知》,要求"各级国有资产监督管理机构和国有及国有控股企业要认真学习 34 号文件","国有控股上市公司完善内部控制制度,杜绝资金占用问题的再度发生"。

2005 年 12 月 15 日,中国证监会发布了《公开发行证券公司信息披露内容与格式准则第 2 号——年度报告的内容与格式》(2005 年修订),与之前的该准则 2001 年、2003 年和 2004 年版本相比,其内部控制信息披露相关的规范内容没有变化。

7. 2006 年我国上市公司内部控制规范

2006 年 5 月 8 日，中国证监会发布了《公开发行证券的公司信息披露内容与格式准则第 11 号——上市公司发行新股招股说明书》(2006 年修订版)。在此版准则中，删去了关于内部控制信息的披露要求。

2006 年 5 月 17 日，中国证监会发布《首次公开发行股票并上市管理办法》，要求"发行人的内部控制制度健全且被有效执行，能够合理保证财务报告的可靠性、生产经营的合法性、营运的效率与效果"；规定发行人的内部控制在所有重大方面是有效的，并由注册会计师出具了无保留结论的内部控制鉴证报告。

2006 年 5 月 18 日，中国证监会发布了《公开发行证券的公司信息披露内容与格式准则第 1 号——招股说明书》(2006 年修订版)。此准则明确提出需要披露"注册会计师对公司内部控制的鉴证意见"，并要求"注册会计师指出公司内部控制存在缺陷的，应予披露并说明改进措施"，相比以前的版本，删去了"重大"两字，从而提高了信息披露的要求。另外，在 2006 年修订稿中，还增加了发行人需要披露"内部控制有效性不足导致的风险"因素的要求。

为了提高上市公司财务报告的可靠性，沪深证券交易所也加强了对上市公司内部控制信息披露的监管。2006 年 6 月 5 日，上海证券交易所发布了《上海证券交易所上市公司内部控制指引》(简称《上交所内部控制指引》)，要求沪市上市公司自 2006 年 7 月 1 日起开始执行。上交所内部控制指引对上市公司建立健全和有效实施内部控制制度以及内部控制信息披露方面，做出详细的规定，其中规定董事会要与年度报告一起披露内部控制自我评估报告及会计师事务所对自我评估报告的核实评价意见。该指引对内部控制自我评估报告内容和内部控制缺陷的披露内容作了较详尽的规定。这是我国首次对上市公司年报内部控制信息披露做出的强制性规定。与之前证监会颁布的内部控制相关规定相比，《上交所内部控制指引》的主要变化有三点：一是首次强制性要求企业披露内部控制信息；二是明确内部控制自我评估报告的责任主体是董事会；三是要求会计师事务所对内部控制自评报告发表评估意见。但对评价依据、披露位置等没有具体的规定。

2006 年 9 月 28 日，深圳证券交易所发布了《深圳证券交易所上市公司内部控制指引》(简称《深交所指引》)，要求深市上市公司自 2007 年 7 月 1 日起执行。其中规定内部控制信息披露的内容包括：董事会对公司内部控制情况的自评报告；公司监事会和独立董事对董事会自评报告发表的意见；注册会计师对公司财务报告内部控制情况出具评价意见。这是继《上交所指引》之后又一份对上市公司内部控制信息披露监管的文件，不同之处在于它是对在深圳证券交易所上市的公司的约束规范。

《上交所内部控制指引》和《深交所指引》的颁布标志着我国上市公司内部控

制信息披露进入了强制性披露阶段,即使最后没有严格按照指引的规定强制上市公司执行,但起码也表明内部控制信息披露进入了快速发展的新阶段。

2006年12月28日,上海证券交易所发布《关于做好上市公司2006年年度报告工作的通知》(以下简称《上交所2006年度通知》),与以往每年发布的年度报告工作通知不同的是,上交所在2006年年度报告工作通知中第一次要求上市公司披露内部控制信息,即"在2006年年报全文的'重要事项'部分,说明公司内部控制建立健全的情况,包括内部控制建立健全的工作计划、内部控制检查监督部门的设置情况、董事会对内部控制有关工作的安排等",而且"鼓励有条件的上市公司与本次年报同时披露董事会对公司内部控制的自我评估报告和审计机构对自我评估报告的核实评价意见"。值得注意的是,上述规定中仅用了"鼓励"披露内部控制自我评估报告,与2006年《上交所内部控制指引》中相对强制的内部控制信息披露的初衷相悖。

2006年12月28日,深圳证券交易所发布《关于做好上市公司2006年年度报告工作的通知》(以下简称《深交所2006年度通知》),与以往每年发布的"年度报告工作通知"不同的是,深交所在2006年年度报告工作通知中第一次鼓励上市公司参照上交所发布的《上交所内部控制指引》的要求,在披露2006年年度报告的同时,披露公司内部控制制度的建立及执行情况。

8. 2007年我国上市公司内部控制规范

2007年12月17日,中国证监会发布《公开发行证券公司信息披露内容与格式准则第2号——年度报告的内容与格式》(2007年修订)。在此版本中,除了如以前版本要求在监事会报告中有内部控制的相关信息披露以外,还增加规定在公司年报中的"公司治理结构"部分,要"说明生产经营控制、财务管理控制、信息披露控制等内部控制制度的建立和健全情况,包括内部控制制度建立健全的工作计划及其实施情况、内部控制检查监督部门的设置情况、董事会对内部控制有关工作的安排、与财务核算相关的内部控制制度的完善情况。同时鼓励央企控股的、金融类及其他有条件的上市公司披露董事会出具的、经审计机构核实评价的公司内部控制自我评估报告"。

2007年12月28日,证监会发布《关于做好上市公司2007年年度报告及相关工作的通知》(简称《证监会2007年度通知》),要求"建立健全内部控制制度,强化对内部控制制度的检查和披露","上市公司应在2007年年报中全面披露公司内部控制建立健全的情况,包括建立健全内部控制的工作计划及其实施情况、内部控制检查监督部门的设置和人员到位情况、董事会对内部控制有关工作的安排、相关的责任追究机制"以及"鼓励央企控股、金融类及其他有条件的上市公司在披露2007年年报的同时披露董事会对公司内部控制的自我评估报告和审计机构对自我评估报告的核实评价意见"。

2007年12月28日,深交所发布的《关于做好上市公司2007年年度报告工作的通知》(以下简称《深交所2007年度通知》),首次要求上市公司"应当按照本所《上市公司内部控制指引》的要求,对公司内部控制的有效性进行审议评估,做出内部控制自我评价","公司监事会和独立董事应当对公司内部控制自我评价发表意见","自我评价结果可以在年报全文'公司治理结构'一节中披露,也可以单独形成自我评价报告与年报同时对外披露",首次提及"鼓励有条件的公司聘请审计机构就公司财务报告内部控制情况出具评价意见",可见,深交所已经要求上市公司对公司内部控制进行自我评价,并相对强制要求对外披露内部控制自我评价报告;而且,深交所对于注册会计师的审核评价意见仅针对与财务报告相关的内部控制。而且,《深交所2007年度通知》还对上市公司所应当做出的"内部控制自我评价"提出了相对详细且更具操作性的内容和格式的披露要求,这点在以后各年的通知中都得到了很好的延续。

9. 2008年我国上市公司内部控制规范

2008年1月2日,上交所发布了《关于做好上市公司2007年年度报告工作的通知》。该通知中关于内部控制的规范要求与《上交所2006年度通知》没有差异。与《深交所2007年度通知》相比,上交所对于上市公司在2007年度内部控制信息披露方面较为宽松。首先,对于内部控制自我评价报告,深交所要求强制披露,但上交所还处在"鼓励"阶段;其次,对于内部控制自我评价报告,深交所给出了较为翔实、具有操作性的内容和格式要求,而上交所并无此规定;最后,深交所明确了"财务报告内部控制",而上交所并没有清晰地界定。

2008年6月28日,财政部、证监会、审计署、银监会、保监会在北京联合召开企业内部控制基本规范发布会暨首届企业内部控制高层论坛。会议发布了《企业内部控制基本规范》,并就贯彻实施基本规范做出了部署,自2009年7月1日起在上市公司范围内施行,标志着我国内部控制发展进入了规范发展时期。其中规定,企业应当定期对内部控制的有效性进行自我评价,并出具内部控制自我评价报告;企业应聘请注册会计师对内部控制的设计和执行情况进行审计,接受企业委托的会计师事务所应当根据该规范内容和相关执业准则,对企业内部控制的有效性发表审计意见。该规范要求所有上市公司对其内部控制信息进行披露,包括内部控制自我评价报告和内部控制审计报告,同时强调区分了上市公司管理层和注册会计师各自的报告责任。《企业内部控制基本规范》的颁布表明财政部等监管部门加大了对上市公司内部控制体系建设的监管力度,进一步强化了对上市公司内部控制信息披露的规定,但由于缺乏对内部控制自我评估报告的具体内容、评价标准的具体指引,可操作性不强,而且与之前的沪、深交易所的指引中的规定并不完全一致，该规范在上市公司的实际执行情况并没有达到预期的目的。

2008 年 12 月 26 日，证监会发布《关于做好上市公司 2008 年年度报告及相关工作的通知》，要求上市公司在年报中"全面披露公司内部控制机制建立健全的情况"，尤其单独提出对于公允价值方面的内部控制制度进行信息披露。

2008 年 12 月 30 日，上交所发布的《关于做好上市公司 2008 年年度报告工作的通知》（以下简称《上交所 2008 年度通知》）提出了新的内部控制信息披露要求。其中，第九条规定：上市公司应当在 2008 年年报全文的"公司治理结构"部分，说明公司内部控制制度建立健全的情况，包括但不限于公司内部控制建立情况、内部控制检查监督机制运行情况、董事会及其审计委员会对公司内部控制工作的指导工作情况、落实《企业内部控制基本规范》（财会〔2008〕7 号）等规定的计划等。第十条规定："上证公司治理板块"样本公司、发行境外上市外资股的公司及金融类公司，应在 2008 年年报披露的同时披露董事会对公司内部控制的自我评估报告（以下简称"内部控制报告"）。本所鼓励其他有条件的上市公司在 2008 年年报披露的同时披露内部控制报告。本所鼓励上市公司聘请审计机构对公司内部控制进行核实评价，公司聘请审计机构对公司内部控制进行核实评价的，应披露审计机构对公司内部控制的核实评价意见。从上述《通知》来看，上交所对于 2008 年度年报中的内部控制自我评估报告的披露有了强制性的要求，即对于"上证公司治理板块"样本公司、发行境外上市外资股的公司及金融类公司，强制要求披露董事会对公司内部控制的自我评估报告，而对于内部控制审计或者核实评价报告则并不强制要求。

2008 年 12 月 31 日，深交所发布《关于做好上市公司 2008 年年度报告工作的通知》（以下简称《深交所 2008 年度通知》），要求按照《企业内部控制基本规范》和深交所《上市公司内部控制指引》的规定，以单独报告的形式，披露内部控制自我评价报告，而且"内部控制自我评价报告须经董事会审议通过，公司监事会和独立董事应当对公司内部控制自我评价报告发表意见"。另外，《深交所 2008 年度通知》"鼓励公司聘请审计机构就公司财务报告内部控制情况出具鉴证报告"。

10. 2009 年我国上市公司内部控制规范

2009 年 12 月 29 日，证监会发布《关于做好上市公司 2009 年年度报告及相关工作的公告》，要求"上市公司应当严格执行企业会计准则及财务报告披露的相关规定，建立健全与财务报告相关的内部控制制度"，"上市公司应按照《企业内部控制基本规范》的要求，认真做好公司内部控制建设、有效贯彻执行内部监督和自我评价以及内部控制审计和信息披露工作"，对于董事会和审计委员会对内部控制的责任做出了明确界定，即"公司董事会应按照内部控制规范的相关要求，切实承担起建立健全和有效实施内部控制的责任，制定并完善公司建立健全内部控制的总体规划，成立或指定专门的机构具体负责组织协调内部控制系统的建立实施及日常工作。审计委员会应认真履行对内部控制有效实施和自我评价的审查及监督职责，做好内部控制审计的协调工作"，"上市公司应在年报'公司治理结构'部分专项披露内部控制建设的总体方案、内部控制规范建立健全情况、内部监督和内部控制自我评价工作开展情况、内部控制存在的缺陷及整改情况等内容"。

2009年12月31日，上交所发布的《关于做好上市公司2009年年度报告工作的通知》与《上交所2008年度通知》中的内部控制规范没有差异。2009年12月31日，深交所发布的《关于做好上市公司2009年年度报告工作的通知》与《深交所2008年度通知》中关于内部控制的规范没有差异。

11. 2010年我国上市公司内部控制规范

为了推动企业内部控制基本规范的具体应用，2010年4月26日，财政部等五部委颁布了《企业内部控制配套指引》（该指引包括《企业内部控制应用指引》、《企业内部控制评价指引》和《企业内部控制审计指引》）。指引要求所有境内外同时上市的公司自2011年1月1日起都要施行，上交所、深交所主板上市的公司自2012年1月1日起施行。配套指引对内部控制信息披露方面的规定更为具体，包括内部控制评价的内容、程序和方法，内部控制缺陷的认定，内部控制评价报告应披露的内容，内部控制审计程序、方法和内部控制审计报告的出具类型等。上述指引为企业建立健全内部控制体系、管理层进行内部控制有效性的自我评价、注册会计师执行内部控制审计业务提供了具有可操作性的依据。

2010年7月28日，深交所发布《深圳证券交易所主板上市公司规范运作指引》、《深圳证券交易所中小企业板上市公司规范运作指引》，专门用一章对上市公司"内部控制"进行相关规范。首先明确"公司董事会应当对公司内部控制制度的制定和有效执行负责"，"上市公司的内部控制活动应当涵盖公司所有营运环节，包括销售及收款、采购和费用及付款、固定资产管理、存货管理、资金管理（包括投资融资管理）、财务报告、信息披露、人力资源管理和信息系统管理等"，并"对控股子公司的管理控制、对关联交易、对外担保、募集资金使用、重大投资、信息披露、内部控制的检查和披露"活动控制，要求建立相应的控制政策和程序。

为了规范注册会计师向治理层和管理层恰当通报在财务报表审计中识别出的内部控制缺陷，财政部于2010年11月1日发布了《中国注册会计师审计准则第1152号——向治理层和管理层通报内部控制缺陷（2010年修订）》，特别关注了注册会计师对于内部控制缺陷的定义和报告规范。

2010年12月31日，证监会发布《上市公司2010年年度报告及相关工作的公告》（以下简称《证监会2010年度公告》），明确了董事会对公司内部控制的建立健全和有效运行负全面责任，并做出申明。上市公司应在年报"公司治理结构"部分披露公司财务报告内部控制制度的建立和运行情况。上市公司应披露：建立财务报告内部控制的依据；本年内发现的财务报告内部控制重大缺陷的具体情况，包括缺陷发生的时间、对缺陷的具体描述、缺陷对财务报告的潜在影响；已实施或拟实施的整改措施、整改时间表、整改责任人及整改效果。鼓励上市公司披露董事会出具的内部控制自我评价报告和注册会计师出具的财务报告内部控制审计报告。对于"境内外同时上市的公司"，强制要求其在年报"董事会报告"部分披露建立健全内部控制体系的工作计划和实施方案。同时，出具内部控制自我评价报告的上市公司，应在年报"监事会报告"部分说明监事会已经审阅了内部控制自我评价报告以及对董事会自我评价报告是否有异议。

2010年12月31日，上交所发布的《关于做好上市公司2010年年度报告工作的通知》与《上交所2008年度通知》中所规定的内部控制规范没有差异。

2010年12月31日，深交所发布的《关于做好上市公司2010年年度报告工作的通知》（以下简称《深交所2010年度通知》）除了类似《深交所2008年度通知》的相关规定以外，特别对中小企业板和创业板公司做出了具体规定，即"至少每两年要求会计师事务所对公司与财务报告相关的内部控制有效性出具一次内部控制审计报告"，而对于主板上市公司并没有强制要求出具内部控制审计报告，仅仅停留在"如有"则披露的层面。

12. 2011年我国上市公司内部控制规范

2011年12月30日，证监会发布《关于做好上市公司2011年年度报告及相关工作的公告》，除了《证监会2010年度公告》规定的以外，要求"上市公司应在年报'内部控制'部分披露建立年报信息披露重大差错责任追究制度的情况"，更明确地要求"境内外同时上市的公司应当按照《企业内部控制评价指引》和《企业内部控制审计指引》等的要求披露董事会出具的内部控制自我评价报告和注册会计师出具的财务报告内部控制审计报告"。鼓励试点上市公司披露上述报告，主板上市公司自2012年起全面执行。试点上市公司如果仅针对母公司及重要子公司进行了内部控制的建设、评价和审计工作，需要在内部控制自我评价报告和财务报告内部控制审计报告中明确说明实施的范围和界定依据。另外，还要求"对于聘请注册会计师对财务报告内部控制进行审计的公司，注册会计师应按照《企业内部控制审计指引》及其实施意见的要求执行与财务报告相关内部控制的审计。内部控制审计过程中，注册会计师应坚持自上而下的审计方法，注重结合整合审计的要求，充分了解与认定有关的交易处理流程，识别出企业层面的控制及业务流程中可能发生的错报风险和相关的控制，测试控制设计和运行的有效性，并出具恰当的审计意见。内部控制审计获取的审计证据和形成的结论应同时考虑财务报表审计中所进行的实质性测试结果，切实将整合审计落到实处"。

2011年12月30日，上交所发布的《关于做好上市公司2011年年度报告工作的通知》（以下简称《上交所2011年度通知》）对上市公司内部控制信息披露有了新的要求。除了同《上交所2008年度通知》等一样对于"上证公司治理板块"样本公司、境内外同时上市的公司及金融类公司要求披露内部控制自我评价报告以外，《上交所2011年度通知》首次强制要求"境内外同时上市的公司，除应披露内部控制报告外，还应披露注册会计师出具的财务报告内部控制审计报告"。虽然对于其他公司并没有强制要求披露，但《上交所2011年度通知》中要求"本所其他上市公司也应根据《企业内部控制基本规范》和《企业内部控制配套指引》等相关要求，做好公司内部控制的评价工作，为2012年全面实施内部控制评价和审计做好充分准备，并在2011年年报'董事会报告'中披露建立健全内部控制体系的工作计划和实施方案"。另外，在披露形式上，《上交所2011年度通知》也首次要求公司的内部控制报告、注册会计师出具的财务报告内部控制审计报告应在本所网站以"单独报告"的形式披露。

2011年12月30日，深交所发布的《关于做好上市公司2011年年度报告工作的通知》（以下简称《深交所2011年度通知》）中，除了如《深交所2010年度通知》中的规定以外，首次明确要求13家A+H公司和70家内部控制试点企业，需要披露内部控制自我评价报告和会计师事务所出具的内部控制审计报告。这是深交所首次对于主板企业强制要求披露内部控制审计报告。

13. 2012年我国上市公司内部控制规范

2012年2月23日，财政部就《企业内部控制基本规范》等相关规范执行过程中的一些问题，发布了《企业内部控制规范体系实施中相关问题解释第1号》，就"董事会申明"、"内部控制评价工作的总体情况"、"内部控制评价的范围"、"内部控制评价的程序和方法"、"内部控制缺陷及其认定"、"内部控制缺陷的整改情况"以及"内部控制有效性的结论"等问题做出了解释。其中，进一步明确董事会、监事会和经理层对于内部控制的责任，即"建立健全并有效实施内部控制是公司董事会的责任；监事会对董事会建立与实施内部控制进行监督；经理层负责组织领导公司内部控制的日常运行"；内部控制评价的范围并非仅仅为财务报告内部控制，而是"涵盖了公司经营管理的主要方面，不存在重大遗漏"；在内部控制评价程序和方法中，要广泛应用诸如"个别访谈、调查问题、专题讨论、穿行测试、实地查验、抽样和比较分析等适当方法"；对于内部控制缺陷及其认定，"公司董事会根据基本规范、评价指引对重大缺陷、重要缺陷和一般缺陷的认定要求，结合公司规模、行业特征、风险偏好和风险承受度等因素，研究确定了适用本公司的内部控制缺陷具体认定标准"，并强调内部控制整改情况等相关信息的披露。

2012年5月7日，国资委、财政部发布《关于加快构建中央企业内部控制体系有关事项的通知》，提出"提高思想认识，切实加强对内部控制工作的组织领导"、"分类分步推进，全面启动内部控制建设与实施工作"、"立足企业实际，建立健全内部控制体系"、"采取得力措施，确保内部控制有效执行"、"加强评价与审计，促进内部控制持续改进与优化"以及"按时报送评价报告，加强出资人监督检查"等要求。

为了有效确保主板上市公司有效实施企业内部控制规范体系，确保内部控制体系建设得以完善并取得实效，2012年8月14日，财政部办公厅会同证监会办公厅发布了《关于2012年主板上市公司分类分批实施企业内部控制规范体系的通知》（财办会〔2012〕30号），决定在主板上市公司分类分批推进实施企业内部控制规范体系。具体针对上市公司产权性质、市值规模、盈利能力等不同规定了相应的披露董事会内部控制评价报告和注册会计师的财务报告内部控制审计报告时间。即"中央和地方国有控股上市公司，应于2012年全面实施企业内部控制规范体系，并在披露2012年公司年报的同时，披露董事会对公司内部控制的自我评价报告以及注册会计师出具的财务报告内部控制审计报告"；"非国有控股主板上市公司，且于2011年12月31日公司总市值（证监会算法）在50亿元以上，同时2009~2011年平均净利润在3000万元以上的，应在披露2013年公司年报的同时，披露董事会对公司内部控制的自我评价报告以及注册会计师出具的财务报告内部控制审计报告"；"其他主板上市公司，应在披露2014年公司年报的同时，披露董事会对公司内部控制的自我评价报告以及注册会计师出具的财务报告内部控制审计报告"；"特殊情况：一是主板上市公司因进行破产重整、借壳上市或重大资产重组，无法按照规定时间建立健全内部控制体系的，原则上应在相关交易完成后的下一个会计年度年报披露的同时，披露内部控制自我评价报告和审计报告，且不早于参照上述原则确定的披露时间；二是新上市的主板上市公司应于上市当年开始建设内部控制体系，并在上市的下一年度年报披露的同时，披露内部控制自我评价报告和审计报告，且不早于参照上述原则确定的披露时间"。

2012年9月19日，中国证监会发布《公开发行证券公司信息披露内容与格式准则第2号——年度报告的内容与格式》（2012年修订）。该版本删去了之前版本中在"监事会报告"以及"公司治理结构"中的内部控制信息披露要求，而是在公司年报"重要事项"和"内部控制"两节中集中披露内部控制信息。在

"重要事项"部分,该准则要求"公司报告期内若聘请了内部控制审计会计师事务所、财务顾问或保荐人,应当披露聘任内部控制审计会计师事务所、财务顾问或保荐人的情况,报告期内支付给内部控制审计会计师事务所、财务顾问或保荐人的报酬情况"。在单独的"内部控制"部分中,该准则集中要求"公司应当披露董事会关于内部控制责任的声明,并披露建立财务报告内部控制的依据以及内部控制制度建设情况";"主板(不含中小企业板)上市公司应当按照规定的实施范围披露董事会审议通过的内部控制自我评价报告";"鼓励中小企业板上市公司披露董事会审议通过的内部控制自我评价报告";"按照规定要求对内部控制进行审计的公司,应当披露会计师事务所出具的内部控制审计报告。若会计师事务所出具非标准意见的内部控制审计报告或者内部控制审计报告与董事会的自我评价报告意见不一致的,公司应当解释原因"。可见,2012年版的该准则在内部控制信息披露方面有了本质上的提升。

2012年9月24日,财政部发布《企业内部控制规范体系实施中相关问题解释第2号》,指出"企业内部控制规范体系正式实施一年多来,总体平稳,但在具体实施过程中,部分企业还存在理解认识上的不到位和实际执行上的偏差",因此对诸如"企业应如何正确把握内部控制的组织实施工作"、"不同的企业应如何把握好内部控制实施工作的进度和重点"、"企业应如何改善内部控制专业人才缺乏的状况"、"集团性企业应如何确定内部控制评价的范围"、"企业在选择中介机构协助开展内部控制体系建设与实施工作时,应重点考虑哪些因素"、"企业应采用何种组织形式开展内部控制评价工作"、"企业应如何对待内部控制评价中发现的缺陷"、"如果会计师事务所将其内部控制咨询业务和内部控制审计业务进行分离后,是否可以为同一企业提供内部控制审计和咨询服务"、"注册会计师在开展内部控制审计时应如何安排时间"以及"与大、中型企业相比,小型企业在实施内部控制时应有哪些特殊的考虑"等10个问题进行了详细的解读。

2012年12月12日,证监会发布《关于做好上市公司2012年年度报告及相关工作的公告》,要求"上市公司应当按照《企业内部控制基本规范》(财会〔2008〕7号)和《企业内部控制配套指引》的要求,建立健全并有效执行内部控制制度,同时按照《关于2012年主板上市公司分类分批实施企业内部控制规范体系的通知》(财会办〔2012〕30号)的规定,披露董事会审议通过的内部控制自我评价报告以及注册会计师出具的财务报告内部控制审计报告。鼓励其他未纳入实施范围的上市公司披露上述报告"。公告中没有强调董事会和监事会在内部控制建立健全方面的关键责任和作用,但却强调了规范内部控制审计的要求,即"注册会计师应当按照《企业内部控制审计指引》及其实施意见的要求执行与财务报告相关的内部控制审计。会计师事务所应当严格遵守《中国注册会计师职业道德守则》

的要求,审慎承接内部控制审计业务,不得与具有网络关系的中介机构同时为同一企业提供内部控制咨询和审计服务。在内部控制审计过程中,注册会计师应当重点关注利用他人工作、信息技术应用控制评估、内部控制缺陷评价等环节的审计程序,审慎出具内部控制审计意见"。

2012年12月31日,上交所发布《关于做好上市公司2012年年度报告工作的通知》,其中要求除了以前年度要求的"上证公司治理板块"样本公司、发行境外上市外资股的公司及金融类公司以外,还要求按照"《关于2012年主板上市公司分类分批实施企业内部控制规范体系的通知》(财办会〔2012〕30号)要求的上市公司"也必须强制要求披露董事会对内部控制的自我评价报告,同时鼓励拟申请加入"上证公司治理板块"及其他上市公司披露内部控制报告。对于内部控制审计报告,该通知要求"境内外同时上市以及符合《关于2012年主板上市公司分类分批实施企业内部控制规范体系的通知》(财办会〔2012〕30号)要求的上市公司,除应当披露内部控制报告外,还应当披露注册会计师出具的财务报告内部控制审计报告",鼓励其他上市公司披露内部控制审计报告。

2012年12月31日,深交所发布的《关于做好上市公司2012年年度报告工作的通知》(以下简称《深交所2012年度通知》)中,除了如《深交所2011年度通知》的要求以外,还要求按照"《关于2012年主板上市公司分类分批实施企业内部控制规范体系的通知》(财办会〔2012〕30号)中所述的主板中央和地方国有控股上市公司"需要内部控制自我评价报告和会计师事务所出具的内部控制审计报告。另外,《深交所2012年度通知》中首次要求"中小企业板上市公司应当对2012年度内部控制规则的落实情况进行自查",并编制"内部控制规则落实自查表"。

14. 2013年我国上市公司内部控制规范

2013年12月28日,为推动石油石化行业企业有效实施企业内部控制规范体系,进一步提高石油石化行业企业经营管理水平和风险防范能力,根据国家有关法律法规、《企业内部控制基本规范》(财会〔2008〕7号)及《企业内部控制配套指引》(财会〔2010〕11号)等相关规定,财政部制定了《石油石化行业内部控制操作指南》。该指南对于石油石化行业上市公司的内部控制建设与信息披露有着重要的指导作用。

2013年12月31日,上交所和深交所发布的《关于做好上市公司2013年年度报告工作的通知》中的内部控制信息披露要求,与《上交所2012年度通知》、《深交所2012年度通知》没有大的差异。

15. 2014年我国上市公司内部控制规范

为分步推进资本市场全面贯彻实施企业内部控制规范体系,规范上市公司内部控制信息披露行为，保护投资者的合法权益，中国证监会联合财政部于2014年1月3日共同发布了《公开发行证券的公司信息披露编报规则第21号——年度内部控制评价报告的一般规定》，要求所有需要披露内部控制评价报告的上市公司参照执行。该准则再次强调了公司董事会对于内部控制评价报告的责任，指出"公司董事会及全体董事应保证提供的年度内部控制评价报告不存在虚假记载、误导性陈述或重大遗漏，并就年度内部控制评价报告的真实性、准确性、完整性承担个别和连带的法律责任"。该准则进一步明确了公司年度内部控制评价报告所要包含的要素，并统一了标题和收件人。该准则进一步说明内部控制评价报告并非仅针对财务报告内部控制，同时要对"发现非财务报告内部控制重大缺陷"进行披露，而且还需要"披露自内部控制评价报告基准日至内部控制评价报告发出日之间是否发生影响内部控制有效性评价结论的因素"。另外，该准则还特别增加了"年度内部控制评价报告披露参考格式"附件，大大提升了此准则的具体执行效率。

根据财政部、证监会《关于2012年主板上市公司分类分批实施企业内部控制规范体系的通知》，证监会、财政部《公开发行证券的公司信息披露编报规则第21号——年度内部控制评价报告的一般规定》及证监会《公开发行证券的公司信息披露内容与格式准则第2号——年度报告的内容与格式（2012年修订）》等规定，2014年1月15日，证监会发布《上市公司定期报告工作备忘录第1号——年度内部控制信息的编制、审议和披露》，对2013年度"应披露年度内部控制评价报告及内部控制审计报告的公司范围"、"内部控制报告的编制、审议和披露"以及"年度报告有关内部控制的信息披露要求"等具体问题进行了详细的说明。

2014年5月28日，中国证监会发布《公开发行证券公司信息披露内容与格式准则第2号——年度报告的内容与格式》（2014年修订），其中内部控制相关要求与2012年版本没有变化。

为了清晰地说明我国上市公司内部控制规范，表2-1将2005~2013年关键的内部控制规范具体陈述。

第三节 我国上市公司内部控制规范的执行情况

如上节所述，自2000年11月2日，中国证监会发布了《公开发行证券公司信息披露编报规则第1号——商业银行招股说明书内容与格式特别规定》、《公开发行证券公司信息披露编报规则第3号——保险公司招股说明书内容与格式特别

表 2-1 我国 2005—2013 年关键内部控制规范汇表

发布时间	规范发布主体	规范名称	内部控制总体要求	内部控制评价相关要求	内部控制缺陷相关要求	内部控制鉴证相关要求	适用主体（时间）
2005年10月19日	中国证监会（国务院批转）	《关于提高上市公司质量意见》	通过切实的努力，使上市公司法人治理结构更加完善，内部控制制度合理健全，规范有效，激励约束机制透明规范，公司透明度、竞争力和盈利能力显著提高	对内部控制制度的完整性、合理性及其实施的有效性进行定期检查和评估		要通过外部审计对公司内部控制制度的自我评估进行核实并披露相关信息	全体上市公司
2006年5月17日	中国证监会	《首次公开发行股票并上市管理办法》	发行人的内部控制制度健全且被有效执行，能够合理保证财务报告的可靠性、生产经营的合法性、营运效率与效果			由注册会计师出具了无保留结论的内部控制鉴证报告	首次公开发行股票并上市的公司（2006年5月18日起施行）
2006年5月18日	中国证监会	《公开发行证券的公司信息披露内容与格式准则第1号——招股说明书》（2006年修订版）		发行人应披露公司管理层对内部控制完整性、合理性及有效性的自我评估意见；内部控制有效性不足以导致的风险	注册会计师指出公司内部控制存在的缺陷的，应予披露并说明改进措施	注册会计师对公司内部控制的鉴证意见	申请在中华人民共和国境内首次公开发行股票并上市的公司（发布之日起）
2006年6月5日	上交所	《上海证券交易所上市公司内部控制指引》	上市公司建立健全和有效实施内部控制制度	董事会要与年度报告一起披露内部控制自我评估报告	公司在内部控制检查监督中如发现内部控制存在重大风险，应及时报告。公司董事会应及时向本所报告该事项，经本所认定，公司董事会应及时发布公告	会计师事务所对自我评估报告的核实评价意见	沪市上市公司（自2006年7月1日起开始执行）

44

续表

发布时间	规范发布主体	规范名称	内部控制总体要求	内部控制评价相关要求	内部控制缺陷相关要求	内部控制鉴证相关要求	适用主体（时间）
2006年9月28日	深交所	《深圳证券交易所上市公司内部控制指引》	公司应按照本指引的要求及有关主管部门的相关规定，根据自身经营特点和所处环境，制定内部控制制度，公司董事会应对公司内部控制制度的制定和有效执行负责	董事会对公司内部控制情况的自评报告，公司监事会和独立董事对董事会自评报告发表的意见	设立内部审计部门，直接对董事会负责，定期检查、评估内部控制的效果和效率，并及时提出改进建议；公司内部审计部门应对公司内部控制运行情况进行监督，将检查中发现的内部控制缺陷和异常事项、改进建议及解决进展情况及形成内部审计报告，向董事会和列席监事会通报	注册会计师对公司财务报告内部控制情况出具评价意见	深市上市公司（自2007年7月1日起开始执行）
2006年12月28日	上交所	《关于做好上市公司2006年年度报告工作的通知》	在2006年年报全文的"重要事项"部分，说明公司内部控制情况，包括健全内部控制建立、健全内部控制计划、内部控制检查监督部门的设置情况、董事会对内部控制工作的安排等	鼓励有条件的上市公司与本次年报同时披露董事会对公司内部控制的自我评估报告		鼓励有条件的上市公司与本次年报同时披露审计机构对自我评估报告的核实评价意见	沪市上市公司（2006年年报）

45

续表

发布时间	规范发布主体	规范名称	内部控制总体要求	内部控制评价相关要求	内部控制缺陷相关要求	内部控制鉴证相关要求	适用主体（时间）
2006年12月28日	深交所	《关于做好上市公司2006年年度报告工作的通知》	本所鼓励上市公司按照本所《上市公司内部控制指引》的要求，在披露2006年年度报告的同时，披露公司内部控制制度的建立及执行情况，上述情况也可在本次年报正文的"重要事项"中进行说明				深市上市公司（2006年年报）
2007年12月17日	中国证监会	《公开发行证券公司信息披露内容与格式准则第2号——年度报告的内容与格式》（2007年修订）	公司应该说明生产经营控制、财务管理控制、信息披露控制等内部控制制度的建立和健全情况；监事会报告中有内部控制的相关信息披露	鼓励央企控股的、金融类及其他有条件的上市公司披露董事会出具的、经审计机构核实评价的公司内部控制自我评估报告		鼓励央企控股的、金融类及其他有条件的上市公司披露2007年年报的同时披露董事会对公司内部控制的自我评估报告和审计机构对自我评估报告的核实评价意见	上市公司（发布之日起）
2007年12月28日	中国证监会	《关于做好上市公司2007年年度报告及相关工作的通知》	建立健全内部控制制度，强化对内控制度的检查和披露；上市公司应在2007年年报中全面披露公司内控制度的情况，包括建立健全内部控制的工作计划及其实施情况，内部控制检查监督部门的设置和人员到位情况，董事会对内部控制有关工作的安排、相关的责任追究机制	鼓励央企控股、金融类及其他有条件的上市公司在披露2007年年报的同时披露董事会对公司内部控制的自我评估报告和审计机构对自我评估报告的核实评价意见		鼓励央企控股、金融类及其他有条件的上市公司在披露2007年年报的同时披露董事会对公司内部控制的自我评估报告和审计机构对自我评估报告的核实评价意见	上市公司（2007年年报）

续表

发布时间	规范发布主体	规范名称	内部控制总体要求	内部控制评价相关要求	内部控制缺陷相关要求	内部控制鉴证相关要求	适用主体（时间）
2007年12月28日	深交所	《关于做好上市公司2007年年度报告工作的通知》		应当按照本所《上市公司内部控制指引》的要求，对公司内部控制的有效性进行审议评估，做出内部控制自我评价；公司监事会和独立董事应当对公司内部控制自我评价结果可以在年报全文"公司治理结构"一节中披露，也可以单独形成自我评价报告与年报同时对外披露		鼓励有条件的公司聘请审计机构就公司财务报告内部控制情况出具评价意见	
2008年1月2日	上交所	《关于做好上市公司2007年年度报告工作的通知》	在2007年年报全文的"重要事项"部分，说明公司内部控制的情况，包括内部控制建立健全的工作计划、内部控制检查监督部门的设置情况、董事会对内部控制的有关工作的安排等	鼓励有条件的上市公司与本次年报同时披露董事会对公司内部控制的自我评估报告		鼓励有条件的上市公司与本次年报同时披露审计机构对自我评估报告的核实评价意见	沪市上市公司（2007年年报）
2008年6月28日	财政部、证监会、审计署、银监会、保监会	《企业内部控制基本规范》		企业应当定期对内部控制的有效性进行自我评价，并出具内部控制自我评价报告		企业应聘请注册会计师对内部控制的设计和执行情况进行审计	全部上市公司（自2009年7月1日起）

47

续表

发布时间	规范发布主体	规范名称	内部控制总体要求	内部控制评价相关要求	内部控制缺陷相关要求	内部控制鉴证相关要求	适用主体（时间）
2008年12月26日	中国证监会	《关于做好上市公司2008年年度报告及相关工作的通知》	全面披露公司内部控制机制建立健全的情况				上市公司年年报
2008年12月30日	上交所	《关于做好上市公司2008年年度报告工作的通知》	上市公司应当在2008年年报全文的"公司治理结构"部分，说明公司内部控制制度建立健全的情况	"上证公司治理板块"样本公司、发行境外上市外资股的公司及金融类公司，应在2008年年报披露董事会对披露公司内部控制的自我评估报告；鼓励其他有条件的上市公司在2008年年报披露的同时披露内部控制报告		本所鼓励上市公司聘请审计机构对公司内部控制进行核实评价，公司聘请审计机构对公司内部控制进行核实评价的，应披露审计机构对公司内部控制的核实评价意见	沪市上市公司（2008年年报）
2008年12月31日	深交所	《关于做好上市公司2008年年度报告工作的通知》		要求按照《企业内部控制基本规范》和深交所《上市公司内部控制指引》的规定，以单独内部控制报告自我评价报告的形式，披露内部控制自我评价报告；内部控制报告须经董事会审议通过，公司监事会和独立董事对公司内部控制自我评价报告发表意见		鼓励公司聘请审计机构就报告内部控制财务报告情况出具鉴证报告	深市上市公司（2008年年报）

续表

发布时间	规范发布主体	规范名称	内部控制总体要求	内部控制评价相关要求	内部控制缺陷相关要求	内部控制鉴证相关要求	适用主体（时间）
2009年12月29日	中国证监会	《关于做好上市公司2009年年度报告及相关工作的公告》	上市公司应当严格执行企业会计准则及财务报告披露的相关规定，建立健全与财务报告相关的内部控制制度；上市公司应在年报"公司治理结构"部分专项披露内部控制建设的总体方案、内部控制规范建立健全情况、内部监督和内部控制自我评价工作开展情况、内部控制存在的缺陷及整改情况等内容				所有上市公司（2009年年报）
2009年12月31日	上交所	《关于做好上市公司2009年年度报告工作的通知》	上市公司应当在2009年年报全文的"公司治理结构"部分，说明公司内部控制制度建立健全的情况	"上证公司治理板块"样本公司、发行境外上市外资股的公司及金融类公司，应在2009年年报披露董事会对公司内部控制的自我评估报告；鼓励其他有条件的上市公司在2008年年报披露的同时披露内部控制报告		本所鼓励上市公司聘请审计机构对公司内部控制进行核实评价，公司聘请审计机构对公司内部控制进行核实评价审计的，应披露审计机构对公司内部控制的核实评价意见	沪市上市公司（2009年年报）

49

续表

发布时间	规范发布主体	规范名称	内部控制总体要求	内部控制评价相关要求	内部控制缺陷相关要求	内部控制鉴证相关要求	适用主体（时间）
2009年12月31日	深交所	《关于做好上市公司2009年年度报告工作的通知》		要求按照《企业内部控制基本规范》和深交所《上市公司内部控制指引》的规定，以单独报告的形式，披露内部控制自我评价报告；内部控制自我评价报告须经董事会审议通过，公司独立董事会和公司监事会应当对公司内控自我评价报告发表意见		鼓励公司聘请审计机构就公司财务报告内部控制情况出具鉴证报告	深市上市公司（2009年年报）
2010年4月26日	财政部、证监会、审计署、银监会、保监会	《企业内部控制配套指引》	对内部控制信息披露方面的规定更为具体，包括内部控制评价的内容、程序和方法、内部控制缺陷的认定、评价报告应披露的内容、内部控制审计程序、方法和内部控制审计报告的出具类型等	对内部控制信息披露方面的规定更为具体，包括内部控制评价的内容、程序和方法、内部控制缺陷的认定、报告应披露的内容、内部控制审计程序、方法和内部控制审计报告的出具类型等	对内部控制规定方面更为具体，包括内部控制评价的内容、程序和方法、内部控制缺陷的认定、报告应披露的内容、内部控制审计程序、方法和内部控制审计报告的出具类型等	对内部控制信息披露方面的规定更为具体，包括内部控制评价的内容、程序和方法、内部控制缺陷的认定、报告应披露的内容、内部控制审计程序、方法和内部控制审计报告的出具类型等	所有境内外同时上市的公司自2011年1月1日起都要实施行，上交所、深交所主板上市的公司自2012年1月1日起施行

50

续表

发布时间	规范发布主体	规范名称	内部控制总体要求	内部控制评价相关要求	内部控制缺陷相关要求	内部控制鉴证相关要求	适用主体（时间）
2010年7月28日	深交所	《深圳证券交易所主板上市公司规范运作指引》、《深圳证券交易所中小企业板上市公司规范运作指引》	公司董事会应当对公司内部控制制定和有效执行负责；上市公司的内部控制活动应当涵盖公司所有营运环节，包括销售及收款、采购和费用及付款、存货管理、固定资产管理（包括投资融资管理）、财务报告、信息披露、人力资源管理和信息系统管理等	对控股子公司的管理控制，对关联交易、对外担保、重大投资、募集资金使用及信息披露、内部控制检查和披露			深市上市公司
2010年12月31日	中国证监会	《上市公司2010年年度报告及相关工作的公告》	①董事会对公司内部控制的建立健全和有效运行负全面责任，并做出申明；②上市公司应在年报"公司治理结构"部分披露公司财务报告内部控制制度的建立和运行情况	①鼓励上市公司披露董事会出具的内部控制自我评价报告；②对于"境内外同时上市的公司"应在年报"董事会报告"部分披露内部控制体系建立健全内部控制的工作计划和实施方案，出具内部控制的自我评价报告与上市公司年报一同披露。"监事会报告"部分应在年报中说明了监事会已经审阅了内部控制自我评价报告，以及对董事会自我评价报告是否有异议	上市公司应披露内部控制报告建立的依据，财务报告内部控制重大缺陷报告发生的时间、缺陷报告的具体描述、缺陷的潜在影响，已实施或拟实施的整改措施、整改时间及整改责任人及整改效果	鼓励上市公司披露注册会计师出具的财务报告内部控制审计报告	所有上市公司（2010年年报）

51

续表

发布时间	规范发布主体	规范名称	内部控制总体要求	内部控制评价相关要求	内部控制缺陷相关要求	内部控制鉴证相关要求	适用主体（时间）
2010年12月31日	上交所	《关于做好上市公司2010年年度报告工作的通知》	上市公司应当在2010年年报全文的"公司治理结构"部分，说明公司内部控制制度建立健全的情况	"上证公司治理板块"样本公司、发行境外上市外资股的公司及金融类公司，应在2009年年报披露董事会对公司内部控制的自我评估报告；鼓励其他有条件的上市公司在2008年年报披露的同时披露内部控制报告		本所鼓励上市公司聘请审计机构对公司内控进行核实评价，公司聘请审计机构对公司内部控制进行核实评价的，应披露审计机构对公司内部控制的核实评价意见	沪市上市公司（2010年年报）
2010年12月31日	深交所	《关于做好上市公司2010年年度报告工作的通知》		要求按照《企业内部控制基本规范》和深交所《上市公司内部控制指引》的规定，以单独报告的形式，披露内部控制自我评价报告；内部控制自我评价报告须经董事会审议通过，公司监事会和独立董事应当对公司内控自我评价报告发表意见		①鼓励公司聘请机构就内部审计机构报告出具鉴证情况做出具体规定，②对中小企业板和创业板公司做出了具体规定，即至少每两年要求所聘会计师事务所对公司与财务报告相关的内部控制有效性出具一次内控审计报告	深市上市公司（2009年年报）

续表

发布时间	规范发布主体	规范名称	内部控制总体要求	内部控制评价相关要求	内部控制缺陷相关要求	内部控制鉴证相关要求	适用主体（时间）
2011年12月30日	证监会	《关于做好上市公司2011年年度报告及相关工作的公告》	①董事会对公司内部控制的建立健全和有效运行负全面责任，并做出申明；②上市公司应在年报"内部控制结构"部分披露公司财务报告内部控制制度的建立和运行情况；③上市公司应在年报"内部控制"部分披露建立重大差错责任追究制度的情况	"境内外同时上市"的公司应当按照《企业内部控制审计指引》等的要求披露董事会出具评价报告。鼓励其他上市公司披露		"境内外同时上市"的公司应当按照《企业内部控制指引》和《企业内部控制审计指引》的要求出具的财务报告内部控制审计报告。鼓励其他上市公司披露	所有上市公司（2011年年报）
2011年12月30日	上交所	《关于做好上市公司2011年年度报告工作的通知》		"上证公司治理板块"样本公司、发行境外上市外资股公司及金融类公司，应在2011年年报披露的同时披露董事会对的自我评估报告；其他公司也应根据《企业内部控制基本规范》和《企业内部控制配套指引》等相关要求，做好工作，实施内部控制自我评估工作，为2012年年报全面实施内部控制评价和审计做好充分准备，并在2011年年报"董事会报告"中披露建立健全内部控制体系的工作计划和实施方案		境内外同时上市的公司，除应披露内部控制注册会计师出具的财务报告内部控制审计报告	沪市上市公司（2011年年报）

续表

发布时间	规范发布主体	规范名称	内部控制总体要求	内部控制评价相关要求	内部控制缺陷相关要求	内部控制鉴证相关要求	适用主体（时间）
2011年12月30日	深交所	《关于做好上市公司2011年年度报告工作的通知》		要求按照《企业内部控制基本规范》和深交所《上市公司内部控制指引》的规定，以单独报告的形式，披露内部控制自我评价报告；"内部控制自我评价报告须经董事会审议通过，公司监事会和独立董事应当对公司内部控制自我评价报告发表意见"；首次明确要求13家A+H公司和70家内控试点企业，需要披露内部控制自我评价报告和会计师事务所出具的内部控制审计报告		①鼓励公司聘请审计机构就公司财务报告内部控制情况出具鉴证报告；②对中小企业板和创业板公司做出了具体规定，即至少每两年要求对公司与财务报告相关的内部控制有效性出具一次内部控制审计报告；③首次明确要求13家A+H和70家内控试点企业，需披露内部控制自我评价报告和会计师事务所出具的内部控制审计报告	深市上市公司（2011年年报）

续表

发布时间	规范发布主体	规范名称	内部控制总体要求	内部控制评价相关要求	内部控制缺陷相关要求	内部控制鉴证相关要求	适用主体（时间）
2012年2月23日	财政部	《企业内部控制规范体系实施中相关问题解释第1号》	建立健全并有效实施内部控制是公司董事会的责任；监事会对董事会建立与实施内部控制进行监督；经理层负责组织领导公司内部控制的日常运行	①内部控制评价的范围涵盖了公司及其所属单位的主要业务和事项 ②评价过程中，我们采用了个别访谈、调查问题、专题讨论、穿行测试、实地查验、抽样和比较分析等适当方法，广泛收集公司内部控制设计和运行是否有效的证据，如实填写评价工作底稿，分析、识别内部控制缺陷，说明评价方法的适当性及证据的充分性	公司董事会根据基本规范、评价指引对重大缺陷、一般缺陷的认定要求，结合公司规模、行业特征、风险偏好和风险承受度等因素，研究确定了适用本公司的内部控制缺陷具体认定标准		所有上市公司

续表

发布时间	规范发布主体	规范名称	内部控制总体要求	内部控制评价相关要求	内部控制缺陷相关要求	内部控制鉴证相关要求	适用主体（时间）
2012年8月14日	财政部、证监会	《关于2012年主板上市公司分批实施企业内部控制规范体系的通知》	所有主板上市公司都应当自2012年起着手开展内部控制体系建设	①中央和地方国有控股上市公司，应于2012年全面实施规范体系，并在披露2012年年报的同时，披露董事会对公司内部控制的自我评价报告 ②非国有控股主板上市公司，且于2011年12月31日公司总市值（证监会算法）在50亿元以上，同时2009~2011年年平均净利润在3000万元以上的，应在披露2013年年报的同时，披露董事会对公司内部控制的自我评价报告 ③其他主板上市公司，应在披露2014年年报的同时，披露董事会对公司内部控制的自我评价报告		①中央和地方国有控股上市公司，应于2012年全面实施内部控制规范体系，并在披露2012年年报的同时，披露注册会计师出具的财务报告内部控制审计报告 ②非国有控股上市公司，且于2011年12月31日公司总市值（证监会算法）在50亿元以上，同时2009~2011年年平均净利润在3000万元以上的，应在披露2013年年报的同时，披露注册会计师出具的财务报告内部控制审计报告	所有上市公司

续表

发布时间	规范发布主体	规范名称	内部控制总体要求	内部控制评价相关要求	内部控制缺陷相关要求	内部控制鉴证相关要求	适用主体（时间）
						③其他主板上市公司，应在披露2014年公司年报的同时，披露注册会计师出具的财务报告内部控制审计报告	
2012年8月14日	财政部、证监会	《关于2012年主板上市公司分批实施企业内部控制规范体系的通知》	所有主板上市公司都应当自2012年起着手开展内控体系建设	④主板上市公司因进行破产重整、借壳上市或重大资产重组，无法按照规定同建立健全内控控制体系的，原则上应在相关交易完成后的下一个会计年度年报披露的同时，披露内部控制自评价报告 ⑤新上市公司应于上市当年开始建设内部控制体系，并在上市的下一年度年报披露的同时，披露内部控制自我评价报告		④主板上市公司因进行破产重整、借壳上市或重大资产重组，无法按照规定同建立健全内控控制体系的，原则上应在相关交易完成后的下一个会计年度年报披露的同时，披露内部控制审计报告 ⑤新上市公司应于上市当年开始建设内控体系，并在上市的下一年度年报披露的同时，披露内部控制审计报告	所有上市公司

续表

发布时间	规范发布主体	规范名称	内部控制总体要求	内部控制评价相关要求	内部控制缺陷相关要求	内部控制鉴证相关要求	适用主体（时间）
2012年9月19日	中国证监会	《公开发行证券公司信息披露内容与格式准则第2号——年度报告的内容与格式》(2012年修订)	"监事会报告"以及"公司治理结构"中的内部控制信息披露要求，是在公司年报中"重要事项"和"内部控制"两节中集中披露内部控制信息	①公司应当披露董事会关于内部控制责任的声明，并披露建立财务报告内部控制的依据以及内部控制制度建设情况 ②主板（不含中小企业板）上市公司应当按照规定的实施范围披露董事会审议通过的内部控制自我评价报告 ③鼓励中小企业板上市公司披露董事会审议通过的内部控制自我评价报告		①披露内部控制审计会计师事务所的报酬 ②按照规范要求对内部控制进行审计的公司，应当披露会计师事务所出具的内部控制审计报告。若会计师非标准意见的内部控制审计报告或者内部控制自我评价报告与董事会内部控制自我评价报告意见不一致的，公司应当解释原因	所有上市公司（2013年1月1日起施行）

续表

发布时间	规范发布主体	规范名称	内部控制总体要求	内部控制评价相关要求	内部控制缺陷相关要求	内部控制鉴证相关要求	适用主体（时间）
2012年12月12日	中国证监会	《关于做好上市公司2012年年度报告及相关工作的公告》	上市公司应当按照《企业内部控制基本规范》（财会[2008]7号）和《企业内部控制配套指引》的要求，建立健全并有效执行内部控制制度，同时按照《关于2012年主板上市公司分类分批实施企业内部控制规范体系的通知》（财会办[2012]30号）的规定，披露董事会审议通过的内部控制自我评价报告，以及注册会计师出具的财务报告内部控制审计报告。鼓励其他未纳入实施范围的上市公司披露上述报告			会计师事务所应当严格遵守《中国注册会计师职业道德守则》的要求，内部控制审计业务与审计业务具有网络关系的中介机构同时为同一企业提供内部控制咨询和审计服务	所有上市公司（2012年报）

续表

发布时间	规范发布主体	规范名称	内部控制总体要求	内部控制评价相关要求	内部控制缺陷相关要求	内部控制鉴证相关要求	适用主体（时间）
2012年12月31日	上交所	《关于做好上市公司2012年年度报告工作的通知》		①"上证公司治理板块"样本公司，发行境外上市外资股的公司及金融类公司以外，还要求按照《关于2012年主板上市公司分类分批实施企业内部控制规范体系的通知》（财办会〔2012〕30号）要求的上市公司，也必须强制要求披露董事会对内部控制的自我评价报告 ②鼓励拟申请加入"上证公司治理板块"及其他上市公司披露内控报告 ③董事会应当分别单独进行审议，并在本所网站以单独报告的形式披露		①境内外同时上市以及符合《关于2012年主板上市公司分类分批实施企业内部控制规范体系的通知》（财办会〔2012〕30号）要求的上市公司，除应当披露内部控制报告外，还应当披露注册会计师出具的财务报告内部控制审计报告 ②本所鼓励其他上市公司披露内部控制审计报告 ③董事会应当进行审议，并以单独报告的形式披露	沪市上市公司（2012年年报）

续表

发布时间	规范发布主体	规范名称	内部控制总体要求	内部控制评价相关要求	内部控制缺陷相关要求	内部控制鉴证相关要求	适用主体（时间）
2012年12月31日	深交所	《关于做好上市公司2012年年度报告工作的通知》		①先行执行《企业内部控制基本规范》（财会〔2008〕7号）的A+H上市公司和内部控制试点上市公司，以及《关于2012年主板上市公司分类分批实施企业内控制规范体系的通知》（财办会〔2012〕30号）中所述的中央和地方国有控股上市公司，应按《企业内控制基本规范》的要求在披露2012年年度报告内部控制自我评价报告。②其他中国证监会和本所有关规定出具年度内部控制自我评价报告。③中小企业板上市公司应当对2012年度内部控制规则的落实情况进行自查，通过"深交所上市公司定期报告制作系统"编制《内部控制规则落实自查表》		先行执行《企业内部控制基本规范》（财会〔2008〕7号）的A+H上市公司和内部控制试点上市公司，以及《关于2012年主板上市公司分类分批实施企业内控制规范体系的通知》（财办会〔2012〕30号）中所述的中央和地方国有控股上市公司，按《企业内控制基本规范》的要求在披露2012年年报的同时，披露会计师事务所出具的内部控制审计报告	深市上市公司（2012年报）

续表

发布时间	规范发布主体	规范名称	内部控制总体要求	内部控制评价相关要求	内部控制缺陷相关要求	内部控制鉴证相关要求	适用主体（时间）
2013年12月31日	上交所	《关于做好上市公司2013年年度报告及相关工作的公告》		①"上证公司治理板块"样本公司，发行境外上市外资股的公司及金融类公司外，还要求按照《关于2012年主板上市公司分类分批实施企业内部控制规范体系的通知》（财办会[2012]30号）要求，即中央与地方国有控股公司，以及其他符合条件的上市公司，必须强制要求披露董事会对内部控制的自我评价报告。 ②鼓励公司申请加入"上证公司治理板块"及其他上市公司披露内控报告 ③董事会应当分别单独进行审议，并在本所网站以单独报告的形式披露		①境内外同时上市以及符合上证2012年主板上市公司分类分批实施企业内部控制规范体系的通知》（财办会[2012]30号）要求的上市公司（即中央与地方国有控股，以及其他符合条件的非国有控股公司）除应当披露公司内部控制报告外，还应当披露注册会计师出具的财务报告内部控制审计报告。 ②本所鼓励其他上市公司披露内部控制审计报告 ③董事会应当分别单独进行审议，并在本所网站以单独报告的形式披露	沪市上市公司（2013年年报）

规定》以及《公开发行证券公司信息披露编报规则第 5 号——证券公司招股说明书内容与格式特别规定》以来，我国上市公司内部控制规范得到空前的发展，尤其是 2006 年沪深两交易所颁布内部控制指引、财政部等五部委于 2008 年颁布《企业内部控制基本规范》以及 2010 年颁布《企业内部控制配套指引》，标志着中国企业内部控制规范体系建设进入了快车道，我国上市公司内部控制规范体系已经基本建成。相关规范的频频颁布凸显出我国上市公司内部规范由法规的逐条颁布到公司的试点实施，由概化的条文规定到具体的问题解释，由基础的披露要求到关键的缺陷认定，从中可看出我国对上市公司建立健全其内部控制以及相关内部控制信息披露的要求也越来越高。同时，上市公司在执行相关内部控制规范的实践中也有不同的表现。2006 年沪深两交易所颁布了各自的内部控制指引，要求沪市上市公司自 2006 年 7 月 1 日、深市上市公司自 2007 年 7 月 1 日开始实施，因此 2007 年成为上市公司执行内部控制相关规范的重要制度时间节点。鉴于此，本节将从上市公司年报信息披露的视角，以 2007~2013 年为时间跨度，进一步审视我国上市公司执行相关内部控制规范的具体情况。

一、我国上市公司内部控制自我评价规范的执行情况

1. 我国上市公司内部控制自我评价规范概述

我国上市公司内部控制自我评价的相关规范可以追溯到 2000 年 11 月 2 日中国证监会发布的《公开发行证券公司信息披露编报规则第 1 号——商业银行招股说明书内容与格式特别规定》、《公开发行证券公司信息披露编报规则第 3 号——保险公司招股说明书内容与格式特别规定》以及《公开发行证券公司信息披露编报规则第 5 号——证券公司招股说明书内容与格式特别规定》。在上述三个规则中，证监会首次要求上市商业银行、保险公司和证券公司在招股说明书正文中专设一部分披露其对内部控制制度完整性、合理性及有效性所做出的相关说明。在此之后，又陆续颁布了一些规范，对上市公司披露内部控制自我评价做出了要求，但对于上市公司以内部控制自我评价报告的形式进行信息披露，直至 2006 年两个交易所发布的《内部控制指引》才做出了更为明确的要求，并在 2007 年以后逐步对上市公司披露内部控制自我评价报告的要求建成体系也逐步升级。表 2-2 对 2007 年至今的上市公司内部控制自我评价报告的相关规范进行了总结。从表 2-2 可以发现，深市上市公司从 2007 年就需要强制披露内部控制自我评价报告，而对于沪市上市公司而言，内部控制自我评价报告的披露规范要求由 2007 年的完全自愿披露，到 2008~2013 年的部分公司要求强制披露，再到 2014 年开始的全部上市公司强制披露，是一个逐步升级的过程。

表 2-2 我国上市公司内部控制自我评价报告相关规范小结

时间	沪市		深市	
	实施对象	强制或自愿披露	实施对象	强制或自愿披露
2007 年	全部上市公司	自愿	全部上市公司	强制
2008 年	"上证公司治理板块"样本公司、发行境外上市外资股的公司及金融类公司	强制	全部上市公司	强制
	其他上市公司	自愿		
2009 年	"上证公司治理板块"样本公司、发行境外上市外资股的公司及金融类公司	强制	全部上市公司	强制
	其他上市公司	自愿		
2010 年	"上证公司治理板块"样本公司、发行境外上市外资股的公司及金融类公司	强制	全部上市公司	强制
	其他上市公司	自愿		
2011 年	"上证公司治理板块"样本公司、发行境外上市外资股的公司及金融类公司	强制	全部上市公司	强制
	其他上市公司	自愿		
2012 年	"上证公司治理板块"样本公司、发行境外上市外资股的公司及金融类公司;主板上市的中央和地方国有控股上市公司	强制	全部上市公司	强制
	其他上市公司	自愿		
2013 年	"上证公司治理板块"样本公司、发行境外上市外资股的公司及金融类公司;主板上市的中央和地方国有控股上市公司以及符合条件的非国有控股上市公司	强制	全部上市公司	强制
	其他上市公司	自愿		
2014 年	全部上市公司	强制	全部上市公司	强制

2. 我国上市公司内部控制自我评价规范执行调查

由于不同交易所有不同的内部控制规范要求，因此我们要分别讨论沪市、深市上市公司执行内部控制自我评价相关规范的情况。表 2-3 汇总了沪市上市公司执行相关内部控制自我评价规范的情况。从中可以发现，虽然要求"上证公司治理板块"样本公司、发行境外上市外资股的公司及金融类公司在 2007~2009 年需要披露内部控制自我评价报告，但实际的执行效果很差，每年只有 2 家上市公司披露了内部控制自我评价报告，分别是 2007 年的中国卫星（600118）、工商银行（601398）；2008 年的中国玻纤（600176）、大秦铁路（601006）；2009 年的东睦股份（600114）和浪莎股份（600137）。2010~2011 年，虽然仍旧要求"上证公司治理板块"样本公司、发行境外上市外资股的公司及金融类公司强制披露内部控制自我评价报告，但实际情况比前几年有了明显的提升，约 40% 的上市公司披露内部控制自我评价报告。此变化的主要原因可能是 2010 年财政部等五部委颁布了《企业内部控制配套指引》(该指引包括《企业内部控制应用指引》、《企业内部控制评价指引》和《企业内部控制审计指引》),该配套指引为上市公司开展内部控制自我评价工作提出了一些具有可操作性的指导,推动了部分上市公司披露其内部控制自评报告。2012 年,财政部办公厅会同证监会办公厅发布了《关于 2012 年主板上市公司分类分批实施企业内部控制规范体系的通知》进一步推动了上市公司内部控制自评工作的开展,该年度披露内部控制自评报告的公司比例达到了 75.11%,而这一比例在 2013 年达到了 99.74%。

表 2-3 沪市上市公司内部控制自我评价规范执行情况

项目 年份	披露内部控制自我评估报告公司		出具内部控制评价报告结论的公司		内部控制有效的公司		内部控制存在缺陷的公司		针对缺陷采取了整改措施的公司	
	家数	占全部上市公司比例(%)	家数	占披露自评报告公司比例(%)	家数	占披露自评报告公司比例(%)	家数	占披露自评报告公司比例(%)	家数	占有缺陷公司比例(%)
2007	2	0.23	2	100.00	2	100.00	1	50.00	1	100.00
2008	2	0.23	2	100.00	2	100.00	0	0.00	0	0.00
2009	2	0.23	2	100.00	2	100.00	0	0.00	0	0.00
2010	361	40.47	361	100.00	361	100.00	33	9.14	27	81.82
2011	432	46.80	432	100.00	431	99.77	87	20.14	86	98.85
2012	709	75.11	702	99.01	701	98.87	277	39.07	277	100.00
2013	780	99.74	780	100.00	776	99.49	266	34.10	265	99.62

数据来源:CSMAR 数据库。

另外,我们发现,从 2011 年开始沪市开始出现内部控制自评报告说明"无效"的上市公司。该年度中恒集团(600252)的内部控制自评报告中说明"公司在内部控制设计与运行方面,由于存在本报告第五项所述之重大缺陷,导致公司未能实现当年度战略目标"。2012 年,也有 1 家上市公司(ST 大荒,600598)的内部控制自评为"无效"。该公司当年度内部控制自评报告说明:"公司已经根据《企业内部控制基本规范》、《企业内部控制评价指引》及其他相关法律法规的要求,对公司截至 2012 年 12 月 31 日的内部控制设计与运行的有效性进行了自我评价。虽然公司已经建立了内部控制体系,但鉴于此次评价过程发现的缺陷,董事会认为,2012 年公司内部控制执行的有效性不足,未能按照《企业内部控制基本规范》和相关规定在所有方面保持有效的内部控制,未能完全实现内部控制的目标"。

另外,需要注意的是,在 2010 年以后,沪市上市公司披露存在内部控制缺陷情况越来越多,而且,披露无效的内部控制自我评价意见的上市公司在 2013 年也上升到了 4 家。这一数据的上升并非说明我国上市公司内部控制有效性下降了,更多说明了我国上市公司对内部控制自我评价的态度更为积极和客观。

表 2-4 反映了深市上市公司内部控制自我评价规范执行情况。从表 2-4 中可以发现，虽然 2007 年披露内部控制自评报告的上市公司比例仅约为 24%，但 2008~2013 年，该比例一致保持在 97%以上，甚至在 2013 年达到了 100%。与沪市上市公司相比，深市上市公司在执行内部控制自我评价规范方面更为有效和积极。我们认为，深市上市公司之所以积极地披露内部控制自评报告，原因在于深交所针对 2007 年度报告的通知中就对如何做出"内部控制自我评价"提出了相对详细、更具操作性的内容和格式的披露要求，这点在以后各年的通知中都得到了很好的延续。这样的说明和要求，在很大程度上指导了深市上市公司开展内部控制自评工作和相应的信息披露工作。

表 2-4 深市上市公司内部控制自我评价规范执行情况

项目 年份	披露内部控制自我评估报告公司		出具内部控制评价报告结论的公司		内部控制有效的公司		内部控制存在缺陷的公司		针对缺陷采取了整改措施的公司	
	家数	占全部上市公司比例(%)	家数	占披露自评报告公司比例(%)	家数	占披露自评报告公司比例(%)	家数	占披露自评报告公司比例(%)	家数	占有缺陷公司比例(%)
2007	167	23.99	167	100.00	167	100.00	4	2.40	4	100.00
2008	728	97.33	725	99.59	725	99.59	17	2.34	16	94.12
2009	888	99.89	884	99.55	884	99.55	18	2.03	18	100.00
2010	1210	99.59	1203	99.42	1202	99.34	42	3.47	39	92.86
2011	1415	99.79	1406	99.36	1405	99.29	99	7.00	94	94.95
2012	1518	99.48	1515	99.80	1512	99.60	330	21.74	328	99.39
2013	1557	100.00	1554	99.81	1551	99.61	264	16.96	264	100.00

数据来源：CSMAR 数据库。

当然，需要注意的是，2010 年深市上市公司开始出现内部控制自评意见为"无效"的报告。当年的云投生态（002200）发布自评报告，认为"公司已根据实际情况和管理需要，按照《企业内部控制基本规范》（财会〔2008〕7 号）要求，建立了相对完整的内部控制制度，但由于历史原因、员工素质和控股股东行为干扰，公司内部控制制度在经营管理活动中未能充分发挥作用，内部控制制度的有效性较低"。另外，2011 年上市公司新华制药（000756）发布内部控制自评报告，指出"报告期内，公司未能按照《企业内部控制基本规范》和相关规定在所有重大方面保持有效的财务报告内部控制"。2012 年，披露"无效"的内部控制自评意见的深市上市公司上升到 3 家，分别是贵糖股份（000833）、万福生科（300268）和海联讯（300277）。2013 年，披露"无效"的内部控制自评意见的深市上市公司仍为 3 家，分别是键桥通讯（002316）、科伦药业（002422）和 ST

超日（002506）。与沪市上市公司相同的是，从2007年至今，披露内部控制缺陷的深市上市公司越来越多，这也同样反映了上市公司对于内部控制自评工作态度的积极转变。

表2-5显示了中小板和创业板上市公司执行相关内部控制自我评价规范的情况。虽然中小板和创业板上市公司规模相对较小、内部控制建设相对薄弱、内部控制专业人员也相对短缺，但在执行相关内部控制自我评价规范时却表现得相当积极，这在一定程度上说明深交所在相关规范执行方面的监督工作做得比较到位。当然，也正是因为中小板和创业板上市公司规模相对小、内部控制建设和执行相对薄弱，因此我们发现在深交所披露"无效"内部控制自评意见的公司多为中小板或创业板上市公司。

表2-5 中小板和创业板上市公司内部控制自我评价规范执行情况

年份	披露内部控制自我评估报告公司		出具内部控制评价报告结论的公司		内部控制有效的公司		内部控制存在缺陷的公司		针对缺陷采取了整改措施的公司	
	家数	占全部中小板和创业板上市公司比例（%）	家数	占中小板和创业板披露自评报告公司比例（%）	家数	占中小板和创业板披露自评报告的公司比例（%）	家数	占中小板和创业板披露自评报告公司比例（%）	家数	占中小板和创业板有缺陷公司比例（%）
2007	87	39.19	87	100.00	87	100.00	1	1.15	1	100.00
2008	267	97.80	267	100.00	267	100.00	8	3.00	7	87.50
2009	416	100.00	414	99.52	414	99.52	3	0.72	3	100.00
2010	740	99.73	739	99.86	738	99.73	21	2.84	18	85.71
2011	944	99.79	942	99.79	942	99.79	32	3.39	31	96.88
2012	1054	99.81	1052	99.81	1050	99.62	52	4.93	50	96.15
2013	1096	100.00	1094	99.82	1091	99.54	125	11.41	125	100.00

数据来源：CSMAR数据库。

二、我国上市公司内部控制鉴证规范的执行情况

我国内部控制鉴证的过程可以划分如下的三个阶段：财务报表审计中内部控制评价阶段、内部会计控制审核阶段和内部控制审计阶段。在财务报表审计中的内部控制评价阶段（约2000年之前），注册会计师对于内部控制的评价并做出报告是基于制度基础审计的需要而开展的，对内部控制的评价活动还不能称为审计

活动；在内部会计控制审核阶段（约为21世纪初至2008年），相关制度规范鼓励有条件的上市公司与本次年报同时披露董事会对公司内部控制的自我评估报告和审计机构对自我评估报告的核实评价意见。因此，注册会计师对内部控制审核业务开始纳入了正式管理；在内部控制审计阶段（2008年至今），《企业内部控制基本规范》（尤其是《企业内部控制审计指引》）的颁布，明确规定注册会计师对内部控制的有效性进行审计。从上述历史发展可以看出，我国在2008年之后才正式确立了内部控制审计制度。由于本书所涉及的研究内容包括了2008年之前的制度规范，因此，我们用更为宽泛的"内部控制鉴证"来说明。

1. 我国上市公司内部控制鉴证规范概述

在国际国内多种因素的推动下，近年来我国在内部控制鉴证制度建设方面做出了卓有成效的努力。2000年11月2日中国证监会发布的《公开发行证券公司信息披露编报规则第1号、3号和5号》，要求商业银行、保险公司和证券公司应在披露招股说明书时，委托聘请的会计师事务所对公司内部控制制度的"三性"进行评价，提出改进建议，并以内部控制评价报告的形式做出报告，内部控制评价报告随招股说明书一并呈报中国证监会。如果注册会计师指出以上"三性"存在严重缺陷的，应予详尽披露，并说明准备采取的改进措施。上述规定虽然要求上市公司上报由注册会计师做出的内部控制评价，但严格意义上来讲，此内部控制评价并非内部控制审核报告（或鉴证报告），更没有要求公开对外部披露。之后，2006年5月17日中国证监会发布的《首次公开发行股票并上市管理办法》以及2006年5月18日中国证监会发布的《公开发行证券的公司信息披露内容与格式准则第1号——招股说明书》（2006年修订版）也明确要求出具"由注册会计师出具了无保留结论的内部控制鉴证报告"。可见，这些规范仅要求上市公司在发行股票的最初阶段（招股说明书）做出内部控制鉴证，而没有拓展到日后每年的年报工作中。

2006年6月5日上海证券交易所发布的《上海证券交易所上市公司内部控制指引》和2006年9月28日深圳证券交易所发布的《深圳证券交易所上市公司内部控制指引》开始要求与年度报告一起披露内部控制自我评估报告及会计师事务所对自我评估报告的核实评价意见；在2006年12月28日上海证券交易所发布的《关于做好上市公司2006年年度报告工作的通知》鼓励有条件的上市公司与本次年报同时披露董事会对公司内部控制的自我评估报告和审计机构对自我评估报告的核实评价意见。2007年12月17日证监会发布了《公开发行证券的公司信息披露内容与格式准则第2号》的修订稿。该准则鼓励央企控股的、金融类及其他有条件的上市公司披露董事会出具的、经审计机构核实评价的公司内部控制自我评估报告。随后，证监会于2007年12月28日发布了《关于做好上市公司2007

年年度报告及相关工作的通知》，鼓励央企控股、金融类及其他有条件的上市公司在披露 2007 年年报的同时披露董事会对公司内部控制的自我评估报告和审计机构对自我评估报告的核实评价意见。为响应证监会的通知，深交所和上交所分别于 2007 年 12 月 28 日和 2008 年 1 月 2 日，发布了《关于做好上市公司 2007年年度报告工作的通知》，鼓励有条件的上市公司同时披露董事会对公司内部控制的自我评估报告和审计机构对自我评估报告的核实评价意见。2008 年 6 月 28 日，财政部、证监会、审计署、银监会、保监会发布的《企业内部控制基本规范》提出了"企业应聘请注册会计师对内部控制的设计和执行情况进行审计，接受企业委托的会计师事务所应当根据该规范内容和相关执业准则，对企业内部控制的有效性发表审计意见"，从而将之前的内部控制审核升级到了内部控制审计。2010 年 4 月 26 日，财政部等五部委颁布了《企业内部控制审计指引》，进一步明确了内部控制鉴证的性质，即审计业务。

综上所述，在我国企业现实需要以及国外资本市场信息披露规则变革的共同影响下，我国上市公司内部控制鉴证制度正经历了重大变迁。表 2-6 对我国上市公司 2007~2014 年内部控制鉴证报告相关规范进行了一个小结。从表中我们可以发现，不管是沪市还是深市，我国对于上市公司披露由注册会计师做出的内部控制鉴证报告的要求由过去的自愿披露逐渐升级为强制披露、由小范围试点向全面要求转变。与披露内部控制自我评价报告相关规范（见表 2-2）比较，两市对于内部控制鉴证报告披露规范的要求相对比较同步。另外，对于内部控制鉴证业务的性质，根据 PCAOB 发布的《与财务报表审计相结合的财务报告内部控制审计》（简称 AS No.5），美国将此类业务定性为审计业务。从目前发布的相关规范以及鉴证实务来看，我国对于内部控制鉴证业务的定性由审核业务向审计业务转变，这点符合内部控制鉴证业务的国际经验和发展趋势。

表 2-6　我国上市公司内部控制鉴证报告相关规范小结

项目 年度	沪　市		深　市	
	范围	强制或自愿披露	范围	强制或自愿披露
2007	全部上市公司	自愿	全部上市公司	自愿
2008	全部上市公司	自愿	全部上市公司	自愿
2009	全部上市公司	自愿	全部上市公司	自愿
2010	全部上市公司	自愿	中小板和创业板上市公司	强制（每两年一次）
			其他上市公司	自愿
2011	境内外同时上市公司	强制	中小板和创业板上市公司	强制（每两年一次）
	其他上市公司	自愿	13 家 A+H 和 70 家内部控制试点企业	强制
			其他上市公司	自愿

续表

项目 年度	沪市		深市	
	范围	强制或自愿披露	范围	强制或自愿披露
2012	境内外同时上市公司、主板上市的中央和地方国有控股上市公司	强制	13家A+H和70家内部控制试点企业；主板中央和地方国有控股上市公司	强制
	其他上市公司	自愿	其他上市公司	自愿
2013	境内外同时上市公司、主板上市的中央和地方国有控股上市公司以及符合条件的非国有控股上市公司	强制	13家A+H和70家内控试点企业；主板中央和地方国有控股上市公司以及符合条件的非国有控股上市公司	强制
	其他上市公司	自愿	其他上市公司	自愿
2014	全部上市公司	强制	全部上市公司	强制

2. 我国上市公司内部控制鉴证相关规范执行调查

（1）2007~2008年我国上市公司内部控制鉴证相关规范执行情况。

2007~2008年，可谓是我国上市公司内部控制鉴证工作开展的初始阶段。我们以自愿披露内部控制鉴证报告的主板上市公司为研究对象，分别选取截至2008年4月30日在巨潮资讯网上公布年报的上市公司作为调查样本，剔除2008年年报无法阅读的公司1家（000025），2007年、2008年的实际可观测值分别为1332和1339家。据我们的统计，2007年披露内部控制鉴证报告的上市公司为183家，而在2008年该数字上升到了226家。所有上市公司内部控制鉴证报告信息均通过手工整理。

我们发现，内部控制鉴证报告披露的形式主要有两种：一种是以年报附件的形式或者在年报"公司治理结构"的"董事会对公司内部控制的自我评估报告和审计机构的核实评价意见"一节中披露；另一种是单独形成报告在相关网站上披露。由表2-7可知，沪市主要是将内部控制鉴证报告作为年度报告的组成部分予以披露，而深市则更多是单独披露内部控制鉴证报告，导致这种情况的原因可能在于两者在监管的具体规定上存在差异。根据上交所与深交所《关于做好上市公司2008年年度报告工作的通知》的具体规定，前者规定"内部控制报告、审计机构对公司内部控制的核实评价意见、社会责任报告应作为年报全文的附件在本所网站披露"，后者指明"本所鼓励公司聘请审计机构就公司财务报告内部控制情况出具鉴证报告，并以单独报告的形式在披露年报的同时在指定网站对外披露"。

表 2-7　上市公司内部控制鉴证报告披露概况

	披露家数		披露方式			
			年报		单独	
	2007 年	2008 年	2007 年	2008 年	2007 年	2008 年
沪市	133	170	131	168	2	2
深市	50	56	29	21	21	35
合计	183	226	160	189	23	37

通过对我国上市公司 2007~2008 年所披露的内部控制鉴证报告的调查，我们发现内部控制鉴证报告不论是报告名称、提供的保证程度，还是具体的报告内容与格式等都可谓五花八门，存在较大的差异。

第一，内部控制鉴证报告的名称不一致。在 2007 年、2008 年披露的内部控制鉴证报告中，其报告名称达 18 种（见表 2-8），其中最常见的名称有内部控制自我评估报告审核评价意见、内部控制鉴证报告与内部控制审核报告。2008 年以"内部控制鉴证报告"为名称的上市公司内部控制鉴证报告占比达到了 42.48%，比 2007 年增加了近 22 个百分点。2008 年以"内部控制自我评估报告审核评价意见"为名称的上市公司内部控制鉴证报告占比仅为 10.62%，比 2007 年减少了近 22 个百分点。而以"内部控制审核报告"为名称的内部控制鉴证报告无论从公司家数还是占比，2007 年与 2008 年的差异都不大。

表 2-8　内部控制鉴证报告名称统计表

序号	内部控制鉴证报告的名称	2007 年		2008 年	
		家数	比例（%）	家数	比例（%）
1	内部控制自我评估报告审核评价意见	59	32.24	24	10.62
2	内部控制鉴证报告	38	20.77	96	42.48
3	内部控制审核报告	41	22.40	42	18.58
4	内部控制评价报告	3	1.64	4	1.77
5	内部控制建议报告	0	0.00	1	0.44
6	内部控制审计报告	3	1.64	2	0.88
7	内部控制制度报告	1	0.55	4	1.77
8	内部控制报告	1	0.55	1	0.44
9	内部控制专项鉴证报告	4	2.19	4	1.77
10	内部控制专项审核报告	2	1.09	6	2.65
11	内部控制自我评估报告的鉴证报告	1	0.55	3	1.33
12	关于内部控制制度自我评估报告的专项审核意见/报告	0	0.00	2	0.88

续表

序号	内部控制鉴证报告的名称	2007 年		2008 年	
		家数	比例(%)	家数	比例(%)
13	关于内部控制的专项报告	3	1.64	7	3.10
14	关于内部控制自我评估报告的专项说明	4	2.19	6	2.65
15	财务报告内部控制鉴证报告	0	0.00	3	1.33
16	内部控制自我评估报告审核评价意见报告	0	0.00	6	2.65
17	根据美国《萨班斯—奥克斯利法案》的规定出具的与财务报告相关的内部控制审计报告	0	0.00	1	0.44
18	报告中未明确指出	23	12.57	14	6.19
	合计	183	100	226	100

第二，内部控制鉴证报告的鉴证对象不一致。根据我们对 2007~2008 年上市公司内部控制鉴证报告的统计分析发现（见表 2-9），上市公司所披露的内部控制鉴证报告的鉴证对象存在较大差异，具体表现为以下三点问题：

首先，鉴证对象是针对上市公司披露的内部控制自我评估报告还是上市公司内部控制制度本身？根据我们的统计，2007 年共有 38 家上市公司的鉴证对象是"内部控制自我评估（价）报告"，占比 20.76%，而在 2008 年该比例增加到了 33.18%。如果考虑"管理层对…年…月…日与财务报表相关的内部控制有效性的认定"也是基于管理层对于内部控制的自我评价报告的话，那么，2007 年鉴证对象是"内部控制自我评估（价）报告"的上市公司占比达到了 57.38%，而在 2008 年该比例上升为 77.43%。可见，内部控制鉴证报告的鉴证对象的分布正逐步向"内部控制自我评估（价）报告及管理层对内部控制有效性的认定"集中。

其次，不论鉴证对象是内部控制自我评估报告还是内部控制制度本身，都需涉及内部控制概念的内容范围，那么鉴证对象是公司整体的内部控制还是财务报表相关的内部控制？在鉴证实务中，注册会计师可能由于自身知识结构的局限，而难以胜任生产、经营、管理等财务报表以外的内部控制评价。根据我们的统计，2007 年共有 108 家上市公司的鉴证对象为"财务报表相关的内部控制"，占比 59%，该比例在 2008 年上升到 67.26%。可见，在相关制度规范没有明确界定内部控制鉴证对象的情况下，注册会计师为了避免不必要的风险，越来越倾向于自身更为胜任的内部控制内容范围。

最后，鉴证对象是"年末时点"（如 2007 年 12 月 31 日）的内部控制还是"年度期间"（如 2007 年度）的内部控制？显而易见，选择"年度期间的内部控制"进行鉴证所需要的鉴证测试和工作量都要比选择"年末时点的内部控制"进行鉴证要多很多。根据我们的统计，2007年共有86家上市公司的鉴证对象是"2007年12月31日的内部控制"，占比47%；而有41家上市公司的鉴证对象是"2007年度的内部控制"，占比22.4%。2008年共有134家上市公司的鉴证对象是"2008年12月31日的内部控制"，占比59.29%；而有69家上市公司的鉴证对象是"2008年度的内部控制"，占比30.53%。可见，在成本效益原则约束下，注册会计师可能越来越倾向于将鉴证测试与工作量较少的"年末时点内部控制"作为鉴证对象。

另外，我们还发现有个别上市公司的内部控制鉴证对象是年度中的某一时点，如在2007年鼎盛天工（600335）鉴证报告中指出："我们认为，贵公司按照《内部会计控制规范》标准，于2007年9月30日在所有重大方面保持了与财务报表相关的有效的内部控制。"类似的是，2007年中华企业（600675）鉴证报告中指出："公司于2007年6月30日在所有重大方面保持了与会计报表相关的有效的内部控制"。

表 2-9 内部控制鉴证对象一览表

序号	代表语句	2007年 家数	2007年 比例（%）	2008年 家数	2008年 比例（%）
1	评估报告中所述的…年…月…日与财务报表相关的内部控制的建立和实施情况	5	2.73	4	1.77
2	…年度与财务报表编制相关的内部控制/与财务报表相关的内部控制或内部控制的建立和实施情况	13	7.10	19	8.41
3	公司的内部控制制度	4	2.19	1	0.44
4	…年内部控制自我评估报告	24	13.11	29	12.83
5	管理当局对…年度内部控制的自我评价报告	4	2.19	21	9.29
6	董事会/管理层对…年…月…日与会计报表相关的公司内部控制的自我评估报告	10	5.46	25	11.06
7	管理层对…年…月…日与财务报表相关的内部控制有效性的认定	67	36.61	100	44.25
8	审计过程中了解和评价与财务报表相关的内部控制	11	6.01	11	4.87
9	截至…年…月…日止内部控制的有效性	2	1.09	2	0.88
10	截至…年…月…日止与会计报表相关的内部控制的有效性	2	1.09	0	0.00
11	公司于…年…月…日与财务报表相关内部控制的建立和实施情况	0	0.00	3	1.33
12	年中…日与财务报表相关的有效的内部控制	1	0.55	1	0.44
13	报告中未明确指出	40	21.85	10	4.43
	合计	183	100	226	100

第三，内部控制鉴证报告的鉴证标准不一致。根据我们的统计，注册会计师进行内部控制鉴证活动所依据的标准存在较大差异（见表2-10）。最多的是依据中国注册会计师协会2002年发布的《内部控制审核指导意见》，也有的以2006年发布的《中国注册会计师其他鉴证业务准则第3101号——历史财务信息审计或审阅以外的鉴证业务》作为评价准则。此外，还有部分事务所依据的是上海证券交易所与深圳证券交易所发布的《上市公司内部控制指引》。值得一提的是2007年安泰集团（600408）出具的内部控制审核报告依据的是已经废止的《独立审计准则第9号——内部控制及审计风险》，2008年未出具内部控制鉴证报告。2008年张裕A（000869）出具的内部控制鉴证报告依据的也是《独立审计准则第9号——内部控制及审计风险》。另外，2008年出台的《企业内部控制鉴证指引（征求意见稿）》中规定"本指引自2009年7月1日起施行"。从2008年披露情况来看，只有4家公司采用了该指引，可见，新出台的《企业内部控制鉴证指引（征求意见稿）》在鉴证实务中的应用还有一定难度。

表2-10 内部控制鉴证标准一览表

序号	审核依据	2007年 家数	2007年 比例(%)	2008年 家数	2008年 比例(%)
1	《中国注册会计师其他鉴证业务准则第3101号——历史财务信息审计或审阅以外的鉴证业务》	61	33.33	85	37.61
2	《内部控制审核指导意见》	64	34.97	46	20.35
3	《中国注册会计师其他鉴证业务准则第3101号——历史财务信息审计或审阅以外的鉴证业务》、《内部控制审核指导意见》	15	8.20	27	11.95
4	《中国注册会计师审计准则第1211号——了解被审计单位及其环境并评估重大错报风险》、《中国注册会计师审计准则第1231号——针对评估的重大错报风险实施的程序》	5	2.73	16	7.08
5	《上海证券交易所上市公司内部控制指引》	5	2.73	1	0.44
6	《企业内部控制鉴证指引（征求意见稿）》	0	0.00	4	1.77
7	《中国注册会计师其他鉴证业务准则第3101号——历史财务信息审计或审阅以外的鉴证业务》与深圳证券交易所《上市公司内部控制指引》	1	0.55	0	0.00
8	《企业内部控制基本规范》与上海、深圳证券交易所《上市公司内部控制指引》	1	0.55	6	2.65
9	《企业内部控制基本规范》、《上海证券交易所上市公司内部控制指引》	0	0.00	1	0.44
10	《内部会计控制基本规范》、《内部会计控制具体规范》	1	0.55	0	0.00
11	《中国注册会计师审计准则》	3	1.64	10	4.42

续表

序号	审核依据	2007年 家数	比例(%)	2008年 家数	比例(%)
12	《中国注册会计师执业准则》	0	0.00	4	1.77
13	《中国注册会计师执业准则》、《内部控制审核指导意见》	1	0.55	1	0.44
14	《中国注册会计师执业准则》及中国注册会计师协会《内部控制审核指导意见》	0	0.00	4	1.77
15	《企业内部控制基本规范》、《内部控制审核指导意见》、《关于做好证券公司内部控制评审工作的通知》和《证券公司内部控制指引》	0	0.00	1	0.44
16	《企业内部控制基本规范》、《中国注册会计师其他鉴证业务准则第3101号——历史财务信息审计或审阅以外的鉴证业务》	0	0.00	1	0.44
17	《独立审计准则第9号——内部控制及审计风险》	1	0.55	1	0.44
18	美国上市公司会计监管委员会（PCAOB）的准则	0	0.00	1	0.44
19	未指明审计准则或者鉴证报告不完整	25	13.66	17	7.52
	合计	183	100	226	100

第四，内部控制鉴证的责任限制不一致。注册会计师为了减少鉴证风险，执行业务时应当保持应有的职业谨慎，关注内部控制的固有限制，获取充分、适当的证据，将鉴证风险降至可接受的水平。因此，出于谨慎的考虑，注册会计师在鉴证报告中说明内部控制存在固有限制，以降低执业风险。《内部控制审核指导意见》给出的内部控制审核参考格式要求单列一段指明内部控制的固有限制。

2008年披露的226份内部控制鉴证报告中，有18家公司未按《内部控制审核指导意见》的要求在报告中描述内部控制的固有限制。我们发现：①未列明内部控制固有限制的公司其内部控制鉴证都是随同年度财务报表的审计进行的，在报告的引言段首先指明财务报表审计的范围与审计意见。②上述公司的内部控制鉴证报告用其他三种方式替代了有关内部控制固有限制的表述，具体如表2-11所示。

表2-11 内部控制鉴证责任限制的表述

序号	表述语句
1	我们对…内部控制自我评估报告进行评价，并非对…内部控制做出保证，也不能揭示内部控制中所有的重大缺陷
2	我们的研究和评价是在《中国注册会计师审计准则》的基础上，并结合财务报表审计目的而进行的，而不是对内部控制的专门审核，并不是专为发现内部控制缺陷、欺诈及舞弊而进行的
3	上述了解内部控制和控制测试并不是对内部控制的专门审核，也不是专为发现内部控制缺陷、欺诈及舞弊而进行的

第五，内部控制鉴证报告的鉴证意见类型与表达不一致。根据我们的统计，我们发现内部控制鉴证意见的类型与表达方式主要存在三个方面的问题：

首先，鉴证意见的发表方式不同。鉴证业务提供的保证程度分为合理保证和有限保证，鉴证业务的性质与提供的保证程度相对应。合理保证的保证水平要高于有限保证所提供的保证水平，合理保证的鉴证业务以积极的方式提出结论，有限保证鉴证业务以消极方式提出结论。根据表 2-12 可知，在 2007 年、2008 年披露的内部控制鉴证意见中，绝大多数会计师事务所选择了以积极方式提出鉴证意见，所占的比例分别为 88.52% 与 81.42%，相比而言，选择以消极方式提出鉴证意见的较少，2007 年与 2008 年分别占比 11.48% 和 18.58%。

表 2-12 内部控制鉴证意见表述概况

意见发表方式	代表语句	2007 年 家数	2007 年 比例(%)	2008 年 家数	2008 年 比例(%)
积极	我们认为，……在所有重大方面保持了有效……； 我们认为，……在所有重大方面是有效的； 我们认为，……恰当评估了……	162	88.52	184	81.42
消极	我们阅读了……，根据我们的研究和评价，我们没有发现……存在重大差异； 我们没有注意到任何事项使我们相信，……是不公允的； 未发现……存在重大不一致；未发现……重大控制缺陷	21	11.48	42	18.58
合计		183	100	226	100

其次，鉴证意见的表述杂乱。由于没有具体鉴证准则的规范，注册会计师对上市公司内部控制鉴证意见的表述混乱，内部控制鉴证意见的具体表述形式存在较大差异。

最后，鉴证意见的类型单一。2002 年出台的《内部控制审核指导意见》中将意见分为无保留意见、保留意见、否定意见、拒绝表示意见四种，同时也说明了出具四种意见类型所对应的条件和报告格式。根据 2007 年、2008 年年报资料的统计结果，除了 2007 年开元信德会计师事务所有限公司对新五丰（600975）出具了保留意见的鉴证报告外，[1] 其他鉴证报告都出具了无保留意见。

---

[1] "在审核过程中，我们发现，新五丰公司 2007 年度将募集资金用于新股申购，未严格执行新五丰公司《募集资金使用管理办法》的规定。新五丰公司对此类行为，已实施了整改，用于新股申购的募集资金已于 2007 年 12 月 19 日全部回笼。我们认为，除上述影响外，新五丰公司按照财政部有关内部控制的规定所设定的标准于 2007 年 12 月 31 日在所有重大方面保持了与财务报表相关的有效的内部控制"。

第六，内部控制鉴证报告的用途限制与否存在差异。根据我们的统计，2007年、2008年分别有38家、96家上市公司的内部控制鉴证报告中对报告的使用做了限制性的规定。限制用途的表述主要有"仅供贵公司向中国证券监督管理委员会内有关机构和证券交易所报送、说明内部控制情况之用"、"仅供被审核单位之年度报告披露之目的使用"等（见表2-13）。

表2-13 内部控制审核报告使用限制统计表

序号	代表语句	2007沪市	2007深市	2008沪市	2008深市
1	本报告仅供贵公司为2007年年报使用	9	6	7	5
2	本报告只为针对贵公司2007年度年审需要而出具	1	1	16	6
3	本报告仅供贵公司年度报告披露之目的使用	2	1	19	4
4	本审核报告仅供贵公司向中国证券监督管理委员会内有关机构和证券交易所报送、说明内控情况之用	6	3	25	5
5	本意见仅供贵公司董事会、管理当局及上市公司监督管理机构使用	3	1	4	0
6	配股及年报审计	0	0	1	0
7	仅供增发、申请非公开发行股票、配股使用	2	1	3	1
8	仅供贵公司本次发行分离交易的可转换公司债券申报使用	1	0	0	0
9	仅是对贵公司内部控制有效性的认定发表的意见	1	0	1	0
10	未对内部控制审核报告的使用做出限制	108	37	95	34
	合计	133	50	171	55

通过以上的现状调查，我们发现目前我国上市公司内部控制鉴证实务存在诸多问题，具体表现为内部控制鉴证报告的名称、鉴证对象、鉴证依据、鉴证意见表达与类型、鉴证责任限制与鉴证报告用途千差万别。作为上市公司自愿信息披露的重要组成部分，目前我国上市公司披露的鉴证报告本应起到增加公司信息透明度、引导投资者行为的重要作用。然而，从目前内部控制鉴证报告的现状来看，缺乏规范的内部控制鉴证报告严重影响了鉴证信息的可比性、易理解性与可靠性，进而限制了投资者进行信息甄别与投资选择。我们认为，造成这种现状的主要原因在于我国目前缺乏权威、统一、高质量的内部控制鉴证准则与操作指引。仅以内部控制鉴证对象为例，我们发现2008年发布的《企业内部控制鉴证指引（征求意见稿）》将内部控制定义为"由企业董事会、监事会、经理层和全体员工实施的、旨在实现控制目标的过程。其中内部控制的目标是合理保证企业经营管理合法合规、资产安全、财务报告及相关信息真实完整，提高经营效率和效果，促进企业实现发展战略"，即不仅包括财务报告相关的内部控制，还包括为实现其他控制目标的内部控制。然而，该指引（征求意见稿）将内部控制鉴证定

义为"本指引所称企业内部控制鉴证,是指会计师事务所接受委托,对企业与财务报告相关的内部控制的有效性进行鉴证,并发表鉴证意见",即内部控制鉴证的对象不是该指引所定义的内部控制(也就是整体内部控制),而仅仅是与财务报告相关的内部控制。可见,《企业内部控制鉴证指引(征求意见稿)》中内部控制的定义与内部控制鉴证对象存在不一致的问题。

(2) 2009~2013年我国上市公司内部控制鉴证相关规范执行情况。

表2-14显示了我国上市公司于2009~2013年披露内部控制鉴证报告的情况。从中可以看出,两市上市公司披露内部控制鉴证报告的数量和比例逐年上升。同时,我们发现深市的中小板和创业板的上市公司披露内部控制鉴证报告的家数占到深市总披露家数的大多数。虽然相关规范要求2010年开始中小板和创业板上市公司每两年披露一次内部控制鉴证报告,但似乎中小板和创业板上市公司更为积极主动,并未因为公司规模相对较小或者内部控制审计所带来的额外成本而减少内部控制鉴证报告的信息披露。

表2-14 2009~2013年我国上市公司披露内部控制鉴证报告情况

年份\项目	沪市		深市		深市中小板与创业板	
	家数	占沪市上市公司比例(%)	家数	占深市上市公司比例(%)	家数	占该两板上市公司比例(%)
2009	0	0.00	382	42.97	285	68.51
2010	180	19.96	446	36.35	347	46.02
2011	257	27.55	741	51.82	600	62.63
2012	631	66.84	865	56.68	560	53.03
2013	734	93.86	1053	67.76	705	64.50

数据来源:CSMAR数据库。

第三章 我国上市公司内部控制有效性的评价模式

本章首先分析上市公司内部控制有效性评价及其相关信息需求者在评价目的、评价主客体和程序上的差异性，并在此基础上分别对注册会计师审计需求、管理层管理需求、投资者决策需求展开讨论，为本书关于内部控制有效性的内涵界定与计量评价奠定基础。

第一节 引言

内部控制理论与实践的发展向来都离不开内部控制有效性评价及其相关信息使用者的推动。从现有研究来看，上市公司内部控制有效性评价及其相关信息的需求者可以大致分为三类：审计师、企业管理者和监管者。第一，审计师可以说是内部控制有效性评价及其相关信息的最初需求者。他们通过评价被审计单位内部控制的健全性与有效性来衡量内部控制的可信赖程度，并通过这些信息来确定审计范围和具体的审计程序，以达到控制审计风险、保证审计质量和效率的目的。第二，企业管理层对内部控制有效性评价及其相关信息的需求则是随着内部控制在企业管理中的作用日益凸显而产生的。通过内部控制自我评价，管理层可以获得许多财务报表不能提供的重要信息，利用这些信息可以发现企业内部控制在设计或者执行方面的缺陷，为改进和提升企业管理提供依据。第三，安然等一系列财务丑闻为世人敲响了警钟，各国纷纷出台了有关内部控制有效性评价及其相关信息披露的相关法规。这些法规的最大特点是将内部控制有效性评价及其相关信息披露从自愿行为发展到了强制规范，这一做法俨然表明：满足监管要求已经成为内部控制有效性评价及其相关信息披露的新驱动因素。虽然现有研究多集中于上述三类内部控制有效性评价及其相关信息需求者，但除此之外还有其他的需求者并越来越受到重视，例如，投资者越来越多地从非财务信息中寻找自己的决策依据，而内部控制有效性的评价及其相关信息就是这些非财务信息中的重要组成部分。

不同的需求主体对于内部控制有效性的评价及其相关信息的需求也各有不同，而不同的需求可能引致不同的评价模式和不同的评价目的、评价主体与客体以及评价方法等。例如，同样是审计师，作为外部审计师的注册会计师和承担内部审计职能的内部审计师，两者对内部控制有效性评价及其相关信息的评价目标、评价主体、评价客体和方法都不尽相同；即便同是注册会计师，在面对不同业务的时候，他们对内部控制有效性的评价目的等也可能不同。例如，在开展财务报表审计过程中，注册会计师通过内部控制有效性评价可以获取相关信息，以便确定财务报表审计范围和具体的审计程序，从而达到控制审计风险、保证审计质量和效率的目的。可以说，注册会计师在财务报表审计过程中的内部控制评价仅仅是审计过程中的重要一环，最终目的是为财务报表审计服务。而在开展内部控制审计过程中，注册会计师评价和报告内部控制有效性的过程不仅仅是其中的一环，更是该项业务的最终目的。当然，内部审计师开展内部控制有效性评价工作的目的就是对内部控制设计和运行的有效性进行审查和评价，出具客观、公正的审计报告，促进组织改善内部控制及风险管理。从这点来看，内部审计师所从事的内部控制有效性评价工作是基于提升内部管理水平这样的需求的。正如2013年8月20日由中国内部审计协会颁布的《第2201号内部审计具体准则——内部控制审计》中的陈述："经董事会或者最高管理层批准，内部控制审计报告可以作为《企业内部控制评价指引》中要求的内部控制评价报告对外披露"，可见内部审计师做出的内部控制有效性评价报告与管理层做出的内部控制有效性评价报告是一致的。

基于以上分析，我们在本章中将根据不同的上市公司内部控制有效性评价及其相关信息需求者来安排本章的内容。首先讨论注册会计师的审计需求，分别从注册会计师在开展财务报表审计和内部控制审计两个业务背景下不同的内部控制有效性评价目的、评价主体与客体以及评价方法等入手；其次将内部审计对内部控制有效性的评价合并在管理层需求下的内部控制有效性评价中进行讨论，在分析此需求下的评价目的和评价主客体后，将从基于内部控制要素和业务两个角度分析评价方法；最后从理论上构建一个理想的基于投资者决策需求的内部控制有效性评价模型，然后在成本效益原则的前提下，讨论投资者满足其内部控制有效性评价需求的现实选择。

第二节 注册会计师审计需求下的内部控制有效性评价

内部控制有效性的评价可以说是在注册会计师的主导下诞生并发展的。从传统的账项基础审计到制度基础审计到风险导向审计，注册会计师审计需求下的内部控制有效性评价目的、客体以及方法都发生了重大变化。在当前风险导向审计模式下，内部控制有效性的评价已经不只是关注公司的内部会计控制系统和程序的风险与有效性，还要考虑外部风险以及相应控制系统的有效性。同时，除了传统的财务报表审计需要内部控制有效性的评价以外，新兴的内部控制审计业务也给注册会计师们的内部控制有效性评价工作带来各种各样的考验。本节将分别从注册会计师财务报表审计和内部控制审计需求两个视角讨论内部控制有效性评价相关问题。

一、注册会计师财务报表审计需求下的内部控制有效性评价

1. 注册会计师财务报表审计需求下内部控制有效性评价的目的

根据《中国注册会计师审计准则第1101号——注册会计师的总体目标和审计工作的基本要求》，注册会计师财务报表审计的目的就是提高财务报表预期使用者对财务报表的信赖程度。这一目的可以通过注册会计师对财务报表是否在所有重大方面按照适用的财务报告编制基础编制发表审计意见得以实现。根据《中国注册会计师审计准则第1211号——通过了解被审计单位及其环境识别和评估重大错报风险》，在开展财务报表审计过程中，注册会计师需要通过了解被审计单位及其环境识别和评估被审计单位发生重大错报的风险，而注册会计师对于内部控制有效性的评估就是其中的重要一环。

根据《中国注册会计师审计准则第1211号——通过了解被审计单位及其环境识别和评估重大错报风险》、《中国注册会计师审计准则第1231号——针对评估的重大错报风险采取的应对措施》以及《中国注册会计师审计准则第1152号——向治理层和管理层通报内部控制缺陷》，我们认为，注册会计师财务报表审计需求下的内部控制有效性评价有如下三个方面：①通过了解和评估被审计单位的内部控制有效性，识别和评估其财务报表层次和认定层次的重大错报风险；②为下一步设计和实施针对所评估的重大错报风险采取的应对措施（如控制测试等）提供基础；③向治理层和管理层恰当通报所识别出的重要的内部控制缺陷等问题，

提出管理建议，促进被审计单位各项管理制度更加健全、严密和完善。我们认为，前两个方面的目的是最为核心的目标，因为这个目的直接指向注册会计师财务报表审计的核心目标，即对财务报表是否在所有重大方面按照适用的财务报告编制基础编制发表审计意见。而第三个目的则为附属目标，更多体现了注册会计师与被审计单位沟通的价值。

2. 注册会计师财务报表审计需求下的内部控制有效性评价主体与客体

风险导向审计以对审计风险进行系统的分析和评价为出发点，制定审计策略以及相应的审计计划，将风险考虑贯穿于整个审计过程中。它不仅考虑企业内部会计系统和程序的风险，还考虑控制环境等因素导致的企业经营面临的外部风险，同时对审计风险进行量化，确定审计证据的充分性和适当性，使在企业面临不确定性经营环境的情况下，不但能有效控制审计风险，也能进一步提高审计效率和质量。在风险导向审计下，内部控制评价的主体仍然是审计人员。与制度基础审计不同的是，其评价客体不仅包括被审计单位财务报告内部控制制度，控制风险评价也被提高到了前所未有的高度。在实施风险导向审计的过程中，审计人员需要对内部控制进行初步评价及再评价。初步评价发生在控制测试之前，在初步了解和调查被审计单位的内部控制后应初步评价控制风险的水平，根据控制风险评价结果判断被审计单位的内部控制是否有效，从而决定是否进行控制测试；在控制测试完成后，审计人员需要对内部控制进行再评价，根据控制风险再评价水平确定将要执行的实质性测试的性质、时间和范围。针对风险导向审计的需求，内部控制评价目标通过对控制风险的评价来确定相关的审计程序，从而控制审计风险。而在现代风险导向审计下，审计师的主要目标为向公众揭示被审计单位的经营风险、现金流风险等潜在风险，揭示企业未来面临的不确定性，从而提高利益相关方的决策有效性，避免报表被误解、误读。

3. 注册会计师财务报表审计需求下的内部控制有效性评价过程

根据前述的相关准则，注册会计师财务报表审计需求下的内部控制有效性评价大致需要如下的三个阶段：了解被审计单位及其环境；了解被审计单位的内部控制并初步评估内部控制风险水平；控制测试并评估内部控制有效性水平。

（1）了解被审计单位及其环境。

注册会计师应当从以下方面了解被审计单位及其环境：相关行业状况、法律环境和监管环境及其他外部因素，包括适用的财务报告编制基础；被审计单位的性质，包括经营活动、所有权和治理结构、正在实施和计划实施的投资（包括对特殊目的实体的投资）的类型、组织结构和筹资方式。了解被审计单位的性质，可以使注册会计师了解预期在财务报表中反映的各类交易、账户余额和披露；被审计单位对会计政策的选择和运用，包括变更会计政策的原因。注册会计师应当根据被审计单位的经营活动，评价会计政策是否适当，并与适用的财务报告编制基础、相关行业使用的会计政策保持一致；被审计单位的目标、战略以及可能导致重大错报风险的相关经营风险；对被审计单位财务业绩的衡量和评价。

（2）了解被审计单位的内部控制并初步评估内部控制风险水平。

注册会计应当全面了解被审计单位的内部控制系统，可以从"控制环境"、"风险评估"、"控制活动"、"信息系统"以及"监督"五个方面开展。

第一，注册会计师应当了解控制环境。作为了解控制环境的一部分，注册会计师应当评价：管理层在治理层的监督下，是否营造并保持了诚实守信和合乎道德的文化；控制环境总体上的优势是否为内部控制的其他要素奠定了适当的基础，以及这些其他要素是否未被控制环境中存在的缺陷所削弱。

第二，注册会计师应当了解被审计单位是否已建立风险评估过程，包括识别与财务报告目标相关的经营风险；估计风险的重要性；评估风险发生的可能性；决定应对这些风险的措施。如果被审计单位已建立风险评估过程，注册会计师应当了解风险评估过程及其结果。如果识别出管理层未能识别出的重大错报风险，注册会计师应当评价是否存在这类风险。如果存在这类风险，注册会计师应当了解风险评估过程未能识别出的原因，并评价风险评估过程是否适合具体情况，或者确定与风险评估过程相关的内部控制是否存在值得关注的内部控制缺陷。如果被审计单位未建立风险评估过程，或具有非正式的风险评估过程，注册会计师应当与管理层讨论是否识别出与财务报告目标相关的经营风险以及如何应对这些风险。注册会计师应当评价缺少记录的风险评估过程是否适合具体情况，或确定是否表明存在值得关注的内部控制缺陷。

第三，注册会计师应当了解与审计相关的控制活动。与审计相关的控制活动，是注册会计师为评估认定层次重大错报风险并设计进一步审计程序应对评估的风险而有必要了解的控制活动。审计并不要求了解与财务报表中每类重大交易、账户余额和披露或与其每项认定相关的所有控制活动。在了解被审计单位控制活动时，注册会计师应当了解被审计单位如何应对信息技术导致的风险。

第四，注册会计师应当从下列方面了解与财务报告相关的信息系统（包括相关业务流程）：在被审计单位的经营过程中，对财务报表具有重大影响的各类交易；在信息技术和人工系统中，被审计单位的交易生成、记录、处理、必要的更正、结转至总账以及在财务报表中报告的程序；用以生成、记录、处理和报告（包括纠正不正确的信息以及信息如何结转至总账）交易的会计记录、支持性信息和财务报表中的特定账户；被审计单位的信息系统如何获取除交易以外的关于财务报表的重大事项和情况；用于编制被审计单位财务报表（包括做出的重大会计估计和披露）的财务报告过程；与会计分录相关的控制，这些分录包括用以记录非经常性的、异常的交易或调整的非标准会计分录。

第五，注册会计师应当了解被审计单位用于监督与财务报告相关的内部控制的主要活动，包括针对与审计相关的控制活动的监督以及被审计单位如何对控制缺陷采取补救措施。如果被审计单位设有内部审计，注册会计师应当了解下列事项，以确定内部审计是否可能与审计相关：内部审计的职能范围以及内部审计在被审计单位组织结构中的地位和作用；内部审计已实施或拟实施的活动。注册会计师应当了解被审计单位监督活动所使用信息的来源，以及管理层认为信息对于实现目的足够可靠的依据。

在上述基础之上，注册会计师需要开展如下程序，并初步评估内部控制的风险以及重大错报风险水平：在了解被审计单位及其环境（包括与风险相关的控制）的整个过程中，结合对财务报表中各类交易、账户余额和披露的考虑，识别风险；评估识别出的风险，并评价其是否更广泛地与财务报表整体相关，进而潜在地影响多项认定；结合对拟测试的相关控制的考虑，将识别出的风险与认定层次可能发生错报的领域相联系；考虑发生错报的可能性（包括发生多项错报的可能性）以及潜在错报的重大程度是否足以导致重大错报。

（3）控制测试并评估内部控制有效性水平。

在初步评估内部控制风险水平的基础之上，如果注册会计师认为内部控制的预期控制的运行是有效的，那么，注册会计师应当设计和实施控制测试，针对相关控制运行的有效性，获取充分、适当的审计证据。所谓控制测试，是指用于评价内部控制在防止或发现并纠正认定层次重大错报方面的运行有效性的审计程序。

在设计和实施控制测试时，注册会计师应当将询问与其他审计程序结合使用，以获取有关控制运行有效性的审计证据；确定拟测试的控制是否依赖其他控制（间接控制）。如果依赖其他控制，确定是否有必要获取支持这些间接控制有效运行的审计证据。注册会计师获取的有关控制运行有效性的证据应当包括：控制在所审计期间的相关时点是如何运行的；控制是否得到一贯执行；控制由谁或以何种方式执行。

在确定利用以前审计获取的有关控制运行有效性的审计证据是否适当以及再次测试控制的时间间隔时，注册会计师应当考虑下列因素：内部控制其他要素的有效性，包括控制环境、被审计单位对控制的监督以及被审计单位的风险评估过程；控制特征（人工控制还是自动化控制）产生的风险；信息技术一般控制的有效性；控制设计及其运行的有效性，包括在以前审计中发现的控制运行偏差的性质和程度以及是否发生对控制运行产生重大影响的人员变动；是否存在由于环境发生变化而特定控制缺乏相应变化导致的风险；重大错报风险和对控制的信赖程度。如果拟利用以前审计获取的有关控制运行有效性的审计证据，注册会计师应当通过获取这些控制在以前审计后是否发生重大变化的审计证据，确定以前审计获取的审计证据是否与本期审计持续相关。

为了解各类重要交易在业务流程中发生、处理和记录的过程，注册会计师通常会每年执行穿行测试。执行穿行测试可获得以下证据：①确认对业务流程的了解；②确认对重要交易的了解是完整的，即在交易流程中所有与财务报表认定相关的可能发生错报的环节都已识别；③确认所获取的有关流程中的预防性控制和检查性控制信息的准确性；④评估控制设计的有效性；⑤确认控制是否得到执行；⑥确认之前所做的书面记录的准确性。对于重要的业务流程，不管是人工控制还是自动化控制，注册会计师都要对整个流程执行穿行测试，涵盖交易从发生到记账的全过程。当某重要业务流程有显著变化时，注册会计师应当根据变化的性质及其对相关账户发生重大错报的影响程度，考虑是否需要对变化前后的业务都执行穿行测试。

对内部控制有效性最终的评价结果，根据可信赖程度的高低可分为三个层次，第一层次：高信赖程度，即控制风险评价为低水平。此时，审计人员可以较多地信赖、利用审计单位的内部控制制度，在实施审计时可相应减少实质性测试的样本数量和范围。控制风险越低，审计人员就可以执行越有限的实质性测试。第二层次：中信赖程度，即控制风险评价为中等水平。这时，审计人员应降低信赖、利用内部控制制度的程度，有必要提高实质性测试的深度和广度、增加实质性测试的样本数量和范围。第三层次：低信赖程度，即控制风险为高水平。当被审计单位的内部控制制度的可信赖程度很低，使审计人员根本无法降低审计风险时，审计人员可以提出中止审计，必要时可考虑撤销《审计约定书》，拒绝接受被审计单位的审计任务。

二、注册会计师内部控制审计需求下的内部控制有效性评价

1. 注册会计师内部控制审计需求下的内部控制有效性评价目的

美国国会于2002年7月颁布了SOX法案，要求担任公司年报审计的注册会计师对管理当局所出具的内部控制评价报告进行鉴证，并出具审计意见。2007年7月25日，经SEC批准，美国公众公司会计监督委员会（The Public Company Oversight Board，PCAOB）发布的《审计准则第5号——与财务报表审计合并执行的财务报告内部控制审计》正式生效，并适用于2007年11月15日之后（包括当日）结束的会计年度。它替代了之前发布的《审计准则第2号——与财务报表审计合并执行的财务报告内部控制审计》，对于美国公众公司的财务报告内部控

制审计业务具有强制性，并且起到了规范和指导的作用。同样，我国《企业内部控制基本规范》也规定上市公司应当对本公司内部控制的有效性进行自我评价，披露年度自我评价报告，并可聘请具有证券、期货业务资格的会计师事务所对内部控制的有效性进行审计。2010年4月26日，财政部等五部委颁布了《企业内部控制审计指引》，对我国的注册会计师开展内部控制审计工作提出了具体的规范。

内部控制审计来自不同利益相关者对于内部控制系统及其信息的不同需求。在上述制度规范下，内部控制审计就是为了满足外部信息使用者对于企业内部控制信息的需要以及出于对相关法律法规的遵循，如美国的SOX法案对美国公众公司的要求、中国证监会对IPO公司的要求等。满足外部信息使用者对于信息的要求是独立审计的重要职能。伴随着独立审计环境的不断变化，独立审计目标从最初的"差错纠弊"发展到"鉴证财务报表的真实公允"，再到"鉴证财务报表的真实公允与差错纠弊并重"，独立审计目标经历了一个不断的认识演变过程。当人类进入21世纪，以知识经济、经济全球化以及以网络信息技术为代表的科技日新月异，独立审计环境发生了重大变化。在这样的背景下，企业的各方利益相关者对于信息的需求也越来越多样、领域也越来越广泛。外部投资者面临着比以往任何时候都多得多的信息，也面临着更多的信息不确定性。他们需要审计对更多信息的可靠性做出鉴证，进而导致"降低信息风险"成为当前独立审计的主要目标。

根据我国《企业内部控制审计指引》的定义，"内部控制审计，是指会计师事务所接受委托，对截至特定日期企业内部控制的有效性进行审计，并发表审计意见"。可见，注册会计师的责任就是对内部控制的有效性发表审计意见。而做出审计意见的前提是要对企业内部控制系统本身进行分析、测试和评价。因此，注册会计师内部控制审计需求下的内部控制有效性评价目的就是获取充分、适当的证据，为截至特定日期内部控制是否不存在重大缺陷提供合理保证，并作为支持审计意见的基础。

2. 注册会计师内部控制审计需求下的内部控制有效性评价主体与客体

如前文所述，注册会计师在开展内部控制审计业务时，需要通过测试和评价内部控制来获取充分、适当的审计证据。尽管《企业内部控制审计指引》第九条指出：注册会计师可以利用企业内部审计人员、内部控制评价人员和其他相关人员的工作，但"其责任不因为利用企业内部审计人员、内部控制评价人员和其他相关人员的工作而减轻"，可见内部控制审计中内部控制有效性评价主体始终是注册会计师。

我国《企业内部控制审计指引》第四条指出：注册会计师应当对财务报告内部控制的有效性发表审计意见，并对内部控制审计过程中注意到的非财务报告内部控制的重大缺陷，在内部控制审计报告中增加"非财务报告内部控制重大缺陷描述段"予以披露。由此可见，注册会计师在开展内部控制审计业务时，进行测试和评价的客体应以"财务报告内部控制"有效性为主，其他非财务报告内部控制的有效性为辅。

3. 注册会计师内部控制审计需求下的内部控制有效性评价过程

根据《企业内部控制审计指引》以及中国注册会计师协会于2011年10月发布的《企业内部控制审计指引实施意见》，注册会计师应当采用自上而下的方法选择拟测试的控制。自上而下的方法始于财务报表层次，以注册会计师对内部控制整体风险的了解开始，然后，将关注重点放在企业层面的控制上，并将工作逐渐下移至重要账户、列报及其相关认定。随后，验证其对被审计单位业务流程中风险的了解，并选择足以应对评估的每个相关认定的重大错报风险的控制进行测试。自上而下的方法分为下列步骤：

（1）从财务报表层次初步了解内部控制整体风险。

（2）识别、了解和测试企业层面控制。

注册会计师应当识别、了解和测试对内部控制有效性有重要影响的企业层面控制。注册会计师对企业层面控制的评价，可能增加或减少本应对其他控制进行的测试。

不同的企业层面控制在性质和精确度上存在差异，注册会计师应当从以下方面考虑这些差异对其他控制及其测试的影响：某些企业层面控制，如与控制环境相关的控制，对及时防止或发现并纠正相关认定的错报的可能性有重要影响。虽然这种影响是间接的，但这些控制仍然可能影响注册会计师拟测试的其他控制以及测试程序的性质、时间安排和范围。某些企业层面控制旨在识别其他控制可能出现的失效情况，能够监督其他控制的有效性，但还不足以精确到及时防止或发现并纠正相关认定的错报。当这些控制运行有效时，注册会计师可以减少对其他控制的测试。某些企业层面控制本身能够精确到足以及时防止或发现并纠正相关认定的错报。如果一项企业层面控制足以应对已评估的错报风险，注册会计师就不必测试与该风险相关的其他控制。

（3）识别重要账户、列报及其相关认定。

注册会计师应当基于财务报表层次识别重要账户、列报及其相关认定。如果某账户或列报可能存在一个错报，该错报单独或连同其他错报将导致财务报表发生重大错报，则该账户或列报为重要账户或列报。判断某账户或列报是否重要，应当依据其固有风险，而不应考虑相关控制的影响。如果某财务报表认定可能存在一个或多个错报，这些错报将导致财务报表发生重大错报，则该认定为相关认定。判断某认定是否为相关认定，应当依据其固有风险，而不应考虑相关控制的影响。

为识别重要账户、列报及其相关认定，注册会计师应当从下列方面评价财务报表项目及附注的错报风险因素：账户的规模和构成；易于发生错报的程度；账户或列报中反映的交易的业务量、复杂性及同质性；账户或列报的性质；与账户或列报相关的会计处理及报告的复杂程度；账户发生损失的风险；账户或列报中反映的活动引起重大或有负债的可能性；账户记录中是否涉及关联方交易；账户或列报的特征与前期相比发生的变化。

在识别重要账户、列报及其相关认定时，注册会计师还应当确定重大错报的可能来源。注册会计师可以通过考虑在特定的重要账户或列报中错报可能发生的领域和原因，确定重大错报的可能来源。

（4）了解潜在错报的来源并识别相应的控制。

注册会计师应当实现下列目标，以进一步了解潜在错报的来源，并为选择拟测试的控制奠定基础：了解与相关认定有关的交易的处理流程，包括这些交易如何生成、批准、处理及记录；验证注册会计师识别出的业务流程中可能发生重大错报（包括由于舞弊导致的错报）的环节；识别被审计单位用于应对这些错报或潜在错报的控制；识别被审计单位对及时防止或发现并纠正未经授权的、导致重大错报的资产取得、使用或处置的控制。

穿行测试通常是实现上述目标的最有效方式。注册会计师在执行穿行测试时，通常需要综合运用询问、观察、检查相关文件及重新执行等程序。在执行穿行测试时，针对重要处理程序发生的环节，注册会计师可以询问被审计单位员工对规定程序及控制的了解程度。实施询问程序连同穿行测试中的其他程序，可以帮助注册会计师充分了解业务流程，识别必要控制设计无效或出现缺失的重要环节。为便于了解业务流程处理的不同类型的重大交易，在实施询问程序时，注册会计师不应局限于关注穿行测试所选定的单笔交易。

（5）选择拟测试的控制。

注册会计师应当针对每一相关认定获取控制有效性的审计证据，以便对内部控制整体的有效性发表意见，但没有责任对单项控制的有效性发表意见。注册会计师应当对被审计单位的控制是否足以应对评估的每个相关认定的错报风险形成结论。因此，注册会计师应当选择对形成这一评价结论具有重要影响的控制进行测试。对特定的相关认定而言，可能有多项控制用以应对评估的错报风险；反之，一项控制也可能应对评估的多项相关认定的错报风险。注册会计师没有必要测试与某项相关认定有关的所有控制。在确定是否测试某项控制时，注册会计师应当考虑该项控制单独或连同其他控制，是否足以应对评估的某项相关认定的错报风险，而不论该项控制的分类和名称如何。

另外，注册会计师应当测试控制设计的有效性。如果某项控制由拥有有效执行控制所需的授权和专业胜任能力的人员按规定的程序和要求执行，能够实现控制目标，从而有效地防止或发现并纠正可能导致财务报表发生重大错报的错误或舞弊，则表明该项控制的设计是有效的。注册会计师还应当测试控制运行的有效性。如果某项控制正在按照设计运行、执行人员拥有有效执行控制所需的授权和专业胜任能力，能够实现控制目标，则表明该项控制的运行是有效的。如果被审计单位利用第三方的帮助完成一些财务报告工作，注册会计师在评价负责财务报告及相关控制的人员的专业胜任能力时，可以一并考虑第三方的专业胜任能力。

第三节　管理层管理需求下的内部控制有效性评价

虽然是审计师最初开始关注内部控制，但是内部控制之所以存在与发展，却并不是因为审计师的意愿，而是企业自身管理的需要。管理和控制是相依相存的，内部控制是企业取得成功的关键。内部控制系统既然存在，就有必要对其进行监控和评价，通过监控和评价结果判断其有无缺陷、执行是否有效、是否需要随环境变化而始终有助于满足企业自身的管理需求以及公司战略目标的实现。在本节中，我们将首先讨论管理层管理需求下的内部控制有效性评价的目的以及评价主体和客体，然后分别从内部控制要素和内部控制业务流程两个角度来说明此模式的评价过程。

一、管理层管理需求下的内部控制有效性评价目的

回顾以往，我们不难发现，无论是财务舞弊、会计丑闻还是其他因素导致的公司失败，虽然其表面原因各不相同，但探究其深层次的原因，除去经济低迷、市场动荡等宏观的、不可控的因素导致的失败案例，大部分公司的失败都是因内部控制的缺陷造成的：有些可能是由于内部会计控制方面的缺陷，而另外一些则可能超出了这个范畴，源于管理控制的薄弱。总之，对于企业而言，无论其是否已经意识到内部控制的重要性，有一点毋庸置疑——内部控制有效性评价是维持企业生存与发展的内在要求，也是促进企业成功的动力机制。

众所周知，内部控制系统是由管理者建立的，为保证生产经营井然有序和高效率地进行，确保资产安全以及经济业务记录的完整、可靠和准确所采取的一系列相互制约、具有控制职能的方法和措施的总称。随着现代公司业务的迅速发展

以及市场环境的风云变幻，越来越多棘手的问题摆在管理者面前需要及时解决。在这种情况下，单靠一两个人或某个部门是起不到有效控制作用的，必须依靠一个完整的控制系统来进行有效监控。这个控制体系是计划、组织、指导、激励等现代管理职能顺利实现的基本保证，是企业"战车"顺利前进的"润滑剂"。而健全的治理结构、科学的内部机构设置和权责分配是建立并实施有效内部控制的基本前提。内部控制的一大重要作用就是优化企业的组织结构、明确各不同岗位的职责和义务，使得企业内的权利得到有效配置，达到相互制衡、检查和监督的目的，从而降低出现差错、舞弊等现象的概率。

内部控制有效性评价就是根据经营发展目标，拟定管理标准，对企业内各业务环节、各岗位的工作进行计量、衡量和评价，防止或避免因浪费、失误等原因造成损失，使企业安全、经济、有效地运行，促使企业各项经济目标顺利实现。一个良好的内部控制有效性评价体系涵盖公司整个内部控制系统，包括公司的经营、质量管理、生产标准、员工培训等，因为这些都是企业管理者所关心的、关乎企业运作发展的，内部控制有效性评价的有效执行必将带来自身经营管理体系的不断优化，进而提高企业的整体运行效率和自我完善能力，使得企业能够健康成长。

具体而言，管理层对于内部控制有效性评价需求的目的有如下四点：①通过内部控制有效性的评价，可以综合评价企业内部控制的现状、问题以及发展趋势，并为企业领导者和相关管理人员从内部控制的视角提供改善相关经营的契机与信息；②可以加强内部控制信息在企业整体的沟通，促进公司治理、预算管理等制度安排的协同以及功能的互补，并在内部控制方面为其他部门和机构提供咨询和建议；③可以促使企业所有部门和全体人员认识和理解建立内部控制制度的重要性；④可以发现企业整体内部控制制度之中可能存在的不足，而这些不足直接导致的后果就是具体业务流程方面的内部控制缺陷。

二、管理层管理需求下的内部控制有效性评价主体与客体

1. 管理层管理需求下的内部控制有效性评价主体

我国《企业内部控制评价指引》规定内部控制评价"是指企业董事会或类似权力机构对内部控制的有效性进行全面评价、形成评价结论、出具评价报告的过程"。从上述定义来看，虽然《企业内部控制评价指引》所界定的内部控制有效性评价是要根据相关规范出具和披露内部控制自我评价报告，但其概念的核心更多地在于对"内部控制有效性的全面评价和形成评价结论"上。由此可见，此内部控制有效性评价更多的是基于管理需求下的自我评价。

根据《企业内部控制评价指引》给出的定义，我们还可以发现，执行管理需求下的内部控制有效性评价的主体是"企业董事会或类似权力机构"。那么，何为"企业董事会或类似权力机构"？《企业内部控制评价指引》同样给出了答案，即组建一个"内部控制评价部门"，该部门可以是"企业授权的内部审计部门或其他专门机构"，也可以是"委托中介机构"。企业内部控制评价部门应当根据经批准的评价方案，组成内部控制评价工作组，具体实施内部控制评价工作。评价工作组应当吸收企业内部相关机构熟悉情况的业务骨干参加。由此可见，管理需求下的内部控制有效性评价的具体主体是企业内部审计部门（或类似部门），同时可以委托中介机构参与评价工作。我们认为，由于企业内部审计部门在内部控制中得天独厚的优势，由他们担当内部控制评价之重任更为合适。内部审计在企业经营管理中处于极其重要的地位，它既是企业内部控制机制的重要组成部分，又是监督与评价内部控制的主要手段。由于内部审计与内部控制之间相互依赖、相互促进的内在联系，在企业不断健全、完善内部控制制度的过程中，强化内部审计已成为不可或缺的环节，其作用正变得越来越重要。内部控制审计之于内部审计，具有和其他审计类型同等的地位；内部控制有效性的自我评价之于内部控制系统，是内部控制系统的自我完善机制，促使自身实现新陈代谢，是内部控制得以彻底执行必不可少的机制，促使其功能得以实现。内部审计机构通过单独立项、专门评价，分步骤、有计划地对企业各部门、各环节的内部控制进行综合评价和全面测试，衡量企业内部控制建立健全程度和抵御风险能力，寻找内部控制薄弱环节，提出强化内部控制建设的措施，以防范和化解企业各种经营风险，进而提高企业管理水平。可见，由企业内部审计部门作为内部控制有效性自我评价主体，在结合自己企业经营特点的基础上，通过系统化、规范化的方法来评价企业内部控制在识别、分析、评价、控制企业风险以及企业内部控制目标实现程度等而进行的一系列的审核活动，以便企业实现内部控制系统的目标。

需要强调的是，不管管理需求下的内部控制有效性评价的主体是谁，都需要结合内部控制设计与运行的实际情况，制定具体的内部控制评价办法，规定评价的原则、内容、程序、方法和报告形式等，明确相关机构或岗位的职责权限，落实责任制，按照规定的办法、程序和要求，有序开展内部控制评价工作。而且，企业董事会应当对内部控制评价报告的真实性负责。

2. 管理层管理需求下的内部控制有效性评价客体

管理需求下的内部控制有效性评价的客体就是企业内部控制制度设计的合理健全性以及运行的有效性。所谓合理健全性是指企业内部控制制度是否全面、完整，是否符合国家有关规定；所谓有效性是指企业的内部控制制度是否得到有效运行，是否帮助企业实现其目标。从现代内部控制的要素看，内部控制有效性评价不仅是对内部控制制度的测试和评价,更是对内部控制体系或者说内部控制整体框架的测试和评价。包括测试与评价控制环境;测试与评价风险管理;测试与评价控制活动;测试与评价信息与沟通;测试与评价监督活动。一般认为,一个完整的内部控制框架应当包括公司整体层次上的内部控制和业务活动层次上的内部控制。因此,内部控制有效性评价的内容可以分为公司整体层面内部控制制度设计的合理健全性和运行的有效性,以及业务活动层次上的内部控制制度设计的合理健全性以及运行的有效性。

对于企业整体层面内部控制有效性评价的客体与内容,COSO报告所提出的内部控制整体框架为我们提供了良好的理论依据。1992年,COSO报告对内部控制进行了深入的研究,并于1994年进行了修订。报告中定义,内部控制是受公司董事会、管理层和其他人员影响的,为达到经营活动的效率效果、财务报告的可靠性、遵循相关法律法规等目标提供合理保证而设计的过程。COSO报告分析了一个合理的内部控制系统应包含的特征和要素,并在此基础上设计了评价内部控制系统要素有效性的一系列标准,使公司能够按照适合外部环境的方式构建和实施内部控制。COSO框架提出五个互相关联的组成要素,即控制环境、风险评价、控制活动、信息与沟通、监督。这五种内部控制要素包含范围广且互相关联。控制环境是其他控制要素的基础,如果没有良好的控制环境,任何健全的内部控制制度也不可能有效执行;在规划控制活动时,必须对企业可能面临的风险进行详细分析;风险评估和控制活动必须借助于信息与沟通。同时,内部控制的设计与执行必须受到有效监督。

企业内部控制的政策和程序,更多更具体地体现在产、供、销等具体业务活动中,对内部控制设计合理健全性和运行有效性的测试和评估,除了从企业整体层面上进行把握,还需要从具体业务活动层面上进行,这样可以进一步获取充分证据,得出更科学合理的评价,为内部控制的进一步完善提供更加有用具体的建议。企业各个业务活动环节的内部控制包括业务活动控制的目标、控制方式和业务控制流程等几个方面。企业所处的行业不同,业务活动也存在很大的差异。以传统的工商业为例,业务活动层面的内部控制主要包括:采购与付款循环内部控制;销售与收款循环内部控制;生产与仓储循环内部控制;货币资金管理循环内部控制;筹资与投资循环内部控制;固定资产循环内部控制;工薪与人事循环内部控制;关联交易循环内部控制;研发循环内部控制等。

三、基于要素的整体层面内部控制有效性评价过程

企业整体层面内部控制有效性评价的过程大致可以分为两个阶段、三个步

骤，如图 3-1 所示。第一个阶段是对企业整体层面内部控制进行测试阶段，包括确定测试计划和实施测试两个步骤；第二阶段是对企业整体层面内部控制进行评价阶段，包括对内部控制各要素的内部控制设计合理健全性和运行有效性进行评价。

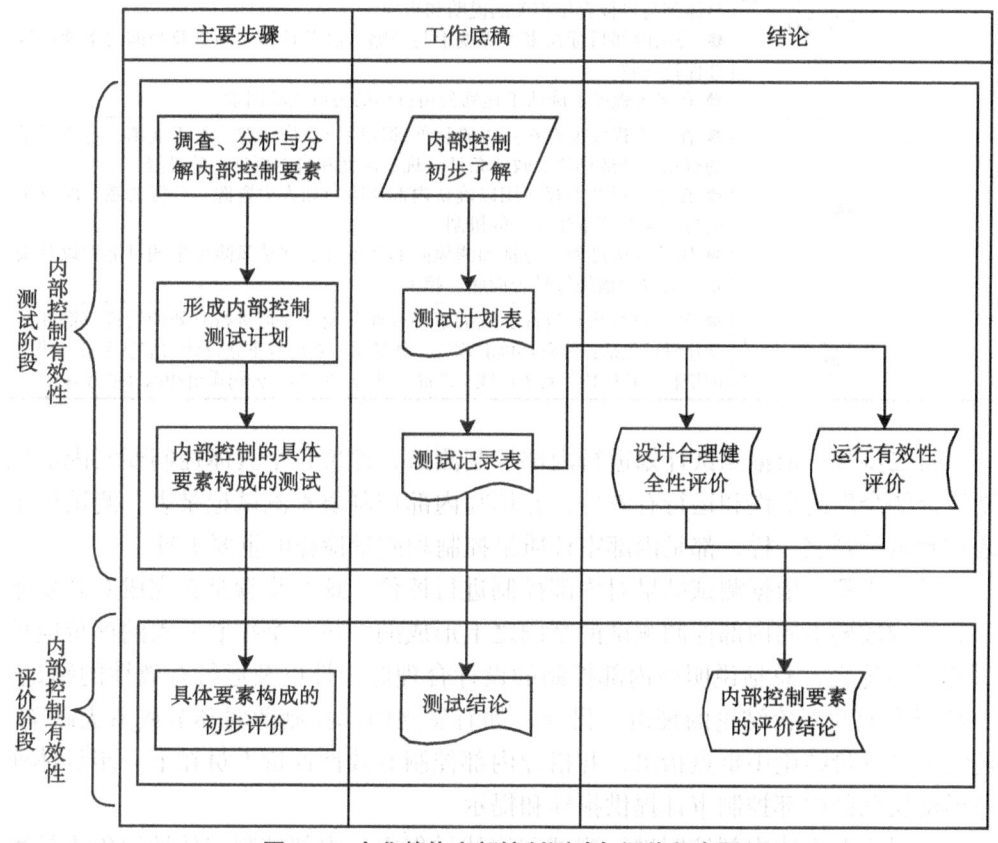

图 3-1　企业整体内部控制测试与评价程序图

第一步骤，分析企业整体层面内部控制的每一个要素，将每一个要素的具体构成要素进行分解、展开与界定，并最终形成内部控制测试计划。以风险评估为例，控制的风险评估要素进一步分解为以下具体要素进行测试：公司层目标；经营层目标；风险真识别；管理变革。因此，在对于风险评估要素进行测试时，可以从以下三个方面来进行（见表 3-1）。

在对企业整体层面内部控制初步了解的基础上，编写测试计划表。测试计划表是安排测试工作的依据，也是能够帮助内部控制有效性评价人员明确测试具体内部控制要素时应采用的恰当程序。

93

表 3-1 风险评估要素进一步细化

COSO内部控制要素	要素分类	具体内容
风险评估	公司目标和业务目标	● 确定和沟通公司目标的过程是否有效（同时考虑所有层次人员的参与程度和对目标的执着程度） ● 公司目标在多大程度上对公司想要取得的成果提供了概括性的但同时又具体到与目标直接相关的说明和指导 ● 公司内部目标在多大程度上与战略、经营计划、预算及当前的条件挂钩并保持一致 ● 在多大程度上确认了达到公司目标的关键成功因素
	风险	● 在多大程度上存在用以确认外部风险（供应资源、技术变革、竞争对手的行动、经济环境、政治条件、规章制度和自然事件）的机制 ● 在多大程度上存在用以确认内部风险（如人力资源、劳资关系、融资和信息系统及其重建等）的机制 ● 风险分析过程，包括预测风险的严重性、评估风险发生的可能性以及确定所必要的措施等是否彻底、相关
	对变化进行管理	● 公司对影响其目标实现的事项或业务变化如何进行有效的管理（潜在的变化领域包括：经营环境的改变、新员工、新的或重新设计的信息系统、快速的增长、新科技、新生产线、产品、业务和收购，公司重组和国外业务等）

第二步骤，依据测试计划进行内部控制测试，评价各个具体控制要素内部控制设计的合理健全性和运行有效性，并填写内部控制要素测试记录表。测试记录表和测试计划表一样，都是内部审计质量控制和质量检查的重要工具。

第三步骤，依据测试结果对内部控制进行评价。这个步骤是在完成对各要素的具体构成要素的内部控制测试的基础之上形成的。每一个控制要素的评价应填写测试结论表，总括说明该内部控制的设计合理健全性以及运行有效性的结论，并解释形成此评价结论的理由。另外，如有发现内部控制薄弱环节或重大缺陷，还需要在评价结论中重点指出，并指导内部控制有效性评价人员在下一步具体业务活动层面的内部控制审计提供指导和提示。

在对企业整体内部控制进行测试和评估过程中，内部控制有效性评价人员可以考虑综合采用询问企业相关员工、观察特定控制的应用、检查相关文件和报告等方法，以获取支持内部控制审计的证据。

下面，笔者以"风险评估"这一要素举例说明如何开展内部控制有效性评价。

COSO 报告对风险评估的定义是："公司面临着来自内部和外部、需加以评价的各种风险。风险评价的前提条件是建立在不同层次发生联系、内部却保持一致的目标。风险评估是确认和分析影响目标实现的相关风险，形成确定如何管理风险的依据。因为经济环境、行业管理和经营条件都在不断变化，必须要有恰当的机制来确认和处理与变化相关的风险。"

风险评估过程的作用在于识别、评估和管理影响其经营目标实现能力的各种风险。风险评估过程包括识别经营风险、估计风险的重大性和发生的可能性以及采取何种措施管理这些风险。内部控制有效性评价人员在进行风险评估要素的测试与评价时，应该考虑构成风险评价的下列要素：企业战略和总目标的沟通、风险评估过程以及对变化的管理。

1. 企业战略和总目标的沟通

企业只有确立了既定的战略和目标，才能实施有效的控制。企业的战略和目标是由企业的理念和其所追求的价值所决定的。企业的风险评估就是对企业战略目标实现中出现的风险评估。企业战略和总目标的沟通保证了风险评估在企业内部的贯彻。

内部控制有效性评价人员在企业战略和总目标的沟通方面进行测试计划中，应当根据企业自身特点，考虑以下但不限于以下的几个主要测试要素：企业目标是否恰当，是否和企业战略、环境相适应，此总目标是否能够传达到相关层次；具体策略和义务流程的目标与整体目标是否保持协调；明确影响整体弥补实施的关键因素；各级管理人员是否能够参与目标制定，并明确相关责任等。

2. 风险评估过程

风险评估过程是企业风险评估的实施。风险评估的过程包括风险的识别、评估风险的重大性、评估风险发生的可能性以及确定需要采取的应对措施。

内部控制有效性评价人员在风险评估过程方面进行测试计划中，应当根据企业自身特点，考虑以下但不限于以下几个主要测试要素：企业风险识别的机制是否完备；企业是否建立起评估风险的方法；企业风险分析是否通过正式的分析程序；等等。

3. 对变化的管理

企业始终处在不断变化的经济、法律和行业环境中，企业的运营和控制必须不断适应新的变化。因此，企业的风险评估不是一个静态的评估过程，而是一个持续的、及时识别变化并应对的动态过程。

内部控制有效性评价人员在对变化的管理方面进行测试计划中，应当根据企业自身特点，考虑以下但不限于以下的几个主要测试要素：企业是否建立了某种机制，识别和应对可能对企业产生重大且普遍影响的变化；企业风险管理部门是否建立了某种流程，以识别经营环境发生的重大变化；企业会计部门是否建立流程以适应会计准则的重大变化等。

在考虑上述三方面的重要测试因素后，可以编制测试计划表（见表3-2），并按照测试计划进行测试与评估，形成相关测试与评价记录（见表3-3）。

表 3-2　风险评估：测试计划表

填表人		工作底稿编号		
控制目标	内部控制的具体描述	计划采用的测试程序	测试者及日期	对应的工作底稿编号
企业战略和总目标得到有效的沟通和落实	● 企业已经确立了公司战略和整体目标 ● 企业建立了专门的战略决策委员会 ● 企业的经营策略和计划与战略和总目标保持一致 ● 企业战略和总目标的制定和变化能够及时传递给管理者和普通员工 ● 企业存在一般员工对于企业战略和总目标的反馈机制 ……	例： 查阅董事会记录；查阅组织结构图；询问相关人员……		
能有效识别风险、评估风险的重大性和发生概率，并采取应对措施	● 企业内对外部风险的识别较为充分 ● 企业的风险识别、评估与应对具有完备的机制保障 ● 企业风险评估也针对每项重要的业务层面的重大风险 ……	例： 查阅董事会记录；对财务部门、风险管理部门相关人员进行访谈……		
持续、及时识别变化并管理变化	● 企业风险评估要包括企业变化的讨论 ● 定期召开会议，沟通和讨论经验环境、员工、信息系统、公司架构等的重大变化，并设置特殊的管理机制 ● 对于企业业务活动发生的变化，应具有相应的反馈机制 ……	例： 查阅董事会记录；对财务部门、风险管理部门相关人员进行访谈……		

表 3-3　风险评估：测试与评价记录表

填表人		工作底稿编号		对应计划表编号	
测试与评价内容	被访问者/文件/作业/业务名称等	设计合理健全性测试	运行有效性测试		测试结果
企业战略和总目标得到有效的沟通和落实	×××，董事会成员；董事会记录；组织结构图……	(1) 查阅了企业董事会记录 (2) 查阅了企业组织结构图……	(1) 询问了×××关于董事会制定企业战略和总目标的过程 (2) 询问一般员工对于企业战略的认同以及是否可以提出修改建议……		企业制定战略和目标的过程科学合理，战略和总目标能够得到较好的沟通和落实……

续表

	填表人	工作底稿编号	对应计划表编号	
能有效识别风险、评估风险的重大性和发生概率，并采取应对措施	×××，会计部负责人以及风险管理部负责人；董事会记录……	(1)查阅了企业董事会记录 (2)查阅了企业会计部门和风险管理部门的工作规范……	(1)询问了×××关于会计部如何发现财务问题，以及管理层对于问题的态度 (2)询问了×××关于风险管理部门对于内外部风险的分析过程和方法……	会计部门可通过财务分析获知财务问题，并调查重大差异；风险管理部门能采取适当的措施应对重大风险……
持续、及时识别变化并管理变化	×××，会计部负责人以及风险管理部负责人；董事会记录……	(1)查阅了企业董事会记录 (2)查阅了会计部门为应对会计准则变化的行动规划……	(1)询问了×××关于风险管理部门识别企业内外部环境变化所导致的重大风险的过程、方法和应对预案 (2)询问了×××关于会计部门适应会计准则重大变化的措施……	风险管理部门能识别和管理企业内外部环境的变化；会计部门能及时根据会计准则的变化来处理会计问题……

对"风险评估"的测试和评价结论：

四、基于流程的业务层面内部控制有效性评价过程

一般而言，具体业务层面内部控制测试与评价大致分为如下六个步骤：①调查该业务循环内部控制的基本情况；②绘制该循环的流程图；③执行穿行测试；④绘制风险控制矩阵；⑤执行控制测试；⑥评价。测试与评价流程如图3-2所示。

1. 调查业务循环内部控制基本情况

了解业务循环的基本情况可以通过多种方式进行，如检查企业的手册和其他书面指引、程序手册、文件等，观察企业实际运行以获取有关信息等，也可以向适当人员询问。调查表示辅助内部控制有效性评价人员对业务流程进行了解的工具，它指明了对各业务循环进行调查时的主要内容和关注重点。调查表的内容实质上按照各个业务循环应有的内部控制而设置，以帮助内部控制有效性评价人员了解业务循环内部控制的基本情况。

以"采购与付款循环内部控制"为例，内部控制有效性评价人员需要了解该业务循环的控制目标、控制方式以及主要控制活动，并通过调查表（见表3-4）的形式去调查该循环的内部控制基本情况。

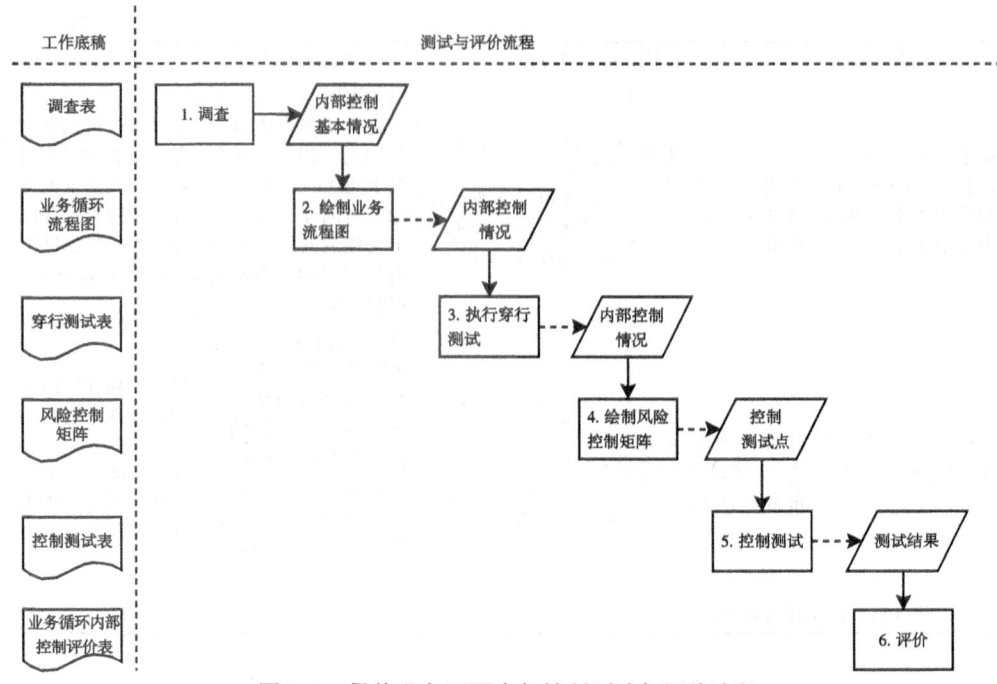

图 3-2 具体业务层面内部控制测试与评价流程

表 3-4 采购与付款循环内部控制调查

调查问题	被调查者/文件等	回答			注释	缺点	
		不适用	是	否		主要	次要
(一) 请购商品和劳务 1. 是否已建立请购的一般和特殊授权程序 2. 是否对所有请购的商品和劳务编制请购单 3. 购置商品和劳务是否有计划,计划是否经批准 (二) 编制请购单 1. 每一张订购单是否都要求有一张已批准的请购单或在计划之列 2. 是否使用有预先编号的订购单并加以控制 3. 购置商品或劳务是否都与对方签订合同 (三) 验收货物 1. 送交验收部门的订购单副联是否已涂掉采购数量 2. 验收时是否盘点和检查商品并与有关订购单核对 3. 所编制的验收单是否预先编号?船舶加油或备品备件上船是否由各船舶续时登记,并由管理部门登记台账或管理账簿,并定期核对 4. 验收部门将商品送交仓库或其他请购部门,是否取得对方签章的收据 5. 凭单是否经过被授权的人员批准,船舶加油或备品备件上船是否经过船长或其授权的人员验收签字							

第三章 我国上市公司内部控制有效性的评价模式

续表

调查问题	被调查者/文件等	回答		注释	缺点	
		不适用	是	否		主要	次要
（四）储存已验收商品存货 1. 商品是否存放在加锁的地方，并限制接近 2. 是否设有保安人员守卫仓库存货 （五）编制付款凭单 1. 编制凭单时，是否将凭单同订购单、验收单和供应商发票相配合 2. 是否独立检查供应商发票和凭单计算的正确性 3. 凭单是否经过被授权的人员批准 ……							

2. 绘制业务循环流程图

在上述调查了解的基础上，内部控制有效性评价人员需要整理归纳已经获取的信息，并绘制业务循环的流程图，这样可以使内部控制有效性评价人员更清晰、更全面认识企业的业务流程和现有的内部控制。

企业业务流程可以按照业务流程，到子流程再到孙流程的划分方法，进行纵向延伸的详细流程图的绘制。每一个流程又由左右两部分构成，左边是业务流程图和流程中涉及的凭证和单据，右边是文字的流程描述，记录企业该流程现有的内部控制的控制点和控制环节以及现有内部控制的不足。

仍以"采购与付款循环内部控制"为例，在对采购与付款业务循环内部控制基本情况了解之后，应绘制业务循环流程图。一般而言，采购与付款业务循环可以划分为采购计划、供应商管理、采购作业、验收入库、付款结算等子流程，通过细化还可以将子流程划分为诸多的孙流程。以下，以采购计划为例（见图3-3）。

3. 执行穿行测试

穿行测试是内部控制有效性评价人员借助交易轨迹，抽取一笔或几笔业务，进行全过程的穿行检查，以验证之前对内部控制的了解，保证了解内容的完整性的一种方法。另外，通过执行穿行测试，内部控制有效性评价人员可以确认对业务流程及其内部控制的了解，评估控制设计的有效性并确认控制是否得到执行。穿行测试也是绘制风险控制矩阵的基础，只有掌握了企业内部控制真实的情况，才能准确地找到企业业务循环的风险和已经存在的控制，判断出进行控制测试的控制点。

仍以"采购与付款循环内部控制"为例，穿行测试的目的在于验证之前对内部控制的了解，保证了解内容正确和完整。另外，穿行测试在一定程度上也可以

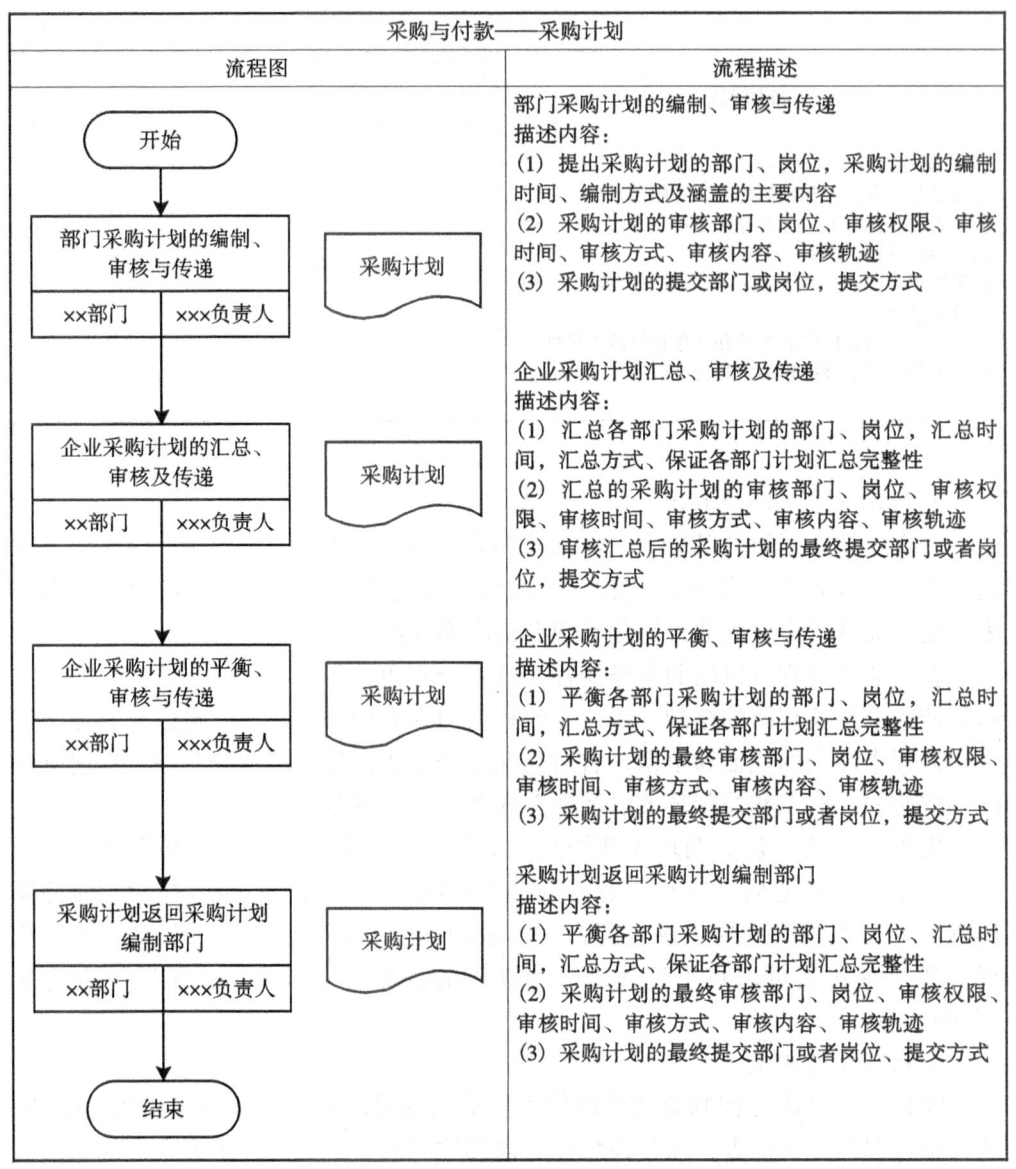

图 3-3 采购计划流程图

验证某些控制环节的设计的合理健全性以及是否得到执行,为以后的控制测试奠定基础。穿行测试工作底稿如表 3-5 所示。

4. 绘制风险控制矩阵

执行完穿行测试,内部控制有效性评价人员须要绘制风险矩阵,以总结企业内部控制的关键控制点,并将关键控制点和风险点联系起来,从而确定下一步控

表3-5 采购与付款业务循环内部控制穿行测试

主要业务活动	测试控制点	需检查的记录	实际检查记录	文件号/凭证号	测试结果	
					合理健全	得到执行
采购计划	抽取××部门年度采购计划书，检查是否由授权人员	年度计划书				
	部门计划书是否向既定部门传递	年度计划、月度计划				
	抽取请购单，检查是否与请购计划向一致，是否得到授权人员审批	月度计划、当月请购单				
供应商管理	……					
采购作业	……					
验收入库	……					
付款结算	……					
……						

制测试的范围和内容。风险控制矩阵既是对前面调查了解工作的总结，又为以后的控制测试打下基础，因而是一个承上启下的工作。它从控制的类型、频率、执行人、重要性、设计和理性等方面对业务循环中的各个控制点进行详细而全面的描述，并实现控制风险、控制目标、关键控制点的有机结合，达到了指导下一步测试工作的目的。

在"采购与付款循环内部控制"评估中，在了解采购与付款业务循环内部控制基本情况并进行了穿行测试以后，内部控制有效性评价人员应该绘制风险控制矩阵，确定关键控制点，以此作为安排控制测试的依据。在风险控制矩阵中，应指明该业务循环所涉及的关键控制点以及非关键但却值得关注的控制点。采购与付款业务循环的风险控制矩阵如表3-6所示。

5. 执行控制测试

控制测试需要测试的是控制运行的有效性。它与确认控制是否得到执行不同。在确认控制是否得到执行时，内部控制有效性评价人员需要确定某项控制是否存在，并正在使用该控制；而测试控制运行是否有效时，需要强调控制能够在各个不同时点按照既定设计得到一贯的执行。

内部控制有效性评价人员应当从以下几方面获取关于控制有效运行的审计证据：①控制在所审计期间的不同时点是如何运行的；②控制是否得到一贯执行；③控制由谁实施；④控制以何种方式运行。在内部控制有效性评价人员进行内部控制测试中，除了那些在调查和了解阶段确定的该业务循环内部控制的空白以外，内部控制有效性评价人员应对所有的内部控制环节都实施控制测试，以支持评价结论，但是控制测试的重点应该放在风险矩阵所确定的内部控制关键控制

表 3-6 采购与付款业务循环内部控制风险矩阵

涉及的业务子流程	控制目标	风险点	是否存在控制	相关控制活动	该控制所属部门	预防/检验型	控制频率	控制执行人	控制存在证明性材料	控制设计合理健全	该控制是否得到执行	是否为关键控制点	是否需要控制测试
采购计划	采购计划与企业整体计划目标一致	采购计划未经恰当的审批及授权	是	采购计划审批人员审核采购计划是否与需求部门提交的需求报告一致	授权部门	检验型控制	每月	授权人员		是	是	是	是
	……	……	……	……	……	……	……	……	……	……	……	……	……
供应商管理													
采购作业													
验收入库													
付款结算													
……													

点。"采购与付款循环内部控制"测试程序和测试记录工作底稿如表 3-7 所示。

表 3-7 采购与付款业务循环控制测试

测试内容	控制目标	测试程序	控制活动对实现控制目标是否有效	控制活动是否得到执行	控制活动是否有效运行
采购计划与审批的控制测试	只有经过审核的采购订单才能购买	抽查请购单和购货单 (1) 检查请购单说明的完整性、请购部门批准的证据 (2) 检查请购单的审批权限和审批人的签字，是否存在越权审批 (3) 检查特殊项目的请购单是否经公司最高管理人签字认可 (4) 检查超过预算的请购单是否经过特殊的审核			
供应商管理的控制测试					
采购作业的控制测试					
验收入库的控制测试					
付款结算的控制测试					
……					

6. 评价该具体业务循环的内部控制

在执行完上述测试步骤后，内部控制有效性评价人员即可对所测试的具体业务循环内部控制进行评价。在评价具体业务层面内部控制时，应当考虑整体层面内部控制所产生的影响，如管理层及执行控制的员工的胜任能力和诚信，管理层凌驾于内部控制之上的可能性，治理层参与控制的程度，信息沟通的有效程度等。

第四节　投资者决策需求下的内部控制有效性评价

从内部控制有效性评价的发展历程可以看出，人们对内部控制的关注度日益提升，对内部控制有效性评价有着各种需求的信息使用者也越来越多。然而，我们也不难发现现有的研究与实践更关注的内部控制有效性的信息使用者依然多为审计师、内部管理层和监管者，而作为上市公司内部控制有效性信息最为重要的使用者——投资者却经常被人们所忽略。除了传统的财务信息外，投资者越来越多地从非财务信息中寻找自己的决策依据。作为重要的非财务信息，内部控制有效性信息在投资者心中的地位自然日益上升，投资者根据内部控制缺陷等内部控制有效性相关信息可以做出足以影响上市公司股权融资成本等的重大决策。因此，我们有必要从投资者决策需求的角度去探讨内部控制有效性评价的相关问题。以下，我们首先从理论上构建一个理想的基于投资者决策需求下的内部控制有效性评价模型，然后在成本效益原则的前提下，讨论投资者满足其内部控制有效性评价需求的现实选择。

一、投资者决策需求下的内部控制有效性评价的理想体系

1. 投资者决策需求下的内部控制有效性评价目的

毋庸置疑，总体来说，投资者评价上市公司内部控制有效性当然是为了更好地做出合理有效的经济决策，获取更大的报酬。具体而言，根据以往的研究，我们认为，投资者评价上市公司内部控制有效性至少有如下两个方面的具体目的。

（1）有效识别上市公司的盈余质量。

例如，Doyle 等（2007）发现，上市公司的内部控制有效性越好，其预计应计项目的质量就越好。Ashbaugh-Skaife 等（2008）也发现内部控制的无效将导致有意或者无意的财务报告错报，即有相对较差的盈余质量，Chan 等（2008）也有同样的发现。方红星、金玉娜（2011）发现高质量内部控制能够抑制公司的会计选择盈余管理和真实活动盈余管理。上述文献表明，内部控制有效性水平较高的上市公司的财务数据更值得投资者信赖，也更有利于投资者作出正确的投资决策。

（2）降低与上市公司之间的信息不对称程度。

例如，Hermanson（2000）发现，上市公司披露的内部控制报告本身就能够为投资者提供已审财务报表以外的额外信息，减少了上市公司与投资者之间的信息不对称。Altamuro 和 Beatty（2010）也发现内部控制监管降低了信息不对称程度，从而提高了信息质量。低有效性的内部控制将导致不可信任的财务报告，从而增加了投资者的信息不对称风险，进而导致更为严格的债务契约条款（Anna 和 Wittenberg，2011）、更低的信用评级（Mohanmed，2009）、较高的股权融资成本（Ashbaugh-Skaife，2009）和下调的分析师盈利预测（Beneish 等，2008）。包括财务报告在内的信息披露是上市公司向信息使用者提供信息交流的重要机制。较高水平的上市公司内部控制有效性会降低外部信息使用者的信息不对称风险，进而直接影响到投资者的相关决策的正确性和科学性。

2. 投资者决策需求下内部控制有效性评价的主体与客体

投资者决策需求下的内部控制有效性评价并不一定由投资者自己来实施，只要能够取得可信的内部控制有效性信息即可，而这种信息可以来自投资者自身的判断，也可以来自上市公司或者其他独立第三方的信息披露（如审计师）。为了实现上述评价目标，显然投资者所需要评价的客体不仅仅是上市公司财务报告内部控制的有效性，还应该包括遵法、效率效果、资产安全等更为全面的内部控制有效性。由于投资者并不能像注册会计师或者企业内部管理层那样深入公司内部开展各种各样的内部控制测试，因此，投资者对上市公司内部控制有效性的评价是建立在上市公司的内部控制信息披露质量的基础之上的。那么，投资者究竟需要什么样的信息？关于这个问题，目前主流观点分为两派：一派观点以IASB、FASB为代表，认为使用者需要的是对资源配置决策有用的信息；另一派观点以Ijiri为代表，他认为使用者需要的信息应该有助于评价管理层受托责任履行情况。前者形成了决策有用观，后者形成了受托责任观。根据这一观点，有理由认为作为企业信息重要组成部分的内部控制信息，同样应该满足投资者"决策有用观"与"受托责任观"的要求。因此，投资者内部控制信息需求的目标是：内部控制信息的使用可以对形成投资决策有帮助，同时也可以据此有效评价管理层受托责任的履行情况。根据这一观点，笔者构建了投资者内部控制信息需求模型（如图3-4所示）。

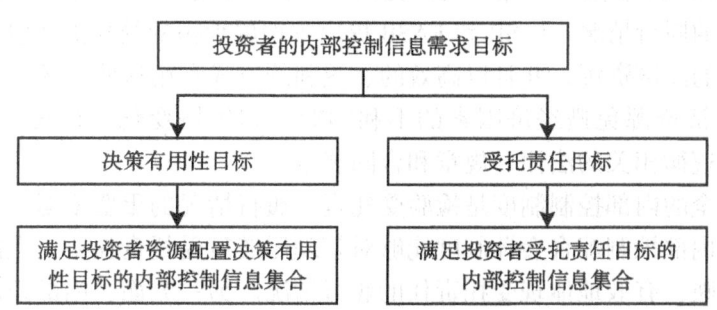

图3-4　投资者的内部控制信息需求

（1）投资决策有用性目标及其信息集合。

为了使其持有的资源获得正常的回报和增值，稀缺资源的持有者会选择最为有利的投资方案，这就是所谓资源配置决策。那么投资者在做出投资或再投资决策时，需要哪些内部控制信息呢？经典的投资者估值模型给出了投资者投资或再投资的信息需求类型：第一，可以从投资活动中获得投资收益的信息；第二，该预期投资收益的不确定性信息。内部控制信息显然能满足上述两个基本要求。一方面，投资者获取投资收益的前提是被投资的企业有良好的经营情况。依据财政部、证监会、审计署、银监会、保监会五部 2008 年联合发布的《企业内部控制基本规范》（以下简称"基本规范"），有效和健全的内部控制是企业经营效率和效果的重要保证。另一方面，内部控制在企业中具有风险管理功能，这一功能在很大程度上减少了投资者预期收益的不确定性。

因此，我们认为，投资决策有用性的内部控制信息集合由企业管理层规范运作前提下的关于内部控制有效性和健全性的当前与未来两部分信息所构成。这个信息集合至少包括：①关于企业内部控制建立与实施是否有效和健全的现状信息（主要包括对内部控制总体有效性的结论、本年度建立健全和完善内部控制所进行的重要活动、内部控制缺陷的认定情况等）；②为提高内部控制有效性和健全性拟采取的办法（主要包括内部控制建设规划、内部控制缺陷的整改活动等）。

（2）受托责任目标及其信息集合。

正如王光远（1996）所说，"受托责任是一个含有丰富内容的动态的概念"。Tetlock（1989）认为，"受托责任是重要的准则和规范的实施机制：它既是单个决策者之间的社会心理链接，又是这些决策者所从属的社会系统"。Gray 等（1997）认为，受托责任是对其要承担责任的行动提供解释报告（绝不仅仅是财务报告）或核算的义务。投资者所需要的受托责任信息多数是与其公司治理决策行为相关的，如"是否更换或者重新任命管理层、如何支付管理层薪酬以及如何就管理层的政策和其他事宜在股东大会上投票"，而这些决策都需要评价管理层对受托责任的履行情况。IASB 和 FASB 提出管理层承担的受托责任包括：①保管和保护企业的经济资源，并且以高效的、盈利的方式利用这些资源；②尽可能保护企业的经济资源免遭经济因素的不利影响，如价格变化、科技及社会变化；③确保企业遵循相关的法律、规章和合同规定。

有效健全的内部控制制度是检验受托责任履行情况的重要依据。一方面，有效而健全的内部控制配合会计制度能够对管理层履行受托责任所发生的各类资源消耗如实反映，有效地体现受托责任的履行情况。另一方面，内部控制的目标是"合理保证企业经营管理合法合规、资产安全、财务报告及相关信息真实完整、提高经营效率和效果"，这一目标切实体现了管理层的受托责任，有效和健全的内部控制就意味着能够合理保证完成内部控制目标，也就是更好地履行了受托责任。因此，受托责任的有效履行离不开健全有效的内部控制。据此，我们认为受托责任的内部控制信息集合主要由管理层在努力完成受托责任的前提下过去为实现内部控制有效性和健全性所开展工作的信息所构成。这个信息集合至少包括：①关于管理层为实现内部控制有效性和健全性的履职信息；②关于企业内部控制制度建立与实施的有效性和健全性的现状信息。

综上，满足投资者需要的内部控制信息应当包括两部分：第一，满足投资决策有用性的内部控制信息，主要涉及内部控制有效性和健全性的当前与未来信息；第二，满足投资者检验管理层履行受托责任的内部控制信息，主要涉及管理层过去和现在为实现内部控制有效性和健全性所开展工作的信息。这两部分内部控制信息存在一定程度的重合，但前者更多地反映了内部控制系统当前的有效性和健全性程度以及未来内部控制有效性和健全性的前景；而后者更多地反映过去管理层为实现内部控制有效性和健全性所履行的受托责任程度。

3. 投资者决策需求下的内部控制有效性评价方法

（1）基于投资者需求的内部控制质量特征。

我们认为，虽然会计信息与内部控制信息存在一定程度的差异，但是仍可以从目前已经比较成熟的会计信息质量特征中有所借鉴，帮助我们厘清企业内部控制信息的质量特征。FASB和IASB于2006年7月6日发布了一份"基本观点：财务报告概念框架——财务报告目标与决策有用财务报告信息的质量特征"，该报告指出高质量的财务报告信息应该具有如下质量特征：相关性（Relevance）、如实反映（Faithful Representation）、可比性（Comparability）和可理解性（Understandability）。这里，我们借鉴上述会计信息质量特征，认为高质量的内部控制信息质量特征包括四个基本质量特征——可靠性、相关性、可比性和可理解性（如图3-5所示）。其中，内部控制信息质量的"可靠性"是指确保信息能准确、真实、可靠地反映内部控制的情况。内部控制信息的"相关性"是指对做出

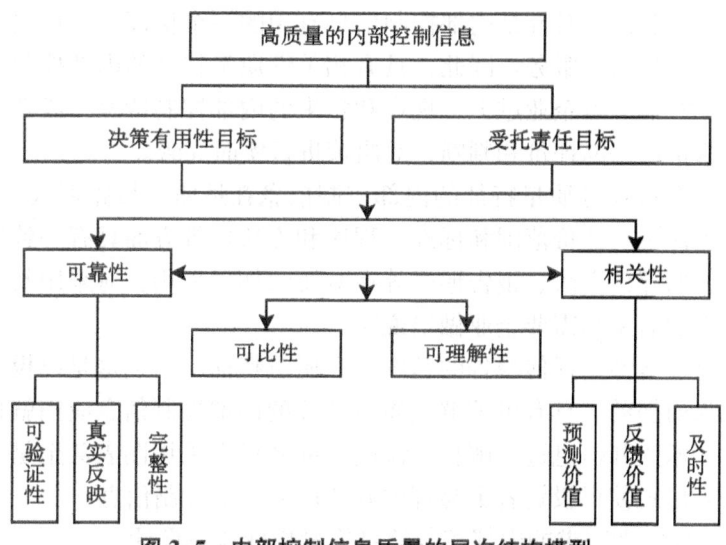

图3-5 内部控制信息质量的层次结构模型

决策具有意义和价值的内部控制信息。"可比性"包括横向可比和纵向可比。横向可比即要求具有相同特征的内部控制流程或要素尽量采用一致的评价方法，而纵向可比即要求企业在不同时期采用的评估方法尽量保持连贯。"可理解性"是指内部控制信息通俗易懂，易于投资者理解和运用。

另外，我们借鉴 FASB 和 IASB 趋同的会计信息质量框架对内部控制信息质量特征进一步划分。第一，内部控制信息的可靠性可以划分为三个次级特征：可验证性（Verifiability）、真实反映（Faithful Representation）和完整性（Completeness）。①可验证性是指两个或以上独立并且合格的第三方运用相同的内部控制评价程序和方法，能够得到基本一致的评价结果。②如果一项陈述或者计量要表达的实质与现实情况吻合就称其可以真实反映。③完整性是指兼顾成本效率的同时能够对重要信息进行充分披露。因此，具有可靠性质量特征的内部控制信息应当得到合格并且独立第三方的专业意见，确保每一重大的内部控制事项能够得到如实反映。

第二，内部控制信息的相关性特征可以划分为三个次级特征：预测价值（Predictive Value）、反馈价值（Feedback Value）和及时性（Timeliness）。①作为满足投资者资源配置决策有用性目标的重要质量特征——内部控制信息的预测价值，其意义在于能够在做出决策前帮助投资者对企业未来的内部控制有效性和健全性进行判断。②反馈价值则是指当内部控制信息能够评估过去所做的判断，证实判断的合理性或者发现并纠正判断的不足之处。这一项特征能够帮助投资者获得企业当前的内部控制情况的信息，日后遇到类似决策情境时也可将其作为参考依据。③内部控制的及时性是内部控制信息有用的一个保证，一旦内部控制信息过时，它将不能为决策服务。因此，具有相关性质量特征的内部控制信息应该有利于投资者更好地了解企业过去、现在和将来的内部控制情况，或者帮助投资者通过证实、修正过去的评价和判断，对决策进行实时完善。

第三，具有可比性质量特征的内部控制信息在披露（披露形式、披露期间、披露内容）和评价（评价范围和标准、程序和方法）等方面具有一致性。但这一点并不排斥新的评价方法、报告形式等在必要时加以采用，对采用新方法的原因及其可能产生的后果则需要企业做出说明。

第四，可理解性是任何报告的基本信息质量特征，当然这是以投资者通晓内部控制知识为前提的。具有可理解性质量特征的内部控制信息应当就报告中出现的相对专业的术语和信息进行解释和说明，或者可以采用图表甚至是单独披露内部控制报告等形式使得投资者更易理解其获取的内部控制信息。

（2）基于投资者需求的内部控制信息质量指标体系设计。

随着相关内部控制法律与规范的颁布和执行，内部控制信息已经越来越成为公司信息披露中的重要组成部分，对内部控制信息披露的研究也逐渐引起了学者的关注。Giovanna Michelon 等（2009）基于 COSO 报告，将内部控制信息披露分两个维度进行评价：第一个维度是内部控制的要素，第二个维度是内部控制目标、内部控制参与者与内部控制执行机制。林钟高等（2009）采用信息披露指数来定义信息披露水平，构建了一套适合评价上市公司内部控制信息披露水平的指标体系。杨玉凤等（2010）构建的内部控制信息披露指数则涉及及时性、真实性和完整性三个方面。本书以前人的研究为基础并有所发展，由于高质量的内部控制信息具有四个主要特征：可靠性、相关性、可理解性和可比性，因此，本书参考上述的内部控制信息质量特征与层次结构模型，建立内部控制信息质量的综合评价指标体系（见表3-8）。

表3-8 基于投资者需求的内部控制信息质量评价指标体系

一级指标	二级指标	三级指标及四级指标	指标赋值说明
可靠性	可验证性	CPA是否对内控报告做出审计意见	是=5，否=1
		企业违规记录与内部控制有效性评价相符性	相符=5，不相符=1
		财务报告审计意见与内部控制有效性评价相符性	相符=5，不相符=1
	真实性	董事会或管理层对内部控制报告真实性的声明	申明=5，未申明=1
	完整性	内部环境	详细披露=5，披露但不详细=3，没有披露=1
		风险评估	详细披露=5，披露但不详细=3，没有披露=1
		控制活动	详细披露=5，披露但不详细=3，没有披露=1
		信息沟通	详细披露=5，披露但不详细=3，没有披露=1
		内部监督	详细披露=5，披露但不详细=3，没有披露=1
相关性	及时性	内部控制自我评估报告披露时间距披露截止日期的天数	按披露集中程度，等分区间法赋值，最早披露的区间赋值为5，依次4，3，2，1
	反馈性	本年度建立和完善内部控制所进行的重要活动	详细披露=5，披露但不详细=3，没有披露=1
		内部控制缺陷及认定情况	详细披露=5，披露但不详细=3，没有披露=1
		内部控制有效性的结论	披露=5，没有披露=1

续表

一级指标	二级指标	三级指标及四级指标	指标赋值说明
相关性	预测性	内部控制建设的未来规划	详细披露=5，披露但不详细=3，没有披露=1
		针对目前内部控制缺陷（或问题）所开展的整改措施	详细披露=5，披露但不详细=3，没有披露=1
可比性		内控评价的依据	披露=5，没有披露=1
		内控评价的范围	披露=5，没有披露=1
		内控评价的程序	披露=5，没有披露=1
		内控评价的方法	披露=5，没有披露=1
	合规性	内控报告是否按照交易所当年规定进行披露	是=5，否=1
可理解性		是否以单独报告的形式进行披露	是=5，否=1
		是否在内控自评报告中应用简单、清楚的图表来进行说明	是=5，否=1

综上，我们认为，投资者需要内部控制信息以满足其"决策有用"和"受托责任"这两个基本需求目标。我们认为，能够满足投资者这两类目标的内部控制信息应当具备如下四个质量特征：可靠性、相关性、可比性和可理解性。结合相关法规和前人的研究成果，笔者将这些质量特征进行有机结合，形成了一个较为理想的内部控制信息质量评价模型。

二、投资者决策需求下的内部控制有效性评价的现实选择

上述基于内部控制信息的内部控制有效性评价体系对于投资者、公司管理当局和政策制定部门都有一定的启示意义：①对于投资者来说，评价公司内部控制信息的可靠性、相关性、可比性和可理解性质量特征，有利于正确评价公司的投资价值，减少投资风险；②对于公司管理当局来说，通过对内部控制信息质量的诸多评价点进行逐一自我评估，可以全面提高本公司的内部控制信息质量，进而向投资者提供更能反映其履行受托责任的内部控制信息；③对于相关政策制定部门来说，应当将内部控制信息质量的提高作为当前政策制定过程中需要考虑的重要目标之一。在相关政策制定上有必要进一步规范当前内部控制信息披露的格式和内容，尤其是模糊内部控制信息的规范，完善识别、认定和报告内部控制有效性、缺陷等重要概念信息的相关规则；有必要进一步要求管理层对内部控制信息报告的真实性做出声明；有必要进一步发挥交易所在提高内部控制信息质量中的重要作用。

虽然上述评价体系对上市公司内部控制信息质量以及内部控制有效性的评价是较为全面的，但此体系的评价却不一定是最符合成本效益原则的。尤其对于普通投资者而言，上述评价体系可能都不能满足他们对于上市公司内部控制有效性的评价需要。他们需要的评价方法应是简单清晰、成本低廉的，而非复杂烦琐、代价高昂的。我们认为，由管理层所报告的"内部控制缺陷"以及由注册会计师所报告的"内部控制鉴证（审计）报告以及意见"可以成为当下投资者内部控制有效性评价依据的现实选择。

第四章 我国上市公司内部控制有效性的度量与现状

企业内部控制有效性的内涵以及度量方法,一直以来都是内部控制实务界和理论界关注的重点问题。内部控制有效性是本书的核心概念之一,其概念内涵以及其度量方法对后续的实证研究有着决定性的影响。本章首先对内部控制有效性的内涵进行详细系统的梳理,针对投资者决策的需求以及我国上市公司现有内部控制制度现状,提出了度量我国上市公司内部控制的两大标准:内部控制缺陷以及内部控制鉴证报告与意见,并以此两大标准对我国上市公司内部控制有效性现状展开评价与分析。

第一节 引言

纵观企业内部控制的发展历史,有关企业内部控制有效性的概念也在不断发展。1949 年,美国注册会计师协会(AICPA)发布了一份题为《内部控制:一种协调制度要素及其对管理当局和注册会计师的重要性》的专题报告,首次对内部控制进行了定义:"内部控制是所制定的旨在保护资产、保证会计资料可靠性和完整性、提高经营效率、推动管理部门所制定的各项政策得以贯彻执行的组织计划和相互配套的各种方法及措施。"1958 年,美国注册会计师协会发布的第 29 号审计程序公告将内部控制分为内部会计控制和内部管理控制。前者涉及与财产安全和会计记录的准确性、可靠性有直接关联的方法和程序;后者主要是与贯彻管理方针和提高经营效率有关的方法和程序。从上述两个内部控制概念中可以发现,此阶段的内部控制有效性强调了对内部控制目标的实现,突出了管理效率的重要地位。进入 20 世纪 80 年代,内部控制理论研究不断从一般性的概念向具体内容深化。1988 年,美国注册会计师协会在其发布的《审计专责公告第 55 号》中首次以"内部控制结构"取代原有的"内部控制",不再区分会计控制和管理控制,而是确立了一种控制结构,指出"企业内部控制结构包括为合理保证企业特定目标而建立的各种政策和程序",并指出内部控制结构包括控制环境、会计制度和控制程序三个要素。1992年,COSO发布了著名的《内部控制——整合框架》(1994年进行了局部修订),提出了内部控制结构概念并将其分为控制环境、风险评估、控制活动、信息与沟通和监控。COSO委员会指出:"内部控制系为达成某些特定目标而设计的过程。即内部控制是一种由企业董事会、管理阶层与其他人员执行,由管理人员阶层所设计为达成营运的效果及效率、财务报导的可靠性和相关法令的遵循提供合理保证的过程。"COSO委员会提出的内部控制框架理论已在世界范围内得到广泛的认可,成为内部控制领域最权威的文献之一。2008年6月28日,我国财政部、证监会、审计署、银监会、保监会联合发布了《企业内部控制基本规范》。该规范认为:"内部控制是由企业董事会、监事会、经理层和全体员工实施的、旨在实现控制目标的过程。"内部控制的目标是"合理保证企业经营管理合法合规、资产安全、财务报告及相关信息真实完整,提高经营效率和效果,促进企业实现发展战略"。从上述三个具有代表性的内部控制概念来看,目前的内部控制有效性在强调内部控制目标实现的同时,还注意到了内部控制的固有缺陷,用"合理保证"来说明内部控制目标实现程度的限度。

从本质上来讲,内部控制是否有效反映出内部控制对企业环境的优化,是否能够引导和约束内部控制实施相关主题的行为趋向既定目标,能否使内部控制实施主体的认知和行为在内部控制框架得以执行、遵守,归根结底是能否实现相关利益主体的目标。虽然审计师和管理层是内部控制有效性的重要利益相关者,但上市公司存在和发展的意义在于为投资者创造价值,因此,投资者决策需求下的内部控制有效性对于上市公司更为重要。那么,投资者决策需求下的内部控制有效性的概念内涵如何界定,如何科学合理地计量,就成为一个有价值的研究命题。

基于以上的分析,本章首先从投资者决策需求下的内部控制有效性概念内涵入手,然后确定本书对于内部控制有效性的度量标准。最后从本书的两大度量标准——内部控制缺陷和内部控制鉴证报告及意见,分别对我国上市公司内部控制有效性现状展开评价与分析。

第二节　我国上市公司内部控制有效性的度量标准

一、内部控制有效性的概念内涵

对于内部控制有效性的概念界定，学术界一直存在争议。我们首先对现有内部控制有效性的几种观点进行梳理，然后再提出本书的内部控制有效性的观点——内部控制有效性的投资者决策观。

1. 现有的内部控制有效性观点

（1）内部控制有效性的制度观。

如果内部控制是一种制度安排，那么就可以从制度有效性的角度来理解内部控制有效性。姚刚（2012）认为，第一，可以通过制度横向对比来判断制度是否有效。这种方法从制度优劣比较的角度对制度优劣进行排序，从能否解决问题及解决程度来考量制度有效性。第二，通过制度的成本效益产出来判断制度是否有效，从制度的投入与产出角度进行考量。第三，从制度是否节约交易费用角度来判断制度是否有效。这一思路从制度实施前后带来的交易费用的对比来考察制度的有效性。

（2）内部控制有效性的结果观。

内部控制概念多是从实现内部控制目标来展开说明的，如我国的《内部控制基本规范》指出"内部控制是由企业董事会、监事会、经理层和全体员工实施的、旨在实现控制目标的过程"。那么，内部控制有效性的结果观就是指内部控制目标的实现程度。为了正确评价内部控制目标的实现程度，就需要建立一套评价体系，来了解内部控制的实际运行状态与理想目标之间的符合程度，而这种符合程度就是对内部控制有效性的直接佐证。

（3）内部控制有效性的过程观。

内部控制有效性的结果观是以内部控制目标的实现程度来衡量其有效性水平的，但客观地说，内部控制目标（如经营的效率效果、资产安全等目标）的实现与否并不仅仅是内部控制是否有效直接导致的，也可能受到了其他如经济环境、行业发展、竞争对手等非内部控制因素的重要影响。在此背景下，内部控制有效性的过程观应运而生。内部控制有效性的过程观更多强调了内部控制制度设计与运行过程。在制度设计层面，内部控制的有效性是指通过内部控制要素之间及其与外部环境之间、制度相关人与制度之间的良好契合;在制度运行过程层面,内部控制的有效性是指通过权力与职责配置、风险控制、监督激励、信息沟通等管理活动的开展与执行,使内部控制得以良好运行。

2. 内部控制有效性的投资者决策观

如第三章第四节所述,由于投资者并不能像注册会计师或者企业内部管理层那样深入公司内部开展各种各样的内部控制测试,因此,投资者对上市公司内部控制有效性的评价建立在上市公司的内部控制信息披露质量的基础之上。因此,投资者决策观下的内部控制有效性就应该能够反映出如下的信息含量:①内部控制系统当前的有效性和健全性程度以及未来内部控制有效性和健全性的前景;②过去管理层为实现内部控制有效性和健全性所履行的受托责任程度。而满足上述信息含量,势必要求内部控制有效性的概念要涵盖内部控制的结果有效和过程有效,即内部控制有效结果观和内部控制有效过程观的有机结合。

二、内部控制有效性度量标准的选择

如上所述,内部控制有效性的投资者决策观要求对内部控制结果和过程评价做到有机结合。对于内部控制结果的评价,投资者如果需要建立合理的指标体系和评价方法,则必须考虑如下三大难点:第一,对于内部控制结果的评价如何有效地剔除非内部控制的影响成分?第二,如何合理地设计内部控制结果的评价指标体系?如何将这些指标进行无量纲化的处理以及综合评价?第三,如何确定理想的内部控制结果,从而与内部控制的实际运行结果进行比较?同样,对于内部控制过程的评价,投资者需要关注和评价内部控制的设计和运行,那么对此评价也存在两大难点:第一,虽然COSO(1992)以及我国的《企业内部控制基本规范》为企业提供了良好的内部控制制度设计参考,但由于企业所处的国家(地区)政治经济环境不同、地理位置不同、人文环境不同,要想有一个"放之四海而皆准"的内部控制设计标准十分困难。一个在A公司行之有效的内部控制制度设计,在B公司就未必有效。第二,内部控制的有效运行内在机理十分复杂,很难准确把握。因此,对于内部控制制度设计和运行有效性的评价就存在大量的职业判断。

鉴于以上的考虑,本书放弃了复杂的内部控制有效性的评价指标体系,采用简单的度量内部控制有效性的方法,即以公开可获得和能够被外界理解的"内部控制缺陷"以及"内部控制鉴证报告及意见"来衡量内部控制有效性。下面,分别对这两个度量标准进行阐述和说明。

1. 内部控制有效性度量标准之一：内部控制缺陷

（1）此标准的解释及适用性说明。

我国现有上市公司内部控制相关制度规范要求上市公司披露内部控制自我评价报告，此要求是在公司董事会、监事会对内部控制有效性进行评估的基础上，向投资者传递其内部控制有效性的重要方式。根据我国《内部控制评价指引》第二十一条的规定，内部控制自我评价报告需要报告企业内部控制缺陷认定及整改情况、内部控制有效性的结论等相关内容。因此，如果报告中表明公司内部控制存在重大缺陷，说明其内部控制存在一个或多个控制缺陷的组合，公司可能会严重偏离控制目标，说明内部控制有效性水平较低。

我们认为，以"内部控制缺陷"来度量内部控制有效性有以下几点适用性：①"内部控制缺陷"的信息完全公开可取，容易被投资者理解和接受；②由于"内部控制缺陷"方法简单，从而避免了投资者难以合理设计内部控制评价指标体系以及指标无量纲化、综合评价等问题；③"内部控制缺陷"本身就包含了"设计缺陷"和"运行缺陷"，在概念上也符合投资者决策观下的内部控制有效性特征；④"内部控制缺陷"的评价有严格的认定标准、方法和流程，由于是公司内部管理层的自我评价，能够较好地体现此评价结果与企业现实的紧密结合，而其中在认定、评价和报告"内部控制缺陷"过程中的职业判断问题也更贴近企业具体内部控制制度的设计与运行现实，所得出的结论更能让投资者接受。

（2）内部控制缺陷的现有分类及本书的方法。

学术理论研究方面大部分是通过实证研究公司披露的缺陷进行归类，主要有以下七种分类方式：①按照缺陷的表述直接归类，比如单华军（2010）结合国外研究采用直接表述的方法将我国深市主板公司的内部控制缺陷分为11类：子公司、关联交易、信息披露、内部审计、重大资产重组、债务重组、董事会、投资者关系、会计账户、激励体制、培训。②按照性质分类，比如孙慧慧提出可以将内部控制缺陷分为设计缺陷和运行缺陷，其中每类缺陷又可划分为内部环境类、控制活动类、控制手段类三类。③按照内部控制的影响对象分类，比如 Ge 和 McVay（2005）按照缺陷与财务报表的关系将内部控制缺陷分为会计层面的缺陷和公司层面的缺陷。李寿喜将内部控制缺陷分为财务报告内部控制缺陷和非财务报告内部控制缺陷。④按照内部控制成因归类，比如 Doyle 等（2007）按照人员归因类、复杂性归因类和一般归因类进行分类。⑤按照内部控制要素分类，比如南京大学课题组（2010）根据内部控制五要素将公司的内部控制缺陷分为五大类：控制环境缺陷、控制风险评估缺陷、控制活动缺陷、信息与沟通缺陷与内部监督缺陷，并进一步将其细分为28个子类。⑥按照审计的难易程度归类，比如 Hammersley 等（2008）将内部控制缺陷分为较难审计类（关键人员类、财务报告和控制环境类）和容易审计类（人员类、控制系统类、交易核算以及日常业务控制类）。⑦按照多种标准综合归类，比如李寿喜提出了内部控制缺陷的五级划分体系，第一层级按照经济后果划分，第二层级按照控制对象划分，第三层级按照自我评价和外部审计的对象划分，第四层级按照内部控制要素内容划分，第五层级按照缺陷的影响面和责任归属划分。可以看出，目前学术界关于内部控制缺陷的分类研究相当丰富，但是也很混乱，分类依据和标准众多，这不仅导致内部控制缺陷的后续研究带来了困境，也很难为投资者、政府等利益相关者提供有效的参考。

政策法规方面，美国PCAOB（2004）发布的审计准则第2号按年报或中期报告发生重大错报的可能性，将不能使管理层或员工在正常履行职责过程中及时查明或阻止错报的缺陷称为控制缺陷；将能够严重影响公司按会计准则设立授权、记录、处理或披露财务数据，从而导致不能查明或阻止重大错报的控制缺陷称为重要缺陷；将很有可能不能够查明或阻止错报的重要缺陷称为重大缺陷。虽然美国政策开了内部控制研究方面的先河，但其毕竟适用于美国本土，为此，我国开发出具有中国特色的政策规范。我国《企业内部控制评价指引》和《企业内部控制审计指引》中指出，企业的内部控制缺陷按其成因可分为设计缺陷和运行缺陷；按影响程度分类，将"一个或多个控制缺陷的组合，可能导致企业严重偏离控制目标"归为重大缺陷，将"一个或多个控制缺陷的组合，其严重程度和经济后果低于重大缺陷，但仍有可能导致企业偏离控制目标"归为重要缺陷；将除重大缺陷、重要缺陷以外的其他缺陷归为一般缺陷。

2008年6月28日，财政部等五部委联合发布的《企业内部控制基本规范》被称为"中国版萨班斯法案"，它立足我国国情，借鉴国际惯例，确定了"内部环境、风险评估、控制活动、信息与沟通、内部监督"五个内部控制要素。《企业内部控制基本规范》为上市公司内部控制建设提供了一套正式的、统一的"游戏规则"，同样也适用于对于内部控制有效性的评价，我们以此来确定内部控制有效性的评价框架。其中，对于内部控制五要素的法律规范如下。第五条：企业建立与实施有效的内部控制，应当包括下列要素：①内部环境。内部环境是企业实施内部控制的基础，一般包括治理结构、机构设置及权责分配、内部审计、人力资源政策、企业文化等。②风险评估。风险评估是企业及时识别、系统分析经营活动中与实现内部控制目标相关的风险，合理确定风险应对策略。③控制活动。控制活动是企业根据风险评估结果，采用相应的控制措施，将风险控制在可承受度之内。④信息与沟通。信息与沟通是企业及时、准确地收集、传递与内部控制相关的信息，确保信息在企业内部、企业与外部之间进行有效沟通。⑤内部监督。内部监督是企业对内部控制建立与实施情况进行监督检查，评价内部控制的有效性，发现内部控制缺陷，应当及时加以改进。同样，企业披露的内部控制缺陷也应反映这五要素的不足。

另外，由于内部控制有效性是一个综合的概念，因此我们还需要以这些规范对内部控制缺陷的直接分类标准为评价维度。我国的《企业内部控制评价指引》和《企业内部控制审计指引》对企业内部控制缺陷做出了如下描述。第十六条：内部控制缺陷包括设计缺陷和运行缺陷。第十七条：内部控制评价组应该根据现场测试获取的证据，对内部控制缺陷进行初步认定，并按其影响程度分为重大缺陷、重要缺陷和一般缺陷。重大缺陷是指一个或多个控制缺陷的组合，可能导致企业严重偏离控制目标。重要缺陷是指一个或多个控制缺陷组合，其严重程度和经济后果都轻于重大缺陷，但仍有可能导致企业偏离控制目标。一般缺陷是指除重大缺陷、重要缺陷以外的其他缺陷。

鉴于以上分析，我们提出了本书对于内部控制缺陷的分类方法，即从内部控制要素、重要程度、内部控制缺陷性质三方面分类。

表4-1 本书的内部控制缺陷分类

角度	分类标准	具体表现
内部控制要素	控制环境缺陷	公司治理结构不完善，组织结构不健全，缺乏对经理层的制衡，人力资源分配不合理
	风险评估缺陷	缺乏战略风险、经营风险、筹投资风险的评估和控制机制，员工风险意识不强，风险预警机制和危机应对机制不足
	控制活动缺陷	存在业务内部控制"空白区"，授权审批及岗位牵制制度不完善，资产管理混乱，缺少经济业务复核及子公司控制措施
	信息与沟通缺陷	内部信息报告制度不完善，财务报告系统不合理；缺少与各利益相关者之间的沟通机制，缺少舞弊揭露机制
	内部监督缺陷	内部审计部门独立性等缺乏，检查监督及交流反馈机制不完善
重要程度	重大缺陷	一个或多个控制缺陷的组合，可能导致企业严重偏离控制目标
	重要缺陷	一个或多个控制缺陷组合，其严重程度和经济后果都轻于重大缺陷，但仍有可能导致企业偏离控制目标
	一般缺陷	除重大缺陷、重要缺陷以外的其他缺陷
缺陷性质	设计缺陷	内部控制制度的设计不完善
	运行缺陷	内部控制制度执行力度不够或效果不理想

2. 内部控制有效性度量标准之二：内部控制鉴证报告及意见

（1）标准的解释及适用性说明。

根据第二章对于我国内部控制鉴证制度规范的梳理，我们可以发现，我国上市公司（在2011年之前是全部上市公司，而此后是部分上市公司）披露内部控制鉴证报告的行为有自愿性信息披露的特征。根据信号传递理论，具有高质量内部控制的公司有动机通过信号将其情况传递给外界，以区别于其他具有低质量内部控制的公司。内部控制质量越高的公司越有可能出于信号传递的目的自愿披露内部控制审计报告（林斌等，2009）。信号是否有效取决于其是否满足两个条件：第一，信号具有可选择性，也就是说作为信号的行为是非强制的；第二，信号具有不易模仿性，也就是说作为信号的行为是高质量公司特有的，低质量的公司很难模仿或模仿需要付出较高的成本。目前，我国的内部控制审计活动同时满足以上两个条件，是传递公司内部控制高质量的有效信号。鉴于此，我们可以认为，自愿披露内部控制鉴证报告的上市公司的内部控制有效性水平比没有披露内部控制鉴证报告的上市公司的内部控制有效性水平要高。另外，根据《企业内部控制审计指引》，注册会计师对上市公司内部控制有效性需要做出审计意见，而审计意见又包括"无保留的审计意见"、"增加强调事项段的审计意见"、"否定的审计意见"以及"无法发表意见"等多种类型，而其也能反映出内部控制有效性的水平差异。

我们认为，以"内部控制鉴证报告及意见"来度量内部控制有效性有以下几点的适用性：①"内部控制鉴证报告及意见"的信息完全公开可取，容易被投资者理解和接受；②由于"内部控制鉴证报告及意见"方法简单，从而避免了投资者难以合理设计内部控制评价指标体系以及指标无量纲化、综合评价等问题；③由于注册会计师提供了独立、专业的审计意见，因此内部控制鉴证报告及意见能够提供更让人信任的内部控制质量信息，从而帮助投资者进行信息甄别。

（2）内部控制鉴证报告及意见的分类。

如上所述，本书提出了基于内部控制鉴证报告以及意见的内部控制有效性评价标准：当上市公司披露了注册会计师出具的"标准无保留意见"的内部控制鉴证报告，表明公司的内部控制有效性水平最高，而披露了注册会计师出具的非"标准无保留意见"（如"无保留意见加事项段"、"保留意见加事项段"、"否定意见"等）的内部控制鉴证报告的上市公司内部控制有效性水平次之，没有披露内部控制鉴证报告的上市公司的内部控制有效性水平则更低。

第三节 我国上市公司内部控制有效性现状：基于内部控制缺陷

本节以内部控制缺陷为衡量标准，以2013年沪深A股上市公司为样本，讨论我国上市公司内部控制有效性的总体情况，并从内部控制缺陷的要素类型、重要程度类型以及性质类型三个角度分别分析上市公司内部控制有效性的分类现状。数据来源于国泰安内部控制数据库并根据需要进行了手工数据整理与补充。

一、内部控制缺陷的总体概况

早在 2000 年 11 月 2 日中国证监会所发布的《公开发行证券公司信息披露编报规则第 1 号——商业银行招股说明书内容与格式特别规定》、《公开发行证券公司信息披露编报规则第 3 号——保险公司招股说明书内容与格式特别规定》以及《公开发行证券公司信息披露编报规则第 5 号——证券公司招股说明书内容与格式特别规定》中,就对上市公司内部控制制度完整性、合理性及有效性存在严重缺陷的情况要求详尽披露。此后,2006 年上海证券交易所发布了《上海证券交易所上市公司内部控制指引》对内部控制自我评估报告内容和内部控制缺陷的披露内容作了较详尽的规定。时至今日,上市公司通过内部控制自我评价报告中披露的内部控制缺陷以及所披露的"问题"或者"不足"实质上也已经构成内部控制缺陷。表 4-2 说明了不同交易所和板块披露内部控制缺陷的公司数量情况。我们可以发现,2013 年共 2337 家上市公司披露了内部控制自我评价报告,其中有 511 家公司披露了内部控制缺陷,占比约为 21.87%。其中,沪市上市公司披露内部控制缺陷的公司占比是深市上市公司的 2 倍,而主板上市公司披露内部控制缺陷的公司占比更是中小板和创业板上市公司的 3 倍多。

表 4-2 不同交易所和板块披露内部控制缺陷公司数量情况(2013 年)

项目		披露内部控制自我评价报告的公司数	披露内部控制缺陷的公司数	披露内部控制缺陷公司占比(%)
不同交易所	沪市	780	263	33.7179
	深市	1557	248	15.9281
不同板块	主板	1241	394	31.7486
	中小板与创业板	1096	117	10.6752
总体		2337	511	21.8656

数据来源:CSMAR 数据库。

表 4-3 列出不同交易所和板块上市公司披露内部控制缺陷的个数统计情况。我们发现,总体而言,每个披露内部控制缺陷的上市公司约存在 6.35 个内部控制缺陷,其中沪市和深市上市公司在内部控制缺陷数量均值上不存在显著差异,但主板上市公司平均内部控制缺陷数达到了 7.16 个,而中小板和创业板上市公司的内部控制缺陷数仅为 2.47 个,此差异在统计上十分显著。

表 4-3 不同交易所和板块披露内部控制缺陷个数统计情况（2013 年）

项目		均值	标准差	最小值	最大值	样本数	缺失数	均值比较（T 值）
不同交易所	沪市	6.91	10.730	1	93	116	147	-0.9513
	深市	5.56	9.091	1	65	81	166	
不同板块	主板	7.16	10.880	1	93	163	231	-2.4990***
	中小板与创业板	2.47	2.092	1	10	34	82	
总体		6.35	10.086	1	93	197	313	—

数据来源：CSMAR 数据库；***、**、*分别表示在 1%、5%和 10%水平上显著。

根据我国上市公司内部控制相关制度规范，上市公司在披露内部控制缺陷的同时，也应对其缺陷整改情况进行说明。例如，2009 年 12 月 29 日，证监会发布《关于做好上市公司 2009 年年度报告及相关工作的公告》，要求"上市公司应在年报'公司治理结构'部分专项披露内部控制建设的总体方案、内部控制规范建立健全情况、内部监督和内部控制自我评价工作开展情况、内部控制存在的缺陷及整改情况等内容"。2010 年 12 月 31 日，证监会发布《上市公司 2010 年年度报告及相关工作的公告》（以下简称《证监会 2010 年度公告》），要求上市公司披露建立财务报告内部控制的依据，本年内发现的财务报告内部控制重大缺陷的具体情况，包括缺陷发生的时间、对缺陷的具体描述、缺陷对财务报告的潜在影响、已实施或拟实施的整改措施、整改时间表、整改责任人及整改效果。表 4-4 说明不同交易所和板块上市公司针对内部控制缺陷的整改情况。我们发现，约 50%的公司仅披露内部控制缺陷信息，而没有披露缺陷的整改信息。另外，从整改情况可以看出，仅有约 35%的上市公司针对全部的内部控制缺陷开展了整改措施，而另有 15%的公司仅部分或者没有做出整改。其中，沪市上市公司比深市上市公司的整改力度更大，而主板上市公司比中小板和创业板上市公司的整改积极性更高。

表 4-4 不同交易所和板块内部控制缺陷整改情况（2013 年）

项目		披露内部控制缺陷的公司数	缺陷全部得到整改的公司数（占比）	缺陷部分得到整改的公司数（占比）	缺陷没有得到整改的公司数（占比）	未披露缺陷整改信息的公司数（占比）
不同交易所	沪市	263	105 (39.92%)	36 (13.69%)	13 (4.94%)	109 (41.44%)
	深市	248	75 (30.24%)	24 (9.68%)	3 (1.21%)	146 (58.87%)
不同板块	主板	394	150 (38.07%)	48 (12.18%)	15 (3.81%)	181 (45.94%)
	中小板与创业板	117	30 (25.64%)	12 (10.26%)	1 (0.85%)	74 (63.25%)
总体		511	180 (35.23%)	60 (11.74%)	16 (3.13%)	255 (49.90%)

数据来源：CSMAR 数据库。

二、内部控制缺陷的分类现状

根据前文,我们将内部控制缺陷按照要素分为"控制环境缺陷"、"风险评估缺陷"、"控制活动缺陷"、"信息与沟通缺陷"以及"内部监督缺陷";按照内部控制缺陷重要程度分为"重大缺陷"、"重要缺陷"以及"一般缺陷";按照内部控制缺陷性质分为"设计缺陷"和"运行缺陷"。下面分别对上述三种分类进行说明。

1. 内部控制缺陷的要素分类

根据表4-5可知,内部控制缺陷按五要素分类时,控制活动一类出现缺陷的企业占到一半以上,具有控制环境缺陷的企业也近一半,占到40.40%,这一数字仍比较高。美国穆迪评估公司将企业内部控制分成A、B两类,其中A类缺陷发生在具体账户和交易层面,包括所得税、应付账款和应计负债、收入和相关的应收账款、存货、衍生工具、租赁和现金流量报告方面,此外还涉及一些复杂领域,比如需要估计、判断的非常规的交易和事件;B类缺陷属于公司层面的缺陷,比如无效的控制环境,财务报告流程存在缺陷,无效的员工,逾期提交内部控制报告,并指出由于公司层面的B类内部控制缺陷比账户层面的具体缺陷更具严重性,其中申请延迟提交内部控制报告最为严重。根据穆迪公司的评价标准和我国内部控制五要素的分类,公司层面的缺陷更多体现为控制环境、风险评估、信息沟通。账户层面的内部控制缺陷则和控制活动、内部监督相对应。据此,内部控制环境、风险评估和信息沟通的缺陷更为严重,通过对具备这些风险的公司进行分析,我们发现这些公司具有较低的应计质量。这一发现也与Doyle在2007年的发现一致,他认为较弱的内部控制与较低质量的应计项目之间的关系主要受公司层面的重大缺陷驱动。我国的控制环境、风险评估、信息沟通缺陷主要表现为公司治理不完善、财务报告披露不及时、企业缺乏风险预警机制、出现重大事故、纠纷等。以下缺陷表述具有代表性:①2012年科学城披露的缺陷:"目前,公司尚未建立有效的激励约束机制,公司将根据发展的需要,积极探索激励约束机制,逐步健全和完善包括股权激励机制在内的激励体系。"②2013年川化股份的缺陷表述:"公司及所属子公司高管薪酬受控于控股股东,高管薪酬是由母公司四川化工控股(集团)有限责任公司考核确定,不是由相关公司董事会确定。"

控制活动由于涉及企业生产经营的众多环节,因此在披露缺陷的公司中占比最高。内部监督缺陷的占比较低,这可能是由于我国对建立内部审计部门有明确的制度要求:《企业内部控制基本规范》要求企业应当根据本规范及其配套办法,

表 4-5　内部控制缺陷按内部控制要素分类（2013 年）

	数量	比例（%）
控制环境缺陷	40	40.40
风险评估缺陷	23	23.23
控制活动缺陷	53	53.54
信息与沟通缺陷	38	38.38
内部监督缺陷	16	16.16

数据来源：基础信息来自 CSMAR 数据库，手工分类。

制定内部控制监督制度，明确内部审计机构及其他内部机构在内部监督中的职责权限，规范内部监督的程序、方法。我国企业控制活动、风险评估的缺陷主要表现有：①2012 年嘉瑞披露的缺陷有："我们在报告期未发现公司内部控制设计或运行方面存在内部控制重大缺陷和重要缺陷，所发现的均为内部控制一般缺陷，如销售策略分析评估机制单一，无法满足销售一线需求；仓储部门管理员未对进入仓库的人员办理进出登记手续；维修工单派发流程较长，影响维修及时性；合同签订前未经统一编号等。"②2013 年倪娜质押的缺陷披露："公司制定《货款回收管理制度》，对定价原则、收款方式以及涉及销售业务的机构和人员的职责等相关内容作了基本规定。但销售后客户追踪管理特别是对应收账款、其他应收款回收的管理力度不足，未定期与客户进行对账，导致应收账款、其他应收款金额巨大，部分款项不能按期收回，对公司的经营特别是运营资金造成巨大的影响。"

2. 内部控制缺陷的重要程度分类

如表 4-6 所示，大部分存在内部控制缺陷的公司都具有一般缺陷，其比例占到 85.86%，存在重要缺陷的企业数量占 9.25%，存在重大缺陷的企业占 4.88%。

表 4-6　内部控制缺陷按重要程度分类（2013 年）

	数量	比例（%）
一般缺陷	334	85.86
重要缺陷	36	9.25
重大缺陷	19	4.88
合计	389	100.00

数据来源：CSMAR 数据库。

内部控制重大缺陷历来被认为是企业的一大"毒瘤"，不仅易产生较多应计项目问题（Chan 等，2008），而且可能导致企业不能及时防止、发现并纠正财务报表重大错报。对于企业而言，一方面内部控制重大缺陷的出现表明企业经营、管理存在重大问题，这样的企业毕竟只是少数；另一方面重大缺陷的信息披露容易导致利益相关者丧失信心,因此,披露企业内部控制重大缺陷的公司数量极少,仅占到披露内部控制缺陷公司数量的4.88%。主要表现有:①2012年佛山照明的内部控制报告中披露:"我们发现报告期内存在1个重大缺陷。该重大缺陷为:公司对关联方识别以及由此产生的关联交易的决策程序和信息披露存在重大缺陷。公司未能完整识别关联方,在2009~2011年度披露关联交易不完整,存在关联方交易应经董事会审议并及时进行临时信息披露而未履行程序的情形。"②2013年千足珍珠的内部控制报告中披露:"公司董事阮光寅先生的妻子何爱娟女士自2008年起担任亿永国际珠宝有限公司的董事,但阮光寅先生并未向公司及时通报何爱娟女士在亿永国际珠宝有限公司的任职情况,导致公司2008~2013年4月与亿永国际珠宝有限公司之间的关联交易没有及时履行关联交易的审批手续并进行信息披露,该项关联交易价格公允,但累计交易金额7783.86万元,占同期公司营业收入的4.48%,公司存在信息披露的重大缺陷。"

相对于企业内部控制重大缺陷的严重程度,企业内部控制重要缺陷存在被和企业一般缺陷归为一类的认识误区,如部分企业的内部控制自我评价报告中表述为:"企业不存在影响财务报告内部控制的重大缺陷,对于重要缺陷和一般缺陷,公司进行了有效的整改。"没有对重要缺陷单独进行统计披露,显然不符合《内部控制审计指引的解读》对其的定性表述:足以引起企业财务报告监督人员重视的一个或多个缺陷的组合,低估了重要缺陷对于企业经营管理的负面影响。披露了重要缺陷的公司,其表述举例如下:①2012年深圳机场披露:"根据上述认定标准,结合日常监督和专项监督情况,我们认为报告期内不存在重大缺陷。报告期内共发现内部控制重要缺陷5个,无重大缺陷。针对已发现的内部控制缺陷,公司制定了完善的整改计划并采取了相应的整改措施。对于整改完成的重要缺陷,公司有足够的测试样本显示,与重要缺陷相关的内部控制设计且运行有效。经过整改,公司在报告期末仍存在重要缺陷2个,无重大缺陷针对上述缺陷公司拟进一步采取相应措施加以整改,确保内部控制体系完善有效。"②2013年江苏三友披露:"公司发现在业务、财务方面存在审核、审批的流程和授权不规范现象,根据非财务报告内部控制缺陷的认定标准,该缺陷属于非财务报告内部控制重要缺陷。该缺陷虽未给公司造成直接损失,也未对公司合并财务报表的真实性产生影响,但须改进完善。"

一般缺陷是企业披露的内部控制缺陷中最普遍的一类缺陷,其表现主要体现在:ERP管理、制度设计、人员配备、采购环节、存货管理、档案登记等多个方面。一般缺陷的多方面和普遍性的特征,一方面体现出我国企业对内部控制评价的细致,另一方面的确反映出由于内部控制制度体系建立不久,我国企业的内部控制依旧处于逐步完善、逐步规范的起步阶段,还存在较多问题。

3. 内部控制缺陷的性质分类

如表 4-7 所示，2013 年的统计中，只存在内部控制设计缺陷或运行缺陷的企业数量占样本企业统计数量的 5.97% 和 79.85%。两类缺陷都占有的公司占到 14.18%。

表 4-7　内部控制缺陷按性质分类（2013 年）

	数量	比例（%）
设计缺陷	27	20.15
运行缺陷	126	94.03
其中		
设计、运行缺陷都有	19	14.18
合计	134	100.00

数据来源：CSMAR 数据库。

设计缺陷是指缺少为达到内部控制目标所必需的内部控制，或者现有内部控制设计不适当，即使正常运行也不能实现预期的控制目标。被调查对象中，设计缺陷主要表现在公司治理结构及相关制度、文化的不健全，采购、销售、存货、资产等管理流程不完善，财务报告、信息沟通、风险评估、内部审计制度的缺失等各方面。因此，设计缺陷更多反映出企业文化和软实力的不足，这不是一朝一夕就可以解决的问题，而是企业综合实力的体现。运行缺陷则是指设计适当的内部控制没有按设计意图运行，或者执行人员缺乏必要信息或专业胜任能力，无法有效实施内部控制设计层面的缺陷。运行缺陷更多体现在执行力不足，这可以通过学习和有效的激励制度加以改善。由此我们发现，内部控制设计缺陷不仅会使内部控制的执行无依可循，甚至会出现内部控制建设无从下手的局面，相对于执行缺陷来说，其具有更大的"杀伤力"。这与我们的发现不谋而合：存在内部控制设计缺陷以及两类缺陷都有的公司大都冠有 ST 或 *ST 的前缀，说明存在内部控制设计缺陷的公司更容易出现经营困境。因此，出现设计缺陷的企业数量要远小于出现执行缺陷的企业数量。

有关设计缺陷的表述有：①2012 年科学城披露的缺陷："目前，公司尚未建立有效的激励约束机制，公司将根据发展的需要，积极探索激励约束机制，逐步健全和完善包括股权激励机制在内的激励体系。"②2013 年中国远洋披露的缺陷："公司及部分下属单位部分业务存在管理制度缺失、修订不及时、局部内容不适用等情况，主要体现在无形资产管理、企业文化管理、组织机构管理、科研项目管理等业务上。"有关执行方面的缺陷表述有：①2012 年大地传媒的缺陷表述："公司及各子公司在内部控制实施过程中，相关记录不够完整或部分表单缺失，可能导致内部控制自评及审计工作缺乏执行证据。"②2013年信和置业的缺陷表述："预算管理委员会未按《公司法》、公司章程等相关规定将公司2013年年度预算草案报经董事会或股东大会审议批准。"

第四节 我国上市公司内部控制有效性现状：基于内部控制鉴证报告及意见

本节将以内部控制鉴证报告及意见为衡量标准，以2013年沪深A股上市公司为样本，讨论我国上市公司内部控制有效性的总体情况，并从内部控制有效性程度的角度分析上市公司内部控制鉴证报告及意见的分类现状。本节的数据与分析来源：一是由财政部会计司、证监会会计部、证监会上市部以及山东财经大学于2014年10月10日正式发布的《我国上市公司2013年实施企业内部控制规范体系情况分析报告》，我们将以此报告为基础，从整体上对2013年我国上市公司内部控制鉴证报告及意见进行说明；二是来源于国泰安内部控制数据库并根据需要进行了手工数据整理与补充。我们以此数据为基础，分类分析我国上市公司内部控制鉴证报告意见，进而反映出我国上市公司内部控制有效性水平。由于两部分的数据来源不同，因此对一些内容的分析存在差异，但此差异比较微小，并不影响我们对于我国上市公司内部控制鉴证报告及意见的总体认知。

一、内部控制鉴证报告及意见总体概况

根据财政部等五部门联合颁布的《企业内部控制基本规范》及其配套指引以及财政部、证监会发布的《关于2012年主板上市公司分类分批实施企业内部控制规范体系的通知》（财办会〔2012〕30号）的要求，我国企业内部控制规范体系自2011年1月1日起首先在境内外同时上市的公司施行，2012年实施范围扩大到国有控股主板上市公司，2013年进一步扩大到一定规模以上非国有控股主板上市公司。为了全面、深入了解我国上市公司实施企业内部控制规范体系情况，财政部、证监会联合山东财经大学，跟踪分析了2013年沪深两市所有公开披露的年度内部控制评价报告、内部控制审计报告、年度报告等公开资料，结合我国上市公司2011年、2012年实施企业内部控制规范体系情况以及财政部和证监会在推动内部控制规范体系实施和日常监管工作中掌握的有关情况，形成了《我国上市公司2013年实施企业内部控制规范体系情况分析报告》（以下简称《2013年

分析报告》)。下面我们以此报告为基础，对我国上市公司 2013 年内部控制鉴证报告及意见的整体情况做一个描述。

1. 全体上市公司内部控制鉴证报告及意见的情况

根据《2013 年分析报告》，截至 2013 年 12 月 31 日，沪、深交易所共有上市公司 2489 家，其中，沪市上市公司 953 家，深市上市公司 1536 家。其中，共有 1816 家上市公司聘请会计师事务所对内部控制的有效性进行审计或者鉴证，占 72.96%。其中，1802 家上市公司披露了内部控制审计或鉴证报告，占上市公司总数的 72.40%，较 2012 年 61.48% 的比例有较大增长；10 家上市公司披露内部控制审计意见，但未披露内部控制审计或鉴证报告；4 家上市公司既未披露内部控制审计意见，也未披露内部控制审计或鉴证报告。在披露内部控制审计意见的 1812 家公司中，标准无保留意见 1753 家，占比 96.74%；非标准意见 59 家，占比 3.26%，其中，带强调事项段和（或）非财务报告重大缺陷的无保留意见 43 家，否定意见 13 家，无法表示意见 1 家，保留意见 2 家。非标准无保留意见的类型、数量和比例均比去年有所增加。

2. 纳入实施范围上市公司内部控制鉴证报告及意见情况

财政部、证监会《关于 2012 年主板上市公司分类分批实施企业内部控制规范体系的通知》（财办会〔2012〕30 号）要求，境内外同时上市公司、中央和地方国有控股主板上市公司以及非国有控股主板上市公司，且于 2011 年 12 月 31 日公司总市值（证监会算法）在 50 亿元以上，同时 2009~2011 年平均净利润在 3000 万元以上的，应在披露 2013 年公司年报的同时，披露董事会对公司内部控制的自我评价报告以及注册会计师出具的财务报告内部控制审计报告。

《2013 年分析报告》指出，2013 年纳入实施范围的上市公司共 1052 家。其中，2013 年新纳入实施范围的有 204 家。截至 2014 年 4 月 30 日，在 2013 年纳入实施范围的 1052 家上市公司中，有 1049 家上市公司披露了内部控制审计报告，其余 3 家上市公司仅在年度报告中披露内部控制审计意见，但并未披露内部控制审计报告。其中，标准无保留意见 1005 家，占比 95.53%；非标准意见 47 家，占比 4.47%。在非标准意见中，否定意见 9 家，带强调事项段的无保留意见 33 家，披露非财务报告内部控制重大缺陷的无保留意见 8 家。2013 年，纳入实施范围的 1052 家上市公司中，1032 家采用整合审计的方式开展内部控制审计和财务报表审计，占比 98.1%，20 家单独实施内部控制审计，占比 1.9%。2013 年，纳入实施范围的 1052 家上市公司中，109 家公司的内部控制审计机构发生了变化，占比 10.35%，其中有 102 家上市公司基于整合审计的考虑，同步变更了内部控制审计机构和财务报告审计机构。在纳入实施范围的 1052 家上市公司中，内部控制审计意见类型基本与财务报表审计意见类型保持一致。财务报表被出具非标准无保留意见、同时内部控制被出具非标准无保留意见的公司有 18 家。

二、内部控制鉴证报告及意见分类现状

如本章第二节所述，我们提出了基于内部控制鉴证报告以及意见的内部控制有效性评价标准，从而形成了内部控制有效性的多个层次。首先，当上市公司披露了由注册会计师出具的"标准无保留意见"的内部控制鉴证报告，表明该公司的内部控制有效性水平最高。其次，当上市公司披露由注册会计师出具的"无保留意见加事项段"的内部控制鉴证报告，表明该公司的内部控制有效性相对前者较低，而上市公司披露由注册会计师出具的"保留意见加事项段"或者"否定意见"的内部控制鉴证报告，其反映出的内部控制有效性水平依次降低，而没有披露内部控制鉴证报告的上市公司的内部控制有效性水平则为更低。

1. "标准无保留意见"的内部控制鉴证报告情况

根据财政部等五部委颁布的《企业内部控制审计指引》，符合下列所有条件时，注册会计师应当对财务报告内部控制出具无保留意见的内部控制审计报告：第一，企业按照《企业内部控制基本规范》、《企业内部控制应用指引》、《企业内部控制评价指引》以及企业自身内部控制制度的要求，在所有重大方面保持了有效的内部控制；第二，注册会计师已经按照《企业内部控制审计指引》的要求计划和实施审计工作，在审计过程中未受到限制。根据国泰安内部控制数据库提供的数据，我们发现，在披露内部控制审计报告的公司中约 97.2% 的公司内部控制审计意见为"标准无保留"审计意见，而在全部上市公司中此比例为 74.36%（如表 4-8 所示）。这表明，从内部控制鉴证报告及意见的角度来评价上市公司内部控制有效性水平的话，那么约有 74% 的上市公司的内部控制有效性水平是最高的。其中，沪市公司的内部控制有效性水平高于深市；而主板上市公司的内部控

表 4-8 不同交易所和板块被出具"标准无保留"内部控制审计意见公司数量情况

项目		被出具"标准无保留"内部控制审计意见公司数	被出具"标准无保留"内部控制审计意见公司占披露内部控制审计报告公司占比（%）	被出具"标准无保留"内部控制审计意见公司占所有公司占比（%）
不同交易所	沪市	705	96.05	90.15
	深市	1032	98.01	66.41
不同板块	主板	1040	96.12	83.67
	中小板	476	98.76	66.39
	创业板	221	99.10	58.78
总体		1737	97.20	74.36

数据来源：CSMAR 数据库。

制有效性水平高于中小板和创业板。

2. "无保留意见加事项段"的内部控制鉴证报告情况

根据财政部等五部委颁布的《企业内部控制审计指引》，当注册会计师认为财务报告内部控制虽不存在重大缺陷，但仍有一项或者多项重大事项需要提请内部控制审计报告使用者注意的，应当在内部控制审计报告中增加强调事项段予以说明。注册会计师应当在强调事项段中指明，该段内容仅用于提醒内部控制审计报告使用者关注，并不影响对财务报告内部控制发表的审计意见。根据国泰安内部控制数据库提供的数据，共有36家上市公司被出具了"无保留意见加事项段"的内部控制审计意见，如表4-9所示。

表4-9 出具了"无保留意见加事项段"的内部控制审计意见公司明细

股票代码	行业名称	会计师事务所
000011	房地产业	众环海华会计师事务所
000048	农副食品加工业	瑞华会计师事务所
000061	商务服务业	立信大华会计师事务所有限公司
000155	化学原料及化学制品制造业	四川华信（集团）会计师事务所
000504	新闻和出版业	利安达会计师事务所
000520	水上运输业	信永中和会计师事务所（特殊普通合伙）
000582	水上运输业	瑞华会计师事务所
000799	酒、饮料和精制茶制造业	瑞华会计师事务所
000815	造纸及纸制品业	立信会计师事务所
000912	化学原料及化学制品制造业	四川华信（集团）会计师事务所
000913	铁路、船舶、航空航天和其他运输设备制造业	天健会计师事务所
000939	煤炭开采和洗选业	众环海华会计师事务所
000982	纺织业	信永中和会计师事务所（特殊普通合伙）
002044	纺织服装、服饰业	瑞华会计师事务所
002070	纺织业	福建华兴会计师事务所有限公司
300277	软件和信息技术服务业	亚太（集团）会计师事务所
600071	仪器仪表制造业	立信大华会计师事务所有限公司
600168	水的生产和供应业	众环海华会计师事务所
600186	食品制造业	亚太（集团）会计师事务所
600228	化学原料及化学制品制造业	立信大华会计师事务所有限公司
600236	电力、热力生产和供应业	天职国际会计师事务所有限公司
600256	综合	立信大华会计师事务所有限公司
600301	化学原料及化学制品制造业	北京永拓会计师事务所
600302	专用设备制造业	希格玛会计师事务所
600319	化学原料及化学制品制造业	瑞华会计师事务所
600516	非金属矿物制品业	瑞华会计师事务所

续表

股票代码	行业名称	会计师事务所
600539	非金属矿物制品业	中喜会计师事务所（特殊普通合伙）
600550	电气机械及器材制造业	大信会计师事务所
600689	纺织业	立信会计师事务所
600691	化学原料及化学制品制造业	中勤万信会计师事务所（特殊普通合伙）
600719	电力、热力生产和供应业	中准会计师事务所
600744	电力、热力生产和供应业	天职国际会计师事务所有限公司
600792	石油加工、炼焦及核燃料加工业	中审亚太会计师事务所（特殊普通合伙）
600822	批发业	立信会计师事务所
600971	煤炭开采和洗选业	立信会计师事务所
601268	专用设备制造业	瑞华会计师事务所

数据来源：CSMAR 数据库。

3. "保留意见加事项段"的内部控制鉴证报告情况

根据国泰安内部控制数据库提供的数据，仅有"ST 霞客"（002015）和"宏磊股份"（002647）在 2013 年被出具了"保留意见加事项段"的内部控制审计意见（如表 4-10 所示）。这说明，注册会计师经过审计后，除了个别重要的内部控制环节，认为被审计单位于 2013 年 12 月 31 日在其他重大方面保持了与财务报表相关的有效的内部控制。

表 4-10　出具"保留意见加事项段"内部控制审计意见的公司明细

股票代码	非标准意见说明
002015	在鉴证过程中我们发现：贵公司虽然已经建立了与财务报表相关的内部控制制度，但由于 2013 年内贵公司内部人员发生变动，在执行销售成本核算等财务制度中存在缺陷，贵公司公布的 2013 年度业绩快报中的经营业绩数据存在重大差错。经过自查后，贵公司于 2014 年 4 月 12 日发布了修正后 2013 年度业绩快报。上述缺陷整改后并未对我们在 2014 年 4 月 26 日对贵公司 2013 年度财务报表出具的审计报告产生影响。我们提醒内部控制鉴证报告使用者关注，贵公司自 2014 年 2 月开始，由于部分贷款银行提前收贷，造成贵公司及其控股子公司、全资子公司资金周转紧张，不能按时归还银行借款，银行借款逾期，债权银行已开始执行诉前资产保全、诉讼资产保全和提起诉讼等法律程序。因贵公司逾期借款诉讼案件尚未有结果以及未来可能产生新的逾期借款诉讼或其他相关事项，对公司持续经营的影响存在重大不确定性。本段内容不影响已对内部控制鉴证发表的结论
002647	经审计，我们发现：①宏磊股份控股股东控制的关联企业发生占用宏磊股份及子公司资金的情况，其内部控制运行部分失效。②宏磊股份及子公司从事铜材贸易业务，未严格执行对供应商、客户资信评审程序；贸易商品仓单等凭证流转不及时；与贸易业务相关的采购付款、销售收款等内部控制执行不到位，存在不按合同约定的结算方式和期限进行交易和收、付款的情况，存在大额预付款项退回的情形；2013 年度贸易业务亏损 0.34 亿元。上述内部控制缺陷可能导致应收账款、预付款项和存货等项目存在重大损失的风险。宏磊股份已识别出上述重大缺陷，并将其包含在后附的关于对财务报告内部控制制度的说明中。上述缺陷在所有重大方面得到公允反映。在宏磊股份 2013 年度财务报表审计中，我们已经考虑了上述重大缺陷对审计程序性质、时间安排和范围的影响

数据来源：CSMAR 数据库。

4. "否定意见"的内部控制鉴证报告情况

根据财政部等五部委颁布的《企业内部控制审计指引》，当注册会计师认为财务报告内部控制存在一项或多项重大缺陷时，除非审计范围受到限制，应当对财务报告内部控制发表否定意见。注册会计师出具否定意见的内部控制审计报告，还应当包括下列内容：①重大缺陷的定义；②重大缺陷的性质及其对财务报告内部控制的影响程度。根据国泰安内部控制数据库提供的数据，如表 4-11 所示，共有 11 家上市公司被出具了"否定意见"的内部控制审计报告。

表 4-11 出具"否定意见"内部控制审计意见的公司明细

股票代码	非标准意见说明
002422	于 2013 年 12 月 31 日，贵公司与财务报表相关的内部控制存在如下重大缺陷：贵公司财务报告流程中有关完整识别关联方关系的内部控制存在重大缺陷。该重大缺陷可能对贵公司 2013 年度财务报表附注中有关前期会计差错更正的披露以及关联方及关联方交易、相关交易余额披露的准确性和完整性产生影响。另外，若有未被识别出的关联方交易也可能对财务报表中进行的会计处理产生影响。有效的内部控制能够为企业及时防止或发现财务报表中的重大错报提供合理保证，而上述重大缺陷使贵公司内部控制失去这一功能。贵公司管理层已识别上述重大缺陷，并将其包含在贵公司 2013 年内部控制自我评价报告中。在 2013 年度财务报表审计中，我们已经考虑了上述重大缺陷对审计程序的性质、时间安排和范围的影响并对贵公司 2013 年度财务报表发表了保留意见
002506	①贵公司销售业务控制存在重大缺陷，未能有效执行客户信用管理，在应收账款逾期后未能采取措施催收，导致巨额应收账款长期无法收回。②贵公司资产管理控制存在重大缺陷，包括重大资产的建造、运营管理和处置缺乏有效的控制措施，难以确保资产的安全及效益。③贵公司财务报告控制存在重大缺陷，2012 年度、2013 年度财务报告连续发生重大前期差错更正，同时近两年因未能提供相应的审计条件，导致注册会计师出具非标准意见审计报告。④贵公司部分重要事项决策程序及信息披露存在重大缺陷，导致诉讼事项、关联交易、对外担保等多项信息未能及时披露，并因涉嫌未按规定披露信息被中国证券监督管理委员会上海稽查局立案调查
300167	重大缺陷是指一个或多个控制缺陷的组合，可能导致企业严重偏离控制目标。在本次内部控制审计中，我们注意到迪威视讯公司的财务报告内部控制存在以下重大缺陷：①迪威视讯公司因涉嫌信息披露违规被中国证券监督管理委员会立案调查，缺乏有效的财务报告内部控制。②迪威视讯公司对公司部分销售业务的销售、发货和收款环节缺乏有效的会计系统控制。有效的内部控制能够为财务报告及相关信息的真实性、完整性提供合理保证，而上述重大缺陷使公司内部控制失去这一功能
600315	重大缺陷是内部控制中存在的、可能导致不能及时防止或发现并纠正财务报表出现重大错报的一项控制缺陷或多项控制缺陷的组合。贵公司的财务报告内部控制存在如下重大缺陷：①关联交易管理中缺少主动识别、获取及确认关联方信息的机制，也未明确关联方清单维护的频率；无法保证关联方及关联方交易被及时识别，并履行相关的审批和披露事宜，影响财务报表中关联方及关联方交易完整性和披露准确性。与之相关，财务报告内部控制设计失效。贵公司在 2013 年 12 月对上述存在重大缺陷的内部控制进行了整改，但整改后的控制尚未运行足够长的时间。②部分子公司尚未建立在会计期末对当期应付但未付的销售返利和运输费等费用总金额进行统计和预提的内部控制。上述重大缺陷影响财务报表中销售费用和运输费用的交易完整性、准确性和截止性，与之相关财务报告内部控制设计失效

续表

股票代码	非标准意见说明
600315	贵公司尚未在 2013 年度完成对上述存在重大缺陷的内部控制的整改工作，但在编制 2013 年度财务报表时已对销售返利和运输费等费用进行了恰当预提，并对前期对应数据相应进行了追溯调整及重述。③对财务人员的专业培训不够充分、对最新会计准则的掌握不够准确、财务报告及披露流程中的审核存在部分运行失效，未能及时发现对委外加工业务、销售返利、可供出售的金融资产在长期资产与流动资产的分类、营销类费用在应付账款与其他应付款的分类等会计处理的差错，影响财务报表中多个会计科目的准确性。贵公司尚未在 2013 年度完成对上述存在重大缺陷的内部控制的整改工作，但在编制 2013 年度财务报表时已对这些可能存在的会计差错予以关注、避免和纠正，并对前期对应数据相应进行了追溯调整及重述。根据 2014 年 3 月 11 日董事会决议，贵公司对 2013 年度财务报表的前期对应数据相应进行了追溯调整及重述，增加披露了 2012 年度的关联方和相关关联方交易，并更正了涉及主营业务收入、其他业务收入、主营业务成本、其他业务成本、销售费用、应收账款、存货、其他流动资产、可供出售金融资产、其他应付款、应付账款以及未分配利润等会计科目前期对应数据的重大会计差错。有效的内部控制能够为财务报告及相关信息的真实完整提供合理保证，而上述重大缺陷使贵公司内部控制失去这一功能。贵公司管理层已识别出上述重大缺陷，并将其包含在 2013 年贵公司内部控制评价报告中。在对贵公司 2013 年度财务报表审计中，我们已经考虑了上述重大缺陷对审计程序的性质、时间安排和范围的影响。本报告并未对我们在 2014 年 3 月 11 日对贵公司 2013 年度财务报表出具的审计报告产生影响
600368	五洲交通财务报告内部控制存在如下重大缺陷：五洲交通公司制定了现金支付业务授权批准制度和对外投资管理制度，但在实际工作中未得到有效执行，在资产的取得、使用或处置的授权控制方面存在重大缺陷。五洲交通公司向广西成源矿冶有限公司以贸易形式先行支付资金用以收购南丹县南星锑业公司，有关款项共计金额 7.549 亿元。其中，6.539 亿元为南星锑业产权成交价款，5000 万元为履约合同保证金，5100 万元南星锑业用以偿还南丹县财政局的借款；以预付产品代加工款形式向广西堂汉锌铟股份有限公司提供资金 3.47 亿元，上述事项未履行董事会、股东大会审议程序，未真实、准确、及时进行信息披露。有效的内部控制能够为财务报告及相关信息的真实完整提供合理保证，而上述重大缺陷使五洲交通公司内部控制失去这一功能。五洲交通公司管理层已识别出上述重大缺陷，并将其包含在企业内部控制评价报告中。上述缺陷在所有重大方面得到公允反映。在五洲交通公司 2013 年财务报表审计中，我们已经考虑了上述重大缺陷对审计程序的性质、时间安排和范围的影响。本报告并未对我们在 2014 年 4 月 8 日对五洲交通公司 2013 年财务报表出具的审计报告产生影响
600403	重大缺陷是指一个或多个控制缺陷的组合，可能导致企业严重偏离控制目标。在本次内部控制审计中，我们注意到大有能源的财务报告内部控制存在以下重大缺陷：①大有能源因涉嫌违反证券法律法规被中国证券监督管理委员会立案调查。②大有能源全资子公司天峻义海能源煤炭经营有限公司（以下简称"天峻义海"）2013 年度销售模式由直接销售给终端客户变更为通过青海省矿业集团天峻煤业开发有限公司及青海木里能源有限公司销售给终端客户，大有能源未及时确认关联方及关联方交易，未履行相应决策程序，与之相关的财务报告内部控制运行失效。有效的内部控制能够为财务报告及相关信息的真实完整性提供合理保证，而上述重大缺陷使公司内部控制失去这一功能。大有能源管理层已识别出上述重大缺陷，并将主要缺陷包含在企业内部控制评价报告中。上述缺陷在所有重大方面得到公允反映
600469	重大缺陷是内部控制中存在的、可能导致不能及时防止或发现并纠正财务报表出现重大错报的一项控制缺陷或多项控制缺陷的组合。贵公司的财务报告内部控制制度基本完善，并能够有效运行，但还存在如下重大缺陷：①公司建立的"三包"返利控制制度中缺少对已发生"三包"返利进行会计处理时限的相关规定，无法保证已发生费用能够及时准确地进行会计处理。上述问题影响财务报表中主营业务收入和销售费用的交易完整性、准确性和

续表

股票代码	非标准意见说明
600469	截止性。贵公司在2013年12月对上述问题进行了完善整改,但整改后的控制尚未运行足够长的时间。公司在编制2013年度财务报表时已对主营业务收入和销售费用可能存在的会计差错予以关注和避免,并对前期对应数据相应进行了追溯调整及重述。②公司设置的销售流程中开具发货通知单后即将信息传递到开具销售发票环节,会造成公司已开具销售发票确认的收入中部分收入的确认不符合《企业会计准则》收入确认的条件。上述问题会影响财务报表中营业收入的交易完整性、准确性和截止性。上述问题在2013年12月31日存在,但贵公司在编制2013年度财务报表时已发现上述问题并对相应流程制度进行了重新修订和实施,对贵公司2013年度财务报表中所影响的主营业务收入进行了恰当调整,并对前期对应数据进行了追溯调整及重述。有效的内部控制能够为财务报告及相关信息的真实完整提供合理保证,而上述两方面存在的重大缺陷使贵公司内部控制在上述方面失去这一功能。风神轮胎股份有限公司管理层在企业内部控制评价报告中已关注到上述问题,并在企业内部控制评价报告中得到充分反映。在风神轮胎股份有限公司2013年财务报表审计中,我们已经考虑了上述问题对审计程序的性质、时间安排和范围的影响。本报告并未对我们在2014年4月25日对风神轮胎股份有限公司2013年财务报表出具的审计报告产生影响。截至2014年4月25日,贵公司已完成对上述内部控制缺陷的整改工作
600598	财务报告内部控制存在以下重大缺陷:①北大荒公司控股子公司黑龙江省北大荒米业集团有限公司未对存货、固定资产等实物资产实施有效控制。②北大荒公司控股子公司黑龙江省北大荒米业集团有限公司未定期核对往来款项,未能有效执行《公司资产减值提取和资产损失处理内部控制制度》和《财务管理制度》等有关规定
600800	重大缺陷是内部控制中存在的、可能导致不能及时防止或发现并纠正财务报表出现重大错报的一项控制缺陷或多项控制缺陷的组合。天津磁卡内部控制存在如下重大缺陷:①天津磁卡未指定专门机构或人员对投资项目进行跟踪管理,导致存在账外子公司的情形。②天津磁卡虽建立了公司间按月对账制度,但该制度未得到有效执行,导致往来账户长期、经常出现差异而未被发现,在结账环节,未合理确定本期应计提的坏账准备。③天津磁卡未建立投资业务的会计系统控制,未能及时、准确地确认长期股权投资、投资收益及合理计提减值准备。④天津磁卡缺乏有效的销售业务会计系统控制,存在未发货而提前确认销售收入、未确认成本。⑤天津磁卡未建立期末财务报告流程控制制度,财务报表编制流程过程中,各种数据的输入、处理及输出未见相关控制复核,未见管理层人员参与期末财务报告流程,重要子公司历年的审计调整事项均未做账务处理,未见管理层及治理层人员对期末财务报告流程进行监控。对上述重大缺陷天津磁卡管理层亦未执行相应的补偿性控制。有效的内部控制能够为财务报告及相关信息的真实完整提供合理保证,而上述重大缺陷使天津磁卡内部控制失去这一功能。上述重大缺陷导致天津磁卡2013年度未经审计的财务报表出现重大错报,天津磁卡管理层已识别出上述重大缺陷并且包含在天津磁卡的内部控制评价报告中。在天津磁卡2013年财务报表审计中,我们已经考虑了上述重大缺陷对审计程序的性质、时间安排和范围的影响。本报告并未对我们在2014年4月20日对天津磁卡2013年财务报表出具的审计报告产生影响
601168	贵公司的财务报告内部控制存在如下重大缺陷:①贵公司下属子公司中国西部矿业(香港)有限公司(简称"西矿香港")在2013年存在对长期贸易合同未按公司内部控制制度所规定的流程完整履行授权审批程序即予以签订并执行的情况,与之相关的财务报告内部控制执行失效。该重大缺陷可能导致贵公司出现资金损失及合同诉讼等风险。贵公司尚未在2013年度完成对存在上述重大缺陷的内部控制的整改工作,但在编制2013年度财务报表时已对上述内控失效可能导致的会计差错予以关注、避免和纠正。②贵公司下属子公司西矿香港在2013年存在未按公司内部控制制度所规定的流程完整履行授权审批程序即对部分客户进行授信并赊销销售的情况,与之相关的财务报告内部控制执行失效。该重大缺陷可能导致应收账款到期无法收回而产生坏账损失等风险。贵公司尚未在2013年度完成对存

续表

股票代码	非标准意见说明
601168	上述重大缺陷的内部控制的整改工作,但在编制 2013 年度财务报表时已对上述内控失效可能导致的会计差错予以关注、避免和纠正。有效的内部控制能够为财务报告及相关信息的真实完整提供合理保证,而上述重大缺陷使贵公司内部控制失去这一功能。贵公司管理层已识别出上述重大缺陷,并将其包含在企业内部控制评价报告中。在贵公司 2013 年财务报表审计中,我们已经考虑了上述重大缺陷对审计程序的影响
601558	重大缺陷,是指一个或多个控制缺陷的组合,可能导致企业严重偏离控制目标。在本次内部控制审计中,我们注意到华锐风电公司的财务报告内部控制存在以下重大缺陷:华锐风电公司未对存货等实物资产实施有效控制,造成存货等实物资产与账面记录存在重大不一致。有效的内部控制能够为财务报告及相关信息的真实完整提供合理保证,而上述重大缺陷使华锐风电公司内部控制失去这一功能。华锐风电公司管理层已识别出上述重大缺陷,并将其包含在企业内部控制评价报告中,上述缺陷在所有重大方面已在《2013 年度内部控制评价报告》中得到公允反映。在华锐风电公司 2013 年财务报表审计中,我们已经考虑了上述重大缺陷对审计程序的性质、时间安排和范围的影响

数据来源:CSMAR 数据库。

5. "无法发表意见"的内部控制鉴证报告情况

根据财政部等五部委颁布的《企业内部控制审计指引》,注册会计师审计范围受到限制的,应当解除业务约定或出具无法表示意见的内部控制审计报告,并就审计范围受到限制的情况,以书面形式与董事会进行沟通。注册会计师在出具无法表示意见的内部控制审计报告时,应当在内部控制审计报告中指明审计范围受到限制,无法对内部控制的有效性发表意见。根据国泰安内部控制数据库提供的数据,2013 年仅有"青鸟华光"(600076)一家公司被出具了"无法发表意见"的内部控制审计报告。此报告指出,"尽管我们无法对青鸟华光公司财务报告内部控制的有效性发表意见,但在我们实施的有限程序的过程中,发现了以下重大缺陷:我们注意到,青鸟华光公司在 2013 年度前没有按照《关联方交易决策制度》的规定及时识别关联方,公司实际控制人确认有误,从而导致识别关联方不完整、不准确"。2013 年 8 月,中国证券监督管理委员会山东证监局对青鸟华光公司下达《关于对潍坊北大青鸟华光科技股份有限公司采取责令改正措施的决定》后,青鸟华光公司才进行更正及相关信息披露。青鸟华光公司在 2013 年度的财务报告中对年初数据进行了重大会计差错更正。有效的内部控制能够为财务报告及相关信息的真实完整提供合理保证,而上述重大缺陷使青鸟华光公司内部控制失去这一功能。

第五章　金字塔股权结构与内部控制有效性：基于大股东利益侵占的视角

金字塔股权结构广泛存在于各国上市公司中，其带来的现金流权与控制权的分离以及该分离对上市公司多方面的影响一直是广大学者研究的焦点领域之一。本章关注金字塔股权结构所带来的现金流权与控制权分离对公司内部控制有效性的影响，以 2009~2011 年沪市和深市 A 股所有非金融类上市公司为样本，采用理论和实证分析相结合的方法研究了金字塔股权结构与内部控制有效性的关系。文中采用控制权、现金流权以及现金流权与控制权的分离率来衡量金字塔股权结构；用内部控制缺陷的披露程度和内部控制鉴证报告的披露程度来衡量内部控制的有效性。研究结果发现：现金流权与内部控制有效性正相关，现金流权和控制权的分离率与内部控制有效性正相关。研究结果表明，金字塔股权结构对内部控制有效性存在一定的影响，推展了内部控制有效性影响因素的相关研究。

第一节　引言

近年来，股票市场随着改革开放的浪潮迅猛发展，许多公司特别是民营企业通过收购上市公司而借壳上市并涌现出了许多"系"。然而也不断出现关于"系"的负面新闻，一个比较有代表性的例子就是"格林柯尔系"。格林柯尔系是由顾雏军创办的大型企业集团，有着复杂的组织结构。在短短的几年内他就花了 10.83 亿元巨资收购了多个企业，如美菱股份、扬州亚星、襄阳轴承等，而三家企业当时的总资产接近 140 亿元。2004 年，郎咸平在复旦大学做关于格林柯尔的演讲时曾提出过质疑，他怀疑顾雏军在"国进民退"的环境下采取不正当的财务手段侵占了大量的国有资产，这也是影响较大的"郎顾之争"，同时媒体也对其巨额的资金来源以及集团资产的真实性提出强烈的质疑。2005 年 4 月证监局开始对格林柯尔违规挪用资金及其收购事件进行调查，同年，其业绩转为亏损。

2006年6月，格林柯尔采取非法手段编造虚假财务报告而被证监会处罚，顾雏军也被罢免了董事长职务。2007年5月18日，格林柯尔科技控股有限公司在香港退市。至此，格林柯尔系宣告瓦解，其资产也一同蒸发了，可以说受害最大的可能是广大的中小股东。

回顾格林柯尔案例可以发现，这是利用金字塔股权结构来控制一个巨大企业集团并且通过控制权与现金流权的分离特征来实施掏空行为以获取超额利益的典型。所谓"金字塔股权结构"（Pyramidal Structure），是大股东通过构建一个复杂的控制链来实施控制上市公司的股权结构，即大股东直接控制的公司位于金字塔的顶端，第二层是拥有贵重资产的公司，第三层包括了集团的上市公司……金字塔的最底层是现金收入及利润高的上市公司。Claessens 等（2000）对东亚国家的公司以及 Faccio 和 Lang（2002）对西欧国家的公司的分析都表明金字塔控股结构的普遍存在。在经济转型的中国，终极控制股东以金字塔股权结构的方式控制上市公司的情况也十分普遍（Fan 等，2005）。大量的研究表明，金字塔股权结构通常与大股东利益侵占相联系，例如，金字塔股权结构下，大股东在公司投资项目、公司规模扩张以及公司控制权转移三方面存在严重的代理问题（Bebchuk 等，1998），通过资金占用、关联收购、关联担保、非理性分红等（Chang，2003；李增泉等，2004；余明桂、夏新平，2004；邓建平等，2005；王化成、佟岩，2006；饶育蕾等，2008；等等）行为对小股东利益进行侵害。理论分析表明，金字塔股权结构使得大股东的现金流权与控制权呈现出分离的特点，而这一特点又导致大股东因其实施侵占行为造成的控制权共享收益的损失远小于其所增加的控制权私人收益。在成本收益的权衡下，金字塔股权结构引发了大股东对小股东利益进行侵占的动机（LaPorta 等，1999；Claessens 等，2000；唐宗明、蒋位，2002；马忠等，2005）。

在金字塔股权结构引发的侵害动机的刺激下，大股东可以根据自己的偏好来选择公司治理机制（唐跃军，2009），从而减小其实施利益侵害行为的约束或成本。在格林柯尔案例中，顾雏军将大量的国有资产转到自己的手中、进行了大量利用关联交易从金字塔链条底层的上市公司转移资产的掏空行为。在这些掏空行为中，作为控股股东的顾雏军主要采取的手段有编造虚假财务报告、操纵账面盈余以及违规和遗漏披露重大信息特别是未及时披露关联交易等重大事项的信息等，而这些手段无不"选择"一个无效的内部控制系统所带来的"宽松"环境。那么，控股股东如何实现"选择"一个无效的内部控制系统呢？我们认为，大股东主要通过控制上市公司董事会在内的公司高级管理层来控制公司的主要内部控制政策制度的设计和实施，这点从近年上市公司所披露的内部控制信息中可以得到一些启发。例如，公司高管的薪酬完全受制于控股股东。在川化股份

(000155) 2013年的内部控制自我评价报告中,相关信息表明"公司及所属子公司高管薪酬受控于控股股东,高管薪酬系由母公司四川化工控股(集团)有限责任公司考核确定,不是由相关公司董事会确定"。当然,大股东还可以直接委任"自己人"在重要岗位上,导致相关高管和部门始终以大股东利益为基本导向,相关决策的制定和实施不够独立。例如,天富能源(600509)在其2013年内部控制自我评价报告中披露:"公司非核心部门如法律事务部同时肩负本公司的控股股东新疆天富电力(集团)有限责任公司的相关工作,上述部门的人员构成中既有本公司聘用也有新疆天富电力(集团)有限责任公司聘用,该等缺陷属于运行缺陷,可能造成公司相关部门不独立"。更有甚者,控股股东直接"嵌入"上市公司管理。例如,华银电力(600744)在其2013年内部控制自我评价报告中披露:"公司与大唐湖南分公司为一套人马两块牌子,没有按照监管规定对于上市公司与控股股东实行五分开管理,使公司人员、资产、机构、业务、财务等的独立性受到影响。"

从上述案例和相关研究中可以发现,大股东掌握着公司的主导权,会依据大股东获取控制权私人收益的需要对内部控制的诸多方面进行选择和影响,使公司内部控制失效,进而帮助其实现对小股东的利益侵占。而在金字塔股权结构下,大股东所拥有的现金流权与控制权产生了分离,使大股东侵占中小股东利益的动机更为强化。在这样的动机激励下,为了攫取控制权私利,金字塔股权结构下的大股东会选择对其有利的内部控制机制,进而影响内部控制有效性。

从当前相关文献来看,现有研究文献关注内部控制有效性的影响因素多集中于公司特征(如公司规模、公司上市时间、行业类型等)和公司治理结构(如独立董事比例、管理层持股比例等)等,而较少关注股权结构中的金字塔股权结构对于内部控制有效性的影响;虽然Giovanna Michelon等(2009)认为股权结构是影响公司内部控制有效性的重要因素,但是他们侧重于直接控股股东对内部控制信息披露的影响,而没有从金字塔股权结构以及由此带来的现金流权与控制权的分离等角度对内部控制有效性进行研究。因此,本章以2009~2011年深市和沪市所有A股上市公司为样本,分别实证分析了金字塔股权结构对大股东利益侵占以及内部控制有效性的影响,并提出相关的建议,力求对理论解释有一个客观上的支持。

本章其余部分安排如下:第二节为理论分析与假设发展,在文献整理的基础上分析金字塔股权结构对内部控制有效性的影响机理;第三节为研究设计,从实证的角度安排相关问题的研究路径和方法;第四节为我国上市公司金字塔股权结构特征现状分析,重点从整体上描述金字塔股权结构所带来的现金流权与控制权的分离;第五节为实证检验结果分析,实证分析金字塔股权结构对内部控制有效性的影响;第六节为本章研究结论小结与讨论。

第二节 文献综述、理论分析与假设发展

一、金字塔股权结构相关文献综述

1. 金字塔股权结构存在的原因

有研究者对金字塔股权结构存在的原因作了分析,比如金字塔股权结构的存在主要是因为控股股东只需用很小的现金流就可以实现对整个企业集团的控制(Berle 和 Means,1932);另外,金字塔股权结构比起水平的股权结构更具有融资优势,并且控制权私利所诱导的大股东隧道挖掘行为比较隐蔽和容易实施(Almeida 和 Wolfenzon,2004)。而刘娟(2011)则从上市公司外部融资困难、上市审批制度以及存在控制权私利等方面阐述了我国民营企业选择金字塔股权结构的原因。

因此,本书将金字塔股权结构存在的主要原因归纳为两个方面:①形成内部资本市场。由于我国相关金融体制以及经济发展轨迹的作用,大量企业尤其是民营企业面临在外部资本市场融资困难的情况,而且投资者保护方面的法律制度也不完善,只能靠自己的能力谋求生存和发展,这就构成了金字塔股权结构的集团企业成立的背景。他们以较少的资金就能通过控制链条对上市公司达到绝对的控制,这就导致我国现在存在大量的家族或个人终极控制的金字塔股权结构。当终极控制人需要资金进行投资时,可以动用复杂的金字塔股权结构中的现有资金,而不需要向外部融资,这样一来就使集团内的资金得到高效的运用而又实现了自身的需求。因此,金字塔股权结构的建立相当于成了终极控股股东所控制的一个内部资本市场,可以利用这个内部资本市场实现融资需求。针对这一点,Fan 和 Wong(2005)进行过实证研究,他们认为,通常资金比较缺乏的中小企业会更多地使用金字塔股权结构的股权形式,而财富积累较多的企业家们所控制的金字塔股权结构比较简单。②存在控制权私利。金字塔股权结构下的两权分离的现象使大股东存在掏空上市公司的动机和可能性,并攫取控制权私利。从某种程度上说,这实际上构成了对中小股东利益的侵占,因为这种侵占所带来的不利后果将由所有的股东共同承担,控制权私利则由大股东所独占。另外,获取控制权私利也是大股东补偿其监督成本的一种方式,从而有效地激励大股东对经理层进行监

督（邓德强，2007）。

从大量的文献资料可以看出，金字塔股权结构作为一种特殊的组织形式，逐渐受到中外学者们的关注并得到了广泛的研究。La Porta 等（1999）分析了东亚国家 20 家样本企业的最终控制股东，发现金字塔股权结构在这些企业中是普遍存在的，只有少数国家的企业是广泛持股，比如美国、英国。Faccio 和 Lang（2002）则是选择了西欧国家的企业为样本进行分析，发现金字塔股权结构在这些地区的企业中也普遍存在。Claessens 等（2000）对东亚国家的样本企业进行分析后同样也得出了类似的结论。

在经济转型时期的中国，终极控制股东以金字塔股权结构的方式控制上市公司的情况也十分普遍（Fan 等，2005）。国内许多学者对我国资本市场进行研究后也得出了金字塔股权结构普遍存在的结论。唐宗明、蒋位（2002）选取了我国上市公司进行研究，得出了金字塔股权结构在我国上市公司中普遍存在的结论，他们还进行了更深一步的研究，认为金字塔股权结构普遍存在多数是在民营控股上市公司，这个结论同时也在谢玲芳等（2005）、刘芍佳等（2003）的研究中得到了印证。另外，唐宗明、蒋位还发现中国对中小股东的保护法律健全性不如英美国家，大股东利益侵占现象也比较严重。赖建清、吴世农（2005）则以现金流权和控制权的分离系数作为主要变量进行研究，选取了我国上市公司作为样本从实证研究的角度进行论证，结果显示金字塔股权结构在我国上市公司中普遍存在。

2. 金字塔股权结构下的现金流权与控制权分离

根据 La Porta 等（1999）对金字塔股权结构的定义，金字塔股权结构是一条很长的控制链，最底层一般是盈利能力较强，即现金流权较大的公司，中间有很多层中介公司间接控制着底层的上市公司，这样控制链上最终控制股东与底层企业的控制权与现金流权不统一，即控制权与现金流权相分离，这也是金字塔股权结构的一个显著特征。在这个特征下，控制链上的大股东控制权较大而现金流权较小，这就是说大股东通过其较小的现金流权就可以获得较大的私人收益。控制权与现金流权越是分离，金字塔股权结构就越具有杠杆效应（黄福广、齐寅峰，2001），即控制链上大股东以较少的股份或资产就能控制底层的上市公司，从而实现其控制目的。同时，随着这种分离的加大，大股东与中小股东之间的代理冲突也就变得更加明显。

在实证研究中，很多学者都用控制权与现金流权的分离系数来衡量金字塔股权结构，以此来研究大股东对小股东利益进行侵占，也有很多研究是针对我国上市公司金字塔股权结构与企业价值、公司业绩之间关系的。在此介绍一些关于金字塔股权结构与企业价值的文献，大股东利益侵占相关的综述在后面会专门涉及。

很多研究结果表明现金流权与控制权越是分离，上市公司的价值减损程度就会越大，La Porta 等（2002）、Claessens 等（2002）都得出了相似的结论。Lemmon 和 Lins（2003）的研究比较具体，主要对金融危机期间的上市公司进行了研究，结果发现，上市公司的价值在两权出现分离时有所降低。作者还通过研究指出控制权与现金流权的分离大多是大股东利用金字塔股权结构来进行的。国内的杨兴君、宗长玉、江艺（2003）以民营上市公司为对象研究发现，金字塔股权结构在民营上市公司中普遍存在，并且这两权分离与企业的价值负相关。他们还指出两权分离使得大股东利益侵占的行为变得更加厉害。苏启林和朱文（2003）通过研究发现，当家族企业中存在金字塔股权结构时，控制权与现金流权的分离使大股东与其他中小股东之间的代理冲突更加严重，并且导致家族企业的价值降低。也就是说，两权分离程度与公司价值反向变化。崔学刚、张宏亮（2011）的研究也发现两权分离度与公司价值是负相关的。谷祺等（2006）则以控制权私人收益为主要研究对象建立模型，实证研究结果表明我国家族上市公司中控制权、现金流权以及两权分离率均与企业价值负相关。这与之前许多学者的研究结论稍有不同。

也有部分研究结果显示金字塔股权结构下控制权与现金流权的分离与企业价值没有关系或并不必然导致企业价值的减损。赖建清和吴世农（2005）通过研究发现，金字塔股权结构下两权的分离对企业绩效的影响并不明显。作者对此进行了解释，认为股权分置下大股东进行利益侵占的成本大大降低，因此金字塔股权结构的存在对大股东利益侵占程度没有显著的影响。Wang 和 Xiao（2006）则从不同的样本群体进行分析，他们选取地方政府控制的上市公司作为样本，研究结果表明控制权与现金流权的分离与公司价值正相关，这个结论可能是由于研究对象有所不同导致的。

通过以上文献整理可以看出，金字塔股权结构下控制权与现金流的分离在很大程度上会导致企业价值的降低，这同时又会加剧大股东与中小股东之间的代理冲突，使大股东利益侵占行为的发生程度更大。

3. 金字塔股权结构与大股东利益侵占

由于现在企业中股权集中的现象比较普遍，传统的公司股东与管理层之间的利益冲突已经不是主要的代理问题，大股东与小股东的利益冲突变得更加明显。在法律制度极不健全的背景下，少数大股东掌握着企业的实际控制权，他们为了满足自己的私利通过各种途径对小股东的利益进行侵占，这也成为广大学者研究的热点，于是出现了很多关于中小股东利益保护的话题。现有文献中，不同的学者从不同的方面研究了大股东对小股东利益进行侵占。从最开始的研究证明大股东利益侵占的存在性（如 La Porta 等，2000；Berkman 等，2005）到后来对侵害的程度性进行的研究都有很多。唐宗明、奚俊芳、蒋位（2003）研究发现，若大股东持股比例达到一定的程度就有动力进行监督，而提高未来收益贴现率、增加大股东持股时间以及加大对大股东利益侵害的处罚力度等则会有效地抑制其对小股东的利益侵害。作为大股东进行利益侵占是比较理性的行为，并且侵占所得的收益比起不侵占来说要大得多。石水平（2009）从股权制衡以及控制权转移等方面研究了与大股东利益侵占的关系，他认为，对大股东的股权制衡越强，其侵占就越小；控制权的转移使高管及部分大股东的持股比例变化对大股东利益的侵占起到了推动作用。雒敏（2011）则从债务融资以及国家控制的角度研究了大股东利益侵占，认为短期借款和银行债务能够从某种程度上抑制大股东的侵占行为，而长期债务在国有和非国有控股公司中反而使大股东利益侵占变得更加严重。

金字塔股权结构下的大股东利益侵占可以通过隧道挖掘、公司融资等多种不同的机制来研究。在隧道挖掘方面，La Porta 等（2000）指出，"隧道挖掘"（Tunneling）是指大股东通过各种手段把企业的各种资源转移到自己手中，而这通常伴随着对小股东利益的侵占。与金字塔股权结构下隧道挖掘相关的研究源于20世纪80年代初对控制权溢价的研究，其实质就是大股东对小股东的利益进行侵害。Bertrand 等（2002）对"隧道输送"进行了定义，认为金字塔股权结构下大股东进行利益侵占时是将资源从现金流权较低的企业转移到现金流权较高的企业，即自己对利益的剩余索取权会变大。罗琦、许俏晖（2009）通过分析大股东行为对现金持有量的影响发现，第一大股东持股较多的公司一般现金持有量就越多，并且大股东的高持股比例是其侵害中小股东利益的最主要动因。李超、王亮（2012）认为金字塔股权结构下大股东更有可能掏空上市公司，对小股东进行侵占。刘星、窦炜（2009）认为，大股东会通过过度投资和投资不足的方式进行非效率投资从而获取控制权私人收益。陈红、杨凌霄（2012）认为金字塔股权结构的结构形态特征与大股东利益侵占是正相关的关系，控制权与现金流权的分离度越大利益侵占就越小。他们还发现，金字塔下行动一致的股东总的持股比例的加大对大股东的掏空行为有一定的强化作用。

在公司融资方面，Faccio 等（2003）通过研究发现，欧洲国家的现金流权和控制权分离度与财务杠杆负相关，与之不同的是对东亚国家的分析表明两权分离度与财务杠杆呈正向关系。他们还发现，欧洲资本市场制度下终极控制人通过增加杠杆来攫取更多的资源效果比较明显，而亚洲资本市场制度下则明显无效。Du 和 Dal（2005）通过研究东亚公司金字塔股权结构下的两权分离发现，两权分离会加大控股股东在资本决策中的风险，并且增加外部融资会增大杠杆的作用，对稀释股权并没有明显影响。韩亮亮、李凯（2008）研究发现金字塔股权结构下大股东的控制权与上市公司的财务杠杆是负向的关系，并且只要大股东的控制权足够大,就会对其他股东造成有绝对优势的制衡,那么大股东就会越倾向于股权融资,因为这时他们自身的控制权不容易被稀释。

二、理论分析与研究假设

1. 金字塔股权结构对大股东利益侵占影响的理论分析与假设发展

笔者在 LLSV (1999) 提出的模型的基础上,通过建立一个数理模型来说明金字塔股权结构导致现金流权与控制权分离对控制权私人收益的作用机制。考虑某终极控制股东 A 通过金字塔股权结构构建成了一个企业集团,为了简化分析,做出如下假设:①金字塔股权结构为 n 层单链式(如图 5-1 所示);②在控制链上的所有公司均无负债,公司资产全由股权资本组成;③上市公司位于金字塔股权结构的最底端,也就是说公司 CORPn 为上市公司;④终极控制股东 A 仅对上市公司 CORPn 进行侵害;⑤控制链上的所有公司的净资产收益率均为 R,且此净资产收益率为外生的;⑥公司所处的投资者保护环境为既定的。

图 5-1 终极控制股东 A 的 n 层单链式金字塔股权结构

另外,令上游公司大股东(或终极控制股东)对下游公司 $CORP_i$ 的持股比例为 α_i,也就是说终极控制股东对 $CORP_1$ 的持股比例为 α_1,$CORP_1$ 对 $CORP_2$ 的持股比例为 α_2,如此等等。此持股比例 α_i 可能小于 50%,但由于公司章程规定大股东能控制公司董事会的多数,因此上游公司的大股东(或终极控制股东)仍能控制下游公司。此处,笔者假设在所有的 α_i 中,α_n 为最小,根据本文对控制权的定义,则 $VR = \alpha_n$。令链上公司的资产(由于没有负债,因此也即为净资产)为 A_i,则每个公司本期的利润为 A_iR。此利润 A_iR 并不都是按照股东持有的股权比例进行分配。由于该大股东控制了此公司,因此它可以在向外分配股利之前,先从利润 A_iR 中抽取 e 比例的控制权私人收益。这个 e 比例的控制权私人收益可以通过转移定价、子公司为母公司担保、非公允资产交易甚至偷窃公司资产的方式获取。由于法律对一些攫取控制权私人收益行为的惩治,该大股东可能要承受一定的成本,假设此成本为总利润 A_iR 的某一比例 c,此比例是侵害比例 e 的函数,且存在以下关系:

$$\frac{\partial c}{\partial e} > 0, \quad \frac{\partial^2 c}{\partial e^2} > 0$$

其中，第一个不等式表示攫取控制权私人收益的比例越大，成本就越大；第二个不等式表示随着攫取控制权私人收益比例 e 的提高，其提高的边际成本就越高。

在上述假设下，如果此金字塔层级 n = 1 时，则终极控制股东的净收益为：

$$U_1 = \alpha_1(1-e)A_1R + eA_1R - cA_1R = \alpha_1 A_1 R + (1-\alpha_1)eA_1R - cA_1R$$

如果 n = 2，则终极控制股东的净收益为：

$$U_2 = \alpha_1 A_1 R + \alpha_1\alpha_2(1-e)A_2R + eA_2R - cA_2R$$
$$= \alpha_1 A_1 R + \alpha_1\alpha_2 A_2 R + (1-\alpha_1\alpha_2)eA_2R - cA_2R$$

如果 n = 3，则终极控制股东的净收益为：

$$U_3 = \alpha_1 A_1 R + \alpha_1\alpha_2 A_2 R + \alpha_1\alpha_2\alpha_3(1-e)A_3R + eA_3R - cA_3R$$
$$= \alpha_1 A_1 R + \alpha_1\alpha_2 A_2 R + \alpha_1\alpha_2\alpha_3 A_3 R + (1-\alpha_1\alpha_2\alpha_3)eA_3R - cA_3R$$

这样，可以推导得出，在 n 层金字塔股权结构下，终极控制股东可获得的净收益为：

$$U_n = \sum_{i=1}^{n}\left[\left(\prod_{k=1}^{i}\alpha_k\right)A_iR\right] + \left(1 - \prod_{i=1}^{n}\alpha_i\right)eA_nR - cA_nR \tag{5-1}$$

根据本文的定义，$\prod_{i=1}^{n}\alpha_i$ 即为 n 层单链式金字塔下终极控制股东的现金流权 CR。则 (5-1) 式可表达为：

$$U_n = \sum_{i=1}^{n}\left[\left(\prod_{k=1}^{i}\alpha_k\right)A_iR\right] + (1-CR)eA_nR - cA_nR \tag{5-2}$$

终极控制股东将最大化其净收益，则我们考虑最大化 (5-3) 式：

$$U = \sum_{i=1}^{n}\left(\prod_{k=1}^{i}\alpha_k\right) + (1-CR)e - c \tag{5-3}$$

对 (5-3) 式求 e 的一阶导数，得到：

$$\frac{\partial U}{\partial s} = 1 - CR - \frac{\partial c}{\partial e} = 0 \tag{5-4}$$

(5-4) 式又可以改写成：

$$\frac{\partial c}{\partial e} = 1 - CR \tag{5-5}$$

对 (5-5) 式两边的 CR 求导数，得到：

$$\frac{\partial^2 c}{\partial e^2} \times \frac{de^*}{dCR} = -1 \tag{5-6}$$

将 (5-6) 式变项，再根据前面提出的假设，得到：

$$\frac{de^*}{dCR} = -\frac{\partial e^2}{\partial^2 c} < 0 \tag{5-7}$$

(5-7)式说明,终极控制股东的现金流权越小,其所攫取的控制权私人收益比例就越大。

根据本书对现金流权与控制权的分离率的定义以及本章上述假设,则

$$SQ = \frac{CR}{VR} = \frac{\prod_{i=1}^{n}\alpha_i}{\alpha_n} = \prod_{i=1}^{n-1}$$

如果控制权 VR 为给定,则现金流权越大,两权分离率就越大。根据(5-7)式,笔者也可以引申出以下结论:在控制权给定的情况下,终极控制股东的现金流权与控制权的分离率越大,则其攫取的控制权私人收益比例就越小。

从前文的分析中知道金字塔股权结构存在现金流权和控制权的分离特征,这使得控股股东将自身控制权扩大化了,只需要用极小的现金流就可以控制整个结构链,从而也给大股东提供了利益转移和侵占的"温床"。即便大股东有时也会对中小股东进行利益输送,但不可否认这很有可能是为了更方便地实施侵占,大股东需要更多的收益来弥补其对控制权进行维护的巨大成本和风险就显得顺理成章,因此金字塔股权结构下大股东利益侵占是经济人的理性选择,是必然的选择,只是侵占所选的路径有所不同。这种利益侵占的行为可能会导致很多负面的结果,比如公司价值下降、所有股东的利益受损等,但是大股东只要在利益输送的过程中所得到的额外收益大于其遭受的损失就会有强烈的动机去转移上市公司的资源。也就是说,大股东的这种行为将掏空上市公司资源所得的额外收益归于自身独享,所造成的成本或者损失却由所有股东承担。并且金字塔股权结构中链条的层数越多,这种效应就会越强。其中,受害最深的无疑是广大中小股东。

既然金字塔股权结构下大股东利益侵占有其必然性,那大股东就会采取一定的措施通过一定的途径来实现自身目的。一般情况下,主要有以下几种侵占的方式:

(1)关联交易。

关联交易指企业与各关联方之间进行的各种资源转移或交易事项。关联交易最初主要是为了实现企业的规模经济、降低交易成本以及交易实施比较便利,但是越来越多大股东利用关联交易掏空上市公司导致财务丑闻的出现,使关联交易失去了原有的作用,呈现在人们面前的是利益输送、利润操纵、舞弊等负面词语,甚至到了上市公司道德层面上。

在金字塔股权结构下,终极控股股东因拥有极大的控制权而能够控制或影响上市公司的重大经营决策,他们一方面可以决定通过关联交易把利益从底层的上市公司转移到金字塔的上层从而造成对小股东利益的掠夺。另一方面,终极控股股东又会把一些质量或盈利能力较差的资产通过关联交易转移到底层的上市公

司。这两种方式直接导致上市公司盈利能力下降，收益减少，最终使上市公司价值降低，小股东利益受损。

因此，金字塔股权结构下的关联交易成为大股东进行利益掏空的手段，利用这种不公平甚至不正当的手段获取利益就成了金字塔股权结构下大股东利益侵占的常见方式。主要关联交易类型有：关联购销，即控股股东向上市公司低价购入原料或高价提供原料；关联担保或抵押，即上市公司为控股股东提供借贷担保或抵押，相应的风险主要是由上市公司来承担的；资产或股权的转让、债务重组、资产置换及经营托管等方式也属于大股东利益侵占的经常性关联交易方式。正是由于关联交易具有高度的隐蔽性和便利性，使金字塔股权结构下大股东更加肆意地利用这个空间去操纵各个环节，利用控制地位的不平等来进行不平等的交易从而满足自己的利益需求。

（2）资金占用。

金字塔股权结构中大股东的现金流权往往比较低，因此他们就有动机将底层上市公司的资源转移到自己的公司或其现金流权较高的公司，以便获得较高的额外收益。大股东对上市公司资金的无偿占用主要是通过直接向上市公司借款、拖欠上市公司的应付账款等。一方面，由于上市公司能以较好的信誉和较低的成本进行融资且相对容易获得贷款，因此大股东就会让上市公司成为其融资工具。这种情况下，大股东会付给上市公司一定的资金占用费，既解决了整个金字塔集团的资金需求，又增加了上市公司的收益，因此造成资金占用在复杂的股权结构中比较常用。但是，如果大股东未能及时还款或者无偿还的打算，那么上市公司就要承担巨大的压力和风险，从而利益遭受损害。另一方面，大股东对上市公司资金的占用会使上市公司资金周转不灵，失去一些报酬较高的投资机会甚至出现经营危机，这就构成了对上市公司利益的侵占甚至剥夺，大股东赤裸裸地将底层的资源转移到了自己手中。再者，大股东占用了上市公司的资金用于自己的经营，所形成的收益仅仅是属于大股东的，而上市公司只是获得了一小部分的资金使用费而无法分享报酬。这样一来，上市公司的经营业绩相当于降低了，也就是说小股东的利益被大股东侵占了。

从以上的理论分析可知，大股东现金流权与控制权分离是金字塔股权结构的显著特征。金字塔股权结构下，控制权是指控股股东利用持股比例所享有的对集团内重大事项或决策的表决权，也称为投票权。控股股东取得控制权后，所取得的收益包括控制权共享收益和控制权私人收益，出于经济人的理性选择，控股股东会利用其强大的控制权使自身的收益最大化，也就是说有强烈的动机去影响公司的各项重大决策来掏空上市公司。因此，笔者提出假设 H5-1A：

H5-1A：金字塔股权结构中控股股东的控制权越大，对小股东的利益侵占程度就越大。

现金流权是控股股东根据其持股比例按照利润分配可以正常获得的份额。当大股东的现金流权较大时,其与底层上市公司的利益就是一致的。此时,尽管大股东与小股东仍会存在委托代理的矛盾,但是总体上还是会积极努力地去为公司创造价值,增加大家共同的收益。因此,本书提出假设H5-1B:

H5-1B:金字塔股权结构中控股股东的现金流权越大,对小股东的利益侵占程度就越小。

金字塔股权结构所带来的两权分离使大股东只需很少的资金便可以控制上市公司,这种现象使大股东与小股东的信息不对称更加严重,两者的利益就不可能一致了。此时,大股东就有通过转移上市公司资源去侵占小股东利益的动机。因此,本书提出假设H5-1C:

H5-1C:金字塔股权结构中控股股东控制权与现金流权分离率越大,即两权分离度越小,对小股东的利益侵占程度就越小。

2. 金字塔股权结构对内部控制有效性影响的理论分析与假设发展

在我国股权比较集中的今天,内部控制也成为公司治理领域的一个重要方面。金字塔股权结构下现金流权及控制权的分离与内部控制的有效与否有着紧密的联系,并且对于分析大股东利益侵占的动机有着重要的作用。由于股权高度集中,并且很多上市公司是国有企业转股形成的,容易出现"内部人控制"的情况并且缺乏有效的监督最终导致内部控制失效。

由于在金字塔股权结构中,控股股东只需要用很小的现金流权就可以对上市公司实施控制,这种极大的杠杆作用使得控制权与现金流权分离的矛盾变得非常明显。如果中间没有其他的控制层级,则控制权与现金流权就是相等的,此时大股东与中小股东的利益趋向一致,大股东就没有很强的动机对上市公司进行掏空。也就是说,金字塔股权结构越是复杂,大股东通过下层的管理者进行利益操纵的动机也就越大,从而对中小股东利益侵害的可能性也就越大。

大股东利用金字塔股权结构对内部控制进行影响的原因可能在于减少获取控制权私人收益的成本;其次可能是便于侵占小股东的利益,Gong等(2007)曾经指出,在股权集中度过高或者投资者保护较弱的制度环境中,公司内部人会有更强的动机去侵占小股东的利益;最后,这种复杂的结构可以对大股东的侵占行为起到很好的掩饰作用。因此,具有控制权的大股东不愿意仅仅收获属于股权范围内的收益,而是具有以很小的违规成本获取更多控制权私利的动机,这种非正常途径也是大股东作为"经济人"的必然选择。为了实现这个目的,大股东就会利用金字塔股权结构的复杂性以及外部监管的薄弱性来强化这个动机,通过控制理事会和管理层使内部控制有效性降低,为实现利益侵占大开便利之门。这样一来，便加大了大股东与外部小股东的信息不对称，使小股东无法获取真实的信息，更无法知道大股东的利益转移行为，金字塔控制的链条越长这种恶性结果表现得越明显。从某种程度上说，金字塔式股权结构扩大了大股东实现掏空上市公司动机的可能性。这就使大股东有足够的动力通过管理层影响内部控制有效性而实现自身利益最大化的目的。

大股东想要影响内部控制有效性，就必须从内部控制的设计和执行两个方面着手。在设计方面，因为政策的制定主要由董事会负责，因此大股东就可以利用自身的控制权来影响董事会和高管从而控制内部控制相关政策的决策和制定，进而使内部控制的有效性朝着自己希望的方向发展。而在内部控制的执行方面，大股东可以控制高管进控制下面的各个部门，在具体实施时绕过法律和社会的监督从而使内部控制失效。若终极控制人是国有股东，则更容易给内部控制实施过程中对大量舞弊行为的监督造成非效率性。

若终极控股股东拥有较低的现金流权时，其利益与底层上市公司就可能存在不一致的地方。此时，终极控股股东就可能利用内部控制的监督漏洞来牟取控制权私人收益；而若终极控股股东拥有较大的现金流权时，其利益与上市公司便趋于一致，此时终极控股股东会努力维护内部控制的有效性并和所有股东共同实施有效的监督。Claessens（2000）指出，控股股东的现金流权越高，其攫取控制权私人收益的边际收益就越低，这会使大股东利益侵占动机在一定程度上得到抑制。因此，本书提出假设 H5-2A：

H5-2A：金字塔股权结构下控股股东的现金流权越小，则内部控制有效性越差，即两者呈正相关关系。具体地，现金流权与内部控制缺陷的披露呈负相关关系，而与内部控制鉴证报告的披露呈正相关关系。

当控股股东的控制权较大时，就会存在强烈的利益侵占动机，在内部控制失效的情况下实施侵占无疑是最便利的。因此，本书提出假设 H5-2B、H5-2C：

H5-2B：金字塔股权结构下控股股东的控制权越大，则内部控制有效性越差，即两者呈负相关关系。具体地，控制权与内部控制缺陷的披露程度正相关，而与内部控制鉴证报告的披露程度负相关。

H5-2C：金字塔股权结构下控股股东控制权与现金流权分离度越大，内部控制有效性就越差。

第三节 研究设计

一、主要变量定义与计量

1. 金字塔股权结构的变量定义与计量

我们用来研究金字塔股权结构的变量包括现金流权、控制权、现金流权与控制权之间的分离率。

（1）现金流权。

本书参考了 LLSV（1999）、Claessens、Djankov、Lang（2000）提出的计算方法，采用终极现金流权（Ultimate Cash Flow Rights）比例代表控制股东的现金流权，即用终极控制股东通过所有控制链累积持有上市公司的所有权权益比例来表示终极控制股东的所有权，其中每条控制链顶端对终端上市公司的所有权权益比例等于该条控制链上各层股东持股比例的乘积。如果某上市公司仅仅有一条控制链，那么现金流权比例为此控制链所有链间控股比例的乘积；如果此上市公司存在多条控制链，那么现金流权比例等于每条控制链所有链间控股比例乘积的加和。计算公式为：

$$CR = \sum_{i=1}^{n} \prod_{t=1}^{t} \alpha_{it}$$

其中，α_{i1}，…，α_{it} 为第 i 条控制链的所有链间控股比例。

（2）控制权比例。

对于控制权比例的计算，本书采用 LLSV（1999）、Claessens、Djankov、Lang（2000）以及郎咸平（2002）的计算方法，即控制权比例等于所有控制链上最弱的投票权（Voting Rights）相加之和。如果某上市公司仅仅有一条控制链，那么控制权比例即为此控制链中最小的控股权比例；如果此上市公司存在多条控制链，那么控制权比例则为每条控制链中最小的控股比例之和。计算公式为：

$$VR = \sum_{i=1}^{n} \min_i(\alpha_{i1}, \alpha_{i2}, \alpha_{i3}, \cdots, \alpha_{it})$$

其中，α_{i1}，…，α_{it} 为第 i 条控制链的所有链间控股比例。

（3）两权分离率。

本书参考了 Claessens、Djankov、Lang（2000）计算现金流权与投票权的比

率 (Ratio of Cash Flow Rights to Voting Rights) 的方法。在此计算方法的基础上，本书对现金流权与控制权的分离率 (Separation Quantum of Cash-flow rights and Control rights Right) 进行如下的定义：

$$SQ = \frac{CR}{VR}$$

两权分离率越小，则说明现金流权与控制权的分离程度越大。

2. 大股东利益侵占的变量定义与计量

本书选取的衡量侵占的指标分别是资金占用、关联担保占总资产规模、关联资产交易占总资产规模、关联购销占总资产规模以及关联股权交易占总资产的规模。

(1) 资金占用。

关于这个指标的选取，已有文献中有多种计量方式。如很多人采用了李增泉等 (2004) 的计量方法，用应收账款、预付账款及其他应收款之和与总资产的比值代表资金占用；而马曙光、黄志忠和薛云奎 (2005) 则直接用其他应收款与总资产的比值来衡量；侯晓红、李琦和罗炜 (2008) 则采用了其他应收款与其他应付款的差额与总资产的比值来计量，同时这种方法也被部分其他的人所引用。姜国华和岳衡 (2005) 认为大股东资金占用主要是通过其他应收款的形式表示的。考虑到应收账款和预付账款主要是企业主营业务内的往来账，与大股东占款的关系不是很密切，而其他应收款又不会受到正常损益的影响，本书采用其他应收款/总资产来衡量大股东利益侵占。

(2) 关联担保。

2000 年，中国证监会为规范和引导上市公司的对外担保行为颁布了《关于上市公司为他人提供担保有关问题的通知》，通知明确规定"上市公司不得以公司资产为本公司的股东、股东的控股子公司、股东的附属企业或者个人债务提供担保"。2003 年，国务院、国资委、证监会又联合发布了《关于规范上市公司与关联方资金往来及上市公司对外担保若干问题的通知》，通知明确规定了关联方担保以及资金往来的审批和披露制度。即使这样，上市公司实施的效果并不理想，甚至出现了越来越多的利用关联担保等进行利益侵占的行为。本书在前期数据整理中发现上市公司的多种关联交易中，关联担保在上市公司与大股东之间发生得比较普遍，因此本书选取了关联担保作为大股东利益侵占的另一指标。关联担保指标是指上市公司为其控股股东所提供的担保、抵押，具体用关联担保总额/总资产表示。

3. 内部控制有效性的变量定义

根据我国《企业内部控制基本规范》所表述的内容可知，企业建立和实施有效的内部控制要从内部控制的五个要素努力。若内部控制是有效的，则其表现为企业基本实现了经营管理合法合规、资产安全、财务报告和相关信息的真实完整、提高经营效率和效果及促进了企业的发展战略。由于内部控制有效性比较难以衡量，又难以获取公开的有效的内部控制数据，因此本书用以披露的内部控制缺陷以及内部控制鉴证报告披露来衡量内部控制的有效性，详见本书第三章的论述。

(1) 内部控制缺陷。

上市公司如果存在内部控制缺陷则表明企业自身内部控制方面的设计或者是执行有漏洞，内部控制的质量较差。内部控制若存在缺陷，表明上市公司很有可能存在财务报表的错报或少报的情况，而这种情况很多时候是不能预知和察觉的，并且还会对生产经营产生重大的影响。对于内部控制缺陷并没有统一的定义，本书将是否披露内部控制缺陷表示为ICD，根据上市公司在其自我评价报告中是否披露了内部控制缺陷、不足或类似的表述来赋值，若有类似的表述则取值为1，否则取值为0。一般情况下，披露了内部控制缺陷就表明内部控制有效性越低。

(2) 鉴证报告意见。

企业在披露了内部控制自我评价报告的基础上聘请了审计师对其进行审核并最终出具鉴证报告对于外界来说具有较高的可信度。而且从整理的2009~2011年的内部控制鉴证报告数据来看，会计师事务所基本上都是出具了积极的无保留意见，结论是被审核的企业与财务报告相关的内部控制在所有重大方面都是有效的。因此，有理由认为企业披露了内部控制鉴证报告是对内部控制有效性的一种肯定，外界投资都可以据此做出一些有价值的决策。

本书将是否披露积极的无保留意见内部控制鉴证报告表示为ICIR。若上市公司聘请事务所对内部控制自评报告进行审计并在网站或年报中披露积极的无保留意见时取值为1，否则为0。内部控制鉴证报告与内部控制有效性正相关，即上市公司越愿意披露积极的无保留意见内部控制鉴证报告，内部控制有效性就越强。

二、研究模型与样本数据来源

1. 研究模型

(1) 模型1：金字塔股权结构对大股东利益侵占的影响。

根据前文的理论分析与相关假设，本书在此模型中采用大股东资金占用、关联担保作为被解释变量，分别以控制权、现金流权以及现金流权与控制权分离率作为解释变量，将公司规模、财务杠杆、盈利能力、独立董事比例、年份、高管持股比例、行业变量、经营质量作为控制变量，建立如下回归模型：

$OCCUPY = \beta_0 + \beta_1 VR + \beta_2 SIZE + \beta_3 LEV + \beta_4 ROA + \beta_5 IND + \beta_6 MSHARE + \beta_7 ST$

$$+ \sum_{i=1}^{2} \beta_{7+i} YEAR_i + \sum_{j=1}^{11} \beta_{9+j} INDU_j + \varepsilon$$

$$GUA = \beta_0 + \beta_1 VR + \beta_2 SIZE + \beta_3 LEV + \beta_4 ROA + \beta_5 IND + \beta_6 MSHARE + \beta_7 ST$$

$$+ \sum_{i=1}^{2} \beta_{7+i} YEAR_i + \sum_{j=1}^{11} \beta_{9+j} INDU_j + \varepsilon$$

$$OCCUPY = \beta_0 + \beta_1 CR + \beta_2 SIZE + \beta_3 LEV + \beta_4 ROA + \beta_5 IND + \beta_6 MSHARE + \beta_7 ST$$

$$+ \sum_{i=1}^{2} \beta_{7+i} YEAR_i + \sum_{j=1}^{11} \beta_{9+j} INDU_j + \varepsilon$$

$$GUA = \beta_0 + \beta_1 CR + \beta_2 SIZE + \beta_3 LEV + \beta_4 ROA + \beta_5 IND + \beta_6 MSHARE + \beta_7 ST$$

$$+ \sum_{i=1}^{2} \beta_{7+i} YEAR_i + \sum_{j=1}^{11} \beta_{9+j} INDU_j + \varepsilon$$

$$OCCUPY = \beta_0 + \beta_1 SQ + \beta_2 SIZE + \beta_3 LEV + \beta_4 ROA + \beta_5 IND + \beta_6 MSHARE + \beta_7 ST$$

$$+ \sum_{i=1}^{2} \beta_{7+i} YEAR_i + \sum_{j=1}^{11} \beta_{9+j} INDU_j + \varepsilon$$

$$GUA = \beta_0 + \beta_1 SQ + \beta_2 SIZE + \beta_3 LEV + \beta_4 ROA + \beta_5 IND + \beta_6 MSHARE + \beta_7 ST$$

$$+ \sum_{i=1}^{2} \beta_{7+i} YEAR_i + \sum_{j=1}^{11} \beta_{9+j} INDU_j + \varepsilon$$

其中，β_0 为常数项，$\beta_1 - \beta_{20}$ 为回归系数；$i = 1，2$；$j = 1，2，\cdots，11$；ε 为残差。

（2）模型2：金字塔股权结构对内部控制有效性的影响。

在此模型中采用上市公司是否披露内部控制缺陷、是否披露内部控制鉴证报告作为被解释变量，分别以控制权、现金流权以及现金流权与控制权分离率作为解释变量，将公司规模、财务杠杆、成长性、控股股东性质、年份、行业变量、经营质量作为控制变量，建立如下回归模型：

$$ICD = \beta_0 + \beta_1 VR + \beta_2 SIZE + \beta_3 LEV + \beta_4 GROWTH + \beta_5 STATE + \beta_6 ST$$

$$+ \sum_{i=1}^{2} \beta_{6+i} YEAR_i + \sum_{j=1}^{11} \beta_{8+j} INDU_j + \varepsilon$$

$$ICIR = \beta_0 + \beta_1 VR + \beta_2 SIZE + \beta_3 LEV + \beta_4 GROWTH + \beta_5 STATE + \beta_6 ST$$

$$+ \sum_{i=1}^{2} \beta_{6+i} YEAR_i + \sum_{j=1}^{11} \beta_{8+j} INDU_j + \varepsilon$$

$$ICD = \beta_0 + \beta_1 CR + \beta_2 SIZE + \beta_3 LEV + \beta_4 GROWTH + \beta_5 STATE + \beta_6 ST$$

$$+ \sum_{i=1}^{2} \beta_{6+i} YEAR_i + \sum_{j=1}^{11} \beta_{8+j} INDU_j + \varepsilon$$

$$ICIR = \beta_0 + \beta_1 CR + \beta_2 SIZE + \beta_3 LEV + \beta_4 GROWTH + \beta_5 STATE + \beta_6 ST$$
$$+ \sum_{i=1}^{2} \beta_{6+i} YEAR_i + \sum_{j=1}^{11} \beta_{8+j} INDU_j + \varepsilon$$

$$ICD = \beta_0 + \beta_1 SQ + \beta_2 SIZE + \beta_3 LEV + \beta_4 GROWTH + \beta_5 STATE + \beta_6 ST$$
$$+ \sum_{i=1}^{2} \beta_{6+i} YEAR_i + \sum_{j=1}^{11} \beta_{8+j} INDU_j + \varepsilon$$

$$ICIR = \beta_0 + \beta_1 SQ + \beta_2 SIZE + \beta_3 LEV + \beta_4 GROWTH + \beta_5 STATE + \beta_6 ST$$
$$+ \sum_{i=1}^{2} \beta_{6+i} YEAR_i + \sum_{j=1}^{11} \beta_{8+j} INDU_j + \varepsilon$$

其中，β_0 为常数项，$\beta_1 - \beta_{19}$ 为回归系数；i = 1，2；j = 1，2，…，11；ε 为残差。

根据前面的变量定义和解释，分别将各模型的变量定义用表格的形式表示如下：模型1（金字塔股权结构对大股东利益侵占的影响）的各变量定义见表5-1。

表5-1 模型1（金字塔股权结构对大股东利益侵占的影响）的变量定义表

变量	变量名称	变量代号	解释
被解释变量	资金占用	OCCUPY	其他应收款/总资产
	关联担保	GUA	关联担保总额/总资产，其中关联担保额是上市公司为其关联方提供的担保和抵押总额
解释变量	现金流权	CR	各控制链条上持股比例的乘积之和
	控制权	VR	各条控制链上的持股比例的最小值之和
	分离率	SQ	CR/VR，该变量越小则控制权与现金流权分离度越大
控制变量	公司规模	SIZE	SIZE=公司总资产的自然对数
	财务杠杆	LEV	资产负债率=负债总额/总资产
	盈利能力	ROA	资产收益率，ROA=净利润/总资产
	独立董事比例	IND	独立董事人数占董事会人数的比例
	年份	$YEAR_i$	哑变量，设2个哑变量，当为某一年时为1，否则为0
	高管持股比例	MSHARE	高级管理人员持股总数/上市公司总股数
	行业变量	$INDU_j$	哑变量，当上市公司属于行业j时取值为1，否则为0，按证监会行业分类为13类，剔除金融保险业共12个行业，取11个哑变量
	经营质量	ST	虚拟变量，上市公司属于ST类则取值为1，否则为0

模型2（金字塔股权结构对内部控制有效性的影响）的各变量定义见表5-2。

表 5-2 模型 2（金字塔股权结构对内部控制有效性的影响）的变量定义表

变量	变量名称	变量代号	解释
被解释变量	内部控制缺陷	ICD	虚拟变量，若上市公司自评报告中披露了内部控制缺陷、不足或类似表述则取值为1，否则为0
	内控鉴证意见	ICIR	虚拟变量，若上市公司披露了积极的无保留意见内部控制鉴证报告则取值为1，否则为0
解释变量	现金流权	CR	各控制链条上持股比例的乘积之和
	控制权	VR	各条控制链上的持股比例的最小值之和
	分离率	SQ	CR/VR，该变量越小则控制权与现金流权分离度越大
控制变量	公司规模	SIZE	SIZE=公司总资产的自然对数
	财务杠杆	LEV	资产负债率=负债总额/总资产
	成长性	GROWTH	营业收入增长率，（本年营业收入-上年营业收入）/上年营业收入
	控股股东性质	STATE	虚拟变量，控股股东为国有取值为1，否则为0
	年份	$YEAR_i$	哑变量，设2个哑变量，当为某一年时为1，否则为0
	行业变量	$INDU_j$	哑变量，当上市公司属于行业j时取值为1，否则为0，按证监会行业分类为13类，剔除金融保险业共12个行业，取11个哑变量
	经营质量	ST	虚拟变量，上市公司属于ST类则取值为1，否则为0

2. 样本与数据来源

除了下一节描述上市公司金字塔股权结构现状时所用的为2013年上交所和深交所所有A股上市公司数据以外，本章选取2009~2011年上交所和深交所所有A股上市公司为样本进行研究。由于金融行业的特殊性，其报表的制作以及财务、内部控制方面的指标与其他行业均有较大差异，因此本书删除了金融行业，最后保留了12个行业的数据样本。

本章的数据来源如下：与金字塔股权结构相关的现金流权、控制权以及两权分离度的数据来自国泰安（CSMAR）数据库（http://www.gtarsc.com/）。其他财务类以及公司治理方面指标的原始数据均来自锐思（RESSET）数据库（www.resset.cn）。内部控制方面的原始数据均是从网站上下载上市公司的年报、内部控制自我评价报告和内部控制鉴证报告并从中获取相关信息经手工整理得到，具体的网站包括：巨潮资讯网站（http://www.cninfo.com.cn/）、上海证券交易所网站（http://www.sse.com.cn/）以及深圳证券交易所网站（http://www.szse.cn/）。最后根据计算后的指标按照股票代码进行对接，得到最终的数据样本。

第四节 我国上市公司金字塔股权结构特征现状

Grossman 和 Hart（1988）认为，"一股一票制"提供了一种使股票投票权与剩余索取权相匹配的机制，是最有效率并且最能反映资本民主原则的制度。他们所提出的"一股一票"原则实质上就是要求现金流权与控制权的对应。然而，现实中却大量存在现金流权与控制权不匹配的情况。在金字塔股权结构下，现金流权和控制权产生了很大的分离，并可能会导致一定的侵害行为。本节，我们以2013 年在沪深两市上市的公司为样本，在从理论上理清金字塔股权结构所带来的现金流权与控制权分离的基础之上，分析我国上市公司金字塔股权结构现状以及由此所带来的现金流权与控制权分离现状。

一、金字塔股权结构的显著特征：现金流权与控制权分离

金字塔股权结构是一种形象的说法，它是指一种类似于金字塔的纵向层级结构。在这个结构中，终极控制股东位于金字塔的顶端，由其控股第一层级公司，再由第一层级公司控股第二层级公司，第二层级公司再控股第三层级公司，依此延续到目标公司，且终极所有者对目标公司的投票权达到一定的临界标准。简言之，金字塔股权结构就是多层级、多链条的控制结构。图 5-2 就是一个三层单链式的金字塔股权结构。其中，终极控制股东 A 拥有 60%的 B 公司股权，B 公司拥有 C 公司 51%的股权，C 公司又拥有 D 公司 51%的股权。那么，如果按照 LLSV（1999）提出的计算现金流权以及控制权的方法，即现金流权比例（Ultimate Ownership Stake），也被称为现金流权（Ultimate Cash Flow Rights），它等于控制股东通过所有控制链累计持有上市公司所有权权益的比例，其中每条控制链顶端对终端上市公司的所有权权益比例，等于该条控制链上各层股东持股比例的乘积；控制权等于控制链上最弱的投票权（Vote Rights）相加之和。那么，这个终极控制股东 A 就拥有 D 公司 51 %的控制权和 15.6%（60% × 51% × 51%）的现金流权。

考虑一个层级 n ⩾ 2 的金字塔股权结构，在这个控制链条中，控制股东拥有比重 S_1 的公司 1 的股权，公司 1 又拥有比重 S_2 的公司 2 的股权，依次递推，公司 n 是被控制的目标公司，则控制股东所有的现金流权 CR 等于：$CR = \prod\limits_{i=1}^{n} S_i$。

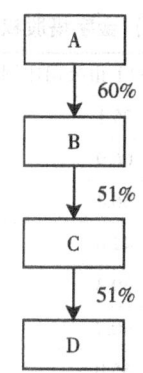

图5-2 三层单链式金字塔股权结构

由于S_i一般小于100%,只要$n \geq 2$,则控制股东就可以将其持有的现金流权与控制权进行分离,而且n越大,分离的程度也就越大。也就是说,只要金字塔的层级足够多,那么,控制股东就可以用较少的现金流权获取比现金流权大得多的投票权。

这种金字塔股权结构使终极控制股东利用少量的资金就可以控制整个金字塔链条上的各个公司。同时,这种金字塔股权结构还可能带来终极控制股东侵害其他投资者利益的行为。假设在上述三层单链式金字塔股权结构中,由于终极控制股东A拥有对D公司的控制权,因此终极控制股东A可以高价卖给D公司固定资产,从中牟利100万元。此时,D公司也就会损失100万元。在这项非公允价格的关联交易中,终极控制股东A可以获得的净收益为84.6万,其等于关联交易收益100减去终极控制股东A所应承担的D公司价值减损15.6万(100×15.6%)。无疑,这84.6万元的净收益就是终极控制股东通过"隧道输送"行为侵占的其他中小股东的财富。从这个例子可见,终极控制股东的现金流权和控制权分离程度越大,最终控制人侵害行为的收益就越大,从而就越能激励其进行侵害。

综上所述,金字塔股权结构实现了终极控制股东的现金流权和控制权的分离。由于这些结构具有很大的隐蔽性,加上现金流权与控制权分离对侵害行为的激励,终极控制股东的机会主义行为发生的可能性将会增大。在现有关于现金流权与控制权分离的研究中,Claessens、Djankov和Lang(2000)对东亚九国(或地区)2980家上市公司股权结构的研究堪称典范(见表5-3)。他们的研究结果显示,东亚九国(或地区)的上市公司中,平均38.7%的公司存在金字塔股权结构,而10.1%的公司存在交叉持股结构。在东亚九国(或地区)中,印度尼西亚的上市公司最偏好金字塔股权结构,而新加坡的上市公司最偏好交叉持股。另外,各国(或地区)在金字塔股权结构和交叉持股结构方面存在较大的差异。

表 5-3　东亚九国（或地区）金字塔股权结构与交叉持股结构分布

国家（或地区）	金字塔股权结构上市公司比例（%）	交叉持股结构上市公司比例（%）
中国香港	25.1	9.3
印度尼西亚	66.9	1.3
日本	36.4	11.6
韩国	42.6	9.4
马来西亚	39.3	14.9
菲律宾	40.2	7.1
新加坡	55.0	15.7
中国台湾	49.0	8.6
泰国	12.7	0.8
东亚九国（或地区）	38.7	10.1

资料来源：Claessens, S., Djankov, S. and Lang, L. The Separation of Ownership and Control in East Asian Corporations [J]. Journal of Financial Economics, 2000 (58).

二、我国上市公司金字塔股权结构现状

金字塔股权结构在我国上市公司中普遍存在。通过精心梳理我们发现，我国上市公司的股权结构形成了由最简单的单层单链型到复杂的多层多链型的金字塔持股结构。以下，我们选取了 2013 年上交所和深交所所有 A 股上市公司为样本，对上市公司的金字塔股权结构现状进行描述。本章股权结构数据均来自国泰安（CSMAR）数据库。

1. 金字塔股权结构概况

根据 2013 年度上市公司年报中所披露的上市公司股权控制链图，我们发现金字塔股权结构在我国上市公司中普遍存在，当然也的确存在一定数量的"无金字塔股权结构"的公司。表 5-4 表明，沪深两市上市公司中约有 82.16% 的公司存在金字塔股权结构。其中，主板上市公司的比例均超过 97%，尤其是深市主板上市公司几乎全部存在金字塔股权结构。然而，在中小板和创业板上市公司中，金字塔股权结构比例比主板上市公司小很多，甚至创业板上市公司中约有一半的公司均不存在金字塔股权结构。我们认为，这种情况与主板和非主板（包括中小板和创业板）上市公司的不同背景有关。主板上市公司多为国有或国有控股企业，最初多数以"分拆上市"的形式将母公司中的优质资产独立出来，进而上市融资，这样这些上市公司天然地就存在母公司甚至母母公司等，从而形成了金字塔股权结构。而中小板和创业板上市公司（尤其是那些在这两个板块上市的民营

上市公司），多是企业整体上市，因而上市公司的母公司多为自然人。另外，中小板和创业板上市公司的发展规模和发展时间并不很长，因此在公司控股结构上还相对简单。

表 5-4 我国上市公司金字塔股权结构概况

项目 \ 板块	总体	主板		中小板	创业板
		沪市	深市		
存在金字塔股权结构的上市公司家数	2045	912	459	496	179
存在金字塔股权结构的上市公司的占比（%）	82.16	97.23	99.14	69.18	48.12

我们发现，不存在金字塔股权结构的上市公司有如下两类，一是直接由国有资产管理部门实际控股；二是自然人直接控制上市公司。前者所占比例相对较少，例如"天健集团"（000090）的实际控制人为"深圳市人民政府国有资产监督管理委员会"，持股比例为 36.35%（如图 5-3 所示）。

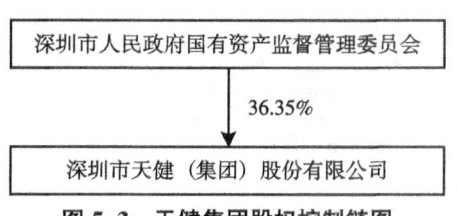

图 5-3 天健集团股权控制链图

而"自然人直接控制上市公司"的类型则是无金字塔股权结构的主流，其中，我们可以根据不同的自然人将此进一步划分为多种控制模式：①单一自然人直接控制模式，即仅有一人为公司的实际控制人。例如，杭萧钢构（600477）的实际控制人仅为单银木一人，持有公司 37.42%的股权（如图 5-4 所示）。②家族直接控制模式，即家族作为公司的实际控制人控制上市公司，其中多见夫妻组合，如"大华股份"（002236）的实际控制人为傅利泉、陈爱玲夫妇，"精艺股份"（002295）的实际控制人为冯境铭、周艳贞夫妇等。另外，兄弟组合也有不少，如"金通灵"（300091）的实际控制人为季伟、季维东兄弟。甚至整个家族成员构成了实际控制人群体，如"雷曼光电"（300162）的实际控制人为李跃宗、王丽珊夫妇及其子女李漫铁和李琛（如图 5-5 所示）。③非家族的一致行动人控制模式，即由一些利益相关的自然人组成的小集团共同控制上市公司。例如"科大讯飞"（002230）的 2013 年年报中披露的第一大股东——"中国移动通信有限公司"持有 15%的股权，然而公司的实际控制人则为以刘庆峰为代表的一干公司元老（如王仁华、陈涛、吴相会、江涛、黄海兵、王智国、郭武、严峻、胡郁、张焕杰、吴晓如、徐玉林)所组成的"一致行动人",他们共同持有公司16.66%的股权(如图5-6所示)。

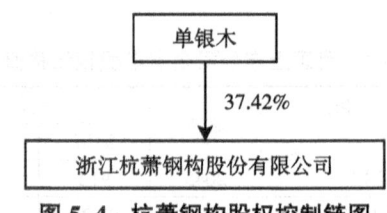

图5-4 杭萧钢构股权控制链图

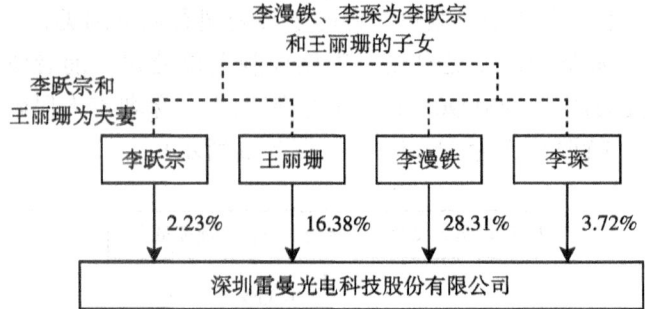

图5-5 雷曼光电股权控制链图

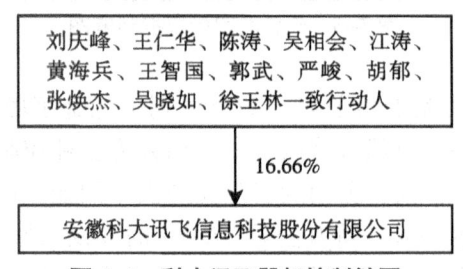

图5-6 科大讯飞股权控制链图

2. 金字塔股权结构的类型

我国上市公司的金字塔股权结构已经衍生出多种类型,从最简单的单层单链型到十分复杂的多层多链型,金字塔股权结构越来越让人眼花缭乱。以下本书给出几种典型的金字塔股权结构。

(1) 单层单链型金字塔股权结构。

单层单链型是最简单的金字塔股权结构,该结构仅存在一条控制链且从实际控制人到上市公司之间只有一个层级。例如,上市公司"友利控股"(000584)的2013年年报披露,公司的控股股东为"江苏双良科技有限公司",其持有"友利控股"32.76%的股权。而上市公司的实际控制人则为缪双大,其为"江苏双良科技有限公司"的控股股东,持有该公司35%的股权。据此,我们可以得出"友利控股"的股权控制链图(如图5-7所示)。根据前述的现金流权和控制权的定义,"友利控股"实际控制人缪双大拥有上市公司的现金流权、控制权和两权分离率分别为:

CR = 35% × 32.76% ≈ 11.466%

VR = 32.76%

SQ = 11.466% ÷ 32.76% = 35%

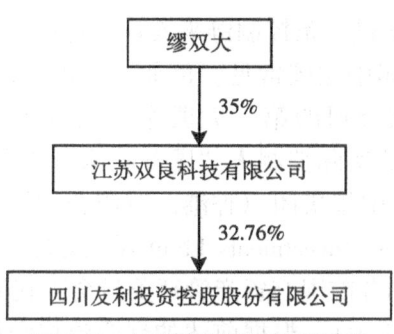

图5-7 友利控股股权控制链图

(2) 单层多链型金字塔股权结构。

单层多链型是指存在多条控制链,但从实际控制人到上市公司之间仍然保持着一个层级,该结构相对单层单链型金字塔股权结构稍显复杂,但在上市公司中比较鲜见。例如,上市公司"方大集团"(000055)在其2013年度报告中披露公司的第一大股东为深圳市邦林科技发展有限公司,其持有上市公司"方大集团"9.09%的股权,但公司的实际控制人为熊建明,其持有上市公司"方大集团"第一大股东"深圳市邦林科技发展有限公司"85%的股权,并持有上市公司"方大集团"第三大股东"盛久投资有限公司"100%的股权,而且还直接持有"方大集团"0.13%的股权,如图5-8所示。根据前述的现金流权和控制权的定义,"方大集团"实际控制人熊建明拥有上市公司的现金流权、控制权和两权分离率分别为:

CR = (85% × 9.09% + 0.13% + 100% × 3.52%) = 11.3765%

VR = (9.09% + 0.13% + 3.52%) = 12.74%

SQ = 11.3766% ÷ 12.74% = 89.3%

(3) 多层单链型金字塔股权结构。

所谓多层单链型金字塔股权结构,是指从实际控制人到上市公司存在多个控

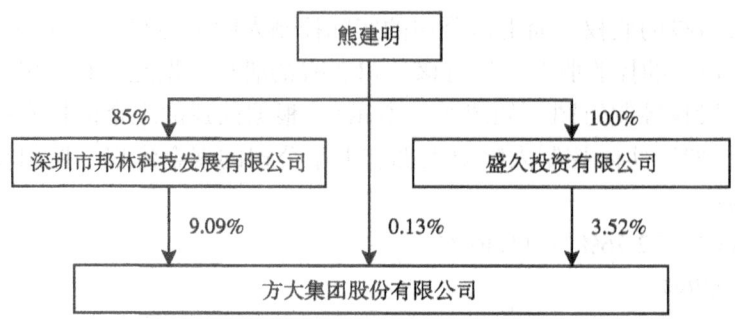

图 5-8 方大集团股权控制链图

制层级,但这种控制仅通过一条控制链来实现,这种股权结构在我国上市公司,尤其是国有控股上市公司中比较常见。例如,上市公司"中粮生化"(000930)就比较具有代表性。该公司的第一大股东"大耀香港有限公司"持有公司20.74%的股权,而公司的实际控制人"国务院国有资产监督管理委员会"通过"中粮集团有限公司"、"中粮集团(香港)有限公司"、"Starry Horizon Limited"(BVI)以及"Core Success Investments Limited"控制了"大耀香港有限公司"。这样,从实际控制人"国务院国有资产管理委员会"到上市公司"中粮生化"共有 6 个层级(如图 5-9 所示)。根据前述的现金流权和控制权的定义,"中粮生化"实际控制人国务院国有资产监督管理委员会拥有上市公司的现金流权、控制权和两权分离率分别为:

CR = 100% × 100% × 100% × 100% × 100% × 20.74% = 20.74%

VR = 20.74%

SQ = 20.74% ÷ 20.74% = 100%

(4)多层多链型金字塔股权结构。

所谓多层多链型金字塔股权结构,就是实际控制人通过多个中间控制公司、多个控制链条实现对上市公司的控制。上市公司"创兴资源"(600193)股权结构可谓此类型金字塔股权结构的典型代表。根据"创兴资源"2013 年度报告披露的信息,第一大股东"厦门百汇兴投资有限公司"(持股 14.7%)、第二大股东"厦门大洋集团股份有限公司"(持股 10.23%)和第三大股东"厦门博纳科技有限公司"(持股 7.76%)为一致行动人。而上述三个公司仅仅是陈榕生、关福荣夫妇和其子陈冠全分别通过 5 条控制链、7 个层级控制上市公司"创兴资源"的一个环节而已,其股权控制链十分复杂,如图 5-10 所示。根据前述的现金流权和控制权的定义,"创兴资源"实际控制人陈榕生家族拥有上市公司的现金流权、控制权和两权分离率分别为:

第五章 金字塔股权结构与内部控制有效性：基于大股东利益侵占的视角

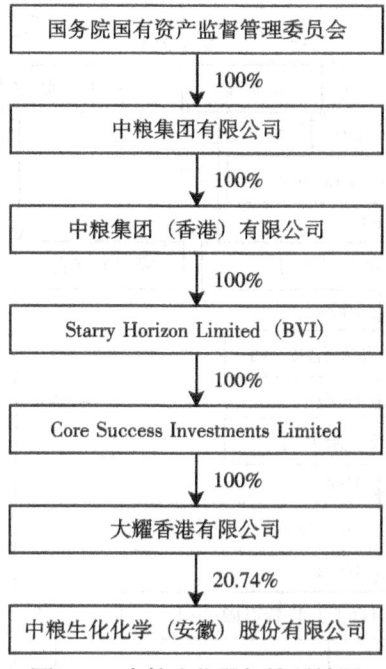

图 5-9　中粮生化股权控制链图

CR = 100% × 63% × 100% × 100% × 7.76% + 37% × 100% × 100% × 7.76%
　　+ 100% × 63% × 100% × 100% × 100% × 100% × 14.7%
　　+ 37% × 100% × 100% × 100% × 100% × 14.7%
　　+ 100% × 63% × 100% × 100% × 100% × 100% × 1.45% × 10.23%
　　+ 37% × 100% × 100% × 100% × 100% × 1.45% × 10.23%
　　+ 100% × 34.64% × 10.23% + 24.67% × 10.23% + 30% × 10.23%
　　≈ 31.745%

VR = 7.76% + 14.7% + 1.45% + 10.23% = 34.14%

SQ = 31.745% ÷ 34.14% = 92.98%

三、我国上市公司现金流权与控制权分离现状

以往的研究表明，金字塔股权结构导致了上市公司现金流权和控制权的分离。那么，我国上市公司的现金流权与控制权的分离情况如何呢？表 5-5 描述了我国上市公司现金流权、控制权以及两权分离率的基本情况。从表 5-5 中可以发现，我国上市公司的现金流权比例平均为 35.5165%，控制权比例为 40.8595%，两权分离率平均为 85.33%，即说明平均而言，终极控制人要掌握 1 单位的投票

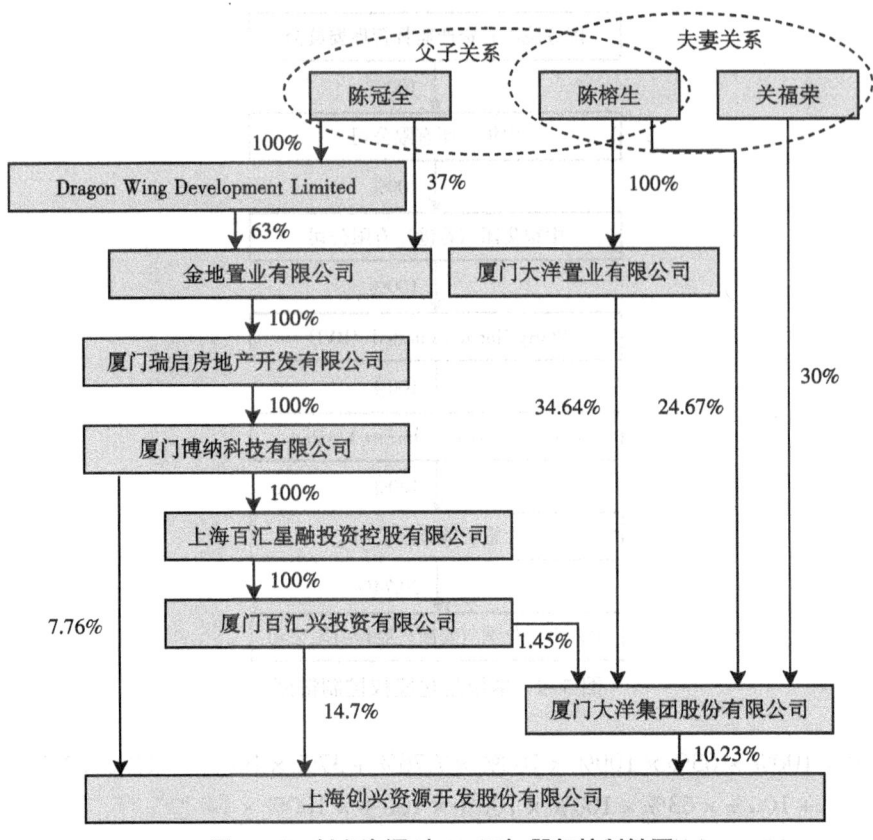

图 5-10 创兴资源（600193）股权控制链图

权，只需要对应 0.8533 个单位的现金流权，也就是只需要承担 0.8533 个单位的经营收益以及其所带来的各种风险。这种现金流权与控制权的分离程度可能成为上市公司终极控制股东侵害中小股东、攫取控制权私人收益的重要激励因素。

表 5-5 我国上市公司现金流权、控制权与两权分离率（2013 年）

	N		均值	中值	标准差	极小值	极大值
	有效	缺失					
实际控制人拥有的现金流权比例（%）	2411	78	35.5165	34.4342	17.5881	0.9180	92.26
实际控制人拥有的控制权比例（%）	2412	77	40.8595	40.1500	16.2780	2.1970	95.48
两权分离率（%）	2412	77	85.33	100	21.77	0.0000	100

数据来源：CSMAR 数据库。

另外，我们研究了不同板块上市公司现金流权、控制权以及两权分离率的基本情况。如表 5-6 所示，主板上市公司实际控制人拥有的现金流权比例、控制权和两权分离率平均比中小板和创业板上市公司的实际控制人要小。

表5-6 我国不同板块上市公司现金流权、控制权与两权分离率（2013年）

项 目	板块	N	均值	极小值	极大值	标准差
实际控制人拥有的现金流权	主板	1338	32.7057	0.9180	92.2600	18.2519
	中小板	706	38.7721	2.4660	90.9560	16.8457
	创业板	367	39.5013	9.9800	89.8500	14.4263
实际控制人拥有的控制权	主板	1338	38.6621	2.1970	92.2600	16.5211
	中小板	706	43.7918	11.4600	95.4800	16.1847
	创业板	367	43.2221	9.9800	89.8500	14.2572
两权分离率（%）	主板	1338	82.26	6.12	100.00	24.13
	中小板	706	87.89	0.00	100.00	18.91
	创业板	367	91.60	40.52	100.00	14.79

我们对主板和中小板、创业板上市公司的两权分离率的均值进行了统计检验（如表5-7所示），发现主板上市公司的两权分离率要显著小于中小板和创业板上市公司。由于两权分离率越大说明现金流权与控制权之间的分离程度越小，所以主板上市公司的两权分离程度更大。

表5-7 主板与中小板、创业板上市公司两权分离率的均值比较

	不同板块的上市公司	N	均值	T值
两权分离率	中小板与创业板上市公司	1074	0.8916	7.831***
	主板上市公司	1338	0.8226	

注：***、**、*分别表示在1%、5%和10%水平上显著。

我们又比较了不同性质实际控制人的两权分离率，如表5-8所示。我们发现实际控制人为民营企业或自然人的上市公司的两权分离程度要高于国有性质的上市公司。虽然，如前所述，我们认为国有企业当初多以"分拆上市"的方式从母公司中剥离出优质资产上市，从而天然存在金字塔股权结构，但表5-8表明，即使国有上市公司多存在金字塔股权结构，但其两权分离程度却显著小于民营上市公司。我们认为，造成这种情况的原因是民营上市公司虽然相对较少存在金字塔股权结构，但存在金字塔股权结构的上市公司控制层级比较多，所以导致民营上市公司的两权分离程度较大。

表5-8 不同性质实际控制人的上市公司两权分离率的均值比较

	实际控制人性质	N	均值	T值
两权分离率	实际控制人为民营企业、自治组织或自然人	1449	0.8326	5.7670***
	实际控制人为各级政府、国资委或国有企业	963	0.8845	

注：***、**、*分别表示在1%、5%和10%水平上显著。

第五节　实证检验结果

在此节中，我们先以内部控制缺陷和鉴证报告意见的披露和不披露为标准分组分别对金字塔股权结构情况进行描述，然后进行了均值 T-test（T 值）检验，然后对主要变量进行了相关性分析，最后通过回归分析检验相关假设。

一、单变量均值检验

从表 5-9 可以看出，没有披露内部控制缺陷的样本公司中控制权比例的均值为 0.4061，披露了缺陷时均值为 0.3708，而没有披露内部控制鉴证报告时 VR 的均值为 0.3696，披露的样本公司中均值为 0.418，T-test 结果显示 VR 在不同的内部控制有效性情况下的值与平均值有很明显的差异，这其实也可以从前文的描述性统计中得到验证。同样，现金流权以及两权分离率通过 T-test 也表明与均值有很显著的差异性，并且在披露和没披露内部控制相关信息的两种不同情况下均值有比较显著的差距。另外，还可以看出，控制权（VR）的均值较大时，披露内部控制缺陷（ICD）的比率较小，这与本书的假设不一致，在后文中有待进一步

表 5-9　基于内部控制有效性的金字塔股权结构单变量检验

金字塔股权结构	内部控制有效性	N	均值	中位数	T-test (T 值)
VR	ICD=0	3645	0.4061	0.4035	5.408***
	ICD=1	877	0.3708	0.3624	
	ICIR=0	3920	0.3696	0.356	-10.431***
	ICIR=1	2053	0.418	0.4134	
CR	ICD=0	3638	0.3485	0.3351	4.959***
	ICD=1	876	0.3137	0.2909	
	ICIR=0	3916	0.3128	0.29	-10.08***
	ICIR=1	2048	0.3631	0.3582	
SQ	ICD=0	3562	0.8409	1	2.667***
	ICD=1	851	0.8158	1	
	ICIR=0	3817	0.8241	1	-4.932***
	ICIR=1	2007	0.8553	1	

注：***、**、*分别表示在 1%、5% 和 10% 的水平上显著。

检验。而 CR 与 SQ 经过初步的检验都与假设保持一致，表明金字塔股权结构下两权分离率越大（分离度较小）时内部控制有效性越强。

二、相关性检验

表 5-10 对主要的研究变量进行了相关性检验。从相关系数矩阵可以看出，控制权（VR）与现金流权（CR）的相关系数为 0.894，并且在 1% 的水平上显著，因此 VR 和 CR 之间存在显著共线性。现金流权与两权分离率（SQ）之间的相关系数为 0.598，也存在显著共线性。由于 VR、CR 与 SQ 都是衡量金字塔股权结构的指标并且存在显著共线性的问题，因此，后文在做回归分析的时候将这三个指标分开放到回归模型中进行检验。

其他变量之间的情况，控制权与两权分离率之间相关系数为 0.205。与内部控制缺陷的披露（ICD）呈负相关关系，这与本书的假设不符（在前文的单变量检验中也得到了这个结论），系数为 -0.080，并且在 1% 的水平上显著；与内部控制鉴证报告的披露（ICIR）正相关，系数为 0.133；与大股东资金占用（OCCUPY）负相关，与关联担保（GUA）负相关，这几个系数的相关性方向均与假设不符，可能是因为还有其他的影响因素如金字塔链条数、层级数等。CR 与 ICD 呈负相关关系并且在 1% 水平上显著，系数为 -0.074；与 ICIR 显著正相关；与 OCCUPY 和 GUA 均显著负相关，这与前文的假设均相符。另外，从其他的相关系数来看也都符合假设，这只是一个粗略的检验，说明金字塔股权结构下两权分离度越大，上市公司披露内部控制有效性越强，即鉴证报告的可能性就会越大，而内部控制有效性与大股东利益侵占则呈负相关，这将在后文的回归分析中做更深层次的探讨。

表 5-10 Pearson (Spearman) 相关系数

	VR	CR	SQ	ICD	ICIR	OCCUPY	GUA
VR	1	0.894***	0.205***	−0.080***	0.133***	−0.129***	−0.097***
CR	0.878***	1	0.598***	−0.074***	0.129***	−0.124***	−0.112***
SQ	0.145***	0.556***	1	−0.042***	0.063***	−0.066***	−0.072***
ICD	−0.081***	−0.074***	−0.041***	1	−0.098***	0.063***	0.064***
ICIR	0.139***	0.136***	0.065***	−0.098***	1	−0.106***	−0.019
OCCUPY	−0.149***	−0.147***	−0.085***	0.058***	−0.091***	1	0.165***
GUA	−0.172***	−0.205***	−0.135***	0.043**	−0.029	0.147***	1

注：表中右上部分是 Pearson 系数，左下部分是 Spearman 系数。***、**、* 分别表示在 1%、5% 和 10% 的水平上显著。

三、回归分析

1. 金字塔股权结构对大股东利益侵占的影响

为了对前文的假设进行验证，我们用 SPSS 对模型进行了回归分析，表 5-11 分别对金字塔股权结构的三个指标控制权（VR）、现金流权（CR）和两权分离率（SQ）对大股东利益侵占进行回归分析。模型 1.1 表示控制权对大股东资金占用（OCCUPY）的影响，模型 1.2 表示控制权对关联担保（GUA）的影响，模型 1.3 表示现金流权对资金占用的影响，模型 1.4 表示现金流权对关联担保的影响，模型 1.5 表示现金流权与控制权的分离率对资金占用的影响，模型 1.6 表示分离率对关联担保的影响。

从表 5-11 可以看出，模型 1.1 和模型 1.2 中控制权（VR）与大股东利益侵占的两个指标（OCCUPY 和 GUA）都是显著负相关的，说明控制权越大，大股东对小股东的利益侵占就越小，此结论与本书的假设 H5-1A 恰恰相反，这同时也与前文的单变量检验和相关性检验保持一致。表明金字塔股权结构下控制权与大股东利益侵占并不必然是正相关关系，这可能是由于大股东的利益协同效应造成的。

模型 1.3 至模型 1.6 中显示，现金流权（CR）和分离率（SQ）与大股东利益侵占的两个指标都是负相关的，并且分离率对资金侵占在 10% 的水平上显著，其他的都在 1% 的水平上显著，表明现金流权越大，大股东利益侵占水平越低，并且两权分离率越大（分离度越小），则大股东通过资金占用关联担保进行利益侵占的可能性就越小。这一结果也显著符合并验证了假设 H5-1B 和 H5-1C，跟大多数其他的研究结论一致。

公司规模（SIZE）对资金占用和关联担保的系数均是显著为负的，这说明了上市公司规模越大，其社会影响力就越大，公司受到各利益相关者的关注和监督就越多，因此金字塔股权结构下大股东利益侵占的可能性就越小。但是本书之前并没有对公司规模的方向做出预测，主要考虑到还存在规模越大控股股东可能掏空的资源就会越多这种负向情况。高管持股比例（MSHARE）对大股东利益侵占都是负相关的，但是对资金占用的系数均是在 1% 的水平上显著，而对关联担保的系数并没有通过显著性检验。说明金字塔股权结构下，高管持股在公司治理中发挥了重要的监督作用，在一定程度上监督并制衡了大股东的利益侵占行为。

资产负债率（LEV）的系数都是显著为正的，表明财务杠杆越高大股东侵占就越大，这与之前的预期正好相反。这可能是由于我国对债务的约束政策较宽，并不能在公司治理中发挥明显的作用，还有可能存在大股东合谋债权人对小股东

表 5-11 金字塔股权结构对大股东利益侵占的影响

变量	预期符号	模型 1.1 OCCUPY	模型 1.2 GUA	模型 1.3 OCCUPY	模型 1.4 GUA	模型 1.5 OCCUPY	模型 1.6 GUA
CONSTANT		0.111*** (9.609)	0.197*** (3.105)	0.110*** (9.529)	0.192*** (3.020)	0.117*** (9.914)	0.238*** (3.683)
VR	+	-1.632E-4*** (-4.523)	-0.001*** (-3.504)				
CR	-			-1.325*** (-3.871)	-0.001*** (-3.939)		
SQ	-					-0.005* (-1.764)	-0.035*** (-2.597)
SIZE	-	-0.004*** (-8.25)	-0.008*** (-2.84)	-0.004*** (-8.404)	-0.008*** (-2.803)	-0.005*** (-9.04)	-0.01*** (-3.451)
LEV	-	9.488E-5*** (21.119)	0.001*** (28.914)	1.004E-4*** (21.92)	0.001*** (28.893)	9.999E-5*** (21.674)	0.001*** (28.906)
ST	-	0.025*** (10.12)	-0.089*** (-5.827)	0.026*** (10.356)	-0.089*** (-5.793)	0.027*** (10.447)	-0.089*** (-5.732)
MSHARE	-	-2.013E-4*** (-5.404)	-2.05E-4 (-0.954)	-1.88E-4*** (-4.967)	-1.163E-4 (-0.531)	-2.07E-4*** (-5.42)	-2.161E-4 (-0.988)
ROA	-	2.199E-4*** (20.362)	-9.618E-5 (-1.142)	2.29E-4*** (21.028)	-9.719E-5 (-1.154)	2.284E-4*** (20.831)	-9.089E-5*** (-1.079)
IND	-	-2.621E-5 (-0.374)	1.572E-4 (0.418)	-1.633E-5 (-0.233)	1.985E-4 (0.527)	-4.234E-5 (-0.595)	1.574E-4 (0.414)
$YEAR_t$		控制	控制	控制	控制	控制	控制
$INDU_j$		控制	控制	控制	控制	控制	控制
F 值		60.7***	53.243***	62.443***	53.439***	60.307***	52.779***
R^2_{adj}		0.17	0.235	0.175	0.236	0.173	0.238
样本量		5821	3402	5813	3399	5675	3312
缺失样本量		452	2871	460	2874	598	2961

注：***、** 和 * 分别表示在 1%、5% 和 10% 的水平上显著，括号内为 t 值。

利益进行侵占的情况。是否被特别处理（ST）和总资收益率（ROA）对大股东利益的侵占都很显著，但是它们对资金占用（OCCUPY）的影响是显著正相关的，而对关联担保（GUA）是负相关的，并且 ROA 对 GUA 不显著，部分符合我们的预期。这个结果说明上市公司被 ST 后整个公司治理环境较弱，大股东可能比较便利地通过资金占用的方式侵占小股东的利益，而 ROA 较高的情况下上市公司的经营较好，资源比较富足，大股东通过资金占用的方式进行侵占的动机较强。独立董事的比例（IND）对资金占用负相关，对关联担保正相关，但是系数都不显著，部分验证了预期结果。独立董事比例虽然在一定程度上对大股东通过资金占用来进行侵占起到了抑制作用，但不明显，说明独立董事并没有起到很好的外部监督作用，这很大程度上可能与独立董事和大股东之间的代理矛盾有关。

在行业（INDU）方面，只有部分房地产、建筑业、信息技术业对利益侵占有显著的正向影响，这跟大股东所涉及的领域、可转移的资源以及便利程度有关，并不能代表所有行业的水平。年份的影响并没有一致的结果，显著性也不一致，说明年份对大股东利益侵占影响并不明显。另外，两个方程中的 F 值均在 1% 的水平上显著，说明本模型总体通过了 F 检验。

2. 金字塔股权结构对内部控制有效性的影响

本部分通过回归分析检验了金字塔股权结构对内部控制有效性的影响，分别对模型 2 中金字塔股权结构的三个指标控制权（VR）、现金流权（CR）和两权分离率（SQ）进行回归（如表 5-12 所示）。其中模型 2.1 表示控制权对内部控制缺陷披露（ICD）的影响，模型 2.2 表示控制权对内部控制鉴证报告披露（ICIR）的影响，模型 2.3 表示现金流权对内部控制缺陷的影响，模型 2.4 表示现金流权对内部控制鉴证报告披露的影响，模型 2.5 表示现金流权与控制权的分离率（SQ）对内部控制缺陷披露的影响，模型 2.6 表示分离率对内部控制鉴证报告披露的影响。具体回归结果如表 5-12 所示。

从表 5-12 可以看出，模型 2.1 和模型 2.2 中 VR 对 ICD 的系数显著为负，对 ICIR 的系数显著为正，表明控制权越大，企业越不倾向于披露内部控制缺陷，但是却更倾向于披露内部鉴证报告，也就是说有效性越好，这与我们的假设完全相反。联系模型 1 的检验数据，本书的结果表明控制权越大，对内部控制有效性反而有一定的促进作用，并且会减少对小股东利益的侵占。

模型 2.3 和模型 2.5 中现金流权（CR）和分离率（SQ）对 ICD（内部控制缺陷的披露）的系数都是显著为负，模型 2.4 和模型 2.6 中 CR 和 SQ 对 ICIR（内部控制鉴证报告的披露）的系数都显著为正，这两个变量都显著通过了假设检验，说明现金流权与控制权的分离度越小，上市公司披露内部控制缺陷的倾向性会越低，而披露会计师出具的内部控制鉴证报告的倾向性越高，也就是内部控制越有效。

表 5-12 金字塔股权结构对内部控制有效性的影响

变量	预期符号	模型 2.1 ICD	模型 2.2 ICIR	模型 2.3 ICD	模型 2.4 ICIR	模型 2.5 ICD	模型 2.6 ICIR
CONSTANT	+	0.429*** (3.669)	-0.057 (-0.481)	0.441*** (3.759)	-0.102 (-0.866)	0.505*** (4.107)	-0.27** (-2.158)
VR	-	-0.001** (-4.024)	0.003*** (7.331)				
CR	-			-0.001*** (-3.632)	0.003*** (7.929)		
SQ	-					-0.055** (-2.141)	0.144*** (5.320)
SIZE	-	-0.014*** (-2.68)	0.010** (1.957)	-0.015*** (-2.926)	0.013** (2.488)	-0.017*** (-3.318)	0.019*** (3.487)
LEV	-	5.276E-5** (2.053)	-4.210E-5 (-1.523)	5.174E-5** (2.012)	-4.099E-5 (-1.466)	5.003E-5* (1.947)	-3.994E-5 (-1.423)
ST	-	0.149*** (4.813)	-0.243*** (-9.380)	0.150*** (4.844)	-0.238*** (-9.190)	0.168*** (5.314)	-0.254*** (-9.621)
GROWTH	-	1.538E-6 (0.06)	-1.597E-5 (-0.578)	2.024E-6 (0.078)	-1.552E-5 (-0.562)	1.211E-6 (0.047)	-1.838E-5 (-0.662)
STATE	-	0.025* (1.887)	-0.075*** (-5.678)	0.03** (2.242)	-0.562*** (-6.462)	0.035** (2.510)	-0.099*** (-7.107)
YEAR		控制	控制	控制	控制	控制	控制
INDU		控制	控制	控制	控制	控制	控制
F 值		6.087***	20.974***	5.946***	21.486***	5.481***	19.245***
R^2_{adj}		0.021	0.06	0.02	0.061	0.019	0.056
样本量		4514	5962	4506	5953	4405	5813
缺失样本量		1759	311	1767	320	1868	460

注：***、**、* 分别表示在 1%、5% 和 10% 的水平上显著，括号内为 t 值。

表 5-12 中还显示，企业规模（SIZE）与 ICD 均是显著负相关，与 ICIR 均是显著正相关，表明企业规模越大，内部控制有效性就越强，与每一个模型的检验结果是相对应的。企业是否被 ST、财务杠杆（LEV）、成长性（GROWTH）以及控股股东是否国有（STATE）与 ICD 都是正相关的，但是 GROWTH 并没有通过显著性检验，而 ST 最为显著，STATE 其次；同时，它们与 ICIR 都是负相关的，同样是 GROWTH 没有通过显著性检验，ST 系数最为显著。这几个控制变量的检验均说明了企业是否被 ST、财务杠杆（LEV）、成长性（GROWTH）以及控股股东是否国有（STATE）与内部控制有效性是负相关的。另外，从表中调整后的 R^2 可知模型总体解释力一般，但是从 F 值可知总体通过了显著性检验。

第六节 本章小结与讨论

大量国内外研究表明金字塔股权结构普遍存在，并且伴随着现金流权与控制权分离的特征。现金流权与控制权越是分离，就越有可能存在大股东利益侵占的可能性，当然并不是所有的研究结果都表明分离度与侵占呈正相关的。本书从大股东利益侵占的视角研究了金字塔股权结构对内部控制有效性的影响。

本书以 2009~2011 年沪市和深市 A 股所有非金融类上市公司为样本，采用理论和实证分析相结合的方法研究了金字塔股权结构对大股东利益侵占的影响和金字塔股权结构对内部控制有效性的影响。书中采用控制权、现金流权以及现金流权与控制权的分离率来衡量金字塔股权结构，用内部控制缺陷的披露程度和内部控制积极的无保留鉴证报告的披露程度来衡量内部控制的有效性，用大股东资金占用以及关联担保占总资产的比率来衡量大股东利益侵占。本章的主要研究结论如下：

第一，金字塔股权结构下的控制权与大股东利益侵占显著负相关，表明大股东控制权没有表现出通常意义上的侵占效应。同时，控制权与内部控制有效性也呈现出显著正相关。本结论从单变量的检验到相关性分析再到多元线性回归分析都比较一致并且与本书的假设不符。这可能是大股东的利益协同效应造成的。根据代理理论，公司小股东很容易出现"搭便车"的问题，因而很难对经理层进行有效的监督和控制。而利益协同效应意味着大股东对经理层能实施有效的监督控制，能有效抑制小股东"搭便车"的行为并缓解代理冲突。Friedman、Johnson 和 Mitton（2003）认为金字塔股权结构下终极控股股东在一些情况下会对企业输送利益。孟祥霞（2008）认为股权相对比较分散的时候能表现出大股东的利益协同效应,而股权比较集中的时候这个效应就不明显并且表现出一定程度的侵占效应。马忠和陈彦(2005)认为控制权达到绝对控制的程度时终极控股股东容易与小股东产生利益趋同的效应,而控制权较小时大股东比较倾向于努力提高企业的价值并与中小股东共同分享;但是控制权处在某一较强的区间时(30%~50%)容易形成明显的侵占效应。本书通过检验并没有发现与侵占的正相关关系,笔者认为这可能是由于金字塔股权结构中股权并不是高度集中,大股东的控制力不够强大,因此没有很强的侵占动机,而是想通过积极的监督和激励经理层来加强内部控制有效性并增加企业价值从而共同获利。另外,利益侵占与很多因素都有关系,并不能单单从控制权的角度来看。

第二,现金流权、现金流权和控制权的分离率与大股东利益侵占均是显著负相关的。表明在金字塔股权结构下,现金流权大,大股东就没有较强的侵占动机去获取控制权私利;现金流权与控制权的分离率大,表明两者之间的分离度就越小,大股东利益侵占程度就越小。同时也说明金字塔股权结构所导致的两权分离确实是大股东利益侵占的一个比较主要的动因。

第三,现金流权、现金流权和控制权的分离率均与内部控制有效性正相关,这也与本书的假设完全相符。说明金字塔股权结构下高现金流以及比较低的两权分离度使大股东有很强的激励效应去监督高管层努力实施企业的内部控制制度,尽量完善和强化内部控制有效性,使自身的利益与上市公司的利益保持一致。而当现金流权越小、两权分离度越大时,大股东就会有侵占动机,进而影响内部控制使内部控制失效,最终达到攫取控制权私利的目的。

从理论和实证分析以及前人的研究可知,金字塔股权结构下存在大量的大股东利益侵占行为,这无论对证券市场还是对中小投资者而言都是不利的。因此,必须加强对金字塔股权结构上层企业的外部监管以及内部监督,以遏制侵占行为的发生,从而保护中小股东的利益以及促进整个证券市场的高效健康发展。

在外部监管方面,首先,要立足于相关法律法规的建立和完善,加强对大股东行为的监督,全力保护中小投资者的利益。法律保护越完善,执法越有效率,大股东进行利益侵占的成本就会越大,难度也越大,因此必须在法律政策的制定和执行效率两个方面下功夫,才能从实质上达到目标。针对金字塔股权结构,法律法规以及相关监管部门应该加强对两权分离度高的企业的关注以及对关联交易等容易造成大股东利益侵占结果的关键事项的监管。由于大股东在通过各种手段进行利益侵占时具有相当的隐蔽性,因此还要特别完善针对大股东的信息透明度的监管以及增强对各种情况的应对能力。另外,大量的民营企业通过买壳的方式达到上市的目的,然后大股东便有了利益侵占的机会。因此,需要对企业上市的条件、上市后的运营情况以及大股东的行为做到一条链的严格监督。其次,外部投资者也应该加强对大股东的控制权监督,合理保护自身的利益。在金字塔股权结构下,虽然大股东的控制权比较集中,但是其他外部股东可以同心协力来对大股东的力量形成制衡,共同采取有效的措施约束大股东的利益侵占行为,从而避免被大股东侵害。

在内部监督方面,主要是加强公司内部治理方面的监督措施。如可以完善相关的董事会和监事会的职能,严格做到董事会和监事会在与大股东之间关系上的独立性,避免受到大股东的太多影响。加大独立董事和独立监事的比例,也能完善对大股东行为的全面监督职能,让增强企业总体价值成为大家共同的目标。另外,审计委员会的设立和独立执行也能对大股东的行为起到监督作用,可在很大程度上保护企业整体利益。

第六章 多元化经营与内部控制有效性：基于业务复杂性的视角

多元化经营是企业实现可持续发展的一条重要途径。我国企业自20世纪80年代以来，掀起了多元化经营的热潮，但是，许多公司的多元化道路不是一帆风顺的，多元化究竟会给企业带来哪些影响。本书将结合前人的研究，从多元化经营和内部控制有效性两方面进行理解，分析多元化的效应和内部控制有效性的影响因素，从而进一步得出多元化经营对内部控制有效性的影响，并且通过对我国上市公司的实证研究，证实多元化经营对内部控制有效性的影响，从而推动相关部门针对这种影响，制定相应的措施，保证企业更好地实现多元化经营战略和公司的经营目标。

第一节 引言

2013年5月8日，涉足现代农业已经三年的联想控股正式推出自己的品牌——"佳沃"，在过去的一年里投资已超过10亿元，并且在未来的五年内，还将投资约20亿元在成都打造农业示范基地。从电脑、电视、手机、房地产、白酒到农业，作为中国互联网行业的领军企业，联想的多元化战略正逐步显现。然而，联想的多元化道路也并非一帆风顺。早在2001年，联想就提出了多元化的经营战略，并提出了联想的三年规划，目标是"高科技的联想、服务的联想、国际化的联想"，但是到2003年，联想的经营利润和利润率持续下降，三大副业全线亏损，三年的尝试没能达到预期的目标，这使联想不得不审视多元化战略的实施。于是在2004年，联想集团决定紧缩多元化战略，重新专注PC业务，但这并不意味着联想将停止多元化，恰恰相反，联想正是为了更稳步地实施多元化战略。联想的管理层反思到，在多元化的实施道路上，联想在组织机构控制上出现了问题，多元化业务的性质相去甚远，而联想并没有保证组织机构设置的科学性和财务资源的利用效率。因而联想制订了合理的组织架构，统一中央市场平台，并采用短链经营的模式，减少环节，提高财务资源和管理资源的利用效率。

在我国，随着经济体制改革的逐步深入，许多企业为应付国内外日趋激烈的竞争，纷纷选择了多元化的经营模式，以分散风险，扩大利润。然而，在多元化的道路上，许多企业陷入了危机。

20世纪70~80年代是西方企业实施多元化战略，进行跨国业务扩张的高潮时期。它们通过大量并购活动，扩大经营范围和地理区域，取得了暂时的成功。但是随后的整合过程却颇费周折，各业务单元之间的协同不仅有正效应，而且存在负效应。尤其是20世纪90年代初，环境的动荡对企业的应变能力提出了更高的要求，而取得"协同效应"的多业务公司就像曹操的"连环船"，庞大而迟钝。90年代开始，很多进行多元化经营的国际企业又纷纷剥离非核心业务，回归主业。

在多元化的道路上，许多企业没有根据多元化业务的特点设置合理的组织机构、进行科学的分工以及保证企业财务资源和管理资源的合理分配和利用，这些问题都需要企业加强内部控制，在实施多元化的同时确保内部控制的有效性。

多元化经营战略是一把"双刃剑"，有利也有弊，多元化经营既可以让企业成长起来，"将鸡蛋放在不同的篮子里面"以分散风险，增强抵抗风险的能力，也给企业带来了更多不可掌控的风险，比如资源是否分配合理、资金链是否循环正常等。面对这些不可掌控的风险，企业内部控制能否有效实施呢？

从相关的文献来看，研究多元化与内部控制有效性的文章还很有限，许多研究从公司业务的复杂性出发，衡量业务复杂性的指标也不是很全面。并且，许多研究表明，业务复杂性与公司内部控制有效性负相关，而也有研究表明，公司规模越大、发展越成熟，内部控制的有效性越高。企业选择多元化经营大都是有雄厚的资金作为基础，主导产业发展至相当的规模而寻求更宽的发展，因此，这不免让人对多元化经营与内部控制有效性之间的关系产生疑问。

另外，企业实施多元化战略的道路大都不是一帆风顺的，有研究表明，专业化经营的企业业绩好于非专业化经营的企业，那么，企业还应不应该选择多元化经营，选择多元化经营的企业又该如何保证多元化战略的有效实施？本书就是通过对我国上市公司的实证研究，分析多元化经营对企业内部控制有效性的影响，从而帮助实施多元化战略的企业有针对性地提高内部控制的有效性，保证多元化战略更有效的实施。

本章的主体部分由理论分析和实证分析组成。本章剩余部分包括：第二节对相关文献进行了文献综述，力求通过总结前人的研究发现多元化与内部控制有效性之间的联系；并从理论上分析多元化经营对内部控制有效性的影响。第三节为研究设计，对本章所要研究的主要问题与假设进行研究路径和方法的安排，包括主要变量定义、研究模型与样本数据来源等。第四节则对我国上市公司多元化经营的现状做出描述性的分析。第五节通过对上市公司的实证研究,包括单变量均值检验、相关分析、回归分析,稳健性检验,进一步分析多元化经营对内部控制有效性的影响。最后一节则进行总结与讨论,并提出政策建议。

第二节 文献综述、理论分析与研究假设

一、相关文献综述

1. 多元化经营的内涵与效应

多元化经营,又称多角化、多样化经营,是指企业经营不只局限在一个行业或一个产品,而是实行跨行业、跨产品的经营扩张。美国学者 Ansoff(1957)首次提出多元化经营主要是针对企业经营的产品种类的数量而言,他强调多元化经营是用新的产品去开发新的市场。E. T. Penrose(1959)定义多元化是企业在基本保留原有产品生产线的情况下,扩展其生产活动,开展若干新产品的生产,她认为多元化包括最终产品的增加、垂直一体化的增加以及企业运作的基本领域数量的增加,她的定义弥补了安索夫多元化定义中的不足,更接近企业多元化经营的实质。同时,她也将企业经营的纵向一体化列为企业多元化的一种形式。R. P. Rumelt(1974)指出,多元化战略是通过将有限的多元化的实力、技能或目标,与原来活动相关联的新的活动方式结合所表现出来的战略,多元化经营的实质是拓展进入新的领域,强调培植新的竞争优势以及现有领域的壮大。总之,多元化经营就是企业尽量增大产品大类和品种,跨行业生产经营多种多样的产品或业务,扩大企业的生产经营范围和市场范围,充分发挥企业特长,充分利用企业的各种资源,提高经营效益,保证企业的长期生存与发展。

企业选择多元化经营战略是各种内外部因素作用的共同结果,目前,我国大部分企业进行多元化经营已经成为一种思维定式,当主营业务的利润率越来越低时,企业会选择多元化经营,那么,多元化经营有哪些效应?

(1) 多元化经营的正面效应。

第一,资源利用效应。多元化经营,相当于把几个专业化经营的企业放在一个企业的内部进行配置和组合,因此企业多元化经营可以产生资源利用效应,包括范围经济性和交易内部化。范围经济性是源于对公司共享剩余资源的利用,公

司的管理者可以在不同的经营单元之间合理配置资源,从而降低成本,提高资源配置的效率,这里的范围不等同于规模。Chandler(1977)就认为,多元化经营的企业能够充分发挥经理人的管理协调能力,从而使企业的生产运作效率更高,以获得更高的利润。多元化经营的范围经济性有以下几点要注意:首先,虽然企业可以在内部通用这些资源,但是不能通过出售、出租转移到企业外部,这样就变成了市场交易行为。其次,多元化企业的各项业务和产品之间只有存在生产、技术、市场的相关性,才能共享企业的某些资源,因而,实现范围经济性也是有条件的。最后,多元化经营的范围经济性在很大程度上依赖于管理者的素质和经营水平以及其他配套的条件,在某些时候,管理和组织成本还有可能高于范围经济带来的节约成本,因此不应夸大多元化的范围经济性。交易内部化,是指多元化企业可以通过内部资本市场、劳动力市场、信息市场来实现资本和劳动力的交易内部化。一些大型的集团化企业都会有自己的结算中心,员工也可以在集团各分部调剂,从而节约成本。

第二,风险分散效应。市场的起伏、行情的变化、政策的改变等,都会影响企业的生存和发展,如果企业只是进行单一业务的经营,则必然会带来高的经营风险,相反,企业采取多元化的经营战略,则会分散风险。比如,生产耐用消费品的企业同时兼营收益比较稳定的食品加工业,则可以使企业提高对外部环境的适应能力,并且分散风险。Lewellen(1971)就认为,因为进行多元化经营的企业的产品收入是不完全相关的,这会产生共同保险效应,从而能够有效地规避个别产品所带来的特定风险。

第三,协同效应。企业进行多元化经营可以实现企业财务、技术和经营的协同。财务协同体现在,企业进行多元化经营可以提高企业的负债能力,因为负债的利息可以在税前抵扣,这样就产生了合理的避税作用,此外,因为企业内部信息的不确定性比较小,因此企业通过内部资本市场进行融资的风险也较小。技术的协同主要表现在公司的高技术、适中技术以及初级技术之间的相互协调,这样可以充分提高企业技术资源的利用,就像联想集团选择进入完全陌生的现代农业领域一样。现代农业是现代科技武装起来的农业,需要强大的技术支持,而联想作为IT高科技产业,有优秀的团队、一流的技术,发展现代农业可谓得天独厚。经营的协同体现在公司内部分工的专业化、销售市场以及售后服务的协同。

(2)多元化经营的负面效应。

第一,进入风险。企业实行多元化经营战略,大多是进入一个陌生的领域,会产生新的投资风险和经营风险。所谓"隔行如隔山",对于自己不太熟悉的行业,难免会做出不明智的决策,从而导致失败,与此同时,企业在行业间资源分配的不合理也会导致公司原有核心业务受到影响,得不偿失。原联想董事长柳传志撰文写道，联想在 2001 年决定发展多元化的时候，缺的就是领导人，当时的 CEO 杨元庆对 PC 业务感觉非常好，但是其他多元化业务与制造业相去甚远，这让杨元庆非常费神，因此在做决策的时候难免会有不到位的地方。而如果把时间和精力放在多元化的业务上，主业又遭受国际竞争对手的强力攻击，这就显得捉襟见肘，所以当时联想的多元化并没有获得期望的成功。

第二，财务风险。目前我国企业绝大部分通过借贷资金进行投资，资金或来自银行，或来自非金融机构，或来自其他渠道。而在国外，一些企业集团采取多元化经营战略，主要是因为它们有雄厚的资金作为基础，主导产业也已发展至相当的规模，但是受到反垄断法的制约，而采取横向发展的战略，同时，企业集团在定位上只担当投资运作机构，而不负责经营。它们的这种行为用"多元化投资"来形容更为确切。但是，我国的一些企业对此认识不清，只看到现象，却忽视了本质，对很多项目不仅投资而且自我经营，有一点房地产就办房地产公司，有一点物资采购人员就办贸易公司，有一点流动资金就办财务公司，有一点广告业务就办广告公司，把有限的资金分散在多个经营项目上，导致任何一个项目也达不到规模经济，以致经营亏损，无法还本付息，给企业带来财务风险。由此可见，盲目进行多元化经营，不会分散风险，反而会扩大风险。

第三，内部资源配置的"X-非效率"。内部资源配置"X-非效率"是指在垄断企业的大组织内部存在着资源配置低效率的状态。X-非效率是由美国哈佛大学教授勒伯斯坦提出的，用来反映大企业内部效率以及水平状况的一个概念。他认为，大企业，特别是垄断性大企业，由于外部市场竞争压力小、内部层次多、关系复杂、机构庞大以及企业制度安排方面的原因，企业难以实现费用最小化和利润最大化的经营目标，导致企业内部资源配置效率降低。

企业进行多元化经营，程度越高，部门越多，越容易产生一系列的问题，比如决策容易失误、组织成本上升、经营费用过大、管理成本增加、信息的传递容易失真以及企业选择某些行业而放弃某些行业所带来的机会成本等。

2. 多元化经营的经济后果

多元化经营会给企业带来正面和负面的效应，那么具体体现在哪些方面呢？国内学者的研究大都是多元化对企业绩效的影响，下面通过分析国内外学者对多元化经营产生的效应所带来的后果，进而了解多元化经营对公司产生的影响。

（1）多元化与企业绩效。

对于多元化与企业绩效的关系，国内外至今还有很多不同的看法。在对多元化进行实证研究的早期，也就是 20 世纪 60~90 年代初期，由于研究方法的差异，导致在当时并没有得出一致的结论。Arnould（1969）对 104 家食品加工企业进行实证研究，得出多元化与企业盈利状况之间没有显著的相关关系。Weston 等（1971）研究了 63 家多元化程度最高的联合企业 1958 年和 1968 年的情况，结论是 1958 年的联合企业的盈利状况低于普通大企业，而 1968 年却没有明显的差异。Rumelt（1974，1982）通过对财富工业企业 500 强的实证研究发现，企业的相关多元化的盈利能力比不相关多元化强，适度的多元化经营企业生产效率更高。

到了 20 世纪 90 年代中期，研究方法更为科学、全面，这个时期的研究得到了一致的结果，即存在多元化折价现象。Lang 和 Stulz（1994）认为 Tobin's Q 与多元化负相关。据 Servaes（1996）的不显著统计，多元化存在折价，区域不同，多元化对于企业绩效影响也不同。

从 20 世纪 90 年代末至今，有学者对得出"多元化折价"结论的研究方法和数据来源提出质疑，Khamia 等（2000）研究了 1309 家印度公司，认为多元化能提高企业绩效，具体表现在，在外部资本市场、产品市场不发达以及公司治理不健全的状况下，通过多元化建立内部资本市场能有效地解决信息不对称、资源配置和提高执行力等问题。Campa 等（2002）企图为多元化折价寻找原因，他们认为多元化折价主要是因为企业内生性问题，而非多元化本身造成的。Maksinovic 等（2002）认为多元化能够提升公司绩效。Megginson（2004）研究表明，企业的长期绩效与业务的集中度正相关。国内学者朱江（1999）的研究表明多元化程度与公司业绩之间没有显著的关系，但是多元化经营与利润水平波动程度成正比，可以降低公司风险。

（2）多元化与信息不对称。

企业与资本市场的信息不对称程度体现为外部投资者或分析师对公司真实经营情况估计的偏差大小。Hadlock 等（2001）发现，多元化经营的公司在宣告配股之后引发的市场负面效应小于专业化经营的公司，因此得出，多元化水平与信息不对称负相关，提出"信息多元化"的假说。Thomas（2002）实证分析了信息不对称程度与多元化程度的关系，同样支持以上观点。从"信息透明度"的角度来讲，多元化经营的公司的高管可以观测每个部门的现金流状况，而外部投资者观测到的是公司整体的现金流状况，因而公司多元化水平越高，外部投资者对公司的定价越不准确，Habib 等（1997）的研究结论表明多元化水平与信息不对称程度正相关。Hadlock 等（2001）发现专业化经营的公司的财务报告的信息含量要高于多元化经营的公司。

3. 多元化与内部控制有效性的相关性

Ashbaugh-Skaife Collins 等（2007）研究表明，披露内部控制有缺陷的公司在公司运作上更加复杂，表现为业务分部较多、国外收入比重较大、兼并和重组多、公司规模增长较快。公司越复杂，经营的不确定性越大，在年度报告时正常的程序越容易出现问题。这些结论和公司较少的内部控制资源投入、复杂的会计问题和快速增长的商业环境是一致的。

蔡丛光（2010）实证研究发现内部控制缺陷与公司业务复杂程度正相关，公司报告年度的业务分布数目越多，出现内部控制缺陷的可能性越大。张双鹏（2011）的研究结果显示，复杂变化的且不确定的环境对于内部控制积极作用的发挥会产生负面影响。刘亚莉等（2011）认为公司行业分布的个数与内部控制缺陷显著正相关，但公司的地区分布和是否有海外市场与内部控制缺陷并不相关，涉及行业过多是导致公司复杂性的主要因素，也会增加内部控制的难度。Anderson 等（2000）研究了公司内部治理结构，发现没有证据表明内部治理机制的失败与多元化有关。

在前人的研究里，并没有出现"多元化"这个词，而一个公司多元化的经营会体现在行业分布个数的增多、业务复杂程度的提高等方面。公司涉及行业数目增多，内部控制的难度也会增加，如果企业没有足够的资源投入到内部控制当中，内部控制缺陷产生的概率就会变大，而内部控制的重大缺陷（实质性漏洞），可能会严重影响内部整体控制的有效性，进而导致企业无法及时防范和发现严重偏离整体控制目标的情况。

根据以上的文献回顾，我们认为，学术界关于多元化的许多问题都还没有达成一致的观点，从公司多元化经营所产生后果的研究来看，主要集中在多元化对企业绩效的影响上，大致可以分为三个观点：①企业多元化经营所建立的内部资本市场的"X-非效率"，会给企业带来多元化折价现象；②企业通过多元化经营建立的内部资本市场的效率比外部资本市场高，同时企业共享资源的利用效率也会提高，因而会产生多元化溢价现象；③企业多元化的经营本身是中性的，并未对企业绩效产生影响。

对于内部控制有效性影响因素的研究有很多，得出的结论也比较一致，但是还没有学者对多元化经营对内部控制有效性的影响进行全面细致的研究，尽管有关于业务复杂程度、公司经营行业数对内部控制有效性影响的，但是这些衡量一个公司的多元化的程度都不够明确和具体，因此本书打算从以下几个方面加以完善和总结：首先，本书选取 2011 年为区间，进行全面的搜集、分析、整理所有上市公司的分行业收入数据。其次，采用经营单元数、多元化哑变量、赫芬达尔指数和熵指数这四个指标对公司的多元化程度进行衡量，四个指标的建立可以在实证中进行稳健性分析，更全面、严谨地证明本书的结论。最后，本书根据影响因变量的其他因素选取了多个控制变量，这样可以避免回归分析中的偏差，使结果更准确。

二、理论分析与研究假设

我们认为，多元化经营与内部控制有效性、相关性的理论分析主要可从以下几点展开。

（1）多元化经营、业务复杂性与会计核算。

企业进行多元化经营涉足其他行业，不管与企业原有行业相关或不相关，行业数目的增加，使得在进行会计核算和财务报表编制的时候就都更为复杂。有研究表明分行业数据的增多会增加企业财务报告出错的概率，企业的内部会计控制的难度就会相应地增大，出现内部控制缺陷的可能性也会增加，企业内部控制的有效性就会受到影响。因而，多元化经营所带来的行业数目的增加会影响企业会计核算，从而影响企业内部控制的有效性。

（2）多元化经营、业务复杂性与公司财务风险。

企业的多元化经营势必会将资金分散于多个项目，如果企业没有足够的资金基础，在遇到紧急情况的时候出现资金周转困难，导致资金链断裂，就会给企业带来严重的财务风险。另外，企业各个行业的经营都没有达到规模经济的损失大于多元化带来范围经济性所节约的成本和组织部门的增多带来管理成本和组织成本的增加，都会导致企业财务危机。企业财务危机的出现，会增加企业违规的可能，因而企业出现内部控制重大缺陷的概率也会增大，内部控制的有效性必然会受到影响。Franklin（2007）的研究就发现，存在内部控制实质性漏洞的公司往往负债程度较高，财务状况不佳。因此，多元化经营会影响企业内部控制的有效性。

（3）多元化经营、业务复杂性与公司管理者。

Chandler（1977）的研究表明多元化经营能够充分发挥经理人的管理协调能力，同样，多元化经营的范围经济性更依赖于管理者的素质和经营水平。这些都证明企业进行多元化经营的成功与失败与企业的领导人有很大的关系。管理者的精力和能力是有限的，面对多元化经营所带来的经营的范围和业务的扩大，可能会出现决策上的失误，从而导致企业无法实现既定的经营目标，而董事会和管理层合理保证经济实体的经营目标的实现是衡量内部控制有效性的标准之一。因而，多元化经营会影响企业内部控制的有效性。

（4）多元化经营、业务复杂性与公司组织结构。

公司选择多元化经营战略，涉足多个行业，而行业与行业之间会有或大或小的区别，因而为了适应公司的业务状况，在组织结构的设置上公司会做相应的调整，调整的结果有没有保证组织结构设置的科学性，是不是适合行业发展、以客户为导向、资源能够充分利用、管理运营效率能有效保证的组织架构，这些就有待时间的考证。李小香（2012）研究认为，组织架构是内部控制重要的环境因素，为内部控制活动提供了框架，是内部控制活动有效实施的基本保障。因而多元化经营在一定程度上会导致公司内部控制有效性受到影响。

现有很多研究结果表明，公司规模越大，发展越成熟，内部控制的有效性越好。朱荣恩等（2004）对152家企业的问卷调查发现，规模较大的企业内部会计控制效果要明显好于规模较小的企业。McVay和Ge（2005）的研究表明，披露重大内部控制缺陷的概率与公司规模负相关。Doyle等（2007）发现，内部控制实质性漏洞大多存在于规模小的公司。张颖和郑洪涛（2010）对内部控制有效性的影响因素的研究发现，公司规模越大，内部控制越有效，原因在于，大规模的企业有足够的资源进行内部控制建设和维护内部控制运行，而且大规模企业的内部控制经验和模式可以在公司内推广，带来规模经济效应。另外，从理论上讲，公司选择多元化经营，应该是在公司发展到一定的规模，有足够的资源条件的情况下，为了寻求更高、更广的发展而采取的经营策略。但是在我国，进行多元化经营已经形成了思维定式，公司发展多元化不是基于公司已成规模，经营已日趋成熟，具备良好的基础条件。因此，本书通过对我国上市公司的实证分析，研究我国多元化经营对内部控制有效性的影响，就应该结合我国的具体现状，即在我国现有国情下，公司多元化更多带来的是业务复杂性与风险，而非规模和效率的提升。

基于以上分析，我们认为，总体而言，多元化经营在一定程度上导致了业务复杂性，进而导致公司会计核算、财务风险、管理者能力以及组织结构调整的压力，进而导致公司内部控制有效性受到冲击。因此，我们提出如下研究假设：

H6-1：总体而言，多元化经营程度与公司内部控制有效性负相关。

第三节　研究设计

一、主要变量定义与计量

1. 内部控制有效性的变量定义与计量

内部控制有效性是对内部控制制度的建立、健全及其执行情况的衡量。在衡量内部控制有效性的时候必须考虑变量的全面性，变量要既能反映内部控制设计的合理性和完整性，又能同时反映内部控制制度的执行效率和效果。目前理论界和实务界对如何准确衡量内部控制有效性展开热烈讨论,但是基于内部控制涉及公司运营的每个方面,对内部控制有效性进行量化衡量的难度随之增加。

我们认为"是否披露内部控制鉴证报告"作为内部控制有效性的替代变量,主要有以下几点理由:①根据我国证监会和沪深两地交易所的信息披露准则和要求,鼓励上市公司自愿披露经注册会计师审计的内部控制鉴证报告。根据信息经济学的一般原理,业绩优良的企业为了消除信息不对称,更倾向于自愿披露信息以使投资者更加了解公司的经营情况。上市公司自愿披露内部控制鉴证报告可以视为一种将内部信息转化为外部信息来向外界传递内部控制有效性的主要手段。②由于披露内部控制鉴证报告存在诸如评价内部控制系统及其实施过程相关信息的准备和整理成本、注册会计师审计费用以及可能将公司专有信息泄露给竞争对手的风险等,内部控制质量较低的公司不愿意承担如此的成本来披露内部控制鉴证报告,因此,将自愿披露内部控制鉴证报告作为内部控制有效性的信号是有效的。③由于注册会计师提供了独立、专业的审计意见,因此内部控制鉴证报告能够提供更让人信任的内部控制质量信息,从而帮助投资者进行信息甄别。④披露内部控制信息能够刺激管理层改善其内部控制质量(Hermanson,2000),因此在注册会计师审计的强化下,内部控制鉴证报告的披露会让管理层更加重视内部控制质量。

同时,内部控制鉴证意见可以分为肯定意见和否定意见,鉴证意见为肯定意见则表明内部控制有效,不存在重大缺陷,否则表明存在重大缺陷。目前,我国上市公司内部控制鉴证报告存在三种情况,未披露内部控制鉴证报告、披露内部控制鉴证报告且鉴证意见为肯定意见以及披露内部控制鉴证报告且鉴证意见为否定意见,我们应设两个哑变量,但是由于样本公司中并不存在披露内部控制鉴证报告且鉴证意见为否定意见的,因此,我们仅设一个哑变量ICA,当上市公司披露内部控制鉴证报告且鉴证意见为肯定意见,ICA = 1,表明内部控制有效,内部控制有效性高;当上市公司未披露内部控制鉴证报告,则ICA = 0。

2. 多元化经营的变量定义与计量

公司多元化经营的程度既表现在所跨行业的数目,也表现在公司在各个行业的分布程度,通过计算分析企业分行业的数据可以抓住其多元化经营的主要特征,更科学地衡量多元化程度。总结国内外学者的研究方法发现,常用的衡量多元化经营的指标有:公司经营行业数目、赫芬达尔指数(Herfindahl Diversified Index)、熵指数(Entropy Diversified Index)、专业化率(Rumelt Diversified Index)等,本书拟选取以下多元化衡量指标。

(1) 经营单元数(N)。

企业所跨行业数越多,代表企业经营的业务越复杂,也代表其多元化经营程度越高。在使用的过程中,可以用企业跨行业经营的数目直接表示多元化程度,也可以采用观变量的形式表示,即跨行业经营数目大于1则表示多元化经营,如果企业经营行业数目为1,则代表专业化经营,因此跨行业数目为非连续指标,研究者根据研究需要度量多元化经营而确定项目数。以经营项目数来度量多元化经营的问题,优点在于简单易操作,但是这种度量方法并不能反映不同行业的相对重要性,只能粗略反映企业多元化经营程度的概况。

本书的行业分类采用中国证监会行业分类标准,以数量化的形式反映企业多元化程度。即上市公司跨行业经营的数目、所跨行业数目越多,多元化经营程度越大。本书根据上市公司年报中所披露的行业收入占总收入5%以上的作为一个行业数,不足5%的划入其他行业。那么,经营单元数等于公司营业收入大于或等于主营业务收入5%的所有经营单元的个数之和。显然,公司经营单元数与多元化程度成正比。

(2) 多元化哑变量 (DUM)。

多元化哑变量 (DUM) 的变量定义十分简单,在经营单元数 (N) 界定清楚的基础上,当公司经营业务单元数 (N) 大于1时,多元化哑变量 (DUM) 取值为1,此类公司为多元化公司;当公司经营业务单元数小于2时,多元化哑变量 (DUM) 取值为0,此类公司为专业型公司。显然,这样的哑变量设置十分简单,但忽略了多元化的程度。

(3) 赫芬达尔指数 (HI)。

Berry (1971) 和 Mcvey (1972) 建议运用赫芬达尔指数 (Herfindahl Diversified Index) 来衡量多元化程度。该指数可以在 SIC 分类法的基础上,反映经营项目的分布性。最初为了反映一个行业的集中程度经常采用该指数。计算企业的赫芬达尔指数可以根据各业务的销售收入比例,也可以根据各业务的资产比例。赫芬达尔指数根据如下公式计算而得:

$$HI = \sum_{i}^{n} P_i^2$$

其中,P_i 表示各个业务单元的营业收入占主营业务收入的比重。$HI = 1$ 时,表示该公司是专业化经营,HI 越接近0表示该公司的多元化程度越高。赫芬达尔指数的值介于0和1之间,与公司多元化程度成反比。

赫芬达尔指数还是得到了广泛的使用,为了考察多元化经营的情况,很多学者尤其是在20世纪90年代以后的有关多元化的实证研究基本上用的都是这种方法。该指数比跨行业经营项目数N更准确地衡量了企业的多元化程度,例如,有两个企业都在两个行业进行经营,其中一个企业两个行业的收入比为90∶10,另一个企业的收入比为50∶50,以赫芬达尔指数衡量的多元化程度是不同的,前者为 0.82，后者为 0.5，前者高于后者，即是说前者比后者更趋向于专业化，而仅仅以行业数来衡量企业的多元化程度并没有反映出这种差别。

（4）熵指数（EDI）。

Jacquemin 和 Berry（1979）认为赫芬达尔指数衡量多元化有很大的缺点，因为其具体大小取决于划分产品种类的详细程度，无法区分对企业总体多元化经营程度的贡献度与特定产品种类内次级种类的产品的多元化程度。他们提出用熵指数（Entropy Diversified Index，EDI）方法来解决这个问题。企业多元化经营的三个要素通过熵指数法可以有效地反映：一是不同行业间的相关程度；二是销售收入（或资产）的行业分布；三是企业经营的行业数量。公式如下：

$$EDI = \sum_{i=1}^{n} P_i \ln\left(\frac{1}{P_i}\right)$$

其中，P_i 表示各个业务单元的营业收入占主营业务收入的比重。

该指数和 HI 指数一样准确地衡量了企业的多元化程度。但是该指数与 HI 指数反映的多元化程度恰好相反，该指数越大，说明公司主业越不突出，多元化经营程度越高。

二、研究模型与样本数据来源

1. 研究模型

因为内部控制的有效性是二值变量，所以本书构建了 Logistic 回归模型：

$$\text{Ln}\frac{P(\text{ICA}=1)}{1-P(\text{ICA}=1)} = \beta_0 + \beta_1 \text{DIV} + \beta_2 \text{ROE} + \beta_3 \text{Grow} + \beta_4 \text{Lev} + \beta_5 \text{ITO} +$$
$$\beta_6 \text{Firsthold} + \beta_7 Z + \beta_8 \text{Indep} + \beta_9 \text{Audit} + \beta_{10} \text{Tobinq} +$$
$$\beta_{11} \text{Size} + \sum_{i=12}^{11} \beta_i \text{Industry}_i + \varepsilon_i$$

以上模型中，i 指样本，β_0 是回归方程中的常数项，β_i 是各解释变量的待估计系数，ε_i 是随机项。其中 DIV 为上述的衡量多元化经营程度的四个变量。同时，根据现有内部控制的研究，内部控制有效性与企业规模、盈利能力、股权结构、公司治理机制、所属行业等方面有重要的联系。因此，在研究内部控制质量（ICA）因素的模型中，控制了公司规模（Size）、公司经营绩效（ROE）、公司经营效率（ITO）、财务风险（Lev）、公司成长性（Grow）、托宾 Q 值（Tobinq）、股权集中度（Firsthold）、股权制衡度（Z 指数）、财务报告审计意见（Audit）、独立董事比例（Indep）以及行业（Industry）等变量的影响。各个变量的解释见表 6-1。

表 6–1 主要变量定义

	变量	符号		变量描述及计量
因变量	内部控制有效性	ICA		当上市公司披露内部控制鉴证报告且鉴证意见为肯定意见，ICA=1，表明内部控制有效，内部控制有效性高，当上市公司未披露内部控制鉴证报告，ICA=0
自变量	经营单元数		N	公司营业收入大于或等于主营业务收入 5%的所有经营单元的个数之和
	赫芬达尔指数	DIV	HI	各个业务单元的营业收入占主营业务收入的比重之和，$HI = \sum_{i}^{n} P_i^2$
	熵指数		EDI	熵指数，$EDI = \sum_{i=1}^{n} P_i \ln\left(\dfrac{1}{P_i}\right)$
	多元化哑变量		DUM	经营单元数为 1，多元化哑变量取 0，否则取 1
控制变量	行业	Industry		根据证监会《上市公司行业分类指引》做出的 13 个行业门类，由于本文剔除了金融行业，因此共取 11 个行业虚拟变量
	公司规模	Size		总资产的自然对数
	公司经营绩效	ROE		净资产收益率：净利润/平均净资产
	公司成长性	Grow		营业收入增长率＝(当期营业收入－上期营业收入)/上期营业收入×100%
	公司经营效率	ITO		存货周转率
	财务风险	Lev		资产负债率
	托宾 Q 值	Tobinq		托宾 Q 值
	财务报告审计意见	Audit		标准无保留为 1，否则为 0
	股权集中度	Firsthold		第一大股东持股总数占总股本的比例
	股权制衡度	Z		Z 指数＝公司第一大股东持股比例/第二大股东持股比例的比值
	独立董事比例	Indep		独立董事人数/董事会人数

2. 样本与数据来源

本书选取的样本分为两个部分，第一，在对于我国上市公司多元化经营现状的分析中，为了尽可能全面地了解上市公司多元化的程度和趋势，我们选取了 2009~2011 年共 3 年的沪深两市 A 股上市公司为样本。第二，由于我国上市公司在 2011 年才普遍进行内部控制鉴证工作，因此，在对相关研究假设的检验分析中，我们则选取 2011 年沪深两市 A 股上市公司为总体样本，剔除金融类上市公司样本和所有涉及变量值缺失的公司样本，最后得到 877 家上市公司样本。上市公司行业数据来源于国泰安数据库；内部控制有效性的代理变量通过手工整理获得，同时剔除了对应数据缺失的样本；其他数据来源于锐思金融研究数据库（RESSET 数据库）。

第四节 我国上市公司多元化经营现状分析

在本节中,为了较全面地分析上市公司多元化经营的程度和趋势,我们选取了 2009~2011 年共 3 年的沪深两市 A 股上市公司为样本,首先对我国上市公司多元化经营程度进行描述,然后再对多元化经营的趋势做出分析。

一、我国上市公司多元化经营程度分析

1. 我国上市公司多元化经营概况

我国上市公司开展多元化经营的方式一般存在两种:一是通过资产重组实现产业转型,这种形式比较彻底;二是通过保留主业,只是将增量资金或存量资金投资于其他关联或不关联的行业中。不管开展多元化经营的方式如何,上市公司多元化经营并非一朝一夕即可完成。表 6-2 反映了 2009~2011 年我国上市公司是否开展多元化经营的描述性统计结果。我们发现,约 50%的我国上市公司采取了多元化经营战略,而且每年的变化并不大。当然,表 6-2 中的多元化经营是通过多元化哑变量来反映的,仅能反映出是否进行了多元化经营,并不能显示出上市公司的多元化程度的高低,因此,我们需要进一步对我国上市公司多元化程度进行测度和分析。

表 6-2　2009~2011 年我国上市公司多元化经营概况

年度	多元化经营百分比 (%)	标准差	有效样本数	缺失数
2009	52.52	0.4996	912	1524
2010	51.43	0.5001	908	1526
2011	51.55	0.5000	906	1522
2009~2011	51.83	0.4998	2726	4572

2. 我国上市公司多元化经营程度测度与分析

我们将进一步通过衡量多元化经营单元数 (N)、多元化经营赫芬达尔指数 (HI) 以及多元化经营熵指数 (EDI) 来描述我国上市公司多元化经营程度,详见表 6-3。表 6-3 显示,我国上市公司所从事的经营单元数最多的为 6 个行业,最小的为 1 个行业,业务单元数的均值为 1.79 个。另外,赫芬达尔指数 (HI) 的平均值为 0.8493,比较接近 1,说明我国上市公司的多元化经营程度相对较小。

同样，熵指数（EDI）的平均值为 0.3793，相对也比较小，也印证了赫芬达尔指数（HI）所得出的结果。这说明，我国上市公司可能在资源优势、企业家能力优势、核心技术及资本运作能力方面还有欠缺，尚不能支持高度多元化经营，只能在相对较少的几个行业中涉足，取得相对较短的经济利益。另外，从 3 个衡量多元化经营程度指标的标准差来看，2009~2011 年我国上市公司多元化经营的分布波动较小，即各个公司的多元化经营程度相差不大。

表 6-3 2009~2011 年我国上市公司多元化经营程度描述性统计

变量	年度	均值	中位数	标准差	最小值	最大值	有效样本数	缺失数
经营单元数（N）	2009	1.8257	2	0.9655	1	6	912	1524
	2010	1.7885	2	0.9470	1	6	908	1526
	2011	1.7605	2	0.9663	1	6	906	1522
	2009~2011	1.7916	2	0.9597	1	6	2726	4572
赫芬达尔指数（HI）	2009	0.8423	0.8743	0.3655	0.1898	1	912	1524
	2010	0.8247	0.8804	0.3032	0.1600	1	908	1526
	2011	0.8810	0.8768	0.3820	0.1996	1	906	1522
	2009~2011	0.8493	0.8781	0.3765	0.1600	1	2726	4572
熵指数（EDI）	2009	0.3809	0.2438	0.4129	0.0001	1.8530	846	1590
	2010	0.3820	0.2356	0.4136	0.0002	1.7241	847	1587
	2011	0.3752	0.2357	0.4112	0.0002	2.0539	841	1587
	2009~2011	0.3793	0.2357	0.4112	0.0002	2.0539	2534	4764

另外，我们比较了不同板块上市公司多元化经营程度。如表 6-4 所示，不管是何种衡量经营程度的变量，主板上市公司的多元化经营程度都显著大于非主板上市公司。根据资源富余理论（Resource-based Theory），企业进行多元化经营的动因是充分利用企业的富余资源。我们认为，相对非主板上市公司，主板上市公

表 6-4 不同板块上市公司多元化经营程度的比较

Variable	主板与否	N	Mean	标准差	T-test（T 值）
经营单元数（N）	主板	2183	1.8598	0.9624	7.8307***
	非主板	543	1.5175	0.8985	
赫芬达尔指数（HI）	主板	2183	0.8465	0.3044	-2.1633**
	非主板	543	0.8706	0.2298	
熵指数（EDI）	主板	2007	0.4152	0.4146	8.6770***
	非主板	527	0.2426	0.3738	

注：***、**、* 分别表示在 1%、5%和 10%水平上显著。

司所控制的资源（包括战略优势资源、竞争性资源等）均较为丰裕。这可能导致主板上市公司更偏好多元化经营。

二、我国上市公司多元化经营趋势分析

为了研究我国上市公司多元化经营的趋势，我们选择了 2009~2011 年，多元化经营单元数（N）、多元化经营赫芬达尔指数（HI）以及多元化经营熵指数（EDI）作为上市公司多元化经营程度的测度指标，计算了样本公司分年度多元化经营指标平均数，进行趋势分析，如图 6-1、图 6-2、图 6-3 所示。

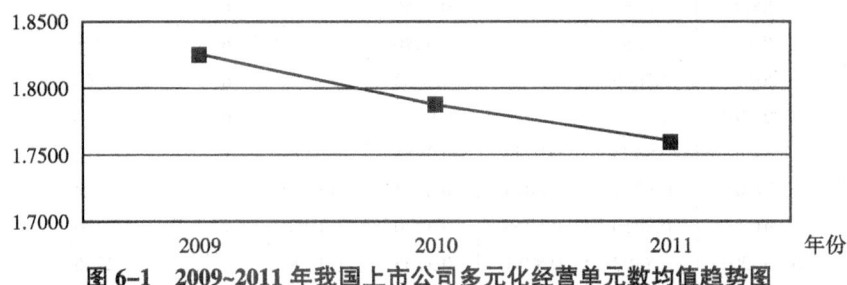

图 6-1 2009~2011 年我国上市公司多元化经营单元数均值趋势图

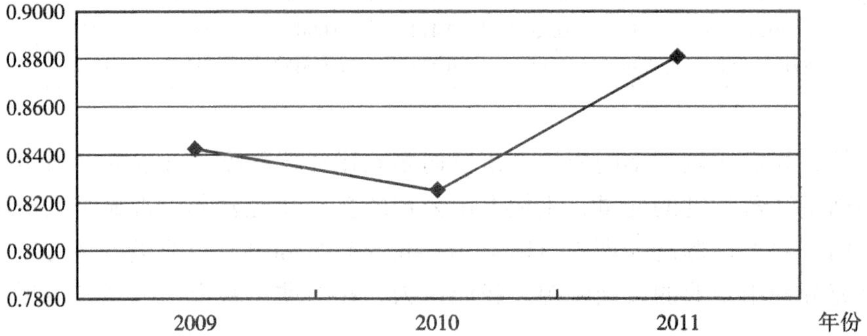

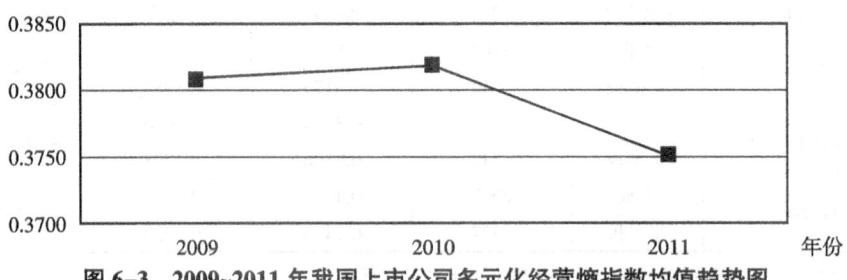

图 6-2 2009~2011 年我国上市公司多元化经营赫芬达尔指数均值趋势图

图 6-3 2009~2011 年我国上市公司多元化经营熵指数均值趋势图

以上分别是2009~2011年我国上市公司多元化经营单元数、多元化经营赫芬达尔指数以及多元化经营熵指数均值趋势图，从图6-1中可以看出，我国上市公司所涉及的行业数目在逐渐下降。图6-2中，我国上市公司的多元化经营赫芬达尔指数在2010年稍有下降，然后在2011年相对大幅上升。由于多元化经营赫芬达尔指数与多元化经营程度负相关，因此表明我国上市公司的多元化经营程度总体上有下降的趋势。而图6-3中的多元化经营熵指数的变化趋势正好与图6-2的多元化经营赫芬达尔指数相互印证，进一步确认了我国上市公司在2009~2011年存在多元化经营程度下降的趋势，即上市公司不断调整其业务，使其从事的业务不断趋于集中，有一定程度的"归核化"趋势。纵观中外企业发展历史，多元化经营是一个企业成长过程中不可回避的，这一观点在发达国家的企业已经基本得到证实，西方国家的公司曾在20世纪90年代初逐步回归主业。企业追求发展和可持续成长就必然会走向多元化经营，但是多元化经营是有条件的，不具备条件而盲目过早进入多元化经营领域，在经过了市场的考验之后必然会有所调整，剥离一些不相关的业务，回归核心业务。

第五节　实证检验结果

为了使我国企业的多元化经营是否对内部控制的有效性产生影响这个研究的结果更具有可靠性，此节我们以2011年沪深两市非金融类上市公司为样本，首先以"上市公司是否披露内部控制鉴证报告且鉴证意见为肯定意见"为标准，将样本分为两组，并检验两组的多元化经营程度的均值差异，其次讨论相关变量的相关性问题，最后通过回归分析来检验上文所提及的研究假设。

一、单变量均值检验

从表6-5可以看出，内部控制有效性好的上市公司，即披露内部控制鉴证报告且鉴证意见为肯定意见的上市公司有272家，内部控制有效性不好的上市公司有565家，说明我国披露内部控制鉴证报告的上市公司还不是很多，大多数上市公司的内部控制都还没有规范。另外，披露内部控制鉴证报告且鉴证意见为肯定意见的上市公司的经营单元数（N）、熵指数（EDI）和多元化哑变量（DUM）的平均值都小于没有披露内部控制鉴证报告且鉴证意见的上市公司。披露内部控制鉴证报告且鉴证意见为肯定意见的上市公司的赫芬达尔指数（HI）的平均值大于没有披露内部控制鉴证报告且鉴证意见的上市公司，这说明内部控制的有效性好的上市公司多元化程度低于内部控制有效性不好的企业。这与本书的假设是吻合的。

表 6-5 单变量检验

多元化程度	是否披露内部控制鉴证报告且鉴证意见为肯定意见	N	Mean	T-test
多元化哑变量 DUM	ICA=0	565	0.5521	3.123***
	ICA=1	272	0.4081	
多元化经营单元数（N）	ICA=0	565	1.7894	2.89***
	ICA=1	272	1.5956	
多元化经营赫芬达尔指数（HI）	ICA=0	565	0.7689	-3.29***
	ICA=1	272	0.8241	
多元化经营熵指数（EDI）	ICA=0	565	0.4087	2.845***
	ICA=1	272	0.3228	

注：***、**、* 分别表示在 1%、5%和 10%水平上显著。

二、相关性检验

根据变量之间的相关系数检验（见表 6-6），初步得到以下结果：①公司规模（Size）与衡量多元化程度的四个指标之间没有显著的相关关系，因而，我们假设的基础便是成立的，这为进一步验证多元化与内部控制有效性的负相关的假设提供了更多被证明的可能性。②多元化程度的四个指标之间均高度相关，Pearson 系数都在 0.8 以上。③多元化经营熵指数、经营单元数和多元化哑变量与是否披露内部控制鉴证报告且鉴证意见为肯定意见之间负相关，赫芬达尔指数与披露内部控制鉴证报告且鉴证意见为肯定意见正相关，这与我们的假设是相符的，即多元化经营程度与内部控制有效性负相关。这些结论证实了在第三节中的理论分析以及研究假设的合理性，但是，这仅仅是两个变量之间的相互关系，没有考虑其他变量影响，我们将在下面的 Logistic 回归分析中进一步检验假设。

三、回归分析

1. 上市公司是否多元化经营对内部控制有效性的影响

我们以多元化哑变量（DUM）作为反映上市公司是否多元化经营的代理变量，在控制了公司财务方面的因素，如公司规模（Size）、公司经营绩效（ROE）、公司经营效率（ITO）、财务风险（Lev）、公司成长性（Grow）、托宾 Q 值

表6-6 Pearson (Spearman) 相关系数

	ICA	ROE	Grow	Lev	ITO	Tobinq	Firsthold	Z	Indep	Audit	Size	N	EDI	HI	DUM
ICA	1.000	0.074***	-0.021	-0.100***	-0.014	-0.058***	0.066***	-0.091***	0.108***	0.142***	0.020	-0.104***	-0.096***	0.054	-0.100***
ROE	0.114***	1.000	0.015	-0.148***	0.002	-0.119***	0.075***	-0.045**	0.052**	0.238***	0.038*	0.037	0.059*	-0.059*	0.019
Grow	0.110***	0.342***	1.000	-0.005	0.000	0.220***	-0.035*	-0.017	0.025	-0.119***	-0.081***	0.010	0.025	-0.009	0.037
Lev	-0.155***	-0.071***	-0.083***	1.000	-0.014	0.278***	-0.043**	0.038*	-0.065***	-0.351***	0.020	-0.009	0.008	0.006	0.017
ITO	0.001	0.043**	0.095***	0.015	1.000	-0.008	0.017	-0.010	0.008	0.008	0.007	-0.028	-0.033	0.001	-0.037
Tobinq	-0.057***	-0.009	0.066***	-0.361***	-0.037*	1.000	-0.084***	-0.037*	-0.022	-0.306***	-0.224***	-0.006	0.002	-0.009	0.030
Firsthold	0.099***	0.152***	0.050**	0.009	0.057***	-0.163***	1.000	0.368***	0.080***	0.135***	0.270***	-0.004	-0.002	-0.012	0.021
Z	-0.127***	-0.077***	-0.064***	0.202***	-0.007	-0.109***	0.547***	1.000	-0.031	0.042**	0.160***	0.057*	0.046	-0.017	0.086***
Indep	0.103***	0.078***	0.054**	-0.137***	-0.026	0.017	0.076***	-0.044**	1.000	0.035*	-0.005	0.015	-0.034	0.010	-0.001
Audit	0.142***	0.161***	0.129***	-0.205***	-0.015	-0.167***	0.173***	0.047**	0.032	1.000	0.188***	0.069**	0.069**	0.003	0.027
Size	-0.033	0.038*	-0.026	0.458***	0.068***	-0.438***	0.223***	0.226***	-0.062***	0.154***	1.000	0.056*	0.043	0.008	-0.005
N	-0.121***	0.026	0.016	0.010	-0.069**	-0.001	-0.015	0.075***	-0.003	0.060*	0.045	1.000	0.919***	-0.131***	0.763***
EDI	-0.118***	0.028	0.026	0.040	-0.046	-0.029	-0.032	0.048	-0.040	0.061*	0.065*	0.901***	1.000	-0.950***	0.836***
HI	0.108***	-0.021	-0.003	-0.024	0.062*	0.023	0.033	-0.052	0.024	-0.060*	-0.042	-0.841***	-0.983***	1.000	-0.037
DUM	-0.100***	0.027	0.015	0.026	-0.060*	0.017	-0.001	0.086***	-0.011	0.027	0.015	0.897***	0.868***	-0.826***	1.000

注：*** 表示在1%水平上显著，** 表示在5%水平上显著，* 表示在10%水平上显著。

(Tobinq)、公司治理方面的因素，如股权集中度（Firsthold）、股权制衡度（Z指数）、财务报告审计意见（Audit）、独立董事比例（Indep），以及行业（Industry）等变量的前提下，利用 Logistic 回归模型研究"上市公司是否多元化经营对内部控制有效性的影响"这一问题。回归结果如表 6-7 所示。从中我们可以发现，多元化哑变量（DUM）与内部控制有效性显著负相关，即说明上市公司采取多元化经营战略将会对内部控制的有效性产生负面作用，这个结果支持了本书提出的研究假设 6-1。

表 6-7 上市公司是否多元化经营对内部控制有效性影响的回归分析

	β	Wals	Sig.
常量	−6.991***	14.567	0.000
DUM	−0.356**	5.107	0.024
ROE	0.007	1.183	0.277
Grow	−0.001	0.473	0.492
Lev	−0.009**	4.020	0.045
ITO	0.000	0.172	0.678
Firsthold	1.414**	4.324	0.038
Z	−0.010***	8.986	0.003
Indep	0.027***	9.745	0.002
Audit	0.614	1.321	0.250
Tobinq	−0.073	1.172	0.279
Size	0.225***	7.953	0.005
Industry		控制	
Chi-square		92.92***	
NagelkerkeR^2		0.14	
n		877	

注：*** 表示在 1% 水平上显著，** 表示在 5% 水平上显著，* 表示在 10% 水平上显著。

2. 上市公司多元化经营程度对内部控制有效性的影响

我们以多元化经营单元数（N）、多元化经营赫芬达尔指数（HI）以及多元化经营熵指数（EDI）作为上市公司多元化经营程度的测度指标，在控制多种变量下，研究上市公司多元化经营程度对内部控制有效性的影响。表 6-8 显示，经营单元数（N）以及熵指数（EDI）均与是否披露内部控制鉴证报告且鉴证意见为肯定意见（ICA）显著负相关，即多元化程度与内部控制有效性负相关，说明多元化程度越高，对内部控制有效性的负面影响越大。作为另一种衡量多元化程度的变量——赫芬达尔指数（HI）与是否披露内部控制鉴证报告且鉴证意见为肯定意见（ICA）显著正相关。由于赫芬达尔指数（HI）越大，说明多元化程度越小,则上述结果同样也说明了多元化程度越高,对内部控制有效性的负面影响越大,又一次验证了我们所提出的研究假设。

表6-8 上市公司多元化经营程度对内部控制有效性影响的回归分析

	因变量:ICA					
	模型1		模型2		模型3	
	β	Wals	β	Wals	β	Wals
常量	−7.081***	14.935	−7.505***	16.708	−7.854***	16.524
N	−0.238***	7.733				
HI			0.519	2.796*		
EDI					−0.404**	3.788
ROE	0.007	1.164	0.008	1.392	0.007	1.033
Grow	−0.001	0.538	−0.001	0.562	0.000	0.006
Lev	−0.009**	4.216	−0.009**	4.280	−0.010**	4.449
ITO	0.0002	0.174	0.000	0.171	0.000	0.159
Firsthold	1.324*	3.773	1.425**	4.393	1.247*	3.176
Z	−0.010***	8.984	−0.011***	9.884	−0.010***	7.107
Indep	0.028***	10.029	0.027***	9.635	0.030***	11.250
Audit	0.641	1.448	0.603	1.273	0.874	2.226
Tobinq	−0.072	1.116	−0.076	1.244	−0.073	1.104
Size	0.241***	9.003	0.222***	7.751	0.244***	8.513
Industry	控制		控制		控制	
Chi-square	95.831***		92.586***		88.967***	
NagelkerkeR^2	0.144		0.14		0.144	
n	877		877		814	

注:*** 表示在1%水平上显著,** 表示在5%水平上显著,* 表示在10%水平上显著。

第六节 本章小结与讨论

本章以2011年非金融类上市公司为研究样本,讨论了公司多元化经营对内部控制有效性的影响。研究发现,公司多元化经营对内部控制有效性有消极影响,进一步的稳健性检验也证明了这一点。

研究结论说明,我国企业进行多元化经营是存在一定的风险的,企业需要根据自身情况,制定合理的多元化战略,同时,进行多元化经营的公司需要具备充足的资金基础，防止财务危机的发生；具备合适的领导人，防止公司经营目标的偏离；具备良好的会计核算制度，防止财务报告出错；具备合理的公司组织结构，防止公司内部信息交流的不对称和资源利用的 X-非效率。总之，进行多元化经营的公司要加强公司内部控制，包括内部会计控制和内部管理控制，从而更有效地保证多元化的实施，保证公司目标的实现。

本章的不足之处在于，样本只选取了一年的数据，仅为 837 家公司，还不能准确地说明问题。另外，将公司多元化一概而论，没能从纵向多元化和横向多元化对内部控制有效性的影响程度进行区别，希望在以后的研究中可以说明。

第七章 内部控制有效性与机构投资者持股决策：基于机构投资者异质性的视角

本章以 2009 年沪深两市非金融类上市公司为研究样本，以自愿披露内部控制鉴证报告意见作为内部控制有效性的替代变量，在主要以独立性为标准将机构投资者划分为独立机构投资者和灰色机构投资者的基础上，讨论了内部控制有效性对异质的机构投资者持股决策的影响。研究发现，内部控制有效性程度越高，总体机构投资者持股比例就越高；同时，异质的机构投资者对于内部控制有效性程度的偏好存在差异，即独立机构投资者偏好投资有效的内部控制的公司，而灰色机构投资者则并不关注内部控制有效性。为了使研究结果更稳健，在控制了自选择偏误后，我们发现内部控制有效性更显著地影响了机构投资者持股决策，从而更有力地支持了上述研究结果。

第一节 引言

2011 年 8 月 17 日，《上海证券报》的一篇名为《紫鑫药业炮制惊天骗局，自导自演上下游客户》（徐锐等，2011）的万字调查报告似乎验证了之前网络上悄然传出的"紫鑫药业空卖空买人参"的传闻。该文一出，无疑给紫鑫药业投下一记重磅炸弹，该公司随即停牌。在此之前，在冠以"人参概念第一金股"的光环下，紫鑫药业 2010 年实现营收 6.4 亿元，同比增长 151%，实现净利 1.73 亿元，同比大增 184%。公司二级市场股价从此也一路飙升。从 2010 年下半年到 2011 年 7 月，紫鑫药业暴涨了 300%，股价直冲 40 元，上演了一轮波澜壮阔的"大牛"行情。其间，公司成功以 20.05 元的价格增发，再融资 10 亿元。正是在此期间，大批机构投资者介入紫鑫药业。

《上海证券报》的这份报告指出，紫鑫药业 2010 年营业收入的前五名重要客户均与紫金药业有着千丝万缕的关联。多家公司最终均直接指向紫鑫药业实际控制人郭春生或其家族,这些公司的注册、变更、高管、股东等信息中无不存在紫鑫药业及其关联方的影子。例如,紫鑫药业第一大客户四川平大生物已被紫鑫药业全盘控制;第二大客户亳州千草药业是紫鑫药业的孙公司;第三大客户吉林正德药业有紫鑫药业大股东隐现其中;除上述前三大客户之外,第四大客户通化立发人参贸易有限公司和第五大客户通化文博人参贸易有限公司等紫鑫药业多家客户公司的注册时间、地点、注册资本甚至员工人数均惊人相似,疑似紫鑫药业一手操纵的皮包公司。不仅是下游客户,就连上游客户,也全都和紫鑫药业有着千丝万缕的联系,最终的控制人也都指向了紫鑫药业实际控制人郭春生。

《中国证券报》2011年10月20日刊文指出,[①]"由于涉嫌空买空卖人参而停牌的紫鑫药业(002118)公布了2011年三季报,公司前三季度业绩倍增,但机构投资者大幅减持公司股票。三季报显示,今年前三季度,紫鑫药业实现营业总收入5.36亿元,同比增长106.70%;实现归属于上市公司股东的净利润1.59亿元,同比增长153.05%。基本每股收益0.31元。但在第三季度,紫鑫药业实现营业总收入1.66亿元,同比增长13.76%;实现归属于上市公司股东的净利润4708.98万元,同比增长29.27%。紫鑫药业货币资金期末余额6.09亿元,较期初减少56.79%。存货期末余额7.63亿元,较期初增加340.99%"。该篇报道进一步说明:"2011年8月初,有报道称,紫鑫药业注册空壳公司,空买空卖人参大肆造假。紫鑫药业自2011年8月17日起停牌,至今未复牌。值得注意的是,对比紫鑫药业半年报和三季报,机构投资者已经大幅减持紫鑫药业。紫鑫药业三季度的股东数据显示,交通银行—泰达宏利持股数由433.79万股减至310.1万股,而二季度新进的招商银行华富成长趋势、工商银行浦银安盛价值成长已经不在前十大流动股东行列,银河证券客户信用交易担保证券账户的持股数由168.8万股减至51.31万股。"我们进一步对比紫鑫药业2011年半年报和三季报,发现机构投资者反而大幅减持紫鑫药业。此外,半年报中显示的4家机构投资者减持的幅度存在较大差异,其中2家全部退出,而另2家则部分减持。

上述案例及已有研究显示,机构投资者对于具有利润操纵行为的公司会退避三舍,而更偏好那些信息披露透明、财务信息真实完整的上市公司(Bushee和Noe,2000;唐松莲和胡奕明,2011),不同的机构投资者对于相同的信息也会有不同的反应(Bushee,1998)。从理论上讲,有效的内部控制不仅能够合理保证上市公司财务及其相关信息的真实完整,而且能在很大程度上抑制上市公司的利润操纵或盈余管理行为(方红星和金玉娜,2011)。因此,我们可以推论:机构投资者不仅偏好那些披露真实完整财务信息的上市公司,而且其持股决策也会受

---

① 李少林. 机构投资者大幅减持紫鑫药业[N]. 中国证券报,2011-10-20.

到上市公司内部控制有效性的影响。

从当前相关文献来看，内部控制有效性与机构投资者持股偏好的相关性研究还有待拓展。第一，根据内部控制有效性的相关研究成果，有效的内部控制能够影响多类证券市场参与者的行为。例如有效的内部控制能够减少管理层盈余管理行为（方红星和金玉娜，2011；Doyle 等，2007；Ashbaugh-Skaife 等，2008）和大股东通过关联交易来侵害中小股东利益的行为（Kohlbeck 和 Mayhew，2004），能够降低审计师的审计收费（Hogan 和 Wilkins，2008；Hoitash 等，2008），引致债权人制定更为宽松的债务契约条款（Anna 和 Wittenberg，2011）和评级机构给予更高的信用等级（Mohanmed，2009）等。虽然 Hammersley 等（2008）、Ashbaugh-Skaife 等（2009）、董望与陈汉文（2011）注意到了内部控制有效性对一般股权投资者投资行为的影响，但鲜有研究论及内部控制有效性对专业化的投资机构——机构投资者持股决策的影响。第二，根据机构投资者持股偏好的相关研究成果，机构投资者不仅重视公司的财务状况，而且还重视上市公司的公司治理状况（Giannetti 和 Simonov，2006；高雷等，2006）。虽然公司治理与内部控制有着千丝万缕的联系，但直接考察机构投资者对于内部控制有效性的偏好这一论题一直被忽略。因此，本章拟通过研究上市公司内部控制有效性对机构投资者持股决策的影响，来探讨机构投资者的内部控制有效性偏好。另外，不同类型的机构投资者存在异质性，即他们具有不同的投资策略、管理模式和资金规模。那么，不同类型的机构投资者是否会在持股决策中对内部控制有效性有不同的考虑？本章也将对此问题进行探讨。

为了研究内部控制有效性对于机构投资者持股决策的影响，通常采用在研究模型中加入衡量内部控制有效性的变量，检验该变量系数估计值的显著性。若该估计值显著不为零，则说明内部控制有效性影响了机构投资者的持股决策。但这种方法的前提是，上市公司是随机披露内部控制信息的。然而，越来越多的研究表明机构投资者持股比例越大，其在公司治理中越有动力发挥积极的监督作用。例如，机构投资者持股越多，上市公司的信息披露越透明（薄仙慧和吴联生，2009）。也就是说，由于受到机构投资者的治理作用，上市公司并不是随机披露内部控制信息的，这就可能存在自选择（Self Selection）问题。如果在研究方法上不考虑自选择问题，研究结论可能存在一定的偏误。因此，我们将采用两阶段回归的方法，在控制了自选择偏误后，研究上市公司内部控制有效性对机构投资者持股决策的影响，并进一步考察异质的机构投资者对于内部控制有效性偏好的差异。

本章其余部分安排如下：第二节为理论分析与假设发展，第三节为基于异质性视角的我国机构投资者持股现状，第四节为研究设计，第五节为实证检验结果分析,第六节为本章研究结论小结与讨论。

第二节 文献综述、理论分析与假设发展

一、相关文献综述

近年来,越来越多的国内外学者关注对内部控制有效性的研究,内部控制质量与盈余质量、信息不对称和大股东机会主义行为等方面的关联性成为研究的重点。第一,在内部控制有效性与盈余管理关联性研究方面,Doyle等(2007)以2002年8月至2005年11月至少披露一次内部控制重大缺陷的公司为样本,研究了应计质量与内部控制有效性的关系。他们研究发现内部控制重大缺陷一般与较差的预计应计项目质量相联系。Ashbaugh-Skaife等(2008)认为内部控制的无效将导致有意或者无意的财务报告错报。他们发现,那些披露重大内部控制缺陷的公司具有较差的盈余质量。Chan等(2008)发现存在内部控制缺陷的公司与没有内部控制缺陷的公司相比,盈余管理程度更高。张龙平等(2010)发现内部控制鉴证提升了公司会计盈余质量。方红星、金玉娜(2011)发现高质量内部控制能够抑制公司的会计选择盈余管理和真实活动盈余管理。第二,在内部控制有效性与信息不对称关联性研究方面,Hermanson(2000)认为,上市公司披露的内部控制报告本身就能为投资者提供已审财务报表以外的额外信息,减少了上市公司与投资者之间的信息不对称。Altamuro和Beatty(2010)也发现内部控制监管降低了信息不对称程度,从而提高了信息质量。Hammersley等(2008)发现,上市公司内部控制缺陷的严重性、可审计性等特征具有一定的信息含量。低有效性的内部控制将导致不可信任的财务报告,从而增加了投资者的信息不对称风险,进而导致更严格的债务契约条款(Anna和Wittenberg,2011)、更低的信用评级(Mohanmed,2009)、较高的股权融资成本(Ashbaugh-Skaife,2009)和下调的分析师盈利预测(Beneish等,2008)。第三,在内部控制有效性与大股东机会主义行为关联性研究方面,Kohlbeck和Mayhew(2004)发现,内部控制中的内部监督要素与关联交易紧密相关,企业可以通过设置相关内部监督机制来阻止大股东通过关联交易转移公司资源。刘建民、刘星(2007)发现,作为内部控制环境的公司高层管理人员薪酬激励政策可以有效抑制关联交易的规模。杨德明、林斌和王彦超(2009)发现,内部控制有效性的提高有助于抑制大股东资金占用。

关于机构投资者持股方面的研究，现有文献的理论视角和侧重点可以分为两个方面。第一方面是研究机构投资者持股偏好问题。多数研究显示，机构投资者明显偏好那些风险小、规模大、流动性强、股利支付高、盈余质量较高、信息披露和公司治理结构良好的公司。Badrinath 等（1989）研究发现，机构投资者偏好持有规模大、超额回报高、β 值大、流动性强、获得 S&P 高评级、上市时间长的股票，避免持有收益率波动性高的股票。Grinstein 和 Michaely（2005）研究发现，上市公司股利政策会影响机构投资者持股决策，机构投资者会避开那些不支付股利的公司。王鸿等（2011）发现，机构投资者回避了那些盈余波动较大、盈余质量较差的公司股票。姚瑶（2010）研究发现，机构投资者更偏好于投资未发生财务重述的公司。唐松莲和胡奕明（2011）发现，在信息透明度评级较高的公司，机构持股比例会较高、持股机构数目会较多。Coval 和 Moskowitz（1999）发现，由于信息不对称的原因，美国共同基金偏好投资总部设在当地的公司。Bushee 和 Noe（2000）发现公司披露水平排名越高，机构投资者的持股比例越高。肖星和王琨（2005）发现，证券投资基金注重公司外部董事的比例及董事会成员的专业技术水平，偏好投资治理结构优良的公司。高雷、何少华、殷树喜（2006）发现，董事会、信息披露、投资者保护等公司治理机制对机构投资者持股偏好产生影响。第二方面是研究机构投资者持股的公司治理作用。研究发现，机构投资者由于持股比例较大，并且在信息收集和分析方面具有优势，因此他们可以识别管理层的机会主义行为，不仅能够提高财务绩效（Elyasiani，2010），还能改善公司治理（Cheng 等，2010）。薄仙慧、吴联生（2009）和程书强（2006）研究发现，机构持股比例越高，越能有效地抑制操纵应计利润的盈余管理行为，增强盈余信息的真实性，提高信息披露质量。

综合以上内部控制有效性和机构投资者的研究现状，我们发现虽然学者们已经开始关注内部控制有效性对一般股权投资者、一般债权人、证券分析师、评级机构决策的影响，但内部控制有效性对机构投资者持股决策的影响却被忽略了。同时，虽然学者们认为机构投资者更偏好持有那些盈余质量较高、信息披露和公司治理结构良好的公司股票，但机构投资者是否也偏好具有高质量内部控制（有效内部控制）的公司股票的问题却少有文献论及。

二、理论分析与假设发展

根据现有的研究成果，我们认为内部控制有效性可能通过如下几个途径影响机构投资者的持股决策。①高质量的内部控制能让机构投资者在决策中更信任公司的财务绩效。有效的内部控制能够在一定程度上抑制公司的盈余管理行为，而机构投资者更偏好财务绩效优秀、盈余质量高的公司股票，因此内部控制有效性越高，则公司的盈余质量越高，进而越会引发机构投资者的持股行为。②有效的内部控制能够减少机构投资者与公司间的信息不对称。包括财务报告在内的信息披露是上市公司向信息使用者提供信息交流的重要机制。内部控制有效性的低下增加了外部信息使用者的信息不对称风险，进而直接影响到相关信息使用者的决策，表现为更高的资本成本、更低的盈利预测和更差的信用评级等。因此，作为重要信息使用者的机构投资者也会由于信息不对称程度的加大而调减其持股比例。③有效的内部控制能够在一定程度上保护机构投资者的利益。有效的内部控制能够抑制大股东的机会主义行为。大股东机会主义行为的泛滥将减损公司价值，严重损害包括机构投资者在内的投资者利益。因此，为了保护自身的投资利益，机构投资者会选择内部控制有效性较高的公司。基于上述分析，我们提出假设 7-1：

H7-1：内部控制有效性越高，总体机构投资者所持该公司的股票比例越高。

鉴于投资环境和投资契约限定等多方面因素，不同机构投资者在投资目的和投资行为等方面存在很大的差异（Sahut 和 Othmani，2010）。例如，Bushee（1998）依据投资模式的不同将机构投资者分为短暂型（Transient）、准指数型（Quasi-indexers）和专注型（Dedicated）。Bushee 等（2000）发现，短暂型和准指数型机构投资者会增持披露质量高的公司，而专注型机构投资者对信息披露质量水平的高低或改变都不敏感。Zheng 等（2010）发现 CEO 薪酬与短暂型机构投资者持股比例有显著正相关关系，但与其他类的机构持股比例没有显著关系。唐松莲、胡奕明（2011）采用类似的分类方法，发现短线机构投资者更偏好信息透明度评价较高的公司，而长线机构投资者并不会基于信息透明度评级的变化来调节其持股比例。从上述文献可以看出，如果仅将机构投资者作为一个研究整体来看的话，将会掩盖机构类型之间的异质性，也就可能得出不同的研究结论（Bushee，1998）。同理，在我们考察机构投资者的内部控制质量偏好时，也十分有必要考虑机构投资者的异质性。关于机构投资者的异质性，Brickley 等（1988）注意到了机构投资者的独立性问题，他们依据机构投资者与持股公司是否存在商业关系，将机构投资者分为了压力敏感型（Pressure-sensitive）和压力抵制型（Pressure-resistant）。前者以银行、保险公司和其他机构为代表，其与持股公司存在或潜在存在商业关系，因此又被其他学者称为"灰色机构投资者"（Gray Institutional Investors）；后者以证券投资基金和独立投资顾问为代表，其与持股公司一般不存在商业关系，因此又被其他学者称为"独立机构投资者"（Independent Institutional Investors）（Almazan 等，2005；Chen 等，2007）。按照这种分类，研究发现独立机构和灰色机构在参与公司治理的作用是不同的。例如，Brickley 等

(1988)发现,为了维持已存或潜在的商业关系,非独立的银行和保险公司在反收购修正案中会比其他机构更加支持管理层的决定。Almazan 等(2005)发现,独立机构投资者持股比例越大,对高管薪酬的限制要求就越多。Chen 等(2007)认为独立机构比灰色机构在监督管理层方面更加积极。Cornett 等(2007)发现,公司的经营现金流量资产收益率与独立机构持股比例和机构个数显著正相关。Ferreira 等(2008)发现,国外机构和独立机构持股比例越高的公司,其具有更大的企业价值和经营业绩以及更低的资本支出。Barabanov 等(2008)发现,独立机构(如独立投资咨询师和证券投资基金)比银行、保险公司等更能在诉讼开始前就减少或者消除他们在被诉公司的持股比例。Sahut 和 Othmani(2010)发现,独立机构的治理行为能够显著积极影响公司业绩。

另外,也有研究发现不同的机构投资者的投资偏好也存在差异。例如,Ferreira 等(2008)发现,虽然独立机构和灰色机构都偏好规模较大和公司治理较好的公司,但两者对于公司流动性的偏好存在显著差异。那么,不同的机构投资者对于内部控制有效性的偏好是否也有差异呢?目前还鲜有文献论及这个问题。已有研究发现,灰色机构投资者由于与持股公司一般有较为紧密的商业关系,因此他们相对具有信息优势。例如,Lummer 和 McConell(1989)研究发现,银行通过其与客户的信贷关系获取了信息优势;Kim 和 Nofsinger(2005)发现与日本经联会附属公司(Keiretsu-affiliated Firms)有交易联系的机构比那些独立机构具有更大的价格影响力,这意味着与经联会相联系的机构投资者可以获取比其他投资者更多关于经联会企业的私人信息。因此,我们认为,灰色机构与持股公司之间的商业关系或利益联系,使灰色机构容易取得也愿意去取得其投资组合中公司的私人信息,而对于能够合理保证盈余质量、减少信息不对称的公开内部控制有效性信息可能并不会关注。相反,对于与持股公司不存在商业关系的独立机构投资者,他们获取公司内部私有信息困难相对较大,从而加大了信息不对称风险。而有效的内部控制有利于降低盈余管理,提高财务报告的可靠性,增加信息披露的透明度,这就为独立机构投资者做出有效持股决策提供了重要保障,因此他们会更关注持股公司的内部控制有效性。基于此,我们提出假设:

H7-2:对于独立机构投资者,内部控制有效性越高,则其持股比例越高。

H7-3:对于灰色机构投资者,内部控制有效性对其持股比例没有影响。

第三节 我国机构投资者持股现状：基于异质性的视角

虽然机构投资者均具有集合投资的规模性、代客理财的中介性、投资运作的专业性以及股权投资的收益性等一般属性，但鉴于投资环境和投资契约限定等多方面因素，不同机构投资者在投资目的和投资行为等方面存在很大的差异(Sahut 和 Othmani, 2010)，即机构投资者具有异质性。在 20 世纪 90 年代以前，关于机构投资者的研究还没有注意到他们的异质性问题，均将其视为一个整体来做相关研究。随着人们对于机构投资者认识的不断加深，机构投资者的不同类型也逐渐被发现。目前，对于机构投资者的分类有着诸如不同的机构组织、国别属性、持股数量与时间、独立性等分类标准。本节将从"机构组织"、"持股数量"以及"机构独立性"三个异质性的视角，从整体对我国机构投资者持股现状做一个简要的梳理和分析。

一、不同机构组织视角下的机构投资者持股现状

机构投资者是一个比较宽泛的概念，虽然有很多学者对其进行了描述，但并未形成一个统一的定义。一般认为，机构投资者是区别于个人投资者的、资金由专业人士和机构管理并投资的组织，即机构投资者具有明显的机构组织特性。根据不同的机构组织特征，机构投资者可以分为证券投资基金、券商、社保基金、合格的境外机构投资者（QFII）、保险公司、财务公司、企业年金和信托公司等。

1. 证券投资基金

当前，证券投资基金已经成为中国证券市场上最重要的机构投资者之一。1991 年 10 月，"武汉证券投资基金"和"深圳南山风险投资基金"分别经中国人民银行武汉分行和深圳市南山区人民政府批准设立，成为我国证券市场第一批基金。虽然不能武断地说中国证券投资基金是在 1997 年 11 月 14 日颁布《证券投资基金及管理暂行办法》之后才得以真正规范，但该法规的颁布无疑标志着中国证券投资基金行业由过去的萌芽混乱状态，迈入了规范发展阶段，并逐渐进入了发展的快车道。1998 年 3 月，中国第一家规范运作的基金公司——南方基金管理公司正式成立，随后发起并设立了国内第一只规范的封闭式基金——基金开元。2000 年 10 月证监会发布《开放式证券投资基金试点办法》，对我国开放式基金的设立、运作及其相关活动进行了详细的规定，为开放式基金正式登上我国证

券市场提供了制度保障。2001年9月21日,作为国内第一只开放式基金,华安基金旗下的华安创新证券投资基金正式设立,并首次成功募集50亿份基金单位。2002年9月,第一只债券型基金,南方基金管理公司旗下的南方宝元首次成功募集49亿元。2002年10月,第一只指数型基金,华安基金管理公司旗下的华安上证180指数增强型基金正式设立。2003年12月,第一只货币型基金,华安基金管理公司旗下的华安现金富利基金在传统资金最紧张的12月,创下了两周募集42.54亿元、认购12万户的纪录。

  2004年6月1日《证券投资基金法》的正式实施,使我国基金的发展进入了一个崭新的阶段。2004年6月,南方基金管理公司推出了国内第一只保本型基金——南方避险增值基金。同年10月,又推出了第一只上市型开放式基金[①](Listed Open-ended Funds, LOF)——南方基金配置。2005年2月,第一只交易型开放式指数基金[②](Exchange Traded Funds, ETF)——上证50ETF在上海证券交易所上市交易并开展申购、赎回业务。2006年5月,第一只生命周期基金——汇丰晋信2016生命周期基金正式成立。同年7月,第一只复制基金——南方稳健成长2号基金成立;11月,第一只"合格境内机构投资者"(Qualified Domestic Institutional Investor, QDII)基金——华安国际配置基金正式成立。2007年7月,第一只创新型封闭式基金——大成优选股票型证券投资基金获准发行,募集规模46.74亿元;同年11月,第一只股票型QDII基金产品——南方全球精选配置,首发募集规模300亿元。上述诸多的"第一"勾勒了中国证券投资基金蓬勃发展的轨迹。据中国基金业协会网站公布的2014年3月中国证券投资基金市场数据表明,截至2014年3月底,我国境内共有公募基金管理人94家,其中基金管理公司91家,包括合资公司48家,内资公司43家,取得公募基金管理资格的证券公司3家。管理资产合计47365.17亿元,其中管理的公募基金规模34707.34亿元,非公开募集资产规模12657.83亿元(如表7-1所示)。

  据统计(如表7-2所示),截至2013年12月31日,证券投资基金平均持股3.9%,占所有机构投资者持股比例的29.66%,与其他类型机构投资者相比,证券投资基金无疑已经成为我国持有上市公司股权比例最大的机构投资者。同时,证券投资基金持股上海交易所公司的比例显著小于持股深圳交易所公司比例,持

---

  ① LOF是一种可以同时在场外市场进行基金份额申购或赎回,并通过份额转托管机制将场外市场与场内市场有机联系在一起的一种开放式基金。
  ② ETF是一种在交易所上市交易的、基金份额可变的一种开放式基金。它属于开放式基金的一种特殊类型,它结合了封闭式基金和开放式基金的运作特点,投资者既可以向基金管理公司申购或赎回基金份额,同时,又可以像封闭式基金一样在二级市场上按市场价格买卖ETF份额。

表 7-1 中国证券投资基金市场数据（截至 2014 年 3 月 31 日）

类别	基金数量（只）	份额（亿份）	净值（亿元）
公募基金	1621	36775.22	34707.34
封闭式基金	136	1862.86	1876.41
开放式基金	1485	34912.35	32830.92
其中：股票型	624	11240.72	9849.55
其中：混合型	311	5901.00	5322.75
其中：债券型	356	2466.40	2524.97
其中：货币型	110	14577.70	14577.92
其中：QDII	84	726.54	555.74
非公开募集资产	—	—	12657.83
合计	1621	36775.22	47365.17

数据来源：中国基金业协会网站，2014 年 05 月 05 日。

表 7-2 我国证券投资基金持股情况（截至 2013 年 12 月 31 日）

项目		样本数	最小值	最大值	均值	标准差	均值比较（T 值）
证券投资基金持股比例	上海	546	0	0.4072	0.0349	0.0647	-1.85*
	深圳	853	0	0.4262	0.0417	0.0674	
	主板	807	0	0.4072	0.0352	0.0655	2.535**
	非主板	592	0	0.4262	0.0443	0.0674	
	总体	1399	0	0.4262	0.0390	0.0664	—
证券投资基金占总体机构投资者持股的比例	上海	546	0	1.0000	0.2599	0.3233	-3.171***
	深圳	853	0	1.0000	0.3201	0.3597	
	主板	807	0	1.0000	0.2600	0.3255	4.634***
	非主板	592	0	1.0000	0.3464	0.3689	
	总体	1399	0	1.0000	0.2966	0.3470	—

注：***、**、* 分别表示在 1%、5% 和 10% 水平上显著。
数据来源：锐思金融研究数据库。

有中小板和创业板公司的股权比例要显著大于持有主板公司的股权比例。这说明，证券投资基金更偏好持股中小板和创业板这样的非主板上市公司的股权，这可能是由于中小板和创业板上市公司的高成长性吸引所导致。

2. 证券公司

根据我国《证券法》相关规定，证券公司在进行证券市场业务时必须遵循以下规则：①业务风险割离规则；②证券自营规则；③客户资金管理规则；④委托书的设置与保管规则；⑤禁止接受客户的全权委托；⑥禁止对客户做出收益或赔偿的承诺；⑦禁止私下接受客户委托；等等。从我国第一家专业化证券公司的深圳特区证券公司开始，我国证券公司的发展至今有近 30 年的历史。尽管如此，

第七章 内部控制有效性与机构投资者持股决策：基于机构投资者异质性的视角

我国证券公司的发展在政府的大力支持下获得了较快的发展。根据中国证券业协会的统计表明，截至 2013 年底，我国共有 115 家证券公司。证券公司未经审计财务报表显示，115 家证券公司全年实现营业收入 1592.41 亿元，各主营业务收入分别为代理买卖证券业务净收入 759.21 亿元、证券承销与保荐业务净收入 128.62 亿元、财务顾问业务净收入 44.75 亿元、投资咨询业务净收入 25.87 亿元、受托客户资产管理业务净收入 70.30 亿元、证券投资收益（含公允价值变动）305.52 亿元、融资融券业务利息收入 184.62 亿元，全年实现净利润 440.21 亿元，104 家公司实现盈利，占证券公司总数的 90.43%。①

另外，我国证券公司从本质上有些类似国外的投资银行，它们直接拥有大量的上市公司权益股份，同时也为散户投资者提供股票交易经纪服务。据上述调查统计，截至 2013 年 12 月 31 日，115 家证券公司总资产为 2.08 万亿元，净资产为 7538.55 亿元，净资本为 5204.58 亿元，客户交易结算资金余额（含信用交易代理买卖证券款）5557.42 亿元，托管证券市值 15.36 万亿元，受托管理资金本金总额 5.20 万亿元。

据统计（如表 7-3 所示），截至 2013 年 12 月 31 日，证券公司平均持股比例为 0.41%，占所有机构投资者持股比例的 5.08%，相对而言，证券公司持股并不多。但是，与证券投资基金正好相反，证券公司持股上海交易所公司的比例要显著大于深圳交易所公司，更偏好持有主板上市公司的股权。

表 7-3 我国证券公司持股情况（截至 2013 年 12 月 31 日）

项目		样本数	最小值	最大值	均值	标准差	均值比较（T 值）
证券公司持股比例	上海	546	0	0.1424	0.0048	0.0133	1.845*
	深圳	853	0	0.1459	0.0036	0.0110	
	主板	807	0	0.1459	0.0046	0.0135	-1.819*
	非主板	592	0	0.0780	0.0034	0.0095	
	总体	1399	0	0.1459	0.0041	0.0120	—
证券公司占总体机构投资者持股的比例	上海	546	0	1.0000	0.0583	0.1594	1.455
	深圳	853	0	1.0000	0.0459	0.1533	
	主板	807	0	1.0000	0.0587	0.1692	-2.234**
	非主板	592	0	0.9999	0.0399	0.1348	
	总体	1399	0	1.0000	0.0508	0.1558	—

注：***、**、* 分别表示在 1%、5% 和 10% 水平上显著。
数据来源：锐思金融研究数据库。

---

① 中国证券业协会发布 2013 年度证券公司经营数据，中国证券业协会，2014-01-14，http://www.sac.net.cn/ljxh/xhgzdt/201401/t20140116_80226.html.

3. 保险公司

保险公司是依照一定的法律、法规的规定，收取投保人支付的一定的保险费，并约定在出现特定的人身状况或者特定的事故发生而导致财产损失时给付保险受益人一定数额之保险金的特殊金融机构。由于保险公司具有保障投保人利益的功能，所以保险基金的运营要兼顾收益性和安全性。人身保险基金更应如此。因此，保险公司一般多投资于国债、存款等稳健而风险较小的金融工具。保险公司也可以进入证券市场，但其在投资比例等方面一般要受到国家的严格限制，股份资产一般仅占保险公司总资产的很小一部分。

在我国，1999 年，国务院批准保险公司可以通过在二级市场上买卖已经上市的证券投资基金和在一级市场上配售新上市的证券投资基金的方式间接进入证券市场，从而开启了我国保险公司入市的大门。2004 年 10 月，经国务院批准，中国保监会联合中国证监会正式发布了《保险机构投资者股票投资管理暂行办法》，保险资金获准直接入市，投资比例不超过上年底总资产的 5%。2007 年 7 月，保险资金直接投资股市比例由原来的不超过上年末总资产的 5%提高到 10%，股票和基金的总投资比例控制在 20%以内。随后，保险资金入市比例不断提升。2009 年 10 月，保险公司投资企业债券的资金限制由不超过保险机构上季末总资产的 30%上调为 40%。2010 年 8 月，保险资金投资于股票和股票型基金账面余额合计不高于公司上季末总资产的 20%。2014 年 2 月 19 日保监会发布实施《关于加强和改进保险资金运用比例监管的通知》，确定了保险资金投资权益类资产的比例不得超过 30%。虽然保险资金入市比例的规定在不断上升，但保险公司对于购买并持有上市公司股权似乎还比较谨慎。根据保监会发布的《2013 年保险统计数据报告》表明，截至 2013 年底，我国保险资金运用余额为 76873.41 亿元，较年初增长 12.15%。其中，股票和证券投资基金 7864.82 亿元，占比仅为 10.23%，而绝大多数比例是稳健的银行存款（占比 29.45%）和债券投资（占比 43.42%）。

据统计（如表 7-4 所示），截至 2013 年 12 月 31 日，保险公司平均持股比例为 2.65%，占所有机构投资者持股比例的 8.32%。与其他机构投资者相比，保险公司的持股比例仅比证券投资基金少。与证券公司相同，保险公司持股上海交易所公司的比例要显著大于深圳交易所公司，更偏好持有主板上市公司的股权。这可能是由于主板公司相对更具有长期、稳健的投资价值。

4. 社保基金

社会保障基金是根据国家有关法律、法规和政策的规定，为实施社会保障制度而建立起来的专款专用的资金。由于社会保障基金的资金来源稳定且数额巨大，其资金运营具有长期性和稳定性，所以，在市场经济发达国家中，社会保障基金在国家证券市场占有举足轻重的地位，是一种长期稳健型的机构投资者。我

第七章 内部控制有效性与机构投资者持股决策：基于机构投资者异质性的视角

表 7-4 我国保险公司持股情况（截至 2013 年 12 月 31 日）

项目		样本数	最小值	最大值	均值	标准差	均值比较（T 值）
保险公司持股比例	上海	546	0	0.6837	0.0327	0.0055	1.866*
	深圳	853	0	0.5894	0.0215	0.0028	
	主板	807	0	0.6837	0.0342	0.0052	−2.267**
	非主板	592	0	0.0749	0.0073	0.0020	
	总体	1399	0	0.6837	0.0265	0.0038	—
保险公司占总体机构投资者持股的比例	上海	546	0	0.9142	0.0933	0.0299	2.356**
	深圳	853	0	0.8754	0.0758	0.0192	
	主板	807	0	0.9142	0.0927	0.0283	−2.562***
	非主板	592	0	0.6874	0.0676	0.0168	
	总体	1399	0	0.9142	0.0832	0.0234	—

注：***、**、* 分别表示在 1%、5% 和 10% 水平上显著。
数据来源：锐思金融研究数据库。

国为了多渠道筹集社会保险基金，解决养老保险的历史遗留问题，2000 年 9 月，全国社会保障基金理事会成立，负责管理全国性社保基金。

2001 年 12 月颁布的《全国社会保障基金投资管理暂行办法》规定，单个投资管理人管理的社保基金资产投资于一家企业所发行的证券或单只证券投资基金，不得超过该企业所发行证券或该基金份额的 5%。2003 年，社保基金第一批 140 亿元资金进入证券市场，其中 2/3 投资债券，只有 1/3 可入证券市场。2010 年，全国社会保障基金理事会理事长戴相龙表示，全国社保基金到 2010 年底将提高国内股票投资占总资产的比例至 30%。

据统计（如表 7-5 所示），截至 2013 年 12 月 31 日，我国社保基金平均持股比例为 0.38%，仅占所有机构投资者持股比例的 2.45%。有意思的是，社保基金对于交易所和主板与否并没有特定的偏好。

表 7-5 我国社保基金持股情况（截至 2013 年 12 月 31 日）

项目		样本数	最小值	最大值	均值	标准差	均值比较（T 值）
社保基金持股比例	上海	546	0	0.0577	0.0036	0.0089	−0.497
	深圳	853	0	0.0838	0.0039	0.0102	
	主板	807	0	0.0838	0.0036	0.0099	1.001
	非主板	592	0	0.0697	0.0041	0.0095	
	总体	1399	0	0.0838	0.0038	0.0097	—
社保基金占总体机构投资者持股的比例	上海	546	0	0.5378	0.0239	0.0678	−0.256
	深圳	853	0	0.9779	0.0249	0.0802	
	主板	807	0	0.9779	0.0233	0.0755	0.711
	非主板	592	0	0.8573	0.0262	0.0758	
	总体	1399	0	0.9779	0.0245	0.0756	—

注：***、**、* 分别表示在 1%、5% 和 10% 水平上显著。
数据来源：锐思金融研究数据库。

5. 合格的境外机构投资者（QFII）

合格的境外机构投资者（Qualified Foreign Institutional Investors，QFII）是一个国家在货币没有完全自由兑换和证券市场完全开放之前，允许经过审核的境外机构投资者在一定额度内直接投资于本国证券市场的管理制度，其本质是有限度的证券市场的开放。从投资理念与风格上看，QFII 侧重于在战略的高度，用长远眼光来考虑所投资公司的发展前景和投资价值。QFII 更注重于中长期稳定收益，一旦看好某个行业，一般采取稳定持有策略。QFII 除了信奉价值投资行为以外，随着对我国市场熟悉程度的提高，也开始关注一些中短线的投机机会。我国自 2002 年 11 月 7 日中国证监会和中国人民银行联合发布《合格境外机构投资者境内证券投资管理暂行办法》以来，在稳定市场、完善上市公司治理结构及经营管理方面均发挥了积极作用。国家外汇管理局公布的最新数据显示，截至 2014 年 4 月 30 日，已有 242 家 QFII 合计获批 544.18 亿美元的投资额度，较上月底净增 8.4 亿美元。

据统计（如表 7-6 所示），截至 2013 年 12 月 31 日，QFII 平均持股比例为 0.13%，占所有机构投资者持股比例的 1.12%。这个比例相对较小，而且与证券公司相同，QFII 公司持股上海交易所公司的比例要显著大于深圳交易所公司，更偏好持有主板上市公司的股权。从这个数据来看，与证券投资基金相比，QFII 的投资风格相对更为稳健。

表 7-6 我国 QFII 持股情况（截至 2013 年 12 月 31 日）

项目		样本数	最小值	最大值	均值	标准差	均值比较（T 值）
QFII 持股比例	上海	546	0	0.1870	0.0021	0.0113	3.318***
	深圳	853	0	0.0449	0.0007	0.0032	
	主板	807	0	0.1870	0.0018	0.0096	-3.028***
	非主板	592	0	0.0238	0.0006	0.0024	
	总体	1399	0	0.1870	0.0013	0.0075	—
QFII 占总体机构投资者持股的比例	上海	546	0	0.7181	0.0145	0.0646	1.555
	深圳	853	0	1.0000	0.0091	0.0622	
	主板	807	0	1.0000	0.0149	0.0731	-2.597***
	非主板	592	0	1.0000	0.0061	0.0459	
	总体	1399	0	1.0000	0.0112	0.0632	—

注：***、**、*分别表示在 1%、5% 和 10% 水平上显著。
数据来源：锐思金融研究数据库。

6. 企业年金

企业年金即企业补充养老保险，是指企业在参加国家基本养老保险的基础上，依据国家政策和本企业的经济状况建立的，旨在提高职工退休后的生活水平、对国家基本养老保险进行重要补充的一种养老保险形式。我国企业年金从 2005 年开始市场运作以来取得了较快的发展。表 7-7 显示，我国的企业年金持股比例很低，整体规模还不大。

表 7-7　我国企业年金持股情况（截至 2013 年 12 月 31 日）

项目		样本数	最小值	最大值	均值	标准差	均值比较（T 值）
企业年金持股比例	上海	546	0	0.0195	0.0000	0.0008	-0.754
	深圳	853	0	0.0168	0.0001	0.0009	
	主板	807	0	0.0195	0.0001	0.0009	0.288
	非主板	592	0	0.0168	0.0001	0.0008	
	总体	1399	0	0.0195	0.0001	0.0009	—
企业年金占总体机构投资者持股的比例	上海	546	0	0.0944	0.0002	0.0040	-0.881
	深圳	853	0	0.1582	0.0005	0.0067	
	主板	807	0	0.0944	0.0002	0.0038	0.961
	非主板	592	0	0.1582	0.0005	0.0078	
	总体	1399	0	0.1582	0.0003	0.0058	—

注：***、**、*分别表示在 1%、5%和 10%水平上显著。
数据来源：锐思金融研究数据库。

二、不同持股数量视角下的机构投资者持股现状

根据大量的研究证据表明，机构投资者持股比例的多少对机构投资者在公司中扮演何种角色有着至关重要的作用。在本小节中，我们借鉴了 Uma、David（2006）和祁斌、黄明、陈卓思（2006）的方法，根据机构持股比例的三分位点对研究样本进行划分。根据机构持股比例可以把公司分为机构持股高比例的公司、机构持股中比例的公司和机构持股低比例的公司。表 7-8 显示，机构持股高比例的公司平均持股 43.16%，机构持股中比例的公司平均持股 12.9%，而机构持股低比例的公司平均持股为 2.02%。而且，三个分组下的持股比例，在不同交易所和不同板块之间不存在显著差异。

表 7-8　机构投资者高中低持股比例情况（截至 2013 年 12 月 31 日）

项目		样本数	均值	标准差	均值比较（T 值）
机构持股高比例的公司	上海	198	0.4352	0.1770	0.393
	深圳	268	0.4289	0.1636	
	主板	297	0.4319	0.1689	-0.062
	非主板	169	0.4309	0.1705	
	总体	466	0.4316	0.1693	—

续表

项目		样本数	均值	标准差	均值比较（T值）
机构持股中比例的公司	上海	171	0.1293	0.0487	0.077
	深圳	295	0.1289	0.0503	
	主板	236	0.1306	0.0497	−0.678
	非主板	230	0.1275	0.0497	
	总体	466	0.1290	0.0497	—
机构持股低比例的公司	上海	177	0.0211	0.0156	0.961
	深圳	290	0.0196	0.0169	
	主板	274	0.0203	0.0159	−0.107
	非主板	193	0.0201	0.0171	
	总体	467	0.0202	0.0164	—

注：***、**、*分别表示在1%、5%和10%水平上显著。

数据来源：锐思金融研究数据库。

三、不同独立性视角下的机构投资者持股现状

不同类型的机构投资者存在异质性，即它们具有不同的投资策略、管理模式和资金规模。本章借鉴 Brickley 等（1988）和 Chen 等（2007）的研究思路，依据机构投资者与持股公司是否存在商业关系，将机构投资者分为灰色机构投资者和独立机构投资者。我国当前机构投资者的构成包括证券投资基金、券商、社保基金、QFII、保险公司、财务公司、企业年金和信托公司等几类。根据上述分析，我们认为，证券投资基金、社保基金和 QFII 的资金来源相对比较特定，而且它们一般受到较为严格的管制，与持股公司之间一般不存在商业关系。然而，券商可能与其持股公司存在股票承销、财务顾问等商业关系，保险公司、企业年金、财务公司和信托公司一般与持股公司有商业关系或者希望形成商业关系。基于以上的分析，本章将公司股东中的证券投资基金、社保基金和 QFII 归类为独立机构投资者，而将券商、保险公司、财务公司、企业年金、信托公司、其他机构投资者等归为灰色机构投资者。

表 7-9 显示，总体而言，独立机构投资者平均持股比例为 4.41%，而灰色机构投资者则为 14.94%，灰色机构投资者显著高于独立机构投资者持股比例。独立机构投资者持有非主板上市公司股权比例显著高于主板上市公司；灰色机构投资者则更偏好持有主板上市公司股权以及在上海交易所上市的公司股权。

表7-9 不同独立性的机构投资者持股情况（截至2013年12月31日）

项目		样本数	最小值	最大值	均值	标准差	均值比较（T值）
独立机构投资者持股比例	上海	546	0	0.4222	0.0406	0.0712	−1.423
	深圳	853	0	0.4397	0.0463	0.0730	
	主板	807	0	0.4312	0.0405	0.0724	2.148**
	非主板	592	0	0.4397	0.0489	0.0719	
	总体	1399	0	0.4397	0.0441	0.0723	—
灰色机构投资者持股比例	上海	546	0	0.9723	0.1645	0.2063	2.31**
	深圳	853	0	0.9341	0.1398	0.1884	
	主板	807	0	0.9723	0.1635	0.2035	−3.155***
	非主板	592	0	0.9341	0.1302	0.1834	
	总体	1399	0	0.9723	0.1494	0.1959	—

注：***、**、*分别表示在1%、5%和10%水平上显著。
数据来源：锐思金融研究数据库。

第四节 研究设计

一、主要变量的定义与计量

1. 内部控制有效性的定义与计量

本章以披露内部控制鉴证报告作为内部控制有效性的替代变量，主要有以下几点理由：①从沪深两交易所于2006年颁布的内部控制指引、财政部等五部委于2008年颁布的《企业内部控制基本规范》和2010年颁布的《企业内部控制配套指引》来看，上市公司内部控制自我评价报告正逐步迈入强制披露阶段。与之相对，会计师事务所对上市公司内部控制自我评估报告做出的鉴证报告目前仍处在自愿披露阶段。根据信号传递理论，业绩优良的企业为了消除信息不对称，更倾向于自愿披露信息以使投资者更加了解公司的经营情况。因此，内部控制有效性程度高的公司更倾向于向市场传递公司真实价值的信号（林斌和饶静，2009）。上市公司自愿披露内部控制鉴证报告可以视为一种向外界传递内部控制有效性信号的主要手段。②由于披露内部控制鉴证报告存在诸如评价内部控制的实施成本、注册会计师审计费用以及可能将公司专有信息泄露给竞争对手的风险等，内部控制有效性程度较低的公司鉴于披露成本远大于收益而选择不披露鉴证报告。因此，将自愿披露内部控制鉴证报告作为内部控制有效性的信号是有效的。③由于注册会计师提供了独立、专业的审计意见,因此内部控制鉴证报告能够提供更让人信任的内部控制质量信息,从而帮助投资者进行信息甄别。④披露内部控制信息能够刺激管理层改善其内部控制质量(Hermanson,2000),因此在注册会计师审计的强化下,内部控制鉴证报告的披露会让管理层更加重视内部控制有效性的提高。

另外,本章又考察了自愿披露内部控制鉴证报告的鉴证结论的提出方式和内容,对自愿披露内部控制鉴证报告的公司进行分类。目前,提出内部控制鉴证结论的方式有两种,即积极方式和消极方式。例如,上市公司合肥百货(000417)的《内部控制鉴证报告》中提出:"我们认为,合肥百货按照《企业内部控制基本规范》(财会〔2008〕7号)于截至2009年12月31日在所有重大方面保持了与财务报表编制相关的有效的内部控制",该鉴证结论的提出方式为积极方式。上市公司漳泽电力(000767)的《山西漳泽电力股份有限公司内部控制鉴证报告》中提出:"我们未发现漳泽电力编写的《关于内部控制有关事项的说明》中与财务报表编制相关的内容与我们对漳泽电力就上述财务报表的审计发现存在重大的不一致",该鉴证结论的提出方式为消极方式。这两种不同的鉴证结论提出方式分别适用于合理保证的鉴证业务和有限保证的鉴证业务。以积极方式提出的"合理保证"的保证水平高于以消极方式提出的"有限保证"的保证水平。相比较而言,以积极方式提出的"合理保证"内部控制鉴证能反映该公司具有更高程度有效性的内部控制。因此,本章对"自愿披露内部控制鉴证报告"又进一步细分为"自愿披露合理保证的内部控制鉴证报告"和"自愿披露有限保证的内部控制鉴证报告",与"没有自愿披露内部控制鉴证报告"一起,分别反映了高、中、低三种程度的内部控制有效性。

2. 机构投资者异质性的定义与计量

虽然对于机构投资者的异质性分类标准有很多,但本章在进行相关研究假设检验时,借鉴的是 Brickley 等(1988)和 Chen 等(2007)的研究思路,即依据机构投资者与持股公司是否存在商业关系,将机构投资者分为灰色机构投资者和独立机构投资者。根据我国当前机构投资者发展现状,主要存在证券投资基金、券商、社保基金、QFII、保险公司、财务公司、企业年金和信托公司等几类机构投资者。证券投资基金、社保基金和 QFII 由于特定的资金来源和较严格的法规管制,其与持股公司一般不存在商业关系,普遍只存在投资关系,因此它们更加注重获取真实可靠的公开信息披露,从而帮助它们进行相应的投资决策。券商可能与其持股公司存在股票承销、财务顾问等商业关系,保险公司、企业年金、财务公司和信托公司一般与持股公司有商业关系或者希望形成商业关系,因此它们可能容易取得其持股公司的私人信息。基于以上分析,本章将公司股东中的证券投资基金、社保基金和 QFII 归为独立机构投资者,而将券商、保险公司、财务公司、企业年金、信托公司、其他机构投资者等归为灰色机构投资者,并分别计算每一个公司中两类机构投资者的持股比例。

二、研究模型与样本说明

1. 研究模型设定与变量说明

由于上市公司并不是随机披露内部控制信息,因此本章的研究样本可能存在自选择问题。为了控制自选择偏误,本章参考了 Maddala(1983)的研究思路,采用两阶段回归的方法。在第一阶段回归中,我们利用内部控制质量模型进行 Probit 回归,并将回归后计算得到的 IMR(Inverse Mills Ratio 或 Lambda)作为第二阶段回归的控制变量;在第二阶段回归中,我们研究内部控制质量对机构投资者持股决策影响。本章构建如下两个模型,模型(7-1)为第一阶段的内部控制质量模型,采用 Probit 回归;模型(7-2)用来检验第二阶段内部控制质量对机构持股决策的影响。

$$IC = \alpha_0 + \alpha_1 SIZE + \alpha_2 LISTYEAR + \alpha_3 ROA + \alpha_4 STATUS + \alpha_5 NUM + \alpha_6 SOE +$$
$$\alpha_7 QS + \sum_{n=1}^{11} \alpha_{7+n} INDUSTRY + \sum_{n=1}^{2} \alpha_{18+n} BOARD + \varepsilon \qquad (7-1)$$

$$INST = \alpha_0 + \alpha_1 IC + \alpha_2 SIZE + \alpha_3 CIR + \alpha_4 LEV + \alpha_5 BETA + \alpha_6 FIRSTHOLD +$$
$$\alpha_7 TOBINQ + \alpha_8 PB + \alpha_9 Lambda + \sum_{n=1}^{11} \alpha_{9+n} INDUSTRY + \sum_{n=1}^{2} \alpha_{20+n} BOARD + \varepsilon$$
$$(7-2)$$

根据现有内部控制研究,内部控制质量与业务复杂程度、规模、盈利能力、上市时间、面临重组和公司治理机制等方面有着重要的联系(Doyle 等,2007;Ashbaugh-Skaife 等,2009;Ge 和 McVay,2005;Giovanna 等,2009)。因此,在模型(7-1)中,我们重点考虑了公司规模(SIZE)、上市时间(LISTYEAR)、财务绩效(ROA)、交易状态(STATUS)、业务复杂程度(NUM)、终极控制人类型(SOE)和现金流权与控制权比(QS)对于内部控制质量的影响。同时,本章还控制了行业(INDUSTRY)以及不同板块(主板、中小板和创业板)(BOARD)的影响。

另外,如前所述,公司规模、股票流动性、公司风险、财务绩效、公司治理等因素是影响机构投资者持股决策的主要因素。因此,本章在模型(7-2)中,在研究内部控制质量因素的同时,控制了公司规模(SIZE)、流通股规模(CIR)、公司财务风险(LEV)、公司市场风险系数(BETA)、第一大股东持股比例

（FIRSTHOLD）、托宾 Q 值（TOBINQ）、市净率（PB）、行业以及不同板块（主板、中小板和创业板）的影响。另外，模型（7-2）中的 Lambda 是由模型（7-1）回归计算的 IMR。具体变量定义见表 7-10。

表 7-10　变量定义与预期符号

模型与变量性质		变量代码	变量名称	变量定义	预期符号
被解释变量		INST-ALL	总体机构投资者持股比例	机构投资者持股总数占总股本的比例×100	
		INST-GREY	灰色机构投资者持股比例	券商、保险公司、财务公司、企业年金、信托公司、其他机构投资者持股总数占总股本的比例×100	
		INST-INDEP	独立机构投资者持股比例	证券投资基金、社保基金和 QFII 持股总数占总股本的比例×100	
解释变量		IC-AUDIT	自愿披露内部控制鉴证报告	公司自愿披露内部控制鉴证报告取值为1，否则为 0	+
		IC-RA	自愿披露合理保证的内部控制鉴证报告	公司自愿披露合理保证的内部控制鉴证报告取值为 1，否则为 0	+
		IC-LA	自愿披露有限保证的内部控制鉴证报告	公司自愿披露有限保证的内部控制鉴证报告取值为 1，否则为 0	+
影响内部控制质量信息披露因素	影响因素	SIZE	公司规模	总资产的自然对数	+
		LISTYEAR	上市时间	从上市年度开始到 2009 年的存续年数	−
		ROA	总资产收益率	利润总额/总资产平均余额	+
		STATUS	交易状态	公司处在正常状态取值为 1，ST 等特殊处理状态为 0	+
		NUM	业务复杂程度	公司涉及的行业总数	
		SOE	终极控制人类型	终极控制人为国有的取值为 1，否则为 0	+
		QS	现金流权与控制权比	现金流权比例/控制权比例，该分离率越大，则两权分离程度则越小	+
	控制变量	INDUSTRY	行业	根据证监会《上市公司行业分类指引》做出的 13 个行业门类，由于本章剔除了金融行业，因此共取 11 个行业虚拟变量	
		BOARD	上市板块	当公司在主板或中小板上市时，取值为 1，创业板上市则为 0	
内部控制质量对机构投资者持股决策影响	控制变量	SIZE	公司规模	总资产的自然对数	+
		CIR	流通股规模	流通股股数的自然对数	−
		LEV	公司财务风险	负债总额/资产总额	−
		BETA	公司市场风险	按总市值加权所得的一年内 BETA 系数	−
		FIRSTHOLD	第一大股东持股比例	第一大股东持股总数占总股本的比例	?
		TOBINQ	托宾 Q 值	托宾 Q 值	+
		PB	市净率	每股市价/每股净资产	+
		Lambda	逆米尔斯率	由模型 1 回归计算而来	
		INDUSTRY	行业	同上	
		BOARD	板块	同上	

2. 样本选择与数据来源

近年来，我国在内部控制制度方面发生了巨大的变化。例如，2010 年 12 月 31 日，深交所《关于做好 2010 年度报告的通知》中提出，中小企业板和创业板公司应当至少每两年要求会计师事务所对公司与财务报告相关的内部控制有效性出具一次内部控制审计报告。2011 年 12 月 30 日，上交所《关于做好上市公司 2011 年年度报告工作的通知》中说明：境内外同时上市的公司，除应披露内部控制报告外，还应披露注册会计师出具的财务报告内部控制审计报告。2011 年 12 月 31 日，深交所《关于做好上市公司 2011 年年度报告披露工作的通知》中说明：2011 年 1 月 1 日起先行执行《企业内部控制基本规范》（财会〔2008〕7 号）（以下简称《规范》）的 A+H 公司和内部控制试点企业，应按《规范》的要求披露内部控制自我评价报告和会计师事务所出具的内部控制审计报告，"中小企业板和创业板公司应当至少每两年要求会计师事务所对公司与财务报告相关的内部控制有效性出具一次内部控制审计报告"。2011 年 12 月 30 日，中国证券监督管理委员会公告〔2011〕41 号中说明："境内外同时上市的公司应当按照《企业内部控制评价指引》和《企业内部控制审计指引》等的要求披露董事会出具的内部控制自我评价报告和注册会计师出具的财务报告内部控制审计报告。鼓励试点上市公司披露上述报告，主板上市公司自 2012 年起全面执行。"

上述制度背景的变化说明，虽然中小板和创业板在 2010 年后被要求至少每两年披露一次内部控制鉴证报告，但是在 2010 年以前其仍然存在两年的"选择时间"。相对而言仍然是具有"自愿性"的。考虑到 2010 年以后中小板和创业板上市公司逐渐被要求强制披露内部控制鉴证报告以及监管层对于内部控制鉴证业务定位要求的逐渐明确，本章仅选取 2009 年深沪两市所有 A 股上市公司为研究对象，剔除了金融类上市公司样本，并剔除了所有涉及变量值缺失的公司样本，最后得到 1137 家上市公司样本。本章涉及的内部控制鉴证报告数据均通过阅读年报及公司其他信息披露手工收集、整理获得。另外，机构投资者持股数据来自锐思金融研究数据库，上市公司涉及行业数据来自 WIND 数据库，其他数据来自国泰安数据库和色诺芬数据库。

第五节 实证检验结果与分析

一、描述性统计、单变量检验与相关分析

由表 7-11 可以看出，所有样本公司中有 35.71%的公司披露了内部控制鉴证报告，其中披露合理保证内部控制鉴证报告占比为 32.98%，而披露有限保证内部控制鉴证报告占比为 2.73%。机构投资者在所有样本公司中的平均持股比例约为 14.32%。公司间的差异较大，机构投资者持股最多的公司达到 78%，而有的公司则没有机构投资者持股。相对而言，灰色机构投资者比独立机构投资者的平均持股比例大，但前者在所有样本公司的离散程度也更大。

表 7-11 描述性统计

变量	平均值	中位数	标准差	最小值	最大值
IC-AUDIT	0.3571	0.0000	0.4793	0.0000	1.0000
IC-RA	0.3298	0.0000	0.4704	0.0000	1.0000
IC-LA	0.0273	0.0000	0.1629	0.0000	1.0000
INST-ALL	14.3178	8.1738	16.1586	0.0000	78.5427
INST-INDEP	5.6110	1.9400	8.2160	0.0000	53.0000
INST-GREY	8.7068	1.7350	14.4126	0.0000	76.8867
SIZE	21.5688	21.3995	1.2426	18.1901	28.0031
LISTYEAR	8.5100	9.0000	5.1270	0.0000	19.0000
ROA	0.0337	0.0299	0.0687	-0.5540	0.3718
STATUS	0.9500	1.0000	0.2240	0.0000	1.0000
NUM	2.8300	2.0000	2.0510	1.0000	13.0000
SOE	0.5200	1.0000	0.5000	0.0000	1.0000
QS	0.8240	1.0000	0.2387	0.0000	1.0000
CIR	19.6646	19.5405	0.9660	16.7673	25.8104
LEV	0.4816	0.4933	0.2114	0.0144	1.3738
BETA	1.0409	1.0524	0.2615	0.0000	5.8473
FIRSTHOLD	0.3719	0.3579	0.1555	0.0449	0.8620
TOBINQ	2.3330	1.9260	1.4410	0.7317	16.3989
PB	6.3364	4.5136	10.6552	0.9977	195.9678

第七章 内部控制有效性与机构投资者持股决策：基于机构投资者异质性的视角

为了比较不同内部控制质量下的不同类型机构投资者持股比例，我们将所有样本按照披露内部控制鉴证报告与否以及披露内部控制鉴证报告的保证水平分成了以下的4组样本：样本1为披露内部控制鉴证报告的公司，然后将该组进一步分为披露合理保证内部控制鉴证报告的公司（样本2）和披露有限保证内部控制鉴证报告的公司（样本3）。而样本4则为没有披露内部控制鉴证报告的公司。

如表7-12所示：①总体机构投资者在"披露内部控制鉴证报告"（IC-AUDIT=1）公司的持股比例和在"披露合理保证内部控制鉴证报告"（IC-RA=1）公司的持股比例，显著大于"没有披露内部控制鉴证报告"（IC-AUDIT=0）公司的持股比例。这说明机构投资者从总体上来说更多持有内部控制质量较高的公司股票，这与假设7-1相符。②独立机构投资者在"披露内部控制鉴证报告"（IC-AUDIT=1）公司的持股比例和在"披露合理保证内部控制鉴证报告"（IC-RA=1）公司的持股比例，显著大于"没有披露内部控制鉴证报告"（IC-AUDIT=0）公司的持股比例。这说明独立机构投资者更多持有内部控制质量较高的公司股票，这与假设7-2相符。③灰色机构投资者在"披露内部控制鉴证报告"（IC-AUDIT=1）公司的持股比例和在"披露合理保证内部控制鉴证报告"（IC-RA=1）公司的持股比例，与在"没有披露内部控制鉴证报告"（IC-AUDIT=0）公司的持股比例不存在显著差异。这表明灰色机构投资者对内部控制质量并不关注，这与假设7-3相符。

表7-12 单变量检验

机构投资者持股比例	样本1：披露内部控制鉴证报告（IC-AUDIT=1）的样本		样本2：披露合理保证内部控制鉴证报告（IC-RA=1）的样本		样本3：披露有限保证内部控制鉴证报告（IC-LA=1）的样本		样本4：没有披露内部控制鉴证报告（IC-AUDIT=0）的样本	
	n=406		n=375		n=31		n=731	
	均值	中位数	均值	中位数	均值	中位数	均值	中位数
INST-ALL	15.88	10.32	15.81	10.34	16.71	9.33	13.45	7.26
INST-INDEP	6.34	3.01	6.37	3.08	5.95	2.44	5.21	1.36
INST-GREY	9.54	1.57	9.44	1.56	10.77	1.65	8.24	1.85
	T-test（T值）			Mann-Whitney U test（Z值）				
	INST-ALL	INST-INDEP	INST-GREY	INST-ALL	INST-INDEP	INST-GREY		
样本1VS4	-2.439**	-2.2300**	-1.461	-2.18**	-3.827***	-0.461		
样本2VS4	-2.318**	-2.207**	-1.317	-2.119**	-3.836***	-0.621		
样本3VS4	-1.144	-0.497	-1.004	-0.757	-0.846	-0.565		

注：***、**、*分别表示在1%、5%和10%水平上显著。

另外，我们还发现，所有类型的机构投资者在"披露有限保证内部控制鉴证报告"（IC-LA=1）公司的持股比例，均与"没有披露内部控制鉴证报告"（IC-AUDIT=0）公司的持股比例不存在显著差异。这可能说明，投资者认为注册会计师在出具内部控制鉴证意见时，存在权衡各方因素和变通意见类型的行为（方红星和金玉娜，2011），因此披露有限保证内部控制鉴证报告可能并不意味该公司具有较高质量的内部控制。

表 7-13 报告了主要变量的 Pearson 和 Spearman 相关系数（限于篇幅，控制变量的相关系数略去）。与表 7-12 结果相似，作为衡量高质量内部控制的变量——"披露内部控制鉴证报告"（IC-AUDIT）、"披露合理保证内部控制鉴证报告"（IC-RA），与总体机构投资者和独立机构投资者持股比例显著正相关，而与灰色机构投资者持股比例不显著相关，这支持了我们提出的假设。同时，"披露有限保证内部控制鉴证报告"（IC-LA）这一变量与各类型机构投资者持股比例均不显著相关。

表 7-13 Pearson（Spearman）相关系数

	IC-AUDIT	IC-RA	IC-LA	INST-ALL	INST-INDEP	INST-GREY
IC-AUDIT		0.941***	0.225***	0.072**	0.066**	0.043
IC-RA	0.941***		-0.117***	0.065**	0.065**	0.036
IC-LA	0.225***	-0.117***		0.025	0.007	0.024
INST-ALL	0.065**	0.060**	0.016		0.455***	0.129***
INST-INDEP	0.114***	0.111***	0.012	0.551***		0.078***
INST-GREY	0.014	-0.021	0.019	0.187***	0.214***	

注：右上部是 Pearson 相关系数，左下部为 Spearman。***、**、* 分别表示在 1%、5% 和 10% 水平上显著。

二、回归分析

1. 不控制自选择偏误的简单回归分析

为了检验上文提出的研究假设，我们在不控制自选择偏误的前提下进行了 OLS 多元回归分析。在表 7-14 的模型（1）至模型（3）中，我们以"披露内部控制鉴证报告"作为高质量内部控制的替代变量。结果显示，总体机构投资者和独立机构投资者持股比例与"披露内部控制鉴证报告"显著正相关，说明总体机构投资者和独立机构投资者更关注内部控制质量，支持了假设 7-1 和假设 7-2。另外，灰色机构投资者持股比例与"披露内部控制鉴证报告"不显著相关，说明灰色机构投资者并不偏好高质量内部控制。

在模型（4）至模型（6）中，我们以"披露合理保证内部控制鉴证报告"作为更高质量内部控制的替代变量。实证结果与上述的模型（1）至模型（3）相同，支持我们提出的假设。同时，相比模型（1）和模型（2），模型（4）和模型

(5) 的"内部控制质量"变量的系数更大、更加显著，说明总体机构投资者和灰色机构投资者更偏好高质量的内部控制。相比而言，有限保证内部控制鉴证报告对影响所有类型的机构投资者持股比例的作用均不显著。

表 7-14　回归分析结果：不控制自选择偏误

	预期符号	因变量：（机构投资者持股比例）INST					
		模型（1）	模型（2）	模型（3）	模型（4）	模型（5）	模型（6）
		INST-ALL	INST-INDEP	INST-GREY	INST-ALL	INST-INDEP	INST-GREY
IC-AUDIT	+	2.438** (2.15)	0.964* (1.79)	1.475 (1.41)			
IC-RA	+				2.502** (2.15)	1.111** (2.04)	1.391 (1.30)
IC-LA	+				1.702 (0.51)	−0.733 (−0.55)	2.435 (0.80)
SIZE	+	7.417*** (7.87)	6.454*** (13.82)	0.963 (1.16)	7.423*** (7.89)	6.468*** (13.81)	0.955 (1.15)
CIR	−	−4.882*** (−4.50)	−3.799*** (−7.27)	−1.082 (−1.07)	−4.875*** (−4.48)	−3.784*** (−7.25)	−1.091 (−1.08)
LEV	−	−10.09*** (−3.86)	−4.945*** (−4.49)	−5.145** (−2.06)	−10.068*** (−3.85)	−4.895*** (−4.45)	−5.173** (−2.07)
BETA	−	−5.484** (−2.53)	−2.879* (−1.93)	−2.605** (−2.00)	−5.490** (−2.53)	−2.893* (−1.94)	−2.597** (−1.99)
FIRSTHOLD	?	−13.73*** (−4.34)	−6.833*** (−4.80)	−6.898*** (−2.36)	−13.76*** (−4.35)	−6.897*** (−4.85)	−6.862** (−2.34)
TOBINQ	+	2.090*** (4.19)	2.264*** (7.33)	−0.174 (−0.44)	2.092*** (4.20)	2.268*** (7.34)	−0.176 (−0.45)
PB	+	0.0111 (0.40)	−0.00818 (−0.79)	0.0193 (0.64)	0.0111 (0.40)	−0.00832 (−0.80)	0.0194 (0.64)
INDUSTRY		控制	控制	控制	控制	控制	控制
BOARD		控制	控制	控制	控制	控制	控制
Intercept		−43.46*** (−3.55)	−60.15*** (−9.98)	16.68 (1.40)	−43.73*** (−3.54)	−60.75*** (−10.00)	17.03 (1.41)
F 值		6.51***	13.75***	6.00***	6.28***	13.13***	4.10***
R^2		0.1095	0.2977	0.0370	0.1095	0.2990	0.0371
样本量		1137	1137	1137	1137	1137	1137

注：由于模型存在异方差问题，因此我们对标准差进行了怀特异方差修正；***、**、* 分别表示在 1%、5% 和 10% 水平上显著。

另外，我们发现，虽然从整体来看，机构投资者更偏好规模较大、股票流通盘较小、财务风险和市场风险较小、公司价值较高的公司股票。但不同类型机构投资者却又表现出不同的偏好。尤其注意到的是，灰色机构更关注风险因素（如公司财务风险和市场风险）和大股东因素，而独立机构除了关注风险因素和大股东因素以外，更偏好规模较大、流动性较强和价值较高的公司。此结果与Ferreira 和 Matos（2008）的研究发现一致。

2. 控制自选择偏误的两阶段回归分析

为了控制自选择偏误，我们采用两阶段回归的方法检验前文提出的假设。首先，我们对内部控制质量（分别以"披露内部控制鉴证报告"和"披露合理保证内部控制鉴证报告"为高质量内部控制替代变量）进行 Probit 回归，结果见表 7-15 的模型（1）和表 7-16 的模型（1）。我们发现，内部控制质量与公司规模、公司盈利能力和正常的交易状态显著正相关，而与上市时间、业务复杂程度显著负相关。这说明，具有高质量内部控制的公司是那些相对规模更大、上市时间较短、盈利能力较好、业务复杂程度较低的正常交易公司，此结果与 Doyle 等（2007）、Ashbaugh-Skaife 等（2009）和 Ge、McVay（2005）的研究结论基本一致。

根据第一阶段的内部控制质量模型，我们可以计算得到每个样本公司的 IMR（表中的 Lambda）。表 7-15 和表 7-16 的模型（2）和模型（3）显示，Lambda 系数均显著，说明内部控制质量和总体机构投资者与独立机构投资者持股比例之间存在自选择问题，支持了本章采用两阶段回归的做法。表 7-15 和表 7-16 的模型（2）至模型（4）均显示，在控制了自选择偏误后，"披露内部控制鉴证报告"和"披露合理保证内部控制鉴证报告"仍然均与总体机构投资者和独立机构投资者持股比例显著正相关，并且比没有控制自选择偏误的系数更大、显著水平更高。另外，通过比较表 7-15 模型（2）、模型（3）和表 7-16 模型（2）、模型（3），我们发现，"披露合理保证内部控制鉴证报告"的系数比"披露内部控制鉴证报告"的系数更大、更显著。这说明，在控制了自选择偏误后，总体机构投资者和灰色机构投资者仍然偏好更高质量的内部控制。

表 7-15 回归分析结果一：自选择模型

	预期符号	披露内部控制鉴证报告为高质量内部控制替代变量			
		第一阶段 内部控制鉴证报告披露模型	第二阶段 内部控制质量影响机构投资者持股模型		
		模型（1）	模型（2）	模型（3）	模型（4）
		IC-AUDIT	INST-ALL	INST-INDEP	INST-GREY
IC-AUDIT	+		16.42*** (2.60)	12.40*** (4.24)	4.022 (0.72)
SIZE	+	0.223*** (5.23)	5.990*** (5.03)	5.286*** (9.44)	0.704 (0.68)
CIR	−		−4.536*** (−4.11)	−3.519*** (−6.60)	−1.017 (−0.98)

续表

	预期符号	披露内部控制鉴证报告为高质量内部控制替代变量			
		第一阶段 内部控制鉴证报告披露模型	第二阶段 内部控制质量影响机构投资者持股模型		
		模型（1）	模型（2）	模型（3）	模型（4）
		IC-AUDIT	INST-ALL	INST-INDEP	INST-GREY
LEV	−		−8.525*** (−3.05)	−3.671*** (−3.22)	−4.854* (−1.84)
BETA	−		−5.380** (−2.53)	−2.788* (−1.92)	−2.592** (−1.99)
FIRSTHOLD	?		−15.24*** (−4.67)	−8.060*** (−5.58)	−7.183** (−2.35)
TOBINQ	+		1.903*** (3.74)	2.110*** (6.87)	−0.207 (−0.52)
PB	+		0.00866 (0.30)	−0.0102 (−1.13)	0.0188 (0.62)
LISTYEAR	−	−0.0659*** (−4.31)			
ROA	+	2.686*** (3.35)			
STATUS	+	0.585* (1.86)			
NUM	−	−0.0434* (−1.84)			
SOE	+	0.144 (1.30)			
QS	+	0.0485 (0.25)			
INDUSTRY		控制	控制	控制	控制
BOARD		控制	控制	控制	控制
Lambda			−8.425** (−2.24)	−6.889*** (−3.95)	−1.537 (−0.47)
Intercept		−5.109*** (−5.07)	−26.47* (−1.84)	−46.27*** (−6.79)	19.80 (1.50)
LRchi^2		365.74***			
PseudoR^2		0.2478			
F 值			6.78***	15.01***	1.85**
R^2			0.1135	0.3102	0.0364
样本量		1137	1137	1137	1137

注：由于模型存在异方差问题，因此我们对标准差进行了怀特异方差修正；***、**、*分别表示在1%、5%和10%水平上显著。

表 7-16　回归分析结果二：自选择模型

	预期符号	披露合理保证内部控制鉴证报告为更高质量内控替代变量			
		第一阶段 合理保证内部控制鉴证报告披露模型	第二阶段 内部控制质量影响机构投资者持股模型		
		模型（1）	模型（2）	模型（3）	模型（4）
		IC–RA	INST–ALL	INST–INDEP	INST–GREY
IC–RA	+		17.515*** (2.74)	12.609*** (4.26)	4.906 (0.86)
IC–LA	+		1.330 (0.39)	−1.060 (−0.79)	2.390 (0.77)
SIZE	+	0.170*** (4.02)	5.890*** (4.93)	5.294*** (9.41)	0.596 (0.57)
CIR	−		−4.493*** (−4.05)	−3.493*** (−6.56)	−0.999 (−0.96)
LEV	−		−8.405*** (−3.01)	−3.629*** (−3.19)	−4.776* (−1.81)
BETA	−		−5.392** (−2.54)	−2.810* (−1.94)	−2.581** (−1.99)
FIRSTHOLD	?		−15.35*** (−4.71)	−8.103*** (−5.61)	−7.249* (−2.37)
TOBINQ	+		1.887*** (3.71)	2.111*** (6.86)	−0.224 (−0.56)
PB	+		0.00865 (0.30)	−0.0101 (−1.12)	0.0188 (0.61)
LISTYEAR	−	−0.0629*** (−4.09)			
ROA	+	2.900*** (3.57)			
STATUS	+	0.549* (1.76)			
NUM	−	−0.0365* (−1.54)			
SOE	+	0.0817 (0.75)			
QS	+	0.0130 (0.07)			
INDUSTRY		控制	控制	控制	控制
BOARD		控制	控制	控制	控制
Lambda			−9.033** (−2.38)	−6.913*** (−3.92)	−2.120 (−0.64)
Intercept		−4.009*** (−4.01)	−25.74* (−1.78)	−47.04*** (−6.87)	21.31 (1.61)

续表

预期符号	披露合理保证内部控制鉴证报告为更高质量内控替代变量			
	第一阶段 合理保证内部控制鉴证报告 披露模型	第二阶段 内部控制质量影响机构投资者持股模型		
	模型（1）	模型（2）	模型（3）	模型（4）
	IC-RA	INST-ALL	INST-INDEP	INST-GREY
LR chi^2	330.60***			
Pseudo R^2	0.2293			
F 值		6.55***	14.30***	1.81**
R^2		0.1141	0.3111	0.0367
样本量	1137	1137	1137	1137

注：由于模型存在异方差问题，因此我们对标准差进行了怀特异方差修正；***、**、* 分别表示在 1%、5%和10%水平上显著。

同时，内部控制质量变量仍然与灰色机构投资者持股比例不显著相关。相比而言，有限保证内部控制鉴证报告对影响所有类型的机构投资者持股比例的作用仍然均不显著。上述结果说明，在控制了自选择偏误后，总体机构投资者和独立机构投资者仍然偏好高质量内部控制，而灰色机构投资者并不偏好高质量内部控制，因此本章所提出的假设得到了有力的支持。

3. 稳健性检验

在上述研究中，我们借鉴了 Brickley 等和 Chen 等的研究思路将证券投资基金、社保基金和 QFII 归类为"独立机构"。同样是研究"独立机构"，Almazan 等（2005）和 Cornett 等（2007）将"公共养老基金"（Public Pension Funds）排除于"独立机构"之外。鉴于我国的全国社会保障基金本质上属于公共养老基金（刘子兰，2005），我们在这部分也仅将证券投资基金和 QFII 归类为"独立机构"来进行稳健性检验，回归结果见表 7-17。我们发现，不管是以"披露内部控制鉴证报告"还是以"披露合理保证内部控制鉴证报告"作为高质量内部控制的替代变量，独立机构持股比例仍然与内部控制质量呈现显著正相关关系，而且当控制了自选择偏误后，内部控制质量仍然与独立机构投资者持股比例显著正相关，并且系数更大、显著性水平更高。而且，以"披露合理保证内部控制鉴证报告"作为高质量内部控制替代变量的系数比以"披露内部控制鉴证报告"作为高质量内部控制替代变量的系数更大、更显著。这些研究结果均与前面的研究结果相一致，进一步支持了本章的研究结论。

表 7-17 稳健性检验

	预期符号	披露内部控制鉴证报告为高质量内部控制替代变量		披露合理保证内部控制鉴证报告为高质量内部控制替代变量	
		不控制自选择偏误的回归结果	控制自选择偏误的回归结果	不控制自选择偏误的回归结果	控制自选择偏误的回归结果
		INST-INDEP	INST-INDEP	INST-INDEP	INST-INDEP
IC-AUDIT	+	1.019* (1.92)	11.91*** (4.11)		
IC-RA	+			1.159** (2.16)	12.13*** (4.15)
IC-LA	+			−0.598 (−0.45)	−0.964 (−0.72)
SIZE	+	6.290*** (13.73)	5.176*** (9.42)	6.304*** (13.72)	5.183*** (9.40)
CIR	−	−3.702*** (−7.23)	−3.433*** (−6.56)	−3.687*** (−7.22)	−3.408*** (−6.53)
LEV	−	−4.838*** (−4.52)	−3.626*** (−3.27)	−4.791*** (−4.48)	−3.583** (−3.23)
BETA	−	−3.019* (−2.10)	−2.937* (−2.09)	−3.033** (−2.12)	−2.959** (−2.11)
FIRSTHOLD	?	−6.741*** (−4.80)	−7.891*** (−5.52)	−6.803*** (−4.85)	−7.935*** (−5.55)
TOBINQ	+	2.241*** (7.32)	2.094*** (6.87)	2.245*** (7.33)	2.094*** (6.86)
PB	+	−0.00889 (−0.89)	−0.0108 (−1.24)	−0.00903 (−0.90)	−0.0108 (−1.23)
INDUSTRY		控制	控制	控制	控制
BOARD		控制	控制	控制	控制
Lambda		—	−6.564*** (−3.80)	—	−6.598*** (−3.78)
Intercept		−59.40*** (−9.97)	−46.28*** (−6.93)	−59.98*** (−9.99)	−47.01*** (−6.99)
F 值		13.59***	14.67***	12.98***	13.99***
R^2		0.3	0.3114	0.3011	0.3124
样本量		1137	1137	1137	1137

注：由于模型存在异方差问题，因此我们对标准差进行了怀特异方差修正；***、**、* 分别表示在 1%、5%和 10%水平上显著。

第六节 研究结论与讨论

本章以 2009 年非金融类上市公司为研究样本，讨论了内部控制质量对于异质的机构投资者持股决策的影响。研究发现：①高质量内部控制显著影响了总体机构投资者和独立机构投资者的持股决策，而灰色机构投资者并不关注内部控制质量；②总体机构投资者和独立机构投资者偏好投资那些披露内部控制鉴证报告（尤其是披露合理保证内部控制鉴证报告）的公司股票；③披露内部控制鉴证报告与机构投资者持股比例存在自选择问题，在运用两阶段回归方法控制自选择偏误后，高质量内部控制更显著地影响了独立机构投资者的持股决策，从而显示上述研究结果更为稳健。

上述结论说明：第一，机构投资者（尤其是独立机构投资者）不仅偏好那些披露真实完整财务信息的上市公司，也同样会偏好投资那些具有高质量内部控制的上市公司。鉴于机构投资者日益成为我国证券市场最重要的力量，他们对于内部控制质量的重视或偏好在很大程度上能够显示出整个市场对内部控制质量的态度；同时也说明投资者在投资决策时需要了解上市公司内部控制质量信息。第二，近年来，我国正在如火如荼地进行着内部控制制度建设和实施，但现有的制度建设是否有效呢？本章的研究结论说明现有的内部控制鉴证报告能够为投资者提供有用的内部控制质量信息，进一步说明我国当前的内部控制审计制度建设和实施具有一定的政策效用，值得进一步推广。第三，2010 年 4 月，由财政部等五部委颁布的《内部控制审计指引》将内部控制鉴证定位于提供合理保证的审计业务。在此之前，内部控制鉴证业务究竟应当定位于合理保证的鉴证业务（内部控制审计业务），还是有限保证的鉴证业务（内部控制审核业务），曾经备受争议（方红星和金玉娜，2011）。本章研究发现，披露合理保证内部控制鉴证报告比披露有限保证内部控制鉴证报告更能影响机构投资者的投资决策。该发现为将内部控制鉴证定位于合理保证的审计业务提供了一定的支持证据。

本章的局限性在于：首先，本章以披露内部控制鉴证报告作为高质量内部控制的替代变量，然而现有国外内部控制研究多以披露的内部控制缺陷（Internal Control Weakness）作为度量内部控制质量的主要变量，因此我国上市公司内部控制缺陷是否也能够影响机构投资者持股决策值得进一步探讨；其次，本章主要考察了机构投资者在独立性方面的异质性，然而机构投资者在投资模式、投资目的、面临的法律约束等方面都存在差异性，因此我国上市公司内部控制质量对于其他方面具有异质性的机构投资者的投资决策是否有影响也值得进一步分析；再次，本章仅采用了 2009 年的截面数据，因此无法考察内部控制质量的变化对机构投资者投资决策的影响；最后，本章在假设论证中分析了内部控制质量会通过影响盈余管理和信息不对称程度来影响机构投资者持股决策，但本章在实证检验部分并没有考虑到内部控制质量影响机构投资者持股决策的机理问题，这是本章的遗憾，也是日后需要进一步研究的课题。

第八章 内部控制有效性与大股东利益侵占：基于控制权私利的视角

作为大股东私利的表现之一，大股东对于中小股东的利益侵占问题一直以来是公司大股东代理问题的重要研究领域，如何抑制大股东利益侵占等相关问题备受广大研究者重视。以往学者更多关注公司治理机制对于大股东利益侵占的抑制作用。本章则将注意力集中于与公司治理紧密相关的内部控制制度的有效性对于大股东代理问题的抑制作用上。本章以2009~2011年沪市和深市A股所有非金融类上市公司为样本，采用理论和实证分析相结合的方法研究了内部控制有效性与大股东代理问题——大股东利益侵占的关系。研究结果发现：内部控制有效性与大股东利益侵占程度负相关，即内部控制越有效，大股东利益侵占的程度就会越低。另外，研究还发现，内部控制有效性在金字塔股权结构与大股东利益侵占之间是有中介作用的，表明金字塔结构下大股东在一定程度上可以通过影响内部控制有效性的作用实现利益的侵占。

第一节 引言

大量研究表明，大股东在公司投资项目、公司规模扩张以及公司控制权转移三方面存在严重的代理问题（Bebchuk等，1998），通过资金占用、关联收购、关联担保、非理性分红等（Chang，2003；李增泉等，2004；余明桂、夏新平，2004；王化成、佟岩，2006；饶育蕾等，2008；等等）行为对小股东利益进行侵害。那么，如何抑制大股东对于中小股东利益的侵占呢？对于上述问题的探讨，人们更多将注意力放在了公司治理机制上。人们发现公司治理机制对大股东利益侵占起到了重要的制约作用（姜国华等，2006），例如，市场约束机制（吕长江、肖成民，2006；贺建刚等，2008）、独立董事监督（叶康涛等，2007）、外部审计监督（周中胜、陈汉文，2006；罗党论、黄郡，2007）、法律环境（王俊秋、张奇峰，207；吕长江、肖成民，2008）、股权制衡机制（唐跃军、谢仍明，2006）

等。然而，包括董事会在内的公司高管往往听命于公司的大股东，大股东行为左右了公司的主要方面，这其中包括对公司治理的重要影响。这样，在金字塔结构所引发的侵害动机的刺激下，大股东可以根据自己的偏好来选择公司治理机制（唐跃军、李维安，2009），从而减少其实施利益侵害行为的约束或成本。

除了公司治理机制在公司法律层面上制约了大股东利益侵占行为之外，与公司治理紧密相关的内部控制在公司管理和业务层面上对大股东利益侵占行为的影响也是不容忽视的。这是因为，在一定的公司治理结构下，大股东侵占行为（如关联交易、资产转移等）必须通过公司管理行为和业务行为来实现，而公司管理行为和业务行为又都是在一定的内部控制系统下进行的。因此，内部控制的有效性对大股东侵占行为有着重要的影响。

大股东利用其所掌握的控制权，会根据自身利益最大化的需要来对内部控制的很多方面进行影响和选择，从而使内部控制失效，最终便于其进行利益的侵占。这就使得上市公司高管层受到控股股东的影响而没有履行正常的内部控制信息披露义务，公司内部控制的治理机制形同虚设。这也是近些年来很多企业如安然、琼民源、蓝田股份等因内部控制问题遭受巨额亏损甚至瓦解的原因，同时也暴露出我国目前很多上市公司内部控制信息披露的缺乏。2002年美国《SOX法案》的颁布要求上市公司都披露内部控制的相关情况，同时还要对内部控制自我评价报告送交事务所进行鉴证。我国也陆续出台了一系列的文件规定来推动和指导上市公司内部控制的建设，从2001年的《证券公司内部控制指引》到《证券公司内部控制指引》修订稿，再到2006年上交所发布的《上海证券交易所上市公司内部控制指引》和深交所发布的《深圳证券交易所上市公司内部控制指引》以及2008年深交所发布的《关于做好上市公司2008年年度报告工作的通知》要求上市公司对内部控制有效性进行评价并对外披露自我评价报告，这使我国内部控制信息披露的步伐迈上了新的台阶，同时也激发了众多学者的研究热情。但是现在很多企业没有实质性地披露内部控制的相关信息已成普遍现象，这也就成了大股东进行利益侵占可利用的一个比较大的空间。本章在此背景下试图将内部控制与大股东利益侵占联系起来，具体研究内部控制有效性对大股东利益侵占的影响，在理论和现实中都很有研究意义。因此，本章拟以2009~2011年深市和沪市所有A股上市公司为样本，分别实证分析内部控制有效性对大股东利益侵占的影响，同时运用中介变量检验模型检验内部控制有效性在金字塔股权结构与大股东利益侵占之间的中介作用。

本章其余部分安排如下：第二节为文献综述、理论分析与研究假设，在文献综述的基础上分析内部控制有效性对大股东利益侵占的影响机理；第三节为研究设计，从实证的角度去安排相关问题的研究路径和方法；第四节为我国上市公司大股东利益侵占之现状描述；第五节为实证检验结果，实证分析内部控制有效性对大股东利益侵占的影响，同时运用中介变量检验模型检验内部控制有效性在金字塔股权结构与大股东利益侵占之间的中介作用；第六节为本章小结与讨论。

第二节 文献综述、理论分析与研究假设

一、大股东控制权私利相关文献综述

1. 大股东治理与控制权私利

Berle 和 Means 在 1932 年出版的《现代公司与私有财产》一书中提出的两权分离思想对 20 世纪公司治理研究起到了基础性作用，其后多数经济学家的研究均以"两权分离"为其研究的基础假设。Jensen 和 Meckling 曾在 1976 年联合发表了一篇开创性的文献，该文献主要探讨了分散的股东和职业经理之间的利益冲突问题。他们明确地指出，"既然股东和经理之间的关系适用委托—代理关系，那么由于所有权高度分散所造成的'所有权和控制权分离'问题应属于一般意义上的代理问题（Agency Problem）。企业组织形式的变化为什么以及怎样产生代理成本，对这些问题的解释将形成企业的所有权（或资本）结构理论"。Jensen 和 Meckling 不仅将企业看作一系列合约的组合，而且他们将企业置于"委托—代理关系"（Principle-Agent Relationship）框架下进行了研究，开创性地给出了代理成本（Agency Cost）的三项内容：①委托人的监督成本，即委托人激励和监控代理人，以使后者为前者利益尽力的成本；②代理人的担保成本，即代理人用以保证不采取损害委托人行为的成本，以及如果采取了那种活动，将给予赔偿的成本；③剩余损失，它是委托人因代理人代行决策而产生的一种价值损失，等于代理人决策和委托人在假定具有代理人相同信息和才能的情况下自行效用最大化决策之间的差异。显然，前两者是制定、实施合同的实际成本，而后者则是在合同最优但又不完全被遵守、执行时的机会成本。他们的分析从最初 100% 持股的所谓"所有者兼管理者"（Owner-Manager）出售股份开始。当他售出的股份比例越来越高（他本人持有的股份越来越低）时，"所有者兼管理者"和外部股东之间的利益分歧也会越来越大，其侵占外部股东的动机也越来越强，外部股东不得不投入更多的资源用于监督。在 Jensen 和 Meckling 所提出的"代理理论"的积极推动下，股东与经理间的代理问题也就成为公司治理研究最初的主要问题。

然而，自 20 世纪 80 年代以来的股权结构和控制权研究中却出现了与 Berle

和 Means 不同的观点。大量的研究证实,在许多国家和地区,甚至是在资本市场发达的美国,股权结构均存在明显的集中现象。Berle 和 Means 意义上股权高度分散的"现代企业"上已不多见。Demsetz 和 Lehn(1985)发现,在美国最大的 511 家公司中,前五大股东的持股总比例均值为 24.81%,其中最小为 1.27%,最大为 87.14%;前十大股东的持股总比例均值为 37.66%,其中最小为 1.27%,最大为 91.54%。Shleifer 和 Vishny(1986)在分析"财富 500 强"企业中的 456 家后认为,354 家企业至少拥有一位持股 5%以上的股东,只有 15 家企业的最大股东持股比例不足 3%。这 456 家企业大股东持股的平均水平为 15.4%,而前五大股东持股总比例的均值为 28.8%。而 Admati、Pfleider 和 Zechner(1994)研究发现,美国大部分企业都有大股东,这些大股东既包括著名的机构投资者,也包括私人投资者,并且,这些大股东在公司治理中日益活跃。管理层持股比例的上升也说明了股权趋于集中的趋势。Mikkelson 和 Partch(1989)对美国上市公司的随机抽样调查发现,由公司高级管理人员等内部人平均持股比例在 1973 年为 19.8%,1978 年为 20.5%,1983 年为 18.5%,三年合计平均数为 19.6%,显示了较高的持股比例。Holderness 等(1999)用时间序列的方式研究了美国公司的所有权集中度问题。他选择了 1935 年的大约 1500 家上市公司和 1995 年的超过 4200 家上市公司作为对比研究的样本。通过对比研究,他们发现,1935 年管理层持股比例由 13%上升到 1995 年的 21%。LLSV(1999)对 49 个国家最大 10 家上市公司的股权集中度进行了国际比较研究,他们发现股权结构在世界范围内都呈现出集中趋势,并且大股东普遍积极参与了公司治理。

既然由大股东来实施控股的公司治理形式越来越成为一种普遍趋势,那么获得控制权将为大股东带来什么好处?是什么利益促使投资者放弃分散化投资的好处,集中投资而担任大股东的呢?理论分析指出,控制权可以为拥有者带来控制权共享收益(Shared Benefit of Control)和控制权私人收益(Private Benefit of Control)。

Grossman 和 Hart(1980)认为,大股东的收益可分为控制权共享收益和控制权私人收益。所谓控制权共享收益主要通过监督公司管理层,加强公司管理、降低内部交易成本等方式所促成的公司业绩(现金流)的改善。此部分收益由全体股东共享;出于对自身利益的追求,大股东更倾向于在公司治理中扮演积极角色。他们可以采用的手段多种多样,除了公司法规定的各种股东权利,诸如提名董事、提交议案、参与表决等之外,他还可以利用自身的独特地位和信息优势对公司经理层实施积极的监督。此外,和分散的小股东相比,大股东可以克服"集体行动难题",拥有集中股权的大股东具有较强的激励去提供"监督"这一准公共产品,从而提供了缓解股东和管理层之间代理问题的解决方案。此外,大股东更加致力于理性投资,更加关注公司长期利益(Black 等,1994)。这样,大股东和其他股东一起分享业绩（现金流）改善所带来的收益。控制权共享收益的获取是基于大股东的股东地位获取的，获取比例也是基于其股权比例。同样，其他股东也可以基于自身的股权比例获得来自业绩（现金流）改善带来的收益。共享益的存在表明，大股东和其他外部股东之间的利益存在协调一致的一面。控制权共享收益基本以货币形式表现出来，并以利润分配的形式在股东间进行分配。可见，控制权共享收益体现了大股东有利于公司价值提升的正面影响。

控制权私人收益主要指大股东利用其控制地位为自身谋取的私利，其主要表现为大股东获得控制权后，利用公司内部信息使大股东关联公司获取的超额利润，通过转移公司资源、以低价将少数股东驱逐（Freeze Out）以及利用大股东的声望等方式为大股东获取的其他股东无法享有的额外收益。简言之，大股东控制权私人收益就是指那些只有大股东可以独享的，而不在其他股东之间进行分配的利益。控制权私人收益远比共享收益的表现形式复杂。它既可以表现为货币形式，也可以表现为非货币形式。实际上，这两种形式往往交织存在，共同组成了控制权的私人收益。货币形式的私人收益表现形式为利用控制地位占用公司资金，用非公允关联交易为其控制的企业获取各种利益等。而非货币形式的私人收益往往表现为一种心理收益（Psychic Benefit），例如实现控制所带来的满足感等。控制权私人收益的存在往往表明了大股东和小股东存在着利益不一致的一面。

对于控制权私人收益概念，我们最早可以追溯到 Jensen 和 Meckling（1976）的经典巨著——《企业理论：管理者行为，代理成本与资本结构》。他们虽没有正式提出控制权私人收益的概念，但在文中有所描述："股东兼管理者（也即内部股东，Owner-Manager）的私人收益不仅来自货币性收益，还包括由于不同种类非货币收益而带来的效用，如对公司其他人员的任命，公司职员钦羡的眼光所带来的满足感，对员工惩戒的权威以及建立各种有用的人际关系等"，并认为公司高层所享有的巨额额外津贴实际上是控制权私人收益的另一种体现。另外，Demsetz 和 Lehn（1985）称非货币性收益为"享乐潜力"（Amenity Potential），并列举了关于控制性报告团队或媒体公司从"影响公众观点"中获取的非货币性收益。虽然上述的研究在 Grossman 和 Hart（1988）之前就论述到了控制权私人收益的内容，但是从整体来看，在 Grossman 和 Hart（1988）正式提出控制权共享收益和控制权私人收益之前，大股东研究的着眼点主要是所谓的"控制权共享收益"。理论模型中所描述的大股东参与治理的目的也是获得"共享收益"，其他股东也因此得益（Grossman、Hart，1980；Shleifer、Vishny，1986）。在 Grossman 和 Hart 于 1988 年提出控制权共享收益与私人收益之后，研究大股东问题的文献基本全面涉足大股东控制权收益的两大方面，而不是仅仅分析到共享收益（如 Bebchuk，1999；Burkart 等，1997，2000；Burkart、Panunzi，2001；等等）。

Bebchuk 和 Kahan（1990）对控制权私人收益是这样定义的："控制权私人收益是指通过控制权竞争而控制公司的那些人所能获取的任何价值（这些价值全部都不能在股东间进行分配）"，其中包括高薪酬、自我交易（Self-Dealing）或抢夺（Looting）、为自我利益而改变公司政策的能力以及控制一个公司所带来的心理效用（Psychological Utility）。他们在数量上估计了控制权私人收益大概为全部公司价值的1/50，而Grossman 和 Hart认为此比例应为1/10。Coffee（2001）认为控制权私人收益是"那些通过控制公司的人所能为自我利益而从公司中掠取的利益，这些利益并不在其他股东之间进行分配"，例如超出市场水平的薪酬、不相称的报酬（Non-pro Rata Payments）、自我交易、内幕交易（Inside Trading）以及发行具有稀释性的股票等。Hanouna 等（2001）认为控制权私人收益是"以利己为目的去经营一个企业，实现其偏好的管理政策、从事自我交易、获取过分的报酬、掠夺以及驱逐少数股东等"。近20年来，大股东控制权私人收益的研究日益成为大股东治理研究的热点，国内外形成了一些具有代表性的研究成果（如Barclay、Holderness，1989；Zingales，1994；LLSV，1996、1999；Dyck、Zingales，2001；唐宗明、蒋位，2002），在许多方面都取得了重大的现实发现以及理论突破。

2. 投资者利益保护与大股东控制权私利

由于中小股东所处的弱势地位导致他们的利益容易受到公司大股东的侵占，而中小股东的"理智冷漠"和"搭便车"问题影响了他们对公司大股东的反抗力度。因此，从这个意义上说，投资者保护机制不仅仅要保护大股东的正当权益，更要保护中小股东的权益，以使他们免受来自大股东的侵害。长期以来，各国普遍建立起了以投资者保护法律为核心内容的投资者保护机制，该机制在保护中小投资者利益方面的作用日益凸显。在投资者保护机制与控制权私人收益的研究领域，以LLSV为代表的诸多学者形成了这样的一个共识："法律及其实施"可以有效地起到保护中小股东利益的作用，可以明显降低包括大股东在内的内部人实施侵害的行为和效果，最终达到保持投资者信心、促进金融市场稳定的目的。

LLSV主要考察了49个国家或地区的公司，并进行了细致的比较研究。他们根据法系的不同将这些国家分成了四类：英美法系、法国法系、德国法系以及斯堪的纳维亚法系。为了对投资者法律保护进行计量，他们将投资者法律保护分成股东权益保护和法律实施情况两大类进行了计量（见表8-1）。从总体来看，英美法系国家的投资者保护水平最高，德国法系国家和斯堪的纳维亚法系国家其次，法国法系国家最差。

LLSV（1997）研究认为在投资者法律保护较强的国家和地区，中小投资者愿意为股票付出高价，因为即使他们不能直接影响公司决策，他们的投资也会受到良好的保护，不会被大股东侵害。因此投资者法律保护越好，中小股东越愿意

表 8-1 投资者保护水平的国际比较

项目	英美法系 (18 国)	法国法系 (21 国)	德国法系 (6 国)	斯堪的纳维亚法系 (4 国)	平均数 (49 国)
股东权益保护情况					
抗董事会权	4	2.33	2.33	3	3
通讯投票权	39%	5%	0	25%	18%
无阻碍股东出售权	100%	57%	17%	100%	71%
累积投票权	28%	29%	33%	0	27%
小股东特殊保护	94%	29%	50%	0	53%
发行新股优先认股权	44%	62%	33%	75%	53%
召集特别股东大会权	94%	52%	0	0	78%
法律实施情况					
司法效率	8.15	6.56	8.54	10	7.67
腐败水平	7.06	5.84	8.03	10	6.9
会计准则	69.92	51.17	62.67	74	60.93

注：①通信投票权：允许股东将其对公司事务的投票邮寄给公司为1，否则为0。②无阻碍股东出售权：法律禁止公司要求股东在股东大会召开前若干天内不能出售其所持股票为1，否则为0。③累积投票权：法律允许股东将其所有投票权给予某一个董事候选人或少数股东可以提名等比例的董事进入董事会为1，否则为0。④小股东特殊保护：小股东有权对董事会或者股东大会的决议提出异议，拥有在反对某些重大决策时可以要求公司收购其股票的权利为1，否则为0。这里的小股东是指10%以下的股东。⑤发行新股优先认购权：法律赋予股东优先购买新发股份的权利，这种权利只能经由股东投票加以限制，拥有此权利为1，否则为0。⑥召集特别股东大会权：提议召开特别股东大会的最低股份比例要求，该比例一般为1%~33%，10%以下为1。⑦抗董事会权：将上述①~⑥项权利归结为董事制约权指数。这是衡量小股东对管理层和大股东有多大的制约权利的指标。该项指数得分为0~6。⑧司法效率：根据国际商业公司（一家私人风险评估机构）对各国影响商业的法律环境的效率和整体性所作的评估，期间为1980~1983年。较低的分数代表较低的效率水平。⑨腐败水平：根据"各国风险指南"对各国政府中的腐败情况的评估，为1982~1995年的每月指数的平均值，评分较低意味着较高程度的腐败。⑩会计准则。这是国际金融分析与研究中心根据1990年样本公司的年报中披露的7类90个会计指标所做出的评价指数，评分较低意味着会计准则较不完善。

资料来源：La Porta, R., Lopez-desilanes, F., Shleifer, A. and Vishny, R. Law and Finace [J]. Journal of Political Economy, 1998 (106).

投资，控股股东也不必担心在失去公司控制权后，自己会被其他股东"掠夺"，因而更愿意减持股票，实现股权多元化。LLSV（1999）发现，投资者法律保护越好的国家，其就越应该拥有较高价值的证券及发达的资本市场。他们将一国企业的外部融资规模作为因变量，而将该国法律渊源、投资者法律保护程度和执法质量作为自变量，并对它们进行了回归分析。数据显示对股东法律保护较好的国家比保护较差的国家拥有价值更高的证券市场、更多的人均上市企业数目和更高的首发额。投资者保护机制越好，资本市场的素质就越高，投资者对市场就越有信心，越愿意对证券付出溢价，从而激励企业发行更多证券，促进资本市场的发展。LLSV（2000）指出，在投资者保护较弱的法律环境下，融资契约所认定的投资者权利难以得到有效的执行，中小投资者的力量极为脆弱，集中的所有权结构往往是一种权衡的结果；而在投资者保护较强的法律环境下，中小投资者的权利具有很强的约束力,在这种情况下,分散化的所有权结构将成为有效均衡,因此他们认为所有权集中是对弱投资者保护的一种适应机制。

如果说 LLSV 的一系列研究只是从投资者法律保护机制与公司价值、资本市场规模等方面间接地研究得出了"投资者保护机制越好,大股东控制权私人收益就越小"的结论,那么,Dyck 和 Zingales (2001) 的研究就直接地关注了投资者保护和控制权私人收益间的关系。首先,Dyck 和 Zingales (2001) 以 39 个国家的 412 起涉及控制权转移的大宗股权交易为研究样本,采用了 Barclay 和 Holderness (1989) 提出的"涉及控制权转移的大宗股权交易的控制权溢价模型",对各国的控制权私人收益进行了计量。他们发现各国控制权私人收益为-4%~65%,平均值为 14%。然后,他们同样也考察了投资者保护与控制权私人收益之间的关系。他们认为,LLSV 提出的投资者保护法律是投资者保护机制中的重要内容,但同时他们也发现,由于大股东侵害行为的复杂性和隐蔽性,有时法律并不能很好地界定和判断,因此,Dyck 和 Zingales (2001) 认为一些法律外机制 (Extra-Legal Institutions) 可以作为法律机制有效的补充,从而共同形成了完整的投资者保护机制。这些法律外机制包括:产品市场的充分竞争(这将使产品价格更具有客观性,进而减少大股东利用关联定价进行侵占的动机)、舆论监督(它可以通过"声誉"机制来遏制大股东侵占行为)、道德规范(从大股东内心产生一种约束)、工人监督(工人掌握企业的内部信息、关心企业的发展,所以具有监督的优势)以及政府税收监督(这将有力遏制各种大股东利用关联交易逃税的侵占行为)。他们根据法系渊源的不同,将此 39 个国家分成了五类:英美法系、法国法系、德国法系、斯堪的纳维亚法系以及苏维埃法系。通过比较研究,他们发现斯堪的纳维亚法系和英美法系国家的投资者保护水平较高,控制权私人收益水平较低,而苏维埃法系国家和法国法系国家的投资者保护水平相对较差,相应的控制权私人收益水平相对较高(见表 8-2)。一国的控制权私人收益越大,该国的资本市场就越不发达,所有权就越集中。这个结论和 LLSV 的基本一致。另外,他们还发现,产品市场竞争越激烈、社会舆论的压力越大,控制权私人收益就越小。

表 8-2 投资者保护水平和控制权私人收益

法系	控制权私人收益均值	标准差	国家和地区数
斯堪的纳维亚法系	0.048	0.33	4
英美法系	0.055	0.080	11
德国法系	0.109	0.152	6
法国法系	0.212	0.171	16
苏维埃法系	0.356	0.314	2

资料来源:Dyck, A., L. Zingales. Private Benefits of Control: An International Comparison [R]. Working Paper, Harvard Business School and University of Chicago, 2001.

二、理论分析与研究假设

1. 内部控制有效性对大股东利益侵占的影响机理与假设发展

内部控制是企业中非常重要的治理体制，是大股东掏空上市公司而获取控制权私人收益的重要屏障。Mitton（2002）认为，信息披露的质量越好，越有利于中小股东较准确和清晰地了解控股股东获取私人收益的情况，从而也便于他们及时采取保护自身利益的措施，如诉讼或者"用脚投票"的方式；而监管部门也能据此进行判断，并采取相应的政策措施来阻止和惩罚大股东的违法侵占行为。若内部控制无效或者有效性不强，说明整个公司体系中存在很多漏洞，大股东便可以抓住这些机会攫取控制权私人收益而不被轻易发现。

内部控制的有效性在内部控制信息披露中则体现为是否披露内部控制缺陷、是否披露鉴证报告等，这两者都是在披露了内部控制自我评价报告的基础上披露的。通常情况下，大股东的控制权越大，其越容易抓住内部控制的漏洞来取得控制权私人收益。大股东对小股东利益侵占的途径是多样的，例如通过低价或者是无偿占用底层上市公司的资金而获取报酬，通过内部交易与上市公司转换资产而获得较高的收益率，干预利润的分配（如选择利己的股利政策）获取控制权私人收益，也可以让上市公司作担保而获取较大的资金支持等。

内部控制越有效，信息披露的程度或者质量就会越高，这样就会减少大股东与外部中小股东之间的信息不对称性，从而监管当局对大股东的各种违法违规行为的监督就越有力度，也就越容易发现大股东的利益侵占行为。另外，有效的内部控制也能在一定程度上缓解大股东与中小股东之间的代理冲突。反之，若内部控制无效，内部控制信息披露质量和透明度就明显降低，这便加大了大股东与中小股东之间信息不对称程度，削弱了对大股东转移上市公司资产行为的制衡和监督，从而使利益侵占加大。

从本书研究的角度来看，若上市公司披露了内部控制缺陷，则表明企业的内部控制或多或少存在问题（包括一般缺陷和重大缺陷），给外部的信息使用者传达的信息便是内部控制为无效的或者有效性不高。这同时也表明企业高管对内部控制的监管力度不够，在相关的政策实施过程中存在一定的漏洞。而此时，大股东就会在这种无效的内部环境中想方设法占用上市公司的资金或者通过决策决定让上市公司为其进行担保，从而攫取利益。如大股东可以通过对董事会或高管层施加压力让财务部放款从而造成资金占用甚至可能会直接与财务人员合谋放款来占用上市公司的资金。当然，为了保护中小股东的利益，相关的法律法规应该引起重视，尽量不让这种侵害行为发生。

若上市公司披露了内部控制鉴证报告，则表明企业愿意将内部控制自我评价报告送给专业审计师审计，企业愿意受到外界的监督。那么也说明企业披露了内部控制鉴证报告后可信度较高，外部利益相关者对内部控制的相关情况持肯定的态度，内部控制有效性较强。内部控制是有效的，意味着相关管理层对内部控制的监管力度较大，无论从内部控制的设计和执行上都非常有效，此时大股东就很难抓住漏洞来实施自己的侵占行为。如大股东想占用上市公司的资金或让上市公司为其担保要经过一道道的政策手续，在有效的内部控制环境中是很难的，而且外界对企业的关注度也较大，导致大股东无法达成目的。因此，在有效的内部控制下大股东自然就减少了对小股东的利益侵占。因此，本书提出假设8-1：

H8-1：内部控制有效性与大股东利益侵占负相关。具体地，内部控制缺陷的披露程度与大股东利益侵占正相关，而内部控制鉴证报告的披露程度与大股东利益侵占负相关。

2. 内部控制有效性在金字塔股权结构与大股东利益侵占之间的中介机理与假设发展

中介变量的作用如图8-1所示，即自变量对中介变量有影响，中介变量对因变量有影响，同时控制了中介变量的情况下自变量对因变量有影响。主要是看加入中介变量以后，自变量对因变量的影响是否有所减弱，若果真如此，则表示自变量通过中介变量的作用而影响因变量，因此中介变量起到了一定的中介作用。

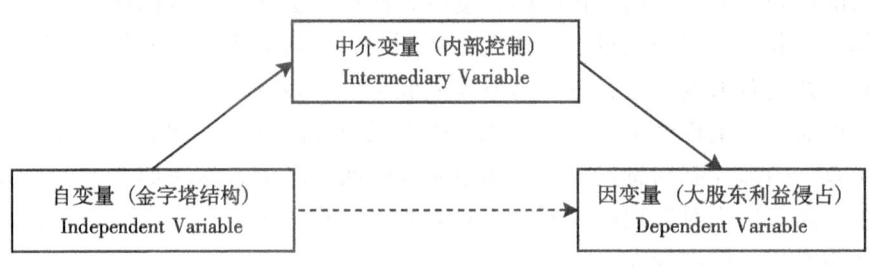

图8-1 自变量、因变量和中介变量的关系

关于中介效应检验，比较常用的是Baron和Kenny（1986）中介变量的检验方法。这种检验方法早在国外被广泛使用，国内这方面的研究起步较晚。Maiga（2006）在研究公正、预算业绩以及预算满意度的关系时用到了中介变量的方法。佟岩（2006）在研究控股股东如何影响盈余质量时发现关联交易表现出了不一样的特征，同时运用了中介变量研究方法，认为大股东能够通过产品交易和掏空性的劳务来提高盈余质量。

回顾已有的文献可以发现，众多关于金字塔结构的研究都与大股东利益侵占相结合讨论，因为很多大股东利益侵占的案例都是以金字塔结构为背景的，这种现象在民营企业中更为突出。以至于现在一说起金字塔结构大家就能很自然联想到大股东的掏空行为,给大家一个固定的印象就是金字塔结构成了大股东利益侵占的代名词,这其实是一个很片面的看法。金字塔结构一定能导致大股东利益侵占吗?答案是否定的。

大量研究表明金字塔结构下现金流权与控制权的分离导致了大股东对小股东利益的侵占,但是导致这一关系的内在机理是什么呢?大股东在两权分离的情况下有利益侵占的动机就一定能转化为侵占行为或后果吗?这些问题也是不能直接回答的。因此,本书引入了内部控制有效性作为中介变量研究,具体解释大股东如何达到利益侵占的目的。金字塔结构中两权分离首先使大股东有了侵占的条件,其次大股东才会有侵占的动机,然后才会通过影响内部控制的有效性来一步步实施侵占行为。本书主要研究的目的是看金字塔结构下大股东是否能通过内部控制有效性来进行利益侵占。

前文从理论上分析了金字塔结构对大股东利益侵占的影响机理、金字塔结构对内部控制的影响机理以及内部控制对大股东利益侵占的影响机理。因此,从理论逻辑上存在以下关系,金字塔结构下大股东可能影响内部控制有效性,进而去影响利益侵占行为,可以初步推断内部控制在金字塔结构和大股东利益侵占之间起到了一定的中介作用。因此,我们提出研究假设8-2:

H8-2:内部控制有效性在金字塔股权结构和大股东利益侵占之间存在一定的中介作用。

第三节 研究设计

一、主要变量定义与计量

1. 内部控制有效性的变量定义

根据我国《企业内部控制基本规范》可知,企业建立和实施有效的内部控制要从内部控制的五个要素努力。若内部控制是有效的,则其表现为企业基本实现了经营管理合法合规、资产安全、财务报告和相关信息的真实完整、提高经营效率和效果及促进了企业的发展战略。由于内部控制有效性比较难以衡量,又难以获取公开的有效的内部控制数据,因此本书用内部控制缺陷以及内部控制鉴证报告披露来衡量内部控制的有效性。

(1) 内部控制缺陷。

上市公司如果存在内部控制缺陷则表明企业自身内部控制方面的设计或执行有漏洞，内部控制的质量较差。内部控制若存在缺陷，表明上市公司很有可能存在财务报表的错报或少报的情况，而这种情况很多时候是不能预知和察觉的，并且还会对生产经营产生重大的影响。对于内部控制缺陷并没有统一的定义，本书将是否披露内部控制缺陷表示为ICD，根据上市公司在其自我评价报告中是否披露了内部控制缺陷、不足或类似的表述来赋值，若有类似的表述则取值为1，否则取值为0。一般情况下，披露了内部控制缺陷就表明内部控制有效性较低。

(2) 鉴证报告意见。

企业在披露了内部控制自我评价报告的基础上聘请了审计师对其进行审核并最终出具鉴证报告对于外界来说具有较高的可信度。而且从我们整理的2009~2011年的内部控制鉴证报告数据来看，会计师事务所基本上都出具了积极的无保留意见，结论是被审核的企业与财务报告相关的内部控制在所有重大方面都是有效的。因此，有理由认为企业披露了内部控制鉴证报告是对内部控制有效性的一种肯定，外界投资都可以对此做出一些有价值的决策。

本书将是否披露积极的无保留意见内部控制鉴证报告表示为ICIR。若上市公司聘请事务所对内部控制自评报告进行审计并在网站或年报中披露积极的无保留意见时取值为1，否则为0。内部控制鉴证报告与内部控制有效性正相关，即上市公司披露了积极的无保留意见内部控制鉴证报告，内部控制有效性就越强。

2. 大股东利益侵占的变量定义与计量

本书选取的衡量侵占的指标分别是资金占用、关联担保占总资产规模、关联资产交易占总资产规模、关联购销占总资产规模以及关联股权交易占总资产规模。

(1) 资金占用。

关于这个指标的选取，已有文献中有多种计量方式。如很多人采用了李增泉等（2004）的计量方法，用应收账款、预付账款及其他应收款之和与总资产的比值代表资金占用；而马曙光、黄志忠和薛云奎（2005）则直接用其他应收款与总资产的比值来衡量；侯晓红、李琦和罗炜（2008）则采用了其他应收款与其他应付款的差额与总资产的比值来计量，同时这种方法也被其他的人所引用。姜国华和岳衡（2005）认为大股东资金占用主要是通过其他应收款的形式表示的。考虑到应收账款和预付账款主要是企业主营业务内的往来账，与大股东占款的关系不是很密切，而其他应收款又不会受到正常损益的影响，本书采用其他应收款/总资产来衡量大股东利益侵占。

(2) 关联担保。

2000年，中国证监会为规范和引导上市公司的对外担保行为颁布了《关于上市公司为他人提供担保有关问题的通知》，明确规定"上市公司不得以公司资产为本公司的股东、股东的控股子公司、股东的附属企业或者个人债务提供担保"。2003年，国务院、国资委、证监会又联合发布了《关于规范上市公司与关联方资金往来及上市公司对外担保若干问题的通知》，明确规定关联方担保以及资金往来的审批和披露制度。即使这样，上市公司实施的效果也并不理想，甚至出现了越来越多的利用关联担保等进行利益侵占的行为。本书在前期数据整理中发现上市公司的多种关联交易中，关联担保在上市公司与大股东之间发生得比较普遍，因此本书选取了关联担保作为大股东利益侵占的另一指标。关联担保指标是指上市公司为其控股股东所提供的担保、抵押，具体用关联担保总额/总资产表示。

3. 金字塔股权结构的变量定义与计量

我们用来研究金字塔股权结构的变量包括现金流权、控制权比例、现金流权与控制权之间的分离率。

（1）现金流权。

本书参考了 LLSV（1999）、Claessens、Djankov、Lang（2000）提出的计算方法，采用终极现金流权（Ultimate Cash Flow Rights）比例代表控制股东的现金流权，即用终极控制股东通过所有控制链累积持有上市公司的所有权权益比例来表示终极控制股东的所有权，其中每条控制链顶端对终端上市公司的所有权权益比例等于该条控制链上各层股东持股比例的乘积。如果某上市公司仅仅有一条控制链，那么现金流权比例为此控制链所有链间控股比例的乘积；如果此上市公司存在多条控制链，那么现金流权比例等于每条控制链所有链间控股比例乘积的加和。计算公式为：

$$CR = \sum_{i=1}^{n} \prod_{t=1}^{t} \alpha_{it}$$

其中，α_{i1}，…，α_{it} 为第 i 条控制链的所有链间控股比例。

（2）控制权比例。

对于控制权比例的计算，本书采用 LLSV（1999）、Claessens、Djankov、Lang（2000）以及郎咸平（2002）的计算方法，即控制权比例等于所有控制链上最弱的投票权（Voting Rights）相加之和。如果某上市公司仅仅有一条控制链，那么控制权比例即为此控制链中最小的控股权比例；如果此上市公司存在多条控制链，那么控制权比例则为每条控制链中最小的控股比例之和。计算公式为：

$$VR = \sum_{i=1}^{n} \min_i(\alpha_{i1}, \alpha_{i2}, \alpha_{i3}, \cdots, \alpha_{it})$$

其中，α_{i1}，…，α_{it} 为第 i 条控制链的所有链间控股比例。

（3）两权分离率。

本书参考了 Claessens、Djankov、Lang（2000）计算现金流权与投票权比率

(Ratio of Cash Flow Rights to Voting Rights) 的方法。在此计算方法的基础上，本书对现金流权与控制权的分离率（Separation Quantum of Cash-flow rights and Control rights Right）进行如下的定义：

$$SQ = \frac{CR}{VR}$$

两权分离率越小，则说明现金流权与控制权的分离程度越大。

二、研究模型与数据来源

1. 研究模型

（1）模型1：内部控制有效性对大股东利益侵占的影响。

在此模型中采用大股东资金占用、关联担保作为被解释变量，分别以上市公司是否披露内部控制缺陷、是否披露内部控制鉴证报告作为解释变量，将公司规模、财务杠杆、盈利能力、独立董事比例、年份、高管持股比例、行业变量、经营质量作为控制变量，建立如下回归模型：

$$OCCUPY = \beta_0 + \beta_1 ICD + \beta_2 SIZE + \beta_3 LEV + \beta_4 ROA + \beta_5 IND + \beta_6 MSHARE + \beta_7 ST + \sum_{i=1}^{2} \beta_{7+i} YEAR_i + \sum_{j=1}^{11} \beta_{9+j} INDU_j + \varepsilon$$

$$GUA = \beta_0 + \beta_1 ICD + \beta_2 SIZE + \beta_3 LEV + \beta_4 ROA + \beta_5 IND + \beta_6 MSHARE + \beta_7 ST + \sum_{i=1}^{2} \beta_{7+i} YEAR_i + \sum_{j=1}^{11} \beta_{9+j} INDU_j + \varepsilon$$

$$OCCUPY = \beta_0 + \beta_1 ICIR + \beta_2 SIZE + \beta_3 LEV + \beta_4 ROA + \beta_5 IND + \beta_6 MSHARE + \beta_7 ST + \sum_{i=1}^{2} \beta_{7+i} YEAR_i + \sum_{j=1}^{11} \beta_{9+j} INDU_j + \varepsilon$$

$$GUA = \beta_0 + \beta_1 ICIR + \beta_2 SIZE + \beta_3 LEV + \beta_4 ROA + \beta_5 IND + \beta_6 MSHARE + \beta_7 ST + \sum_{i=1}^{2} \beta_{7+i} YEAR_i + \sum_{j=1}^{11} \beta_{9+j} INDU_j + \varepsilon$$

其中，β_0 为常数项，$\beta_1 \sim \beta_{20}$ 为回归系数；$i = 1, 2$；$j = 1, 2, \cdots, 11$；ε 为残差。

（2）模型2：内部控制在金字塔结构与大股东利益侵占之间的中介作用。

本书按照 Baron 和 Kenny（1986）对于中介变量的检验方法，首先用因变量对自变量回归，其次用中介变量对自变量回归，最后在控制中介变量的同时对自变量进行回归，本书在此将中介检验的模型定为模型2，分别就 ICD（是否披露内部控制缺陷）和 ICIR（是否披露内部控制鉴证报告）进行中介变量的检验，控制变量与前面的模型分别对应。具体建立如下两组回归方程：

模型2.1：

$$\begin{cases} OCCUPY = \beta_0 + \lambda_1 SQ + \beta_1 SIZE + \beta_2 LEV + \beta_3 ROA + \beta_4 IND + \beta_5 MSHARE + \\ \qquad \beta_6 ST + \sum_{i=1}^{2} \beta_{6+i} YEAR_i + \sum_{j=1}^{11} \beta_{8+j} INDU_j + \varepsilon \\ ICD = \beta_0 + \lambda_{21} SQ + \beta_1 SIZE + \beta_2 LEV + \beta_3 GROWTH + \beta_4 STATE + \beta_5 ST + \\ \qquad \sum_{i=1}^{2} \beta_{5+i} YEAR_i + \sum_{j=1}^{11} \beta_{7+j} INDU_j + \varepsilon \\ OCCUPY = \beta_0 + \lambda_{31} SQ + \lambda_{41} ICD + \beta_1 SIZE + \beta_2 LEV + \beta_3 ROA + \beta_4 IND + \\ \qquad \beta_5 MSHARE + \beta_6 ST + \sum_{i=1}^{2} \beta_{6+i} YEAR_i + \sum_{j=1}^{11} \beta_{8+j} INDU_j + \varepsilon \end{cases}$$

模型2.2：

$$\begin{cases} OCCUPY = \beta_0 + \lambda_1 SQ + \beta_1 SIZE + \beta_2 LEV + \beta_3 ROA + \beta_4 IND + \beta_5 MSHARE + \\ \qquad \beta_6 ST + \sum_{i=1}^{2} \beta_{6+i} YEAR_i + \sum_{j=1}^{11} \beta_{8+j} INDU_j + \varepsilon \\ ICIR = \beta_0 + \lambda_{22} SQ + \beta_1 SIZE + \beta_2 LEV + \beta_3 GROWTH + \beta_4 STATE + \beta_5 ST + \\ \qquad \sum_{i=1}^{2} \beta_{5+i} YEAR_i + \sum_{j=1}^{11} \beta_{7+j} INDU_j + \varepsilon \\ OCCUPY = \beta_0 + \lambda_{32} SQ + \lambda_{42} ICIR + \beta_1 SIZE + \beta_2 LEV + \beta_3 ROA + \beta_4 IND + \\ \qquad \beta_5 MSHARE + \beta_6 ST + \sum_{i=1}^{2} \beta_{6+i} YEAR_i + \sum_{j=1}^{11} \beta_{8+j} INDU_j + \varepsilon \end{cases}$$

主要变量定义如表8-3：

表8-3 主要变量定义表

变量	变量名称	变量代号	解　释
被解释变量	资金占用	OCCUPY	其他应收款/总资产
	关联担保	GUA	关联担保总额/总资产，其中关联担保额是上市公司为其关联方提供的担保和抵押总额
解释变量	内部控制缺陷	ICD	虚拟变量，若上市公司自评报告中披露了内控缺陷、不足或类似表述则取值为1，否则为0
	内控鉴证报告	ICIR	虚拟变量，若上市公司披露了内控鉴证报告则取值为1，否则为0
控制变量	公司规模	SIZE	SIZE=公司总资产的自然对数
	财务杠杆	LEV	资产负债率=负债总额/总资产
	盈利能力	ROA	资产收益率，ROA=净利润/总资产
	独立董事比例	IND	独立董事人数占董事会人数的比例
	年份	$YEAR_i$	哑变量，设2个哑变量，当为某一年时为1，否则为0

续表

变量	变量名称	变量代号	解 释
控制变量	高管持股比例	MSHARE	高级管理人员持股总数/上市公司总股数
	行业变量	$INDU_j$	哑变量,当上市公司属于行业j时取值为1,否则为0,按证监会行业分类为13类,剔除金融保险业共12个行业,取11个哑变量
	经营质量	ST	虚拟变量,上市公司属于ST类则取值为1,否则为0

2. 样本与数据来源

本章选取 2009~2011 年上交所和深交所所有 A 股上市公司为样本进行研究。由于金融行业的特殊性,其报表的制作以及财务、内部控制方面的指标与其他行业均有较大差异,因此本书删除了金融行业,最后保留了 12 个行业的数据样本。

本章的数据来源如下:与金字塔股权结构相关的现金流权、控制权以及两权分离度的数据来自国泰安(CSMAR)数据库(http://www.gtarsc.com/)。其他财务类以及公司治理方面指标的原始数据均来自锐思(RESSET)数据库(www.resset.cn)。内部控制方面的原始数据均是从网站上下载上市公司的年报、内部控制自我评价报告和内部控制鉴证报告并从中获取相关信息经手工整理得到,具体的网站包括:巨潮资讯网站(http://www.cninfo.com.cn/)、上海证券交易所网站(http://www.sse.com.cn/)以及深圳证券交易所网站(http://www.szse.cn/)。最后根据计算后的指标按照股票代码进行对接,得到最终的数据样本。

第四节 我国上市公司大股东利益侵占之现状描述

在巨额控制权私人收益的诱惑下,大股东以及其代理人进行着形式多样、纷繁复杂的攫取控制权私人收益活动,并美其名曰"资本运作"。令人遗憾的是,这种"资本运作"并不是以最大化公司价值为目的,而是以侵占公司财产、侵害中小股东利益、最大化大股东利益为目的。本节,我们首先从理论上分析我国上市公司大股东利益侵占的手段,然后以 2009~2011 年上交所和深交所所有 A 股上市公司为样本,对其大股东利益侵占的两个具有代表性的手段——大股东资金占用和关联担保的现状进行一个描述。

一、我国上市公司大股东利益侵占的手段

如 Johnson 等(2000)所描述的那样,大股东利益侵占主要是通过大股东的

隧道输送（Tunneling）行为来实现。Olaf Ehrhardt 和 Eric Nowak（2003）又进一步将此分为两类：一类是"自我交易"（Self-Dealing），其特点是直接将公司资产从公司转移到控制公司的那些人手中，就像从其他股东手中"偷"钱一样。另一类是"稀释"（Dilution），其并不像"自我交易"那样直接通过转移公司资产来增加控制股东的财富，而是间接地通过稀释的方法来减少中小股东的财富。"自我交易"手段主要包括掠夺公司发展机遇、资产转移、转移价格、借款担保等非公允性关联交易等；而"稀释"手段则主要包括发行稀释性股票、内幕交易以及对中小股东进行歧视性的交易等。以下，我们简单将我国上市公司大股东利益侵占的手段做一个介绍。

1. 大股东廉价或无偿占用上市公司资金

上市公司的资金长期被大股东占用限制了上市公司捕捉商业机会和对外扩张的能力，上市公司俨然成了大股东的"提款机"。大股东资金占用大致分为两种类型：经营性资金占用和非经营性资金占用。经营性资金占用一般是大股东与上市公司存在一定的采购、销售等涉及生产经营活动的关联交易所导致的资金占用。而非经营性资金占用则是指上市公司为大股东及其附属企业垫付的工资、福利、保险、广告等费用和其他支出；代大股东及其附属企业偿还债务而支付的资金；有偿或无偿、直接或间接拆借给大股东及其附属企业的资金、为大股东及其附属企业承担担保责任而形成的债务以及其他在没有商品和劳务对价情况下提供给大股东以及附属企业使用的资金等。相对而言，非经营性资金占用更具有掠夺性。

2. 恶意侵占公司资产

大股东恶意侵占上市公司资产可能通过以下几个途径：大股东高价转让自有资产（尤其是大股东的劣质资产）、收取上市公司高额费用或者通过低价收购上市公司资产然后转售以获取私利等。无疑这些不正当的交易侵占了上市公司资产，从而侵害了其他中小股东的利益。以下笔者通过引述两个我国民营上市公司的案例来说明大股东恶意侵占上市公司资产。

3. 上市公司为大股东提供巨额担保

关于上市公司为大股东提供担保的问题，《公司法》中已做出明确的规定：董事、经理不得以公司资产为本公司的股东或者其他个人债务提供担保。这一规定是为了保护上市公司自身和广大中小股东的利益，防止上市公司资产流失，成为代大股东受过的牺牲品。然而，据统计，在我国1000多家上市公司中，涉及对外担保的上市公司占其总数的25%~35%，即有300多家上市公司涉及对外担保。担保成为我国证券市场最为普遍的一个问题，而由担保诱发的诉讼案件也在上市公司各类诉讼案件中有增无减。上市公司为大股东及其关联公司担保导致上市公司承担了更大的财务风险,一旦被担保的大股东或关联公司资金周转不灵,就会使上市公司承担连带清偿责任。

4. 通过内幕交易获取私利

所谓内幕交易,是指掌握内幕信息的人或者团体直接或间接地利用该内幕信息进行证券买卖,获取不正当的经济利益,或泄露该内幕消息,使他人非法获利的行为。

各国对内幕信息的规定并不一致,但从大多数国家的立法来看,构成内幕信息有两个基本要素:第一,内幕信息应该是未公开的信息,即投资公众尚未获得或者经合法渠道无法获得的信息。具体而言,只要在交易时所利用的信息尚未在证券监督管理机构指定的传播媒体上公布,或者尚未通过监督管理机构任何的其他信息披露方式向社会公布,就可认定为内幕信息。第二,该内幕信息应当具有价格敏感性。所谓价格敏感性是指这种信息一旦在证券市场上公布后,便很可能对证券的市场价格产生重大影响。内幕人员是指承担内幕交易责任的主体,各国的界定范围也有所不同。一般认为,内幕人员包括内部人和内幕信息的知悉者。美国法律对内幕人员的界定最为严格,包括三大类:典型的内幕人(公司董事、经理和大股东);推定的内幕人(与证券发行公司关系足够密切以至于可以掌握内幕信息的人,如外部律师、会计师、投行人员等);内幕信息的知悉者(任何获得内幕信息的人员)。

由于大股东积极参与公司经营管理,并且具有特殊的身份与地位,大股东掌握了大量的内幕信息,大股东可以通过内幕交易的形式来获取控制权私人收益。在其进行内幕交易获取控制权私人收益的同时,也引发了对其他投资者利益的侵害。根据证券守恒定律,大股东在内幕交易中所获取的利润正好等于其他中小投资者所遭受的损失。这样,大股东所从事的内幕交易损害了其他外部中小投资者的利益,违背了公认的商业道德,增加了市场的道德风险。

二、上市公司大股东利益侵占的水平

以上所述的我国上市公司大股东侵占中小股东利益的手段分析是一种描述性的定性分析,那么,从研究的完整性出发,单单定性分析并不够,还需要进行定量分析。从20世纪80年代以来,大股东控制权私利与利益侵占逐渐成为公司理财、公司治理领域中的最重要的核心概念和研究课题之一。尽管大股东利益侵占的概念非常重要,但是现在却很难准确地评估大股东对中小股东利益侵占的水平或程度。对大股东利益侵占的测度之难是有原因的:首先,大股东利益侵占的种类众多,它既包括了一些货币收益,例如在职消费、资金侵占(甚至是偷盗)、利益输送等，也包括很多非货币收益，例如心理满足等。其中的大部分类型都不易观测，就算能观测到，也不易对各个项目的大小进行精确的计量分析。其次，如果大股东利益侵占能够较为容易地被准确测度，那么中小股东就可以据此向法院提出诉讼，要求大股东停止侵害行为。因此，从大股东自我保护的角度来看，大股东会千方百计地掩盖其侵害行为或者使其侵害行为复杂化，这样就增大了直接而准确测度大股东控制权私利的难度。在此部分，我们以 2009~2011 年上交所和深交所所有 A 股上市公司为样本，对其大股东利益侵占的两个具有代表性的手段——大股东资金占用（OCCUPY）和关联担保（GUA）的水平现状进行描述。

表 8-4 对上市公司 2009~2011 年度的大股东资金占用（OCCUPY）和关联担保（GUA）的水平进行了描述性统计。从中可以发现，资金侵占的最大值为 0.9812，最小值为 0，两者相差较大，可以猜测，在部分企业中非正常损益所占比例较大，这可能与大股东利益侵占有直接的关系，有待于更进一步的检验。而关联担保比例均值为 0.0877，比起资金侵占的均值 0.0205 较大。关联担保这个指标的样本缺失数较多，大约为总样本的 50%，但是从企业发生的关联交易总共有十几种来看，关联担保发生的比例算是很高了，说明大股东通过关联担保进行利益侵占的可能性较大。从 2009~2011 年的发展趋势来看，资金占用（OCCUPY）在三年内的均值变化幅度很小，基本保持在同一个水平。关联担保（GUA）的均值在前两年水平相差不大，但是 2010~2011 年有较大幅度的降低。

表 8-4 2009~2011 年度上市公司大股东资金占用和关联担保描述性统计

变量	年度	均值	中位数	标准差	最小值	最大值	有效样本数	缺失数
OCCUPY	2009	0.0240	0.0101	0.0519	0	0.8409	1785	14
	2010	0.0203	0.0082	0.0491	0	0.9812	2089	5
	2011	0.0182	0.0077	0.0426	0	0.9770	2377	3
	2009~2011	0.0205	0.0085	0.0477	0	0.9812	6251	22
GUA	2009	0.1329	0.0630	0.3008	0.0001	5.7074	676	1123
	2010	0.1342	0.0697	0.2311	0.0002	3.6875	750	1344
	2011	0.0557	0	0.1332	0	1.5836	2050	330
	2009~2011	0.0877	0.0247	0.2025	0	5.7074	3476	2797

表 8-5 和表 8-6 分别比较了不同板块和是否被特别处理（ST）公司的大股东利益侵占的情况。数据说明，不管是大股东资金占用还是关联担保，主板上市公司的大股东利益侵占水平要显著大于非主板上市公司；而在 ST 公司中的大股东利益侵占尤其是资金占用方面要显著大于非 ST 上市公司。

表 8-5 不同板块上市公司的大股东利益侵占比较

Variable	主板与否	N	Mean	标准差	T-test（T值）
OCCUPY	主板	3998	0.025387	0.057434	-10.782***
	非主板	2249	0.011959	0.018369	
GUA	主板	2376	0.09302	0.196588	-2.177***
	非主板	1096	0.076391	0.214776	

注：***、**、*分别表示在1%、5%和10%水平上显著。

表 8-6 ST 公司与非 ST 公司的大股东利益侵占比较

Variable	ST与否	N	Mean	标准差	T-test（T值）
OCCUPY	ST公司	396	0.0647	0.1351	-19.604***
	非ST公司	5851	0.0176	0.0325	
GUA	ST公司	171	0.1116	0.4680	-1.576
	非ST公司	3301	0.0865	0.1785	

注：***、**、*分别表示在1%、5%和10%水平上显著。

第五节 实证检验结果

在此节中，我们先以内部控制缺陷和鉴证报告意见的披露和不披露为标准分组分别对大股东利益侵占的两个代理变量——大股东资金占用和关联担保进行描述和均值比较，然后再通过回归分析来检验相关假设。

一、单变量检验

从表 8-7 中可以发现，内部控制缺陷的披露（ICD）与大股东资金占用显著正相关，与关联担保显著正相关，这两条均符合本书的预期假设。内部控制鉴证报告的披露（ICIR）与大股东占款显著负相关，这也符合预期。当然，本书在此只是进行了单变量检验，后文将在回归分析中加上相应的控制变量进行深入的检验。ICIR 与 GUA 负相关虽然符合假设的方向，但是 T 值却表明没有显著性。

表 8-7 内部控制有效性对大股东利益侵占影响的单变量检验

	内部控制有效性	N	均值	中位数	T-test (T 值)
OCCUPY	ICD=0	3819	0.0169	0.0074	-3.402***
	ICD=1	923	0.0246	0.009	
	ICIR=0	4018	0.0243	0.0093	10.618***
	ICIR=1	2233	0.0138	0.0075	
GUA	ICD=0	2164	0.0806	0.0205	-2.152**
	ICD=1	499	0.1158	0.0257	
	ICIR=0	2238	0.0905	0.0281	1.122
	ICIR=1	1238	0.0825	0.0192	

注：***、**、* 分别表示在 1%、5% 和 10% 的水平上显著。

二、回归分析

1. 内部控制有效性对大股东利益侵占的影响

本部分通过 SPSS 回归分析检验了模型 1 中内部控制对大股东利益侵占的影响，其中模型 1.1 表示内部控制缺陷的披露（ICD）对资金占用（OCCUPY）的影响，模型 1.2 表示内部控制缺陷的披露对关联担保的影响，模型 1.3 表示内部控制鉴证报告对资金占用的影响，模型 1.4 表示内部控制鉴证报告对关联担保的影响。回归结果显示如表 8-8 所示。

表 8-8 内部控制有效性对大股东利益侵占的影响

变量	预期符号	因变量			
		模型 1.1	模型 1.2	模型 1.3	模型 1.4
		OCCUPY	GUA	OCCUPY	GUA
CONSTANT		0.093***	0.246***	0.115***	0.227***
		(7.129)	(3.292)	(9.978)	(3.621)
ICD	+	0.001	0.008		
		(0.617)	(0.826)		
ICIR	−			−0.005***	0.008
				(−3.979)	(1.274)
SIZE	−	−0.004***	−0.010***	−0.005***	−0.010***
		(−7.521)	(−3.312)	(−9.152)	(−3.746)
LEV	−	1.7958E-4***	0.001***	9.537E-5***	0.001***
		(29.535)	(29.056)	(20.958)	(28.956)
ST	−	0.044***	−0.069***	0.027***	−0.082***
		(12.909)	(−3.355)	(10.65)	(−5.358)

续表

变量	预期符号	因变量			
		模型 1.1 OCCUPY	模型 1.2 GUA	模型 1.3 OCCUPY	模型 1.4 GUA
MSHARE	-	-1.445E-4*** (-3.856)	-2.918E-4 (-1.281)	-2.084E-4*** (-5.543)	-3.6E-4* (-1.692)
ROA	-	3.887E-4*** (28.946)	-1.337E-4 (-1.517)	2.222E-4*** (20.307)	-9.868E-5 (-1.175)
IND	-	6.259E-5 (0.793)	-4.06E-4 (-0.915)	-1.255E-5 (-0.178)	3.990E-5 (0.107)
$YEAR_i$		控制	控制	控制	控制
$INDU_j$		控制	控制	控制	控制
F 值		81.147***	53.092***	61.106***	52.827***
R^2_{adj}		0.265	0.284	0.169	0.232
样本量		4442	2627	5918	3438
缺失样本量		1831	3646	355	2835

注：***、**、* 分别表示在 1%、5% 和 10% 的水平上显著，括号内为 t 值。

从表 8-8 可以看出，4 个模型中的调整后判定系数（R^2_{adj}）分别为 0.265、0.284、0.169、0.232，说明模型总体解释度一般，这可能与变量的选取有一定的关系。F 值都在 1% 的水平上显著，说明模型整体通过了 F 检验。

模型 1.1 和模型 1.2 中内部控制缺陷的披露（ICD）系数均为正，分别是 0.001 和 0.008，这表明内部控制缺陷披露的可能性越大，内部控制有效性越差，则大股东利益侵占的程度就越大，这跟本书的假设是一致的。但是这两个模型都没有通过显著性检验，也只能说是部分验证了假设。造成这种结果的原因可能是上市公司披露内部控制缺陷只是出于政策鼓励以及外界的压力而没有披露实质性的内容，对于外部利益相关者来说也没有太多的参考价值，因此大家不会过多地根据缺陷的披露来认定其内部控制是无效的，而大股东进行利益侵占的难度越大。在控制变量方面，公司规模（SIZE）的系数都显著为负，表明公司规模越大，大股东利益侵占就越小，对上市公司来说这起到了某种程度上的保护作用。另外，财务杠杆（LEV）的系数都是显著为正的，说明财务杠杆越大，大股东利益侵占越大，与预期正好相反，可能是因为大股东利用我国债务的相关政策并与债权人一起来侵害小股东的利益。Filatotchev 和 Mickiewicz（2001）通过建模研究发现，企业通过大比例的债务进行融资时，大股东与债权人就会联合起来达到利益侵占的目的。高管持股比例（MSHARE）在四个模型中与资金侵占和关联担保都显著负相关，与预期相符，说明高管持股对大股东利益侵占能起到一定的抑制作用。是否 ST、ROA 和独立董事比例（IND）对 OCCUPY 的系数显著为正，对 GUA 的系数显著为负,部分通过检验。

模型 1.3 中内部控制鉴证报告（ICIR）披露的系数为-0.005,与本书的假设一致并且通过了显著性检验。说明上市公司出具了会计师事务所关于内部控制自我评价报告的鉴证报告对内部控制有效性有促进作用,或者说向公众说明内部控制是有效的,此时大股东通过资金占用的方式进行利益侵占的可能性就越小。而模型 1.4 中内部控制鉴证报告的披露系数为负,并没有通过假设检验,说明内部控制鉴证报告是否披露并没有对大股东通过关联担保进行侵占造成太大的影响。独立董事比例、ROA 以及是否 ST 都只能部分验证之前的预期。

2. 内部控制有效性在金字塔股权结构与大股东利益侵占之间的中介作用检验

根据前文的回归分析结果,控制权与大股东利益侵占和内部控制有效性的关系都与本书的假设不符,在此检验中介变量时直接选用现金流权与控制权的比率（SQ）代表金字塔结构的变量;同时,回归结果显示金字塔结构对关联担保以及内部控制有效性对关联担保的影响都不显著,因此在中介变量检验时直接检验模型 2.1 和模型 2.2,选用了大股东资金占用（OCCUPY）来代表大股东利益侵占的变量。内部控制有效性还是选用了是否披露内部控制缺陷（ICD）和是否披露内部控制鉴证报告（ICIR）两个指标。

上述模型中,模型 2.1.1 表示金字塔结构所导致的现金流权与控制权的分离率对大股东利益侵占的影响;模型 2.1.2 表示金字塔结构导致的现金流权与控制权的分离率对内部控制有效性（是否披露内部控制缺陷）的影响;模型 2.1.3 表示在控制内部控制有效性的前提下,两权分离率对大股东利益侵占的影响。模型 2.2.1 表示金字塔结构所导致的现金流权与控制权的分离率对大股东利益侵占的影响;模型 2.2.2 表示金字塔结构导致的现金流权与控制权的分离程度对内部控制有效性（是否披露内部控制鉴证报告）的影响;模型 2.2.3 表示在控制内部控制有效性的前提下,两权分离率对大股东利益侵占的影响。按照 Baron 和 Kenny（1986）对于中介变量检验方法的要求,模型 2.1.1 和模型 2.2.1 中自变量（现金流权与控制权的分离率 SQ）的系数 λ_1 应显著不等于零;模型 2.1.2 中自变量（现金流权与控制权的分离率 SQ）的系数 λ_{21} 和模型 2.2.2 中自变量（现金流权与控制权的分离率 SQ）的系数 λ_{22} 应显著不等于零;模型 2.1.3 中自变量（现金流权与控制权的分离率 SQ）的系数 λ_{31} 应显著小于 λ_1,并且内部控制有效性（内部控制缺陷的披露与否 ICD）的系数 λ_{41} 应显著不等于零,模型 2.2.3 中自变量（现金流权与控制权的分离率 SQ）的系数 λ_{32} 应显著小于 λ_1,并且内部控制有效性（内部控制鉴证报告的披露与否）的系数 λ_{42} 应显著不等于零。当上述条件得到满足时,则表明内部控制在金字塔结构与大股东利益侵占之间起到了一定的中介作用。

表 8-9 以内部控制缺陷（ICD）衡量内控有效性时的中介效应检验

变量	因变量		
	模型 2.1.1	模型 2.1.2	模型 2.1.3
	OCCUPY	ICD	OCCUPY
CONSTANT	0.117***	0.505***	0.094***
	(9.914)	(4.107)	(7.133)
SQ	−0.005*	−0.055**	−0.003
	(−1.764)	(−2.141)	(−0.997)
ICD			0.001
			(0.38)
SIZE	−0.005***	−0.017***	−0.004***
	(−9.04)	(−3.318)	(−7.232)
LEV	9.999E−5***	5.003E−5*	1.776E−4***
	(21.674)	(1.947)	(29.561)
ST	0.027***	0.168***	0.041***
	(10.447)	(5.314)	(11.734)
MSHARE	−2.07E−4***		−1.349E−4***
	(−5.42)		(−3.489)
ROA	2.284E−4***		3.838E−4***
	(20.831)		(28.936)
IND	−4.234E−5		3.568E−5
	(−0.595)		(0.449)
GROWTH		1.211E−6	
		(0.047)	
STATE		0.035**	
		(2.510)	
$YEAR_i$	控制	控制	控制
$INDU_j$	控制	控制	控制
F 值	60.307***	5.481***	74.734***
R^2_{adj}	0.173	0.019	0.266
样本量	5675	4405	4271
缺失样本量	598	1868	2002

注：***、** 和 * 分别表示在 1%、5% 和 10% 的水平上显著，括号内为 t 值。

从表 8-9 可以看出，模型 2.1（以是否披露内部控制缺陷 ICD 为变量衡量内部控制有效性）下的模型 2.1.1（分离率对大股东利益侵占的影响）和模型 2.1.2（分离率对内部控制有效性的影响）中金字塔结构下现金流权和控制权的分离率（SQ）的系数 λ_1 和 λ_{21} 均符合前文的假设，且分别在 10% 和 5% 的水平上显著。模型 2.1.3 在控制了内部控制有效性（ICD）的情况下两权分离率（SQ）的系数 λ_{31} 为 −0.003，但是没有通过显著性检验。但是比较鼓舞性的是其系数小于模型 2.1.1

中的系数（0.003<0.005），并且 ICD 的系数不为零。这说明在用是否披露内部控制缺陷衡量内部控制有效性时，内部控制只起到了一部分中介作用。

表 8-10　以内部控制鉴证报告（ICIR）衡量内控有效性时的中介效应检验

变量	因变量		
	模型 2.2.1	模型 2.2.2	模型 2.2.3
	OCCUPY	ICIR	OCCUPY
CONSTANT	0.117*** (9.914)	−0.27** (−2.158)	0.115*** (9.753)
SQ	−0.005* (−1.764)	0.144*** (5.320)	−0.004* (−1.734)
ICIR			−0.005*** (−3.771)
SIZE	−0.005*** (−9.04)	0.019*** (3.487)	−0.004*** (−8.820)
LEV	9.999E−5*** (21.674)	−3.994E−5 (−1.423)	9.986E−5*** (21.671)
ST	0.027*** (10.447)	−0.254*** (−9.621)	0.026*** (9.990)
MSHARE	−2.07E−4*** (−5.42)		−1.887E−4 (−4.908)
ROA	2.284E−4*** (20.831)		2.283E−4 (20.847)
IND	−4.234E−5 (−0.595)		−2.901E−5 (−0.408)
GROWTH		−1.838E−5 (−0.662)	
STATE		−0.099*** (−7.107)	
YEAR$_i$	控制	控制	控制
INDU$_j$	控制	控制	控制
F 值	60.307***	19.245***	58.247***
R^2_{adj}	0.173	0.056	0.175
样本量	5675	5813	5675
缺失样本量	598	460	598

注：***、** 和 * 分别表示在 1%、5% 和 10% 的水平上显著，括号内为 t 值。

从表 8-10 可以看出，模型 2.2（以是否披露内部控制鉴证报告 ICIR 为变量衡量内部控制有效性）下的模型 2.2.1（分离率对大股东利益侵占的影响）和模型 2.2.2（分离率对内部控制有效性的影响）中金字塔结构下两权分离（SQ）的

系数 λ_1 和 λ_{22} 的系数都与前文的假设相符,并且分别在 10% 和 1% 的水平上显著。模型 2.2.3 在控制了内部控制有效性(ICIR)后两权分离率(SQ)的系数为 –0.004,并且在 10% 的水平上显著。ICIR 的系数为 –0.005 并且在 1% 的水平上显著,而且 0.004<0.005,则该模型在控制了内部控制有效性后现金流权与控制权的分离率的系数显著小于单独对因变量的系数,这满足了 Baron 和 Kenny(1986)关于中介变量检验模型的条件,说明内部控制有效性在金字塔结构与大股东利益侵占之间起到了中介变量的作用。

总的来说,当内部控制有效性用是否披露内部控制缺陷(ICD)来衡量时,内部控制有效性在金字塔结构与大股东利益侵占之间起到了一部分的中介作用;而当内部控制有效性用是否披露内部控制鉴证报告(ICIR)时,内部控制有效性在金字塔结构与大股东利益侵占之间起到了明显的中介变量作用,这个结果应该是具有鼓舞性的,对于今后的研究将是一个很好的启发。

第六节 本章小结与讨论

本书以 2009~2011 年沪市和深市 A 股所有非金融类上市公司为样本,采用理论和实证分析相结合的方法研究了内部控制有效性对大股东利益侵占的影响,同时运用中介变量检验模型检验了内部控制有效性在金字塔股权结构与大股东利益侵占之间的中介作用。书中采用控制权、现金流权以及现金流权与控制权的分离率来衡量金字塔股权结构,用内部控制缺陷的披露程度和内部控制鉴证报告的披露程度来衡量内部控制的有效性,用大股东资金占用以及关联担保占总资产的比率来衡量大股东利益侵占。本书的主要研究结论如下:

第一,内部控制缺陷的披露程度与大股东利益侵占正相关,即内部控制有效性与大股东利益侵占程度负相关,但是不显著,说明部分验证了本书的假设。笔者认为,可能由于上市公司披露内部控制缺陷只是出于政策鼓励以及外界的压力,其实并没有披露极具实质性的信息,更不会把自身存在的真正问题公之于众。从文献的阅读整理来看,上市公司内部控制缺陷的披露上也存在一些问题。比如朱琳琳(2010)认为内部控制缺陷的披露流于形式、没有实质性信息含量、管理层故意隐瞒内部控制缺陷信息以及审计委员会未能尽责等。由于现有政策指引和理论研究中关于"实质性缺陷"概念的缺失,使得我国上市公司很多实质性缺陷信息披露极其匮乏(瞿旭等,2009)。因此,这部分缺陷的披露对外部信息使用者来说并不会有太大的价值,大股东也就不会据此来判断内部控制是无效的，因此导致利益侵占就不是很明显。

第二，内部控制鉴证报告的披露程度与大股东资金占用显著负相关，即内部控制有效性与大股东利益侵占程度负相关，通过假设检验；但是与关联担保正相关，没能通过假设检验。表明上市公司内部控制自我评价报告经审计师审核后还是很值得依赖的，鉴证报告对外传达的信息是该企业的内部控制是有效的。此时大股东再想进行利益侵占就很有难度，有效的内部控制能够抑制大股东的掏空行为。至于用关联担保来衡量大股东利益侵占通过检验与假设相反，笔者认为原因可能是在指标设计时选用的计量方法有偏颇或者是所选的数据内容并不能如实地反映大股东利益侵占的特征。

第三，在用内部控制缺陷披露程度来进行中介变量检验时，结果表明内部控制有效性在金字塔股权结构与大股东利益侵占之间有一定的中介作用（系数大小和方向均满足条件，但不显著）；而在用内部控制鉴证报告披露程度来进行中介变量检验时，结果表明内部控制有效性在金字塔股权结构与大股东利益侵占之间有明显的中介作用。总的来说，内部控制有效性在金字塔股权结构与大股东利益侵占之间是有中介作用的，表明金字塔股权结构下大股东在一定程度上可以通过影响内部控制有效性的作用实现利益的侵占。

本书的实证研究结果显示，金字塔结构下大股东可以通过影响内部控制的机理来实施利益侵占行为，并且通过中介变量模型检验表明内部控制在金字塔结构与大股东利益侵占之间是有中介作用的。因此，加强企业内部控制方面的监管力度能很大程度上遏制大股东的侵占行为。

从现有的状况来看，企业内部控制存在制度不健全、组织设置不合理、缺乏执行力以及缺乏沟通和监督等缺陷，内部控制制度的制定和执行亟待改善。首先，应加强企业人员内部控制理论方面的素质，建立完善的内部控制体系，从高管到员工都能形成一种内部控制的意识，从而为后面内部控制的实施环节奠定良好的基础。其次，要设计出科学合理的内部控制体系，如完善内部控制环境（包括董事会、监事会等）以及企业文化建设等，从根源上杜绝大股东与企业内部人的串通与合谋。最后，必须加强内部控制实施过程中的监督力度，确保内部控制的有效执行。

另外，加大对内部控制信息披露的监督也是保证内部控制有效性的一大有效措施。由于现在对内部控制信息披露的要求是自愿性多于强制性，导致现在很多企业避重就轻地披露一些无价值的信息，甚至大股东会利用金字塔结构控制影响上市公司的董事会或高管层从而影响内部控制信息的披露内容和形式。因此，应从根本上制定相应的政策强制企业披露内部控制信息，并做到对重大事项的监督管理，并对内部控制方面存在的违规情况做出严厉的惩罚，这也能很大程度上减少股东之间的信息不对称性。总的来说,完善内部控制制度,加大内部控制的执行和监督力度,提高信息披露的质量,加强内部控制的有效性,才能使金字塔下大股东没有或很少有机会在这种有效的内环境中实施隐蔽的侵占行为。

由于各方面的限制,本书在研究中存在一些不足之处:

一是本书所选的数据是 2009~2011 年的数据,由于时间范围较小,实证分析所得的结果并没有普遍的代表意义。

二是本书的变量选取可能比较狭隘,如在衡量大股东利益侵占时仅用了资金占用和关联担保,可能并不能很普遍地代表侵占,因此在实证结果中关联担保这个指标的效果并不明显;而衡量内部控制有效性时使用内部控制缺陷和鉴证报告的披露程度,并且使用的都是 0、1 变量,这对实证结果也会有重要的影响。

第九章 内部控制有效性与内幕交易：基于高管与大股东减持的视角

内幕交易的存在会严重扰乱证券市场的有序运作，损害投资者利益，这几年我国证券市场上内幕交易多发引起了监管部门的高度重视，急需寻找一种能够抑制内幕交易行为的机制。随着内部控制在公司治理领域作用的日益凸显，其与内幕交易的研究也越来越有意义。本章研究了上市公司内幕信息知情者的买卖股票交易中是否存在利用内幕信息交易的现象，将内幕信息知情者分为两类：董事、监事及高级管理人员等高管作为第一类内幕信息知情者（高管）；持股5%以上的大股东作为第二类内幕信息知情者（大股东）。本章对第一类内幕信息知情者（高管）内幕交易的研究以2008~2012年沪市A股上市公司为对象，对第二类内幕信息知情者（大股东）内幕交易以2008~2012年深市A股上市公司为对象，采用理论和实证研究的方法分别研究两类内幕信息知情者在卖出股票时内幕交易的存在性以及内部控制有效性对内幕交易的影响。本章使用累计相对换手率作为内幕交易存在性的代理变量，实证结果显示累计相对换手率显著区别于零，表明两类内幕信息知情者在卖出本公司股票时普遍存在内幕交易。同时，通过多元回归分析检验内部控制有效性与内幕交易之间的相关性，结果显示，第一类内幕信息知情者（高管）内幕交易与内部控制有效性显著负相关，即公司内部控制有效性的提高能够有效抑制第一类内幕信息知情者（高管）的内幕交易行为。第二类内幕信息知情者（大股东）内幕交易与内部控制有效性负相关，但是统计上不显著，可能是因为我国股权集中模式下，大股东避重就轻对于内部控制系统具有选择性偏好，能够选择重在约束高管而对大股东影响最小化的内部控制。

第一节 引言

我国证券市场经过20多年的发展，规模不断扩大，已然成为我国经济体系中不可或缺的重要部分。证券市场的建立和发展推动了我国融资渠道的拓展、资源配置的优化。然而虽然证券市场发展速度迅速，但是有关制度的建立和健全却相对较为滞后。我国证券市场存在"政策市"、"消极市"的现象较为普遍。内部信息知情者利用自身的信息优势在证券市场上进行内幕交易的现象更是屡见不鲜。

内幕交易是基于可以获得的私有信息进行判断并先于市场做出反应，使其获得更多利益或减少损失，是证券市场上发生的较为典型的行为之一，其交易实质严重违背了证券市场"公开、公平、公正"的原则，不利于实现市场的资源优化配置，阻碍了我国证券市场的正常发展。随着证券市场交易活动的日益活跃，内幕交易愈演愈烈。从中国证券监督管理委员会网站公布的行政处罚决定来看，近年来内幕交易相关的行政处罚公告占了行政处罚决定的大部分。内幕交易已经引起了监管机构的高度重视。

自从我国改革开放建立资本市场以来，国务院于1993年颁布的《股票发行与交易管理暂行条例》最早对内幕信息知情者交易其所持本公司股票做出了规定。该《条例》第三十八条指出：股份有限公司的董事、监事、高级管理人员和持有公司百分之五以上表决权股份的法人股东，将其持有的公司股票在买入后六个月内卖出或者在卖出后六个月内买入，由此获得的利润归公司所有。2006年我国实施了新《公司法》和《证券法》，进一步规范了内部人的持股交易。《公司法》第五章第一百四十二条规定：公司董事、监事、高级管理人员应当向公司申报所持有的本公司的股份及其变动情况，在任职期间每年转让的股份不得超过其所持有本公司股份总数的百分之二十五；所持有本公司股份自公司股票上市交易之日起一年内不得转让；上市人员离职后半年内，不得转让其所持有的本公司股份；公司章程可以对公司董事、监事、高级管理人员转让其持有的本公司股份做出其他限制性规定。《证券法》则规定：上市公司董事、监事、高级管理人员、持有上市公司股份百分之五以上的股东，将其持有的该公司的股票在买入后六个月内卖出，或者在卖出后六个月内又买入，由此所得收益归该公司所有，公司董事会应当回收其所得收益。由此可见，对于内幕交易的法律管制越来越多。内幕交易是内幕信息知情者利用其信息优势获利的行为。公司内部人员的信息优势主要源于公司的内部人掌握更多的关于公司运营的真实信息，或者即便不是公司内部人员，但是通过与公司相关人员的直接或者间接接触能够获取关于公司的信息。而作为普通的外部投资者，其获取信息仅限于公司公开披露的信息，信息渠道显然少于内部相关人员。这种信息不对称现象的存在使得内部相关人员利用信息优势攫取额外收益。然而这种获利是以牺牲普通投资者和公司的长远利益为代价的。

内幕交易对外部普通投资者损害可以表现在其低价买进、高价卖出的能力上。当内幕信息是利好消息时，知悉内幕信息的相关人员大量买进股票，等公司向外部公布相应信息后该信息被市场消化吸收使得股票价格上升时，内幕信息相关人员再择机抛售，从中获取利益。当不存在内幕信息知情者的交易行为时，股票价格的波动完全由外部投资者的交易行为造成，根据证券守恒定律，证券交易是零和博弈，外部投资者中因为股票交易获得的收益和损失从整体上来可以抵消。因此，内幕信息知情者能利用其信息优势择机获利的时候，其实质上侵占了部分外部投资者的利益。

内幕交易对公司本身造成的损害主要表现在两个方面。第一，内幕交易影响了股票市场的有效性。信息会影响公司的股票价格，市场有效性就是考察市场对信息反应的敏感性，而市场反应的灵敏程度则是通过股票变动来体现的。而内幕交易的存在则使公司的股票价格不能真实地反映公司的价值。当公司内部存在非公开重大信息进行交易的时候，内幕信息知情者为了获取更多超额收益，会延迟信息的公开。越是延迟重大信息的公布，公司的股价与其真实价值之间的差异越大，市场的有效性越弱。第二，当内幕信息知情者利用重大非公开信息交易使得外部投资者遭受损失时，外部投资者会对公司的信心减弱甚至丧失。一个理性投资者必然会选择诚信的公司作为其投资对象，因为声誉对于上市公司来说至关重要。声誉不好、没有诚信的公司长期必然会被市场摒弃。

内幕交易产生的内在原因是公司内部人员与外部投资者之间的信息不对称。如何降低甚至消除这种信息不对称成为抑制内幕交易发生的主要着力点，而信息不对称现象的研究也成了公司治理领域的一个重点研究方向。内部控制作为公司治理的有机组成部分，在合理保证公司资产安全、经营效率和效果及经营合规性方面发挥着重大作用，可以说内部控制是否有效对公司财务报告的可靠度有着直接影响。财务报告是普通外部投资者掌握公司内部信息的主要来源以及其决策的重要依据，因而财务报告质量会对外部投资者决策产生较大影响。一份在有效内部控制下产生的财务报告能够合理保证高质量的信息披露，进而降低内部人员与外部投资者的信息不对称程度。公司的内部管理人员从事公司的经营运作，掌握着全面的财务信息，能够对未来发展趋势及业绩走势进行合理判断，这使他们在整个信息的传递中处于主导地位。但是对于普通外部投资者来说，他们的信息仅来源于公司公开披露的信息。这些公开信息中的信息含量越高越可靠，内部人员和外部投资者之间的信息不对称程度越低；信息含量越低，虚假信息越多，内部人员相较于外部投资者的信息优势越明显，内部人员择机利用内幕信息攫取利益的能力就越强。

公司内部人员利用信息优势择机获利实际上也是现代公司治理中委托—代理问题的一种反映。公司内部拥有经营管理权的管理者并不对公司的现金流具有所有权，管理者存在占用公司资源的动机，造成其不愿尽心尽力去完成股东利润最大化的目标。同时在公司所有权和掌控权方面存在的差异,使得大股东在与中小股东共同分享收益的同时,得到高于实际持股量应得的额外收益。因此大股东利用其主导地位从中小投资者融资,控制公司资源,又通过关联交易等方式侵占中小投资者的既得利益。因此,无论是管理者与股东,还是大股东与中小股东之间都存在代理问题。内幕交易从本质上来看是交易中一方利用自己的信息优势从事交易的一种行为,是信息不对称的必然结果,而这种信息不对称又直接源于所有权和经营权的分离,因而内幕交易实质上是代理问题的一种表现形式。

综上,鉴于内幕交易的危害性,抑制甚至消除内幕交易对于证券市场的健康稳步发展至关重要。基于内部控制对信息不对称的作用机理,本章在总结相关研究的基础上进行理论分析和实证分析,研究内部控制是否在一定程度上能够抑制内幕交易的发生。然而,由于内幕交易行为复杂且监察难度高,以及是否利用了内幕信息通常难以确切取证,目前我国内幕交易的研究可以分为狭义内幕交易和广义内幕交易。关于狭义内幕交易的研究往往仅以受到监管机构行政处罚的行为为研究对象。广义内幕交易的研究则以内幕信息知情者的交易行为为研究对象,即公司内部人员全部买卖本公司证券的行为,以观察这些内幕信息知情者是否能够通过这些交易行为获利及其交易行为的特征。曾庆生(2008、2011)、朱茶芬等(2011)均使用广义内幕交易概念进行内幕交易行为研究。由于本章的研究预期通过为抑制内幕交易提供一种新路径,具有一定的先行性,而狭义内幕交易研究是在损失已经发生并处以处罚后进行的,对内幕交易的抑制具有滞后性,因此本章对内幕交易的研究是从使用广义内幕交易概念对内幕信息知情者的交易行为进行研究。

本章其余部分安排如下:第二节为文献综述、理论分析与研究假设,在文献整理的基础上分析内部控制有效性对内幕交易的抑制机理;第三节为研究设计,说明如何对相关问题的研究路径和方法;第四节中我们对我国上市公司内幕交易的存在性问题进行了分析;第五节为实证检验结果,实证分析内部控制有效性对于内幕交易的影响;第六节为本章小结与讨论。

第二节 文献综述、理论分析与研究假设

一、内幕交易相关文献综述

1. 内幕交易与超额收益研究

本章研究的内幕交易并非仅限于非法内幕交易,因此对于内幕交易的相关文献综述均是从广义内幕交易进行的。内幕信息知情者可以利用的信息多样,加之利用方式的复杂性,现有国外对于内幕信息知情者的研究较多集中在考察内幕信息知情者交易的时机选择能力和超额收益方面,以此来推定内幕信息知情者交易中是否普遍利用了其私有信息的优势。

Jaffe(1974)通过实证检验了公司内幕信息知情者交易的获利能力,发现内幕信息知情者通过交易能够获超额收益,并且追随这些内幕信息知情者进行交易同样能够获得超额收益。Finnerty(1976)以1969~1972年纽交所上市公司为样本进行研究,结果显示内幕信息知情者买入股票时获得的收益显著高于市场预期,而卖出股票时显著低于市场预期。由此可知,内幕信息知情者在交易中能够获得超额收益。Friedrich 等(2002)以1986~1994年英国公司为样本,检验了董事交易前后20天窗口内的超额收益,卖出股票前累计超额收益为1.23%,卖出股票后累计超额收益为-1.46%,呈现倒V型;买入股票前累计超额收益为-2.85%,买入股票后累计超额收益为1.96%,呈现正V型,说明内幕信息知情者在交易时存在明显的时机选择,能够获得超额收益。

内幕信息知情者不仅在短时间内能把握时机进行交易以攫取超额收益,同时很多文献研究还发现了内幕信息知情者能够很好地预测未来长期股价趋势,进而取得了丰厚的长期超额收益(Givoly、Palmon,1985;Seyhun,1998;Pettit、Venkatesh,1995;Lakonishok、Lee,2001;Jeng 等,2003;Ravina、Sapienza,2010)。Lakonishok 和 Lee(2001)通过计算内幕信息知情者过去6个月的净买入指数,并发现这能很好地预测未来12个月的公司股价。

在美国,内幕信息知情者卖出交易的获利性小于买入交易(Lakonishok、Lee,2001;Seyhun,1998;Jeng 等,2003),因为内幕信息知情者买入主要是基于私有信息驱动,但是卖出的动机相对比较多样。例如股票激励制度下,高管出于流动性需求卖出股票这类交易就不怎么具有信息含量。在其他国家和地区的检

验也基本上取得了较为一致的结论，即内幕信息知情者交易对所在公司的股价走势具有一定的预测能力，能够获得超额收益（Cheuk 等（2006）对中国香港；Biesta 等（2003）对荷兰）。

张宗新等（2005）对内幕交易的研究则是通过研究重大事件披露前后的市场反应展开的，通过运用事件研究方法，使用累计超额收益率并同时结合平均超常换手率变化来判断重大信息披露对股价和交易量带来的变化，发现在重大信息披露前累计超额收益率呈上升态势，而在披露之后则出现明显的下降。曾庆生（2008）最先在国内运用上市公司经验数据对内幕信息知情者交易进行实证研究。其采用事件研究法通过计算短时间窗口内的超额累计收益来检验内幕信息知情者在交易中的时机选择能力。实证结果显示由于我国相关法律对于内幕信息知情者买入本公司股票后又卖出存在 6 个月的限售期限，内幕信息知情者在买入本公司股票时表现出的时机选择能力相对较弱，而在卖出股票的交易中则具有很强的时机选择能力，以攫取额外收益。罗巧（2008）也通过研究内幕信息知情者卖出和买入本公司股票的信息披露前后的市场反应来研究内幕信息知情者的交易行为，但是结果与现有文献不一致。其发现内幕信息知情者的卖出和买入股票的信息披露并不具有信息含量，内幕信息知情者卖出和买入股票并不能获得显著的超额收益。从长期来看，买入交易能够使内幕信息知情者取得稍大于大盘的超额收益，但是显著性仍不明显，尽管如此，该研究仍可以为从事长线投资的人员提供借鉴。长期而言卖出交易并不存在显著的合理性，内幕信息知情者并不能通过卖出股票获得长期的超额收益，因而并不能对长期投资者提供参考作用。朱茶芬、姚铮、李志文（2011a）以高管这类内幕信息知情者作为研究对象，考察高管内幕交易的时机选择能力以及获利能力。从交易的择时能力和长期获利性来看，高管在卖出股票以及大额买入股票时表现出很强的对未来股价趋势的预测能力。通过直接研究信息优势与交易决策之间的关系，发现高管在卖出股票时能够利用其价值估计的判断优势，在价值估计出现较大偏差的时候准确抓住机会以套现获利，但是在高管进行买入交易时则主要利用其在业绩预测方面的优势，具体表现在预测未来公司业绩提升时提前买入股票，并且高强度地买入股票时不仅利用业绩预测优势，还利用了价值估计的判断优势，能够在公司价值被低估的时候大量买入公司股票。总的来说，高管在买卖本公司股票时存在信息优势，并且卖出交易和大额买入交易具有较大的信息含量。朱茶芬等（2011b）利用公开披露的减持公告数据，对大股东减持公告前后运用事件研究法观察短时间内的时机选择能力以及减持信息披露前后的市场反应，发现减持公告前累计超额收益（CAR）增加，而在减持公告披露后呈现下降趋势，整体而言呈先升后降的倒 V 型曲线，说明大股东在减持本公司股票时能够精准把握交易时机。

2. 内幕交易与公司信息披露

内幕信息知情者相较于外部人员拥有很多的私人信息，能够较早掌握公司要披露的信息，甚至通过控制信息披露的时间和内容，从而选择交易时机从中获利。基于内幕信息知情者在信息披露方面的控制能力，现有文献较多考察了重大事件披露前后的内幕信息知情者交易情况，包括公司盈余公告、盈余预测公告等。

Elliott、Morse 和 Rochardson（1984）以 1975~1979 年公司为样本，发现公司业绩上升时，内幕信息知情者倾向于在盈余公告前买入股票，在公司业绩下降时，则倾向于在盈余公告前卖出股票。Ke、Huddart 和 Petroni（2007）研究发现在盈余持续增长结束之前的两年内幕信息知情者已经知晓该信息，并且在信息披露之前的一个至三个季度前就存在内幕信息知情者的异常交易。

Noe（1999）将 1979~1987 年披露管理层盈余预测的公司为样本公司，发现内幕信息知情者在盈余预测为利好消息时卖出交易频繁，盈余预测为利差消息时买入交易较频繁。Rogers（2008）研究发现，公司信息披露质量受到内幕信息知情者激励政策影响，为了保持信息优势，获取超额收益，内幕信息知情者有动机增持股票的时候偏好向外界披露质量较低的盈余预测信息，而在其想要减持股票时，为规避诉讼风险则更趋向于披露质量较高的盈余预测信息。

增发（Gombola、Lee、Liu，1999）、股票回购（Louis、Sun、White，2008）及财务重述公告（Agrawal、Copper，2008）之前，内幕信息知情者存在显著异常的交易本公司股票的行为。李勇（2003）从博弈论和信息经济学理论出发对内幕信息知情者交易及信息披露进行研究，通过建立序贯交易模型发现内幕信息知情者的交易会导致逆向选择。同时内幕信息知情者在信息披露方面更倾向于披露利好消息而隐瞒或推迟利空消息的披露，凯尔两阶段交易模型表明在交易前披露和在交易后披露这两种模式都能降低内幕信息知情者的信息优势，达到抑制内幕交易发生的目的。廉鹏（2009）研究发现，内幕信息知情者不但在利用内幕信息选择交易时机方面存在优势，而且能够用其控制优势，通过提前披露好消息或延迟披露坏消息以及扩大信息误差等方式来影响公司信息披露，从而使交易利益最大化。高垚（2008）通过实证研究发现了内幕信息知情者信息存在获利动机，并选择公司治理和个人薪酬等作为研究视角，探讨哪些因素能够对内幕信息知情者的获利动机进行制衡，实证结果显示，公司治理水平和个人薪酬能够对内幕信息知情者的内幕交易意愿产生作用，具体表现在公司治理水平和个人薪酬的提高能够降低内幕信息知情者利用信息优势交易获利的意愿。许晓璇（2009）在研究市场信息知情者对股票价格同步性是否有影响时发现内幕信息知情者交易能够对股票价格同步性产生负影响，即内幕信息知情者交易越多越频繁，股票价格与市场的同步性越差。刘睿智和韩京芳（2010）在研究作为内幕信息知情者的大股东的交易行为对股票价格的影响时,以中国证券市场上2006年下半年至2009年底期间发生的大股东交易事件为样本,发现大股东交易行为能够促进股票价格向真实价值回归,并且其交易行为与公司股票定价错误有关,当公司的价值被高估时,大股东买入交易减少,具有较低的净买入率,而当公司价值被低估时,大股东则会较多买入股票以便股价向内在价值回归时获取收益,因为具有较高的净买入率。并且,当公司成长性好,具有很好的发展前景时,大股东的买入交易就会显著增加多于卖出交易,即大股东的净买入率与公司的未来成长性呈显著的正相关关系。曾庆生(2011)以我国上市公司内幕信息知情者信息披露延迟为切入点,总结内幕信息知情者信息披露延迟的现状,分析影响因素。研究结果显示,相较于内幕信息知情者的卖出交易,买入交易发生时信息推迟披露较多;处于信息披露敏感期时交易信息披露明显较其他期间延迟;同时,流通股比例、交易规模与内幕信息知情者交易信息披露延迟负相关。内幕信息知情者的卖出交易具有明显的市场负向效应,买入交易的表现则不明显。

通过对现有文献的整理发现,研究内部控制对内幕交易影响的文献十分少,Ashbaugh-Skaife(2011)检验了财务报告内部控制失效与内幕交易获利之间的关系,发现报告内部控制重大缺陷的公司内幕交易获利更多,并重点研究了内部控制中的高层基调越差的内部人员卖出股票的获利性更强。国内关于内幕交易和内部控制的研究都相对较晚,虽然其各自领域都已有一定研究,但是内部控制主要集中在内部控制有效性的影响因素以及经济后果等方面,而对内幕交易的研究也往往是通过超额收益来检验获利性,并且对内幕交易的研究对象主要集中在高管的内幕交易(曾庆生,2008;曾亚敏、张俊生,2009),或者有少数研究大股东交易(朱茶芬等,2011),可实际上,高管和大股东同时会对公司治理产生影响,两者之间是相互联系、内在依存的。本章拟将管理层内幕交易和大股东内幕交易放在同一个框架内进行深入研究。内幕交易和内部控制交叉领域方面的研究也较少,国内对于内幕交易与内部控制两者之间的关系的研究几乎没有。因此,本章对于内幕交易与内部控制之间的探究可以说是将内部控制对于内幕交易的理论作用在我国上市公司中的初步实践应用,检验我国上市公司内部控制是否能够对内幕交易行为产生作用。

二、理论分析与研究假设

根据有效市场假说,仅在强式有效市场下股票价格才反映全部信息,而在半强式和弱式市场上,股票价格仅反映了部分信息。我国证券市场尚不属于强式有效,因此我国证券市场上的股票价格并不能真实反映全部信息,即我国证券市场上的外部投资者并不能真实掌握所投资公司的全部信息。公司的内部人员由于掌控着公司的运营,相较于外部人员具有更多的私人信息,这种私人信息的存在导致了公司内部人员和外部人员之间存在信息不对称现象。在信息不对称情况下,处于信息优势的一方就能够利用自身的信息优势获取超额收益。何佳、何基报(2001),王春峰等(2003),张新、祝红梅(2003)等通过研究发现我国证券市场上存在比较严重的内幕交易现象。王韧、曾国平(2003)从制度经济学角度研究内幕交易,指出信息不对称容易滋生内幕信息知情者的内幕交易行为。我国证券市场上普遍存在的信息不对称现象为内幕信息知情者的内幕交易提供了机会。内幕信息知情者通过在利好消息时买入股票获得股价上升带来的超额收益,在利空消息时卖出股票以避免股价下降带来的损失。

新制度经济学假设人是"经济理性人",具有利益最大化、有限理性和机会主义倾向等本质属性。随着现代企业制度的发展,所有权和经营权的分离,就产生了委托—代理现象。委托—代理问题在公司中表现为两类:第一类是指管理层和股东之间的代理问题,第二类是大股东与中小股东之间的代理问题。在第一类代理问题中,管理层作为受托管理人负责公司的运营管理,其对收入最大化的追求在某些时候可能会与股东利益最大化追求冲突。由于参与公司管理,管理层往往掌握很多公司运营的信息,他们在利益驱使下,可能会利用公司的内幕信息进行交易。曾庆生(2008)研究发现作为董事、监事和高级管理人员的公司内部人员在股票交易中具有时机选择能力。曾亚敏、张俊生(2009)在对高管的短线交易的研究中发现,高管在短线交易时具有绝佳的"择时"能力。在第二类代理问题中,我国上市公司股权相对集中,大股东能够对公司运营施加影响,相较于中小投资者具有更明显的信息优势,大股东往往会利用这些信息优势传输利益,侵害中小股东的利益。朱茶芬等(2010)对大股东的减持行为进行研究,发现大股东凭借对公司估值和业绩前景的优势信息进行选择性减持。在对大股东减持时机选择的进一步研究中,朱茶芬等(2011)发现,大股东减持时能够表现出精准的时机选择能力,能够获得丰厚的收益。

我们将董事、监事及高级管理人员等高管作为第一类内幕信息知情者(高管),将大股东作为第二类内幕信息知情者(大股东)。如上所述,我国证券市场上普遍存在的信息不对称现象为上市公司内幕信息知情者提供了内幕交易机会。同时,这些内幕信息知情者出于经济人的追逐利益的需求促成了内幕交易动机。因此,我们提出假设:

H9-1:上市公司第一类内幕信息知情者(高管)在卖出股票时存在内幕交易。

H9-2:上市公司第二类内幕信息知情者(大股东)在卖出股票时存在内幕

交易。

如前文分析，我国证券市场上上市公司内幕信息者存在内幕交易机会和动机，那么想要抑制上市公司内幕信息知情者的内幕交易就可以从减少内幕交易机会和动机入手，即寻找一种能够有效抑制公司内外部信息不对称以及委托—代理问题的机制。高垚（2008）发现公司治理水平越高，内幕信息知情者利用私有信息的交易意愿会降低。

内部控制是公司治理中非常重要的部分，是董事会、监事会、经理层和全体员工实施的、旨在实现控制目标的过程。内部控制有效性的高低影响着公司的绩效、效率。有效的内部控制能够降低信息不对称程度，从而提高公平性，具体表现在以下两方面：①对于公司内部人员与外部人员之间的信息不对称，财务报告是公司向外界传递信息的主要途径，而内部控制是为财务报告可靠性和合规性提供合理保证的过程，高质量的内部控制有利于提高财务报告质量，使得外部投资者能够接收到更真实可靠的信息，更真实地了解公司的成长计划和盈利能力，从而降低信息不对称程度；②对于包括董事、监事及高级管理人员和大股东在内的公司内部利益相关者之间的信息不对称，良好的内部控制保证了信息在公司内部的有效传递和沟通，处于信息流上的各利益相关方都能获得关于公司的真实反应。Beyer 等（2010）认为可靠的财务报告是公司用于向外部使用者传递和交流信息的重要机制，这样可以帮助外部使用者更好地评估管理层绩效以及做出更优的资源分配决策。Hogan 和 Wilkins（2008）指出财务报告内部控制失效时，管理层拥有更大的会计估计裁决权。很多研究也表明财务报告内部控制失效时，公司的财务信息缺乏可靠性。

内部控制对于两类委托—代理问题的影响则表现在：第一，对于管理层和股东之间的委托—代理问题，内部控制的建立本身是为实现公司目标提供合理保证，有效的内部控制意味着良好的控制环境，注重高层基调建设。在良好的道德基调的影响下，管理层的内幕交易行为动机就会减少。同时，良好的内部控制同样包含着一个合理的薪酬制度，一方面能满足股东利益最大化追求，同时又能使管理层追求个人利益的需求得到满足。Lambert 等（2007）研究发现低质量的财务报告会增加内部人的信息优势，而可靠的财务报告能够使有效信息顺畅地从内部人员向外部人员传递，从而缓解代理问题，减少管理层不当行为。第二，对于大股东与中小股东之间的委托—代理问题，内部控制可以通过信息披露机制缓解大股东与中小股东之间的事前的信息不对称，通过公司治理功能缓解事后的信息不对称程度，约束大股东对剩余控制权的滥用，保护中小投资者获取投资回报。王克敏等（2009）研究发现，在控制其他影响因素条件下，公司透明度与大股东资金占用行为存在显著的负相关关系。即提高公司透明度可以改善大股东与中小股东之间的信息不对称问题，缓解两者之间的代理冲突，减少大股东资金占用的可能性。杨德明等（2009）研究发现：内部控制有效性与大股东资金占用行为存在显著负向关系，即提高内部控制有效性能有效抑制大股东资金占用行为。

综上所述，内部控制可以在一定程度上抑制信息不对称和降低委托—代理冲突，从而抑制公司内幕信息知情者进行内幕交易的机会和动机。因此我们提出假设：

H9-3：第一类内幕信息知情者（高管）内幕交易与内部控制有效性负相关。

H9-4：第二类内幕信息知情者（大股东）内幕交易与内部控制有效性负相关。

第三节 研究设计

一、主要变量定义与计量

1. 内部控制有效性的变量定义与计量

内部控制有效性是对内部控制制度的建立、健全及其执行情况的衡量。在衡量内部控制有效性的时候必须考虑变量的全面性，变量要既能反映内部控制设计的合理性和完整性，又能同时反映内部控制制度的执行效率和效果。当前理论界和实务界对如何准确衡量内部控制有效性展开了热烈讨论，但是基于内部控制涉及公司运营的每个方面，对内部控制有效性进行量化衡量的难度随之增加。目前对于内部控制有效性的衡量，专家学者普遍采用以下两种方法：①通过构建一个质量评价指数作为内部控制有效性的衡量指标。质量评价指数虽然包含了能够反映内部控制制度建立、健全以及执行程度的部分指标，但是由于指数并没有涉及能够反映内部控制的设计以及所有指标，该方法虽具有科学性但缺乏全面性。②利用内部控制报告的披露情况作为对内部控制有效性的衡量。该方法主要基于信号传递理论，企业会基于信号传递的目的将内部控制的高质量信息及时传递给利益相关者，从而促进使利益相关者做出正确的决策。因此利用内部控制报告的披露情况衡量内部控制有效性具有一定的理论依据。

基于信号传递理论，高质量的内部控制的公司更趋向于自愿披露内部控制信息。目前我国上市公司披露的关于内部控制的信息主要存在于年报、内部控制自评报告和内部控制鉴证报告。年报信息量比较大,包含内容复杂,对于内部控制相关信息的披露往往比较简单。由于内部控制鉴证报告是由独立第三方出具的确认报告,较由公司管理层和董事会出具的内部控制自评报告更有权威性和客观性。陈汉文(2010)研究发现出具内部控制鉴证报告的公司的内部控制水平比未出具内部控制鉴证报告的公司要高。方红星、刘玉娜(2011)和林斌、饶静(2009)在其研究中也都用内部控制鉴证报告作为内部控制有效性的代理变量。因此我们使用是否披露内部控制鉴证(ICA)报告作为内部控制有效性的代理变量。同时,内部控制鉴证意见可以分为肯定意见和否定意见,当鉴证意见为肯定意见则表明内部控制有效,不存在重大缺陷,否则表明存在重大缺陷。目前,我国上市公司内部控制鉴证报告存在三种情况:未披露内部控制鉴证报告;披露内部控制鉴证报告且鉴证意见为肯定意见;披露内部控制鉴证报告且鉴证意见为否定意见。我们应设两个哑变量,但是由于我们样本公司中并不存在披露内部控制鉴证报告且鉴证意见为否定意见的,因此,我们仅设一个哑变量ICA,当上市公司披露内部控制鉴证报告且鉴证意见为肯定意见,ICA=1,表明内部控制有效,内部控制有效性高,当上市公司未披露内部控制鉴证报告,ICA=0。

2. 内幕交易的变量定义与计量

内幕交易是内幕信息知情者利用其信息优势获利的行为。公司内部人员的信息优势主要源于公司内部人掌握更多的关于公司运营的真实信息,或者即便不是公司内部人员,但是通过与公司相关人员的直接或者间接接触能够获取关于公司的信息。我们使用事件研究法来研究内幕交易的存在性,现有文献已通过实证研究证明内幕交易的发生会引起公司股票交易量的变化(王春峰等,2003;晏艳阳、赵大玮,2009),而换手率往往被用来衡量股票交易量(何佳、何基报,2001;张宗新,2003;田满文,2007)。因此我们通过计算事件窗口中的累计相对换手率CRTO来考量上市公司内幕消息知情者在股票交易时是否存在内幕交易。

使用事件研究法首先要确定事件日和事件窗口。我们以内幕信息知情者卖出股票当天为事件日,时间定义为0,选择的事件窗口为(-20,20),即卖出股票前后20天。确定了事件窗口后就要估算正常换手率,我们采用市场换手率作为个股的正常换手率。个股换手率TO_{it},市场换手率TO_{mt}计算如下:

$$TO_{it} = \frac{Volume_{it}}{TotalShare_{it}} \qquad (9-1)$$

$$TO_{mt} = \frac{Volume_{mt}}{TotalShare_{mt}} \qquad (9-2)$$

其中,$Volume_{it}$表示股票i在t日的成交量,$TotalShare_{it}$表示股票i在t日的流通股总数;$Volume_{mt}$表示股票在t日的市场成交量,$TotalShare_{mt}$表示股票在t

日的市场流通股总数。相对换手率 RTO_{it} 是通过将个股换手率与市场换手率做差所得，即

$$RTO_{it} = TO_{it} - TO_{mt} \tag{9-3}$$

累计相对换手率 $CRTO_{it}$ 是对事件窗口内的 RTO_{it} 求和得到的。

$$CRTO_{it} = \sum_{-20}^{20} RTO_{it} \tag{9-4}$$

上市公司内幕信息知情者通过利用内幕信息卖出股票获利的基本形态是在股价上升时持有公司股票，获取超额利润，在股价下降前卖出股票避免损失。在卖出股票前的事件窗口内，公司股票股价上升，股票收益率为正，能够通过持有公司股票获得正的超常收益，在这段时间内股票交易的活跃，交易量增加。因此在上市公司内幕信息知情者卖出股票前股票的累计相对换手率增加。作为外部投资者由于缺乏关于公司运营的全部信息，而将内部人员交易作为其风向标，当上市公司内幕信息知情者利用其信息优势在股价下降前卖出股票，外部投资者往往认为内部人在利用信息优势避免损失，进而将其视为一个市场坏消息。基于羊群效应，外部投资者会跟随内部人卖出股票。所以当上市公司内幕信息知情者卖出股票后的短时间窗口中，公司股票的累计相对换手率增加。综上所述，在内幕信息知情者利用内幕信息卖出股票前后的短时间窗口内累计相对换手率持续增加。因此，我们对上市公司内幕信息知情者内幕交易的存在性检验通过观察事件窗口内的累计相对换手率 $CRTO$，当累计相对换手率显著区别于 0 时，则表明上市公司内幕信息知情者在卖出股票时存在内幕交易。

对于内幕信息知情人员的界定，大多数国家都采用列举的方式。美国证券法将内部人分为了传统内部人和推定内部人两种，其中传统内部人包括董事、监事和高级管理人员；控制人；雇员；配偶、家庭之中直系亲属、家庭信托人；购买自己股票的发行人五类。我国《证券法》则罗列了如下七类内幕信息知情人员：①发行人的董事、监事、高级管理人员。②持有公司 5%以上股份的股东及其董事、监事和高级管理人员。上市公司的实际控制人及其董事、监事、高级管理人员。③发行人控股的公司及其董事、监事、高级管理人员。④由于所任公司职务可以获取公司有关内幕信息的人员。⑤中国证监会工作人员以及由于法定职责对证券的发行、交易进行管理的其他人员。⑥保荐人、承销的证券公司、证券交易所、证券登记结算机构、证券服务机构的有关人员。⑦国务院证券监督管理机构规定的其他人。

由于内幕交易的复杂和主体的多样性部分主体的交易数据取得的难度，我们对内幕交易的研究并非对我国《证券法》规定的所有七类内幕信息知情者的交易，而是仅针对上市公司董事、监事和高级管理人员以及持股 5%以上的股东。

我们将研究对象分为两类：第一类内幕信息知情者（高管）为上市公司董事、监事和高级管理人员等高管；第二类内幕信息知情者（大股东）为上市公司持股5%以上的大股东。

二、研究模型与样本数据来源

1. 研究模型

（1）模型1：内部控制有效性与第一类内部信息知情者（高管）内部交易相关性模型。

$$CRTO = \alpha_0 + \alpha_1*ICA + \alpha_2*Size + \alpha_3*State + \alpha_4*ROE + \alpha_5*PE + \alpha_6*Netprfgrt + \alpha_7*Currt + \alpha_8*Auditorchg + \alpha_9*Restrt + \alpha_{10}*Contrtrd + \alpha_{11}*Cluster + \alpha_{12}*Traders + \alpha_{13}*Yr1 + \alpha_{14}*Yr2 + \alpha_{15}*Yr3 + \alpha_{16}*Yr4 + \varepsilon$$

其中，被解释变量为 CRTO，即内幕交易的累计相对换手率，作为内幕交易的代理变量，累计相对换手率越高，表明第一类内幕消息知情者卖出股票交易时机选择能力越强，越易发生内幕交易。我们不仅以整个事件窗口内的 CRTO 作为内幕交易的代理变量，而且分别对卖出股票前和卖出股票后的窗口内的 CRTO 进行检验。

主要解释变量为 ICA，即内部控制有效性，当上市公司披露内部控制鉴证报告且鉴证意见为肯定意见，ICA=1，表明内部控制有效，内部控制有效性高；当上市公司未披露内部控制鉴证报告，ICA=0。

在控制变量方面，我们选取了多个变量进行控制。为了控制信息不对称程度，我们采用了公司规模（Size）、公司第一大股东的性质（State）。理论上，公司的规模越大，跟踪公司信息的证券分析师越多，受媒体关注程度越高，公司信息不对称程度越低，因此预期公司规模（Size）与被解释变量负相关。我们以上市公司资产的自然对数来衡量公司规模。当公司的第一大股东为国有性质时，由于终极所有者缺位，公司内部人员与外部投资者之间的信息不对称程度可能越高，内部人越容易发生内幕交易，因此预测公司第一大股东性质与被解释变量正相关。

Friederich 等（2002）发现内幕消息知情者的交易行为特征不同，获得超额利润不同。曾庆生（2008）在研究交易时机选择能力时也以控制变量控制交易行为特征。所以我们在模型中对一些交易行为的变量进行了控制。逆向交易（Contrtrd）是指股票收益率方向与股票交易方向相反。该变量为一哑变量，股票收益率为正时卖出股票则 Contrtrd 等于 1，否则为 0。预期逆向交易与被解释变量正相关。跟风交易（Cluster）是指当有内幕交易知情者进行交易的时候，存在其他内幕交易知情者跟随着卖出股票。跟风交易同样也是一个哑变量，如果内幕信息知情者卖出股票前 10 天内出现过其他内幕信息知情者卖出股票，则 Cluster 等于 1，否则为 0。预期跟风交易与被解释变量正相关。同日两人以上（Traders）卖出股票时为 1，否则为 0。预期同日两人以上交易与被解释变量正相关。

我们同时还控制了净资产收益率（ROE）作为衡量上市公司财务绩效的变量。财务绩效越好的公司越愿意披露内部控制信息（蔡吉甫，2005；杨玉凤、曹琼、王火欣，2010），使外部投资者能够掌握更多关于公司信息，减少内部人员的信息优势。因此，预期净资产收益率与被解释变量负相关。Doyle 等（2007）研究发现的披露内部控制缺陷的公司趋向于财务状况较差、增长较快和重组的公司。因此我们对公司增长速度、财务状况和重组进行了控制。我们使用净利润增长率（Netprfgrt）作为公司增长性指标，用流动比率（Currt）作为财务状况指标，同对市盈率、审计师更换、年份进行了控制。主要变量定义见表 9-1。

表 9-1 模型 1 主要变量表

变量名称	解释	预期符号
被解释变量		
CRTO (-20, 20)	股票卖出日前后 20 天的累计相对换手率	
CRTO (-20, -1)	股票卖出前 20 天的累计相对换手率	
CRTO (1, 20)	股票卖出后 20 天的累计相对换手率	
解释变量		
ICA	当上市公司披露内部控制鉴证报告且鉴证意见为肯定意见，ICA=1，表明内部控制有效，内部控制有效性高，当上市公司未披露内部控制鉴证报告，ICA=0	-
控制变量		
SIZE	公司规模，公司资产的自然对数	-
STATE	第一大股东性质。第一大股东为国有股时为 1，否则为 0	+
ROE	净资产收益率	-
PE	市盈率	-
Netprfgrt	净利润增长率	+
Currt	流动比率，衡量公司的财务状况	-
Aditorchg	审计师更换，卖出股票当年更换审计师为 1，否则为 0	+
Restrt	重组，卖出股票当年发生重组为 1，否则为 0	+
Contrtrd	逆向交易。股票收益率为正时卖出股票为 1，否则为 0	+
Cluster	跟风交易。卖出股票前 10 天内由内部人卖出股票为 1，否则为 0	+
Traders	同日两人以上交易为 1，否则为 0	+
Yr1 (2008)	卖出股票事件发生在 2008 年为 1，否则为 0	
Yr2 (2009)	卖出股票事件发生在 2009 年为 1，否则为 0	
Yr3 (2010)	卖出股票事件发生为 2010 年为 1，否则为 0	
Yr4 (2011)	卖出股票事件发生为 2011 年为 1，否则为 0	

（2）模型 2：内部控制有效性与第二类内幕信息知情者（大股东）内幕交易相关性模型。

$$CRTO = \alpha_0 + \alpha_1 \ast ICA + \alpha_2 \ast Size + \alpha_3 \ast State + \alpha_4 \ast ROE + \alpha_5 \ast PE + \alpha_6 \ast Netprfgrt + \alpha_7 \ast Currt + \alpha_8 \ast Auditorchg + \alpha_9 \ast Restrt + \alpha_{10} \ast Yr1 + \alpha_{11} \ast Yr2 + \alpha_{12} \ast Yr3 + \alpha_{13} \ast Yr4 + \varepsilon$$

对第二类内幕信息知情者（大股东）大股东的回归模型中的各个变量的定义与第一类内幕信息知情者（高管）回归模型中的变量定义相同，本章不再赘述。由于大股东的减持行为相对于董监高并不表现出同日交易等交易行为特征，因此，回归模型中不再控制交易行为变量，模型 2 主要变量定义见表 9-2。

表 9-2 模型 2 主要变量表

变量名称	解　释	预期符号
被解释变量		
CRTO (-20, 20)	股票卖出日前后 20 天的累计相对换手率	
CRTO (-20, -1)	股票卖出前 20 天的累计相对换手率	
CRTO (1, 20)	股票卖出后 20 天的累计相对换手率	
解释变量		
ICA	当上市公司披露内部控制鉴证报告且鉴证意见为肯定意见，ICA=1，表明内部控制有效，内部控制有效性高，当上市公司未披露内部控制鉴证报告，ICA=0	－
控制变量		
SIZE	公司规模，公司资产的自然对数	－
STATE	第一大股东性质。第一大股东为国有股东时为 1，否则为 0	＋
ROE	净资产收益率	－
PE	市盈率	－
Netprfgrt	净利润增长率	＋
Currt	流动比率，衡量公司的财务状况	－
Aditorchg	审计师更换，当年更换审计师为 1，否则为 0	＋
Restrt	重组，卖出股票当年发生重组为 1，否则为 0	＋
Yr1 (2008)	卖出股票事件发生在 2008 年为 1，否则为 0	
Yr2 (2009)	卖出股票事件发生在 2009 年为 1，否则为 0	
Yr3 (2010)	卖出股票事件发生在 2010 年为 1，否则为 0	
Yr4 (2011)	卖出股票事件发生为 2011 年为 1，否则为 0	

2. 样本与数据来源

我们选择沪市 A 股上市公司的第一类内幕信息知情者（高管）二级市场交易作为研究对象。上海证券交易所要求上市公司董事、监事和高级管理人员在交易本公司股票后在上市公司诚信档案中的有关"上市公司董事、监事和高级管理人员所持本公司股份变动情况"进行登记,因此关于第一类内幕信息知情者(高管)的交易数据来自上海证券交易所网站披露的诚信档案,研究时间跨度为2008年1月1日到2012年12月31日,并剔除了B股市场交易、非二级市场买卖、单笔交易少于1000股的交易,并对同人同日交易进行了合并。

对于第二类内幕信息知情者(大股东)交易的研究,我们以深交所上市公司为样本。样本期间同样为2008年1月1日到2012年12月31日。之所以选择深交所上市公司为研究样本,是因为对于持股5%以上的股东减持股份每达1%的要求在深圳证券交易所网站上提供的"限售股份解限与减持"进行登记。因此我们的数据来源为深圳证券交易所披露的"持有解除限售存量股份占总股本5%以上股东减持1%"。

我们股票相关数据、控制变量数据来自RESET数据库,内部控制有效性的代理变量通过手工整理获得,同时剔除了对应数据缺失的样本。

第四节 我国上市公司内幕交易的存在性分析

如上节所述,上市公司内幕信息知情者通过利用内幕信息卖出股票获利的基本形态是在股价上升时持有公司股票,获取超额利润,在股价下降前卖出股票避免损失。我们对上市公司内幕信息知情者内幕交易的存在性检验通过观察事件窗口内的累计相对换手率CRTO,当累计相对换手率显著区别于0时,则表明上市公司内幕信息知情者在卖出股票时存在内幕交易。在本节中,我们将首先对我国上市公司内幕信息知情者交易情况做一个描述,然后再检验内幕交易是否存在。

一、我国上市公司内幕信息知情者交易现状

1. 我国上市公司第一类内幕信息知情者(高管)交易现状

(1)交易总体现状。

从上海证券交易所网站披露的诚信档案中,第一类内幕信息知情者(高管)2008~2012年共发生交易3168次。表10-3是对2008~2012年第一类内幕信息知情者(高管)的交易次数、交易股数和交易金额的统计。从表10-3中可以看出第一类内幕信息知情者(高管)在2008年发生交易628次,2009年839次,2010年605次,2011年474次和2012年622次。2008~2012年交易股数和交易金额呈增加趋势。

表 9-3 第一类内幕信息知情者（高管）交易年度数据

年份	2008	2009	2010	2011	2012	合计
交易次数（次）	628	839	605	474	622	3168
交易股数（万股）	5584	8750	7656	6382	13788	42159
交易金额（万元）	48593	103675	115017	84675	151374	503335

表 9-4 是对内幕信息知情者交易方向进行分组，即分为买入交易组和卖出交易组，对买入交易组和卖出交易组的交易次数、交易股数和交易金额进行统计分析。从表 9-4 中可以看出 2008~2012 年共有买入交易 1358 次，卖出交易 1810 次，买入交易 96134741 股，卖出交易 325452707 股，买入交易金额 1112947192 元，卖出交易金额 3920398162 元。比较发现无论是交易次数、交易股数还是交易规模，卖出交易总体都要多于买入交易，而且在交易股数和交易规模方面差异显著。

表 9-4 第一类内幕信息知情者（高管）交易方向分组的年度数据

年份		2008	2009	2010	2011	2012	合计
买入交易	交易次数（次）	327	184	257	214	376	1358
	交易股数（万股）	1704	927	1071	1130	4780	9613
	交易金额（万元）	11759	90860	13205	9772	67473	111295
卖出交易	交易次数（次）	301	655	348	260	246	1810
	交易股数（万股）	3879	7822	6584	5252	90076	32545
	交易金额（万元）	36835	94590	101811	74904	83901	392040

（2）董事、监事及高级管理人员的交易现状。

我们对不同职务的第一类内幕信息知情者（高管）交易进行分类，将其分为董事、监事和高管。从表 9-5 中可以看出在第一类内幕信息知情者（高管）中董事的交易最活跃，交易次数达到 1580 次，交易股数 339545345，交易金额高达 4002846270 元。在交易次数、交易股数和交易金额三个方面，董事交易都要多于监事和高管交易。

表 9-5 董事、监事及高管交易年度数据

年份		2008	2009	2010	2011	2012	合计
董事	交易次数（次）	337	402	267	248	326	1580
	交易股数（万股）	4054	7032	6602	4896	11370	33955
	交易金额（万元）	36421	79805	98288	65242	120529	400285
监事	交易次数（次）	98	160	112	70	64	504
	交易股数（万股）	701	585	440	738	1270	3734
	交易金额（万元）	5492	5475	6437	9568	19505	46477

续表

年份		2008	2009	2010	2011	2012	合计
高管	交易次数（次）	193	277	226	156	232	1084
	交易股数（万股）	828	1133	613	749	1147	4470
	交易金额（万元）	6680	18396	10292	98654	11339	56572

另外，在董事、监事及高管的交易中，董事交易次数最多，高管次之，监事最少。三类职务的内幕信息知情者的交易频率也存在显著差异，其中高管几乎是监事的 2 倍，而董事交易甚至达到了 3 倍多。董事、监事、高管交易次数的三条图线趋势一致，且都是在 2009 年交易最频繁。

2. 我国上市公司第二类内幕信息知情者（大股东）交易现状

表 9-6 是对第二类内幕信息知情者（大股东）的交易按照年度的归总统计。从表中可以看出 2008~2012 年第二类内幕信息知情者（大股东）共发生减持 811 次，减持 5355600777 股。其中 2009 年发生的减持次数最多，超过整个研究期间内发生的减持次数的 1/3，同时减持股数也占样本期间之最；2012 年发生的减持交易最少，仅为 81 次，占总减持样本的 1/10。

表 9-6 第二类内幕信息知情者（大股东）的减持交易

年份	减持次数	减持股数	减持股数中值	减持股数均值	最大值	最小值	标准差
2008	154	939766011	6102377	3308220	84951000	410667	10281375
2009	301	1740228488	4481972	5781490	27203717	238	4930564
2010	178	1102952321	4603495	6161745	30916556	1425	5087912
2011	97	1033824218	5403800	10657982	162855739	358	21614881
2012	81	538829739	4297800	6652219	52525900	1473	7157708
合计	811	5355600777	24889444	32561655	358452912	414161	49072440

表 9-7 按照减持股数占总股本比例对第二类内幕信息知情者（大股东）减持进行分组。如表 9-7 所示，减持比例小于 2% 的减持交易发生得最频繁，共发生 658 起，占总样本的 81.13%。减持股数和减持次数呈反向变动的关系。

表 9-7 第二类内幕信息知情者（大股东）减持比例分组情况

	2%以下	2%~3%	3%~4%	4%~5%	5%以上	合计
减持次数	658	74	37	31	11	811
占比（%）	81.13	9.12	4.56	3.82	1.36	100

二、我国上市公司内幕交易存在性检验

1. 我国上市公司第一类内幕信息知情者（高管）内幕交易存在性检验

由于我国《证券法》规定"上市公司董事、监事、高级管理人员、持有上市公司股份百分之五以上的股东，将其持有的该公司的股票在买入后六个月内卖出，或者在卖出后六个月内又买入，由此所得收益归该公司所有"。也就是说，我国上市公司董事、监事、高级管理人员二级市场股票交易存在六个月的限制交易期。因此，上市公司董事、监事、高级管理人员的买入交易并不能最真实地反映其市场时机选择能力。我们对于我国上市公司第一类内幕信息知情者（高管）存在性检验仅以卖出交易为研究对象。

表9-8列示了上市公司高管卖出股票前后20天内的日平均相对换手率DARTO和累计相对换手率CRTO及其统计检验值。从表中可见，在第一类内幕信息知情者（高管）卖出当天的相对平均相对换手率DARTO显著为正，且高达2.4833%。卖出股票日前后的20个交易日中都存在显著为正的日平均相对换手率，且越靠近卖出股票日的值越大，t值检验越显著，而CRTO表明在卖出股票前20天获得了23.0007%的显著累计相对换手率，在卖出股票后的20天获得了24.8276%的显著累计相对换手率，前后20天累计达50.3116%。这说明我国上市公司第一类内幕信息知情者（高管）在卖出股票时存在内幕交易，假设9-1成立。

表9-8 第一类内幕信息知情者（高管）卖出股票日前后的CRTO

窗口	DARTO	t值	CRTO (-20, 20)	t值	CRTO (1, 20)	t值
-20	0.9191***	15.786	0.9191***	15.786		
-15	0.8851***	16.074	5.7510***	18.542		
-10	1.0931***	17.65	10.7231***	19.986		
-7	1.1320***	17.504	14.0756***	20.812		
-6	1.3386***	16.846	15.4142***	21.052		
-5	1.4057***	16.893	16.8198***	21.279		
-4	1.4719***	17.866	18.2918***	21.601		
-3	1.3890***	19.466	19.6808***	21.989		
-2	1.5780***	19.719	21.2588***	22.484		
-1	1.7419***	21.976	23.0007***	23.019		
0	2.4833***	24.326	25.4840***	23.871		
1	2.0120***	22.307	27.4959***	24.351	2.0120***	22.307
2	1.6612***	19.823	29.1572***	24.589	3.6732***	22.049

续表

窗口	DARTO	t值	CRTO (−20, 20)	t值	CRTO (1, 20)	t值
3	1.4566***	19.783	30.6138***	24.743	5.1298***	22.14
4	1.4389***	19.44	32.0526***	24.825	6.5687***	22.31
5	1.4000***	18.507	33.4526***	24.873	7.9686***	22.278
6	1.3565***	17.68	34.8090***	24.892	9.3251***	22.175
7	1.3826***	17.659	36.1916***	24.911	10.7077***	22.222
10	1.1781***	16.589	39.8187***	24.829	14.3347***	21.976
15	1.0032***	16.137	45.1020***	24.729	19.6180***	21.738
20	1.0961***	15.795	50.3116***	24.523	24.8276***	21.54

注：*** 表示在1%水平上显著，** 表示在5%水平上显著，* 表示在10%水平上显著。

图 9-1 更加直观地反映了我国上市公司第一类内幕信息知情者（高管）对于卖出股票的时机选择能力，从 41 天的短期窗口（−20, 20）来看，上市公司第一类内幕信息知情者（高管）卖出股票的这段时间内公司的股票换手率异常活跃。在卖出股票前 20 天，股票的日相对平均换手率呈递增趋势，越接近事件日增幅越明显，说明该股票在卖出前具有较好的收益率，使得股票市场上的投资者对股票有一个较好的预期，股票的流动性随之增强。日平均相对换手率卖出股票当天达到峰值，在之后的 20 天内则呈现下降趋势。该部分影响很可能是因为之后预期股票收益率下降，第一类内幕信息者在股票市场上抛售股票以避免损失，市场上的一般投资者则表现出了羊群效应，跟随他们认为掌握内幕信息的内部人员，在股票市场上抛售股票，随着时间的推移，市场逐渐消化该内幕信息，日平均相对换手率下降趋势渐缓。图 9-2 是第一类内幕信息知情者（高管）在事件窗口内的累计相对换手率，从图中可以看出在整个事件窗口中，股票的累计相对换手率一直呈上升趋势。

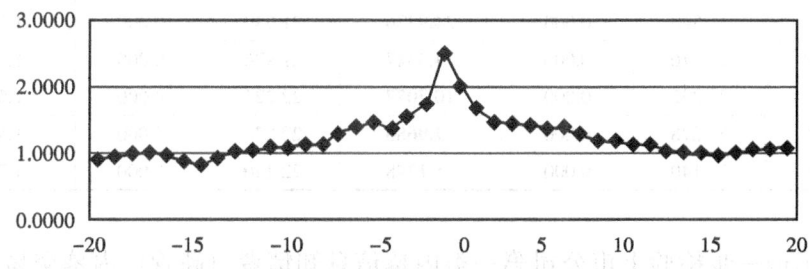

图 9-1 第一类内幕信息知情者（高管）卖出股票事件窗口内日平均相对换手率

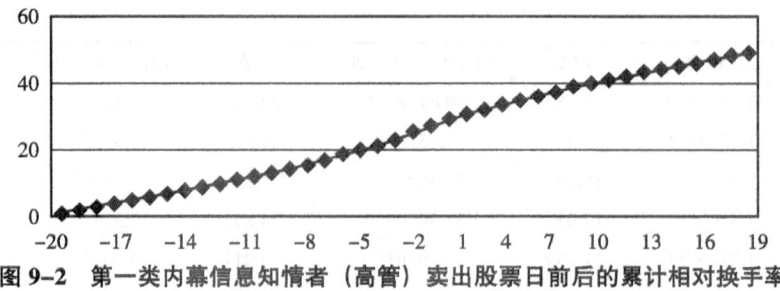

图 9-2 第一类内幕信息知情者（高管）卖出股票日前后的累计相对换手率

表 9-9 是上市公司第一类内幕信息知情者（高管）卖出股票时不同事件窗口内的累计相对换手率 CRTO 和平均相对换手率 ARTO。由表可见，在不同的事件窗口内上市公司第一类内幕信息知情者（高管）卖出股票的累计相对换手率和平均相对换手率都显著区别于 0，说明上市公司第一类内幕信息知情者（高管）卖出股票的时候存在内幕交易。

表 9-9 第一类内幕信息知情者（高管）在不同事件窗口内的累计相对换手率结果

	CRTO			ARTO		
	t	Sig.	Mean difference	t	Sig.	Mean difference
(−20, 20)	24.523	0.000	50.3116	24.523	0.000	1.2271
(−10, 10)	24.722	0.000	30.1887	24.722	0.000	1.4376
(−7, 7)	24.675	0.000	23.2481	24.675	0.000	1.5499
(−5, 5)	24.645	0.000	18.0384	24.645	0.000	1.6399
(−3, 3)	24.903	0.000	12.3220	24.903	0.000	1.7603
(−20, 0)	23.871	0.000	25.4840	23.871	0.000	1.2135
(−10, 0)	24.273	0.000	15.8539	24.273	0.000	1.4413
(−7, 0)	24.012	0.000	12.5404	24.012	0.000	1.5676
(−5, 0)	23.968	0.000	10.0698	23.968	0.000	1.6783
(−3, 0)	24.643	0.000	7.1922	24.643	0.000	1.7980
(1, 20)	21.540	0.000	24.8276	21.540	0.000	1.2414
(1, 10)	21.976	0.000	14.3347	21.976	0.000	1.4335
(1, 7)	22.222	0.000	10.7077	22.222	0.000	1.5297
(1, 5)	22.278	0.000	7.9686	22.278	0.000	1.5937
(1, 3)	22.140	0.000	5.1298	22.140	0.000	1.7099

为了进一步检验上市公司第一类内幕信息知情者（高管）内幕交易的存在性，本书使用事件研究法进一步检验了上市公司第一类内幕信息知情者（高管）卖出股票前后期间内的累计超额收益 CAR。用累计超额收益率检验内幕交易的

存在性，首先要计算如果上市公司在事件窗口日的异常收益率 AR，异常收益率等于股票实际收益率减去预期收益率。现有文献对异常收益率的计算方法很多，本书使用公司事件窗口内的市场平均收益率作为股票的预期收益率，即异常收益率等于股票的实际收益率减去当日市场的平均收益率。

第一类内幕信息知情者（高管）存在内幕交易，那么在其卖出股票前，公司股票的异常收益率应该为正，在卖出股票前股票持有者能够获得利润，而卖出股票多是为了避免持有股票期间股价下降带来的损失，该时段内异常收益率应该表现为负。累计超额收益 CAR 是对事件窗口内的异常收益率 AR 进行加总得出的。由于股票的异常收益率在股票卖出前为正，卖出后为负，那么对应的累计超额收益应该在股票卖出前呈增加趋势，而在卖出后呈递减趋势。因此，如果以超额累计收益作为内幕交易存在性的代理变量，则如果在卖出股票前的事件窗口内累计超额收益显著为正，在卖出股票后的事件窗口内显著为负，则表明第一类内幕信息知情者（高管）存在内幕交易。

表 9-10 第一类内幕信息知情者卖出股票日前后的 CAR

单位：%

窗口	AAR	t 值	CAR (−20, 20)	t 值	CAR (1, 20)	t 值
−20	0.0481	0.833	0.0481	0.833		
−15	−0.0653	−1.272	0.2017	1.628		
−10	0.0719	1.252	0.7098***	4.261		
−7	0.3164***	5.393	1.1998***	6.234		
−6	0.3384***	5.297	1.5382***	7.442		
−5	0.2876***	3.968	1.8258***	8.355		
−4	0.1627***	2.716	1.9886***	8.8		
−3	0.3345***	5.612	2.3230***	9.995		
−2	0.4844***	7.226	2.8075***	11.627		
−1	0.6249***	9.397	3.4324***	13.732		
0	1.2439***	15.760	4.6763***	17.689		
1	−0.2809***	−4.555	4.3954***	16.524	−0.2809***	−4.555
2	−0.2502***	−4.363	4.1452***	15.582	−0.5311***	−6.152
3	−0.2472***	−4.619	3.8980***	14.54	−0.7783***	−7.78
4	−0.1602***	−2.732	3.7378***	13.786	−0.9385***	−8.263
5	−0.1159**	−1.997	3.6219***	13.222	−1.0544***	−8.488
6	−0.0290	−0.509	3.5929***	12.867	−1.0835***	−7.912
7	−0.0195	−0.345	3.5733***	12.521	−1.1030***	−7.557
10	−0.0625	−1.110	3.4426***	11.187	−1.2337***	−7.077
15	−0.0451	−0.804	3.1099***	9.614	−1.5664***	−7.559
20	−0.1306**	−2.188	2.9394***	8.273	−1.7369***	−7.313

注：*** 表示在 1% 水平上显著，** 表示在 5% 水平上显著，* 表示在 10% 水平上显著。

表 9-10 是第一类内幕信息知情者卖出股票前后 20 天的日平均异常收益（AAR）和累计超额收益（CAR）。从表中可以看出，第一类内幕信息知情者卖出股票前的异常收益率为正，卖出股票后的异常收益率则为负；卖出股票前 7 天内的日平均异常收益均在 1% 水平上显著；在卖出股票当天的异常收益率高达 1.2439%（t 值 15.760）；而卖出股票之后 5 天内也均在 1% 水平上显著。从累计超额收益来看可以发现：在 41 天的事件窗口中，累计超额收益先增后减，以股票卖出日为分界；在卖出股票前的 20 天内，累计超额收益达到正的 3.4324%，而卖出股票后的 20 天内的累计超额收益则为负的 1.7329%，两者均在 1% 水平上显著；从累计超额收益的显著性来看，在卖出股票后的 20 天内，累计超额收益均在 1% 水平上负向显著，在卖出股票前 20 天也基本都在 1% 上正向显著。说明在第一类内幕信息知情者卖出股票前，股票价格增加，股票的收益率增长，通过持有公司股票可获得超额利润，而在卖出股票之后，股票的价格立即下降，公司的股票异常收益率为负，累计超额收益减少。由此可见，第一类内幕信息知情者能够精准把握市场时机，在持有股票期间获得超额收益，又能利用内幕信息卖出股票避免信息被市场知晓时股价下降带来的损失。

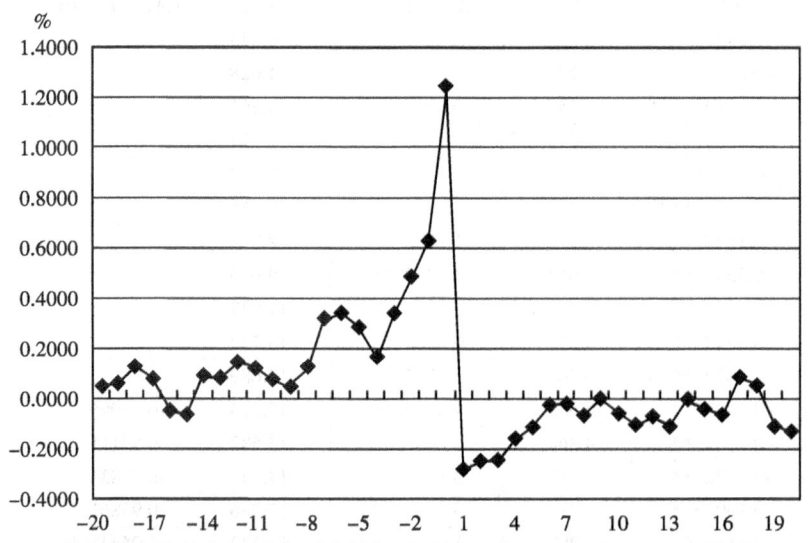

图 9-3　第一类内幕信息知情者（高管）卖出股票事件窗口内日平均异常收益 AAR

图 9-3 直观地显示了在事件窗口内的日平均异常收益率的走势。从图中可以看出在第一类内幕信息知情者卖出股票之前的 20 天内股票的异常收益率基本为正，仅有个别低于零，且呈现上升趋势，在卖出股票的当天达到最大值，异常收

益率为 1.2439%。在卖出股票后一天，股票的异常收益率即降为-0.2809%，为整个事件窗口内最低。从卖出股票后的 20 天来看，异常收益率基本为负。图 9-4 是第一类内幕消息知情者卖出股票前后 20 天的累计超额收益。从该图中可以发现，整个事件窗口内股票的超额累计收益呈现先增后减的趋势。在股票交易日当天达到最大，为 4.6763%。股票交易日之前为上升趋势，之后变为下降趋势。因此，卖出股票前后的日平均异常收益率和累计超额收益率都符合预期，说明第一类内幕信息知情者在卖出股票的时候利用内幕信息获利。

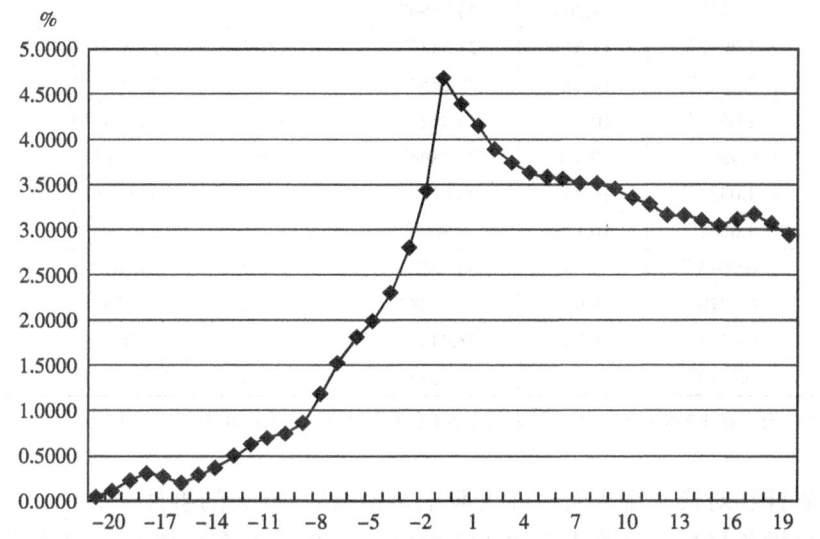

图 9-4　第一类内幕信息知情者（高管）卖出股票事件窗口内累计超额收益率 CAR

2. 我国上市公司第二类内幕信息知情者（大股东）内幕交易存在性检验

表 9-11 列示了大股东减持前后 20 天内的日平均相对换手率（DARTO）和累计相对换手率（CRTO）及其统计检验值。如表 9-11 所示，大股东减持前日平均相对换手率为 2.1363%，为整个减持窗口最大值，减持当天日平均相对换手率为 1.7955%，统计检验显著区别于零。减持前 20 天和减持后 20 天内的日平均相对换手率都显著区别于 0，且越接近减持事件日日平均相对换手率越大。

表 9-11　第二类内幕信息知情者（大股东）减持前后 CRTO

窗口	DARTO	t 值	CRTO (-20, 20)	t 值	CRTO (1, 20)	t 值
-20	0.7645***	7.623	0.7645***	7.623		
-15	0.8713***	7.885	4.8732***	9.258		
-10	0.9335***	8.267	9.5256***	10.186		

续表

窗口	DARTO	t值	CRTO (-20, 20)	t值	CRTO (1, 20)	t值
-7	0.8570***	8.472	12.2452***	10.726		
-6	1.0308***	9.213	13.2760***	10.948		
-5	1.2470***	10.134	14.5229***	11.237		
-4	1.2413***	10.612	15.7643***	11.572		
-3	1.5550***	11.776	17.3193***	12.01		
-2	2.0039***	13.977	19.3232***	12.683		
-1	2.1363***	15.334	21.4595***	13.365		
0	1.7955***	14.209	23.2550***	13.825		
1	1.2977***	11.646	24.5527***	14.013	1.2977***	11.646
2	1.2327***	11.241	25.7854***	14.155	2.5304***	12.326
3	1.0675***	10.523	26.8529***	14.248	3.5979***	12.540
4	0.9367***	9.856	27.7896***	14.303	4.5346***	12.680
5	1.0333***	10.054	28.8228***	14.387	5.5678***	12.854
6	1.0781***	10.154	29.9009***	14.495	6.6459***	13.116
7	0.9643***	9.353	30.8652***	14.527	7.6102***	13.061
10	0.8718***	8.647	33.5828***	14.582	10.3278***	12.821
15	0.8754***	8.765	38.0487***	14.68	14.7937***	12.856
20	0.7540***	7.624	42.3274***	14.745	19.0724***	12.870

注：*** 表示在1%水平上显著，** 表示在5%水平上显著，* 表示在10%水平上显著。

从累计相对换手率来看，在大股东减持前后20天的事件窗口中，累计相对换手率呈增长趋势，显著为正的42.3274%；其中大股东减持前20天的累计相对换手率为23.2550%，显著为正；大股东减持后20天内的累计相对换手率为19.0724%，也显著为正，符合预期。说明大股东减持时有较强的交易时机选择能力，存在内幕交易，假设9-2成立。

图9-5是大股东减持前后20天内的日平均相对换手率。从图中我们可以直观地看出大股东减持前后20天日平均相对换手率均大于0，整个图线先增后减，在减持前1~2天达到最大值。在减持前20天内的平均相对换手率呈上升态势，且越临近减持事件日，日平均相对换手率的增长越大，说明在大股东减持前，股票市场上的投资者对股票持乐观态度，预期股票的收益率会持续增长，股票的流动性较强。在大股东减持后的20天内，股票日平均相对换手率递减，但仍为正。这很可能是因为，大股东减持前比一般普通外部投资者掌握了更多内幕信息，外部投资者因为信息劣势而选择跟随信息量相对比较多的大股东的交易行为而卖出股票，从而使得在大股东卖出股票后的那段事件窗口中，股票的日平均相对换手率仍为正，但是由于大股东减持后市场对股票的预期下降，因

此流动性相较于减持前有所降低,大股东减持后的日平均相对换手率呈下降趋势。随着时间的推移,该内幕消息被市场消化,下降趋势变缓,震荡下降。从图 9-6 中我们也可以看出在大股东减持前后 20 天内股票的累计相对换手率一直为增长趋势。

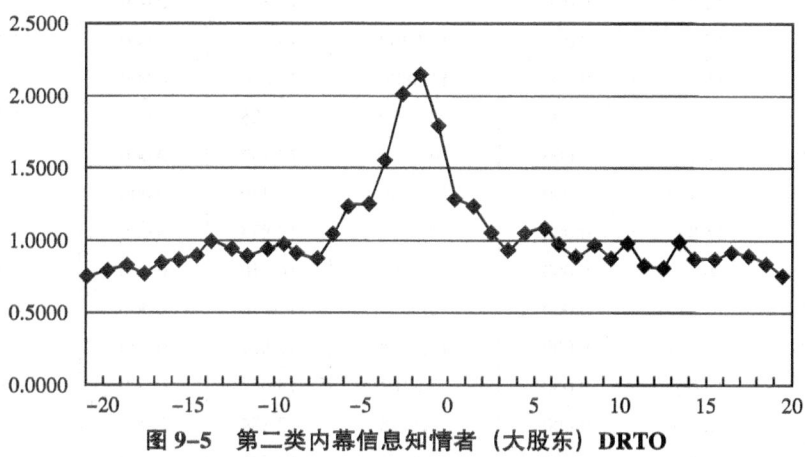

图 9-5　第二类内幕信息知情者（大股东）DRTO

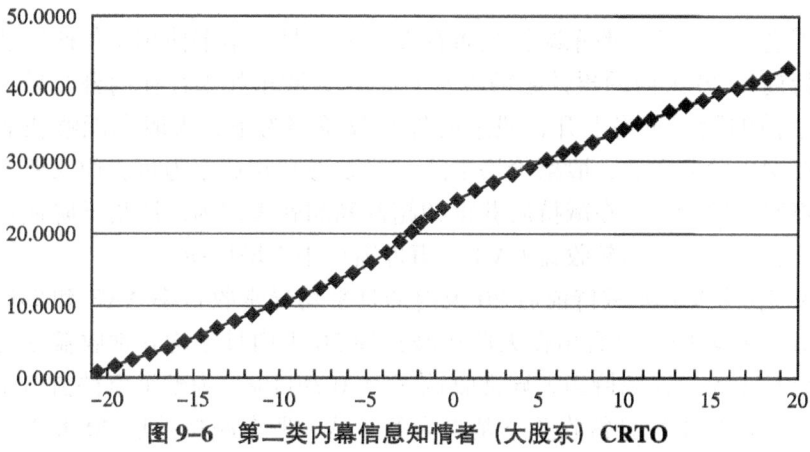

图 9-6　第二类内幕信息知情者（大股东）CRTO

如表 9-12 所示,我们变化大股东减持事件的事件窗口,检验不同窗口中大股东减持前后的累计相对换手率 CRTO 和平均相对换手率 ARTO。从表中可见,不管以减持前后 20 天、减持前后 10 天、减持前后 5 天,还是减持前后 3 天为事件窗口,累计相对换手率 CRTO 和平均相对换手率 ARTO 都在 1% 水平上显著区别于 0。进一步说明大股东减持时具有利用信息优势进行内幕交易的行为。

表 9-12　第二类内幕信息知情者（大股东）卖出股票不同事件窗口内的 CRTO 结果

	CRTO			ARTO		
	t	Sig.	Meandifference	t	Sig.	Meandifference
(−20, 20)	14.745	0.000	42.3274	14.745	0.000	1.0324
(−10, 10)	15.072	0.000	24.9907	15.072	0.000	1.1900
(−7, 7)	15.527	0.000	19.4770	15.527	0.000	1.2985
(−5, 5)	15.699	0.000	15.5469	15.699	0.000	1.4134
(−3, 3)	15.636	0.000	11.0886	15.636	0.000	1.5841
(−20, 0)	13.825	0.000	23.2550	13.825	0.000	1.1074
(−10, 0)	14.797	0.000	14.6629	14.797	0.000	1.3330
(−7, 0)	15.439	0.000	11.8669	15.439	0.000	1.4834
(−5, 0)	15.873	0.000	9.9790	15.873	0.000	1.6632
(−3, 0)	16.110	0.000	7.4907	16.110	0.000	1.8727
(1, 20)	12.870	0.000	19.0724	12.870	0.000	0.9536
(1, 10)	12.821	0.000	10.3278	12.821	0.000	1.0328
(1, 7)	13.061	0.000	7.6102	13.061	0.000	1.0872
(1, 5)	12.854	0.000	5.5678	12.854	0.000	1.1136
(1, 3)	12.540	0.000	3.5979	12.540	0.000	1.1993

为了进一步检验大股东减持是否存在内幕交易，本书使用事件研究法对大股东在减持前后 20 天内的累计超额收益 CAR。大股东如果存在内幕交易，那么在卖出股票前的股票价格上升，股票的异常收益率为正，大股东能够获取超额利润，而在卖出股票之后，股票价格下降，股票异常收益率为负，而大股东已经通过减持将股票抛出，其在减持后获得的超额利润就表现为因股价下降而避免的损失。因此，预期累计超额收益 CAR 在事件窗口中先增后减。

表 9-13 是大股东减持前后 20 天内的日平均异常收益率 AAR 和累计超额收益率 CAR。从表中可以看出在大股东减持前 20 天内日平均异常收益率为正，越接近减持日越大，在减持当天异常收益率为−0.7911%，为整个事件窗口中的最低值，减持后的日平均异常收益率基本为负。从大股东减持前后 20 天内的累计超额收益来看，累计超额收益在减持前第 2 天达到最大，为 2.4630%。大股东减持前后 20 天的累计超额收益为 0.4823%，其中减持前 20 天至减持当日的累计超额收益为 1.6250%，在 1%的水平上显著，减持后 20 天内的累计超额收益为−1.1427%，也在 1%的水平上显著，累计超额收益总体先增后减。由此可见，大股东减持时存在利用内幕信息进行交易的行为，但是相比第一类内幕信息知情者，大股东的时机把握能力相对较弱，并不能在股票收益率下降的第一时间卖出股票，具有一定的时机延后性，但是减持行为仍在很大程度上为大股东避免了损失。

表 9-13 第二类内幕信息知情者（大股东）卖出股票日前后的 CAR

窗口	AAR	t值	CAR (−20, 20)	t值	CAR (1, 20)	t值
−20	0.0272	0.287	0.0272	0.287		
−15	0.0446	0.473	0.1796	0.802		
−10	0.1130	1.154	0.6581**	1.984		
−7	−0.0570	−0.638	0.7000**	1.967		
−6	0.2563**	2.548	0.9563**	2.561		
−5	0.3154***	3.198	1.2717***	3.256		
−4	0.1291	1.329	1.4008***	3.424		
−3	0.4678***	4.207	1.8686***	4.359		
−2	0.5944***	5.171	2.4630***	5.557		
−1	−0.0468	−0.431	2.4161***	5.236		
0	−0.7911***	−7.961	1.6250***	3.482		
1	−0.1515	−1.563	1.4736***	3.081	−0.1515	−1.5630
2	−0.1614	−1.747	1.3122***	2.742	−0.3129**	−2.2370
3	−0.0223	−0.249	1.2899***	2.672	−0.3351**	−2.0000
4	−0.1851**	−2.110	1.1048**	2.241	−0.5202***	−2.8090
5	0.1245	1.346	1.2292**	2.434	−0.3958*	−1.9580
6	−0.1053	−1.199	1.1240**	2.233	−0.5010**	−2.3260
7	−0.0087	−0.096	1.1153**	2.195	−0.5097**	−2.2130
10	−0.0802%	−0.893	0.7836	1.477	−0.8414***	−3.1230
15	−0.1132%	−1.220	0.7241	1.286	−0.9009***	−2.8280
20	−0.1737%**	−1.966	0.4823	0.828	−1.1427***	−3.1530

注：*** 表示在 1% 水平上显著，** 表示在 5% 水平上显著，* 表示在 10% 水平上显著。

图 9-7 是大股东减持前后 20 天的日平均异常收益率走势。从图中可知，在减持前 20 天内，日平均异常收益率基本为正值，越接近事件日越大，在减持前第二天达到最大值。在卖出股票的当天平均异常收益率急剧下降为负，并随着时间的推移逐渐上升接近 0。在减持后的 20 天内，日平均异常收益率基本为负。符合预期的设想，即在大股东减持前股票的异常收益率为正，减持后股票的异常收益率为正。

图 9-8 是大股东减持前后 20 天内的累计超额收益率。累计超额收益率在整个事件窗口中先增后减，分界点为减持事件日。即在大股东减持前，大股东的累计超额收益随着向减持日的推进逐渐增加，在减持后则随着时间推移逐渐减少。说明大股东能利用内幕信息在减持前因股价上升而获得超额利润，在减持后又能因为避免因股价下降带来的损失而获得超额利润。综合日平均异常收益率和超额累计收益可以得出，大股东减持时存在内幕交易。

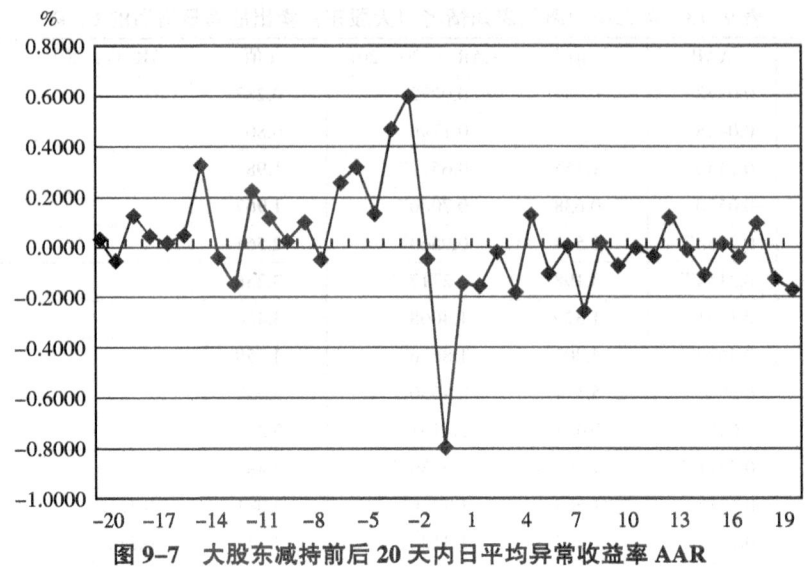

图 9-7　大股东减持前后 20 天内日平均异常收益率 AAR

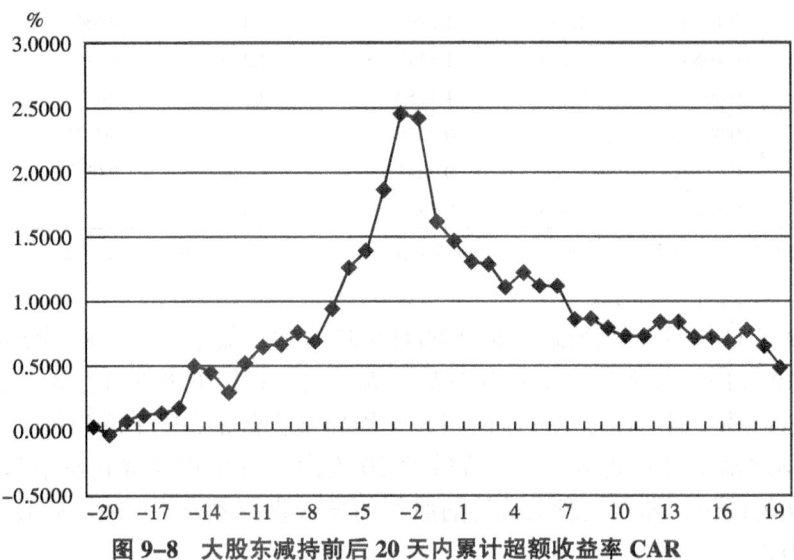

图 9-8　大股东减持前后 20 天内累计超额收益率 CAR

第五节 实证检验结果

在本节中,我们以短时间窗口内的累计相对换手率 CRTO 为因变量,利用多元回归分析检验内部控制有效性与第一类内幕信息知情者(高管)内幕交易和第二类内幕信息知情者(大股东)内幕交易之间的相关性。

一、内部控制有效性与第一类内幕信息知情者(高管)内幕交易相关性

1. 相关性分析

表 9-14 是对回归模型主要变量之间的 Person 相关性检验。从表中可以看出 CRTO (-20, 20)、CRTO (-20, -1)、CRTO (1, 20) 与 ICA 都在 1% 的水平显著负相关,相关系数分别为 -0.083 (sig. 0.000)、-0.075 (sig. 0.004)、-0.077 (sig. 0.000),说明内部控制有效性高的公司第一类内幕信息知情者(高管)内幕交易少,即内部控制在一定程度上抑制第一类内幕信息知情者(高管)内幕交易的发生,与预期假设相符。CRTO (-20, 20)、CRTO (-20, -1)、CRTO (1, 20) 与 SIZE 的相关系数分别为 -0.145 (sig. 0.000)、-0.104 (sig. 0.000)、-0.152 (sig. 0.000),也均在 1% 的水平上显著。公司的规模越大,跟随的证券分析师越多,外界关注度越高,抑制第一类内幕信息知情者(高管)内幕交易的获利能力,与预期相符。CRTO (-20, 20)、CRTO (-20, -1)、CRTO (1, 20) 则与 STATE 均显著正相关,相关系数分别为 0.191 (sig. 0.000)、0.190 (sig. 0.000)、0.160 (sig. 0.000),符合预期。说明上市公司中第一大股东为国有股东时,由于终极所有者缺位,内部信息控制制度不够完善,使得内部人员更容易获取内幕信息,并且利用该信息优势获取利益。CRTO (-20, 20)、CRTO (-20, -1)、CRTO (1, 20) 与 ROE、Currt 均在 1% 水平上显著负相关,说明有较好财务绩效和偿债能力的公司内的第一类内幕信息知情者(高管)择时交易获利的能力较弱,符合预期。从交易行为特征的三个控制变量来讲,CRTO (-20, 20)、CRTO (1, 20) 与逆向交易均在 5% 的水平上显著,相关系数分别为 0.060 (sig. 0.011)、0.069 (sig. 0.040),CRTO (-20, -1) 与逆向交易正相关但不显著,说明公司股价上涨的时候卖出股票的行为中更好地体现了择机能力。CRTO (-20, 20)、CRTO (-20, -1)、CRTO (1, 20) 与跟风交易均在 1% 的水平上负相关,与我们

表 9–14 Pearson 相关性检验

	CRTO1	CRTO2	CRTO3	ICA	SIZE	STATE	ROE	PE	Netprfgrt	Currt	Aditorchg	Restrt	Contrtrd	Cluster	Traders
CRTO1	1														
CRTO2	0.904***	1													
CRTO3	0.930***	0.686***	1												
ICA	−0.083***	−0.075***	−0.077***	1											
SIZE	−0.145***	−0.104***	−0.152***	0.318***	1										
STATE	0.191***	0.190***	0.160***	0.169***	0.191***	1									
ROE	−0.273***	−0.249***	−0.252***	0.103***	0.114***	−0.089***	1								
PE	0.022	0.022	0.019	0.050**	0.029	0.020	0.056**	1							
Netprfgrt	−0.011	−0.006	−0.015	0.080***	−0.006	0.060**	0.158***	−0.002	1						
Currt	−0.126***	−0.115***	−0.115***	−0.026	−0.068***	−0.151***	0.150***	0.035	0.010	1					
Aditorchg	0.007	0.015	−0.007	−0.098***	−0.108***	0.060**	0.043*	0.029	−0.009	−0.071***	1				
Restrt	0.017	0.040*	−0.009	0.105***	0.034	−0.073***	−0.073***	−0.135***	−0.050**	−0.244***	−0.091***	1			
Contrtrd	0.060**	0.029	0.069***	−0.001	−0.052**	−0.010	−0.036	−0.024	−0.016	−0.009	0.025	0.001	1		
Cluster	−0.075***	−0.070***	−0.067***	−0.050**	−0.044	−0.178***	0.098***	−0.046	−0.013	0.035	0.053**	0.003	−0.017	1	
Traders	0.088***	0.065***	0.089***	−0.022	−0.085***	−0.012	0.008	0.035	−0.007	−0.055**	0.063***	0.060**	0.031	0.231***	1

注：*** 表示在 1%水平上显著，** 表示在 5%水平上显著，* 表示在 10%水平上显著。CRTO1 表示 CRTO (−20, 20)，CRTO2 表示 CRTO (−20, −1)，CRTO3 表示 CRTO (1, 20)。

预期的正相关不符。CRTO（-20，20）、CRTO（-20，-1）、CRTO（1，20）则与同日两人以上交易均在1%水平上正相关，说明当公司第一类内幕信息知情者（高管）出现多人同时交易时更可能是内幕交易。

2. 回归分析

表9-15分别以第一类内幕信息知情者（高管）在卖出股票前后20天、前20天和后20天的累计相对换手率进行多元回归分析。从模型1来看，CRTO与ICA在5%的水平上显著负相关（相关系数为-11.694，t值为-2.456），说明内部控制有效性越好，内部人利用内幕信息的交易越少，内部控制对内幕交易具有一定的抑制作用。CRTO与SIZE在1%的水平上显著负相关。规模大的公司，受到公众的关注增加，跟随的专业分析师越多，公司越注重内部控制制度的建设和管理，公司的信息透明度越高，因此更能有效抑制内幕交易的发生。CRTO与STATE在1%水平上显著正相关。当公司的第一大股东为国有股东的时候，公司内部人员较非国有控股的公司更容易发生内幕交易。净资产收益率ROE和流动比率Currt的相关系数分别为-1.017和-4.649，均在1%水平上显著。公司业绩越好，财务状况良好的时候，公司越想向市场传递正面信息，对于信息披露的主动意愿越强，因此公司内幕信息知情者和外部投资者之间的信息不对称程度相对较低，从而抑制了内幕信息知情者的信息优势。CRTO与市盈率PE、净利润增长率Netprfgrt、重组Restrt正相关但不显著，而审计师更换则与CRTO负相关，且不显著。从交易者行为的三个变量来看，CRTO与逆向交易在5%水平上显著正相关，即当公司股价处于上升阶段，内幕人员却抛售股票时，更可能是其在利用其掌握的内幕信息攫取超额收益。为了抑制内幕交易的发生，应当重点关注这种交易行为。同日两人以上交易也是显著正相关，且在1%水平上。说明多名内幕信息知情者在同一天卖出股票时其掌握的信息优势更明确切，内幕交易发生较多。但与预期不符的是，CRTO与跟风交易在10%的水平上负相关。

表9-15 第一类内幕信息知情者（高管）内幕交易和内部控制多元回归表

	模型1		模型2		模型3	
	CRTO（-20，20）		CRTO（-20，-1）		CRTO（1，20）	
	Beta	T	Beta	T	Beta	T
Constant	284.595***	6.325	93.081***	4.166	173.842***	6.822
ICA	-11.694**	-2.456	-6.543***	-2.767	-4.783*	-1.774
SIZE	-10.623***	-5.381	-3.240***	-3.306	-6.652***	-5.950
STATE	37.618***	8.270	17.766***	7.866	17.990***	6.983
ROE	-1.017***	-9.202	-0.470***	-8.568	-0.510***	-8.149
PE	0.008	1.385	0.005	1.562	0.003	0.977

续表

	模型 1		模型 2		模型 3	
	CRTO (−20, 20)		CRTO (−20, −1)		CRTO (1, 20)	
	Beta	T	Beta	T	Beta	T
Netprfgrt	0.003	1.263	0.002	1.260	0.001	0.991
Currt	−4.649***	−2.906	−1.510*	−1.901	−2.953***	−3.260
Aditorchg	−3.338	−0.701	0.645	0.273	−4.360	−1.617
Restrt	3.587	0.818	3.978*	1.828	−0.870	−0.350
Contrtrd	8.913**	2.131	1.427	0.687	6.218***	2.626
Cluster	−7.060*	−1.753	−2.699	−1.350	−3.957*	−1.735
Traders	16.023***	3.758	5.485**	2.591	9.515***	3.941
Yr1	17.306**	2.306	8.001**	2.147	9.417**	2.216
Yr2	−11.082*	−1.664	−1.416	−0.428	−9.008**	−2.389
Yr3	−0.677	−0.094	3.647	1.022	−3.911	−0.961
Yr4	−0.577	−0.078	−1.006	−0.274	0.626	0.149
AdjR²	0.149		0.116		0.135	
F	20.640		15.695		18.469	

注：*** 表示在1%水平上显著，** 表示在5%水平上显著，* 表示在1%水平上显著。

模型2和模型3的回归结果显示各变量之间的相关性与模型1基本相似。CRTO与ICA均显著负相关。说明无论是从卖出股票前后20天的窗口还是以卖出股票日为分割日其前和其后的窗口来考察，内部控制有效性的高低影响公司内幕交易行为的发生，内部控制有效性对内幕交易的发生具有抑制作用，假设10-3成立。

3. 稳健性检验

为了对第一类内幕信息知情者（高管）内幕交易与内部控制的相关性进行稳健性测试，我们将事件窗口从（−20，20）变为（−30，30）和（−10，10）以进一步验证结论的可信性。

从表9-16中可以看出，在卖出股票前后30天的事件窗口中，ICA与CRTO（−30，30）在1%水平上显著负相关；在卖出股票前后10天的事件窗口中，ICA与CRTO（−10，10）在10%水平上显著负相关。SIZE、ROE、Currt与CRTO（−30，30）、CRTO（−10，10）均分别在1%水平上负相关，进一步说明公司规模大、业绩好、财务状况好时，第一类内幕信息知情者（高管）的内幕交易少。STATE与CRTO（−30，30）、CRTO（−10，10）均分别在1%水平上正相关，说明第一大股东为国有股东更易发生内幕交易。Contrtrd与CRTO（−30，30）、CRTO（−10，10）分别在10%和5%水平上显著负相关，说明公司股票逆向交易行为越多时，其中的内幕交易行为可能越多。综上所述，本实证检验进一步说明内部控制有效性提

表9-16 第一类内幕信息知情者（高管）内幕交易与内部控制相关性稳健性检验

	CRTO（-30, 30）		CRTO（-10, 10）	
	Beta	T	Beta	T
Constant	423.478***	6.867	173.307***	6.473
ICA	-18.949***	-2.904	-5.069*	-1.789
SIZE	-15.895***	-5.875	-6.472***	-5.510
STATE	57.188***	9.173	20.451***	7.556
ROE	-1.351***	-8.917	-0.659***	-10.016
PE	0.009	1.064	0.006	1.624
Netprfgrt	0.003	0.860	0.002	1.580
Currt	-7.453***	-3.399	-2.596***	-2.727
Aditorchg	-6.795	-1.041	1.258	0.444
Restrt	7.849	1.306	1.496	0.574
Contrtrd	9.720*	1.696	5.469**	2.198
Cluster	-8.468	-1.534	-5.092**	-2.125
Traders	20.340***	3.481	9.938***	3.917
Yr1	17.240*	1.676	8.244*	1.846
Yr2	-18.221**	-1.997	-7.110*	-1.794
Yr3	-0.038	-0.004	-0.069	-0.016
Yr4	-2.433	-0.240	-0.542	-0.123
AdjR²	0.154		0.149	
F	21.450		20.741	

注：*** 表示在1%水平上显著，** 表示在5%水平上显著，* 表示在1%水平上显著。

高对第一类内幕信息知情者（高管）内幕交易具有抑制作用的结论的稳健性。

二、内部控制有效性与第二类内幕信息知情者（大股东）内幕交易相关性

1. 相关性分析

我们对大股东减持的各变量进行了 Pearson 相关性检验。从表9-17 中可以看出 CRTO（-20, 20）、CRTO（-20, -1）、CRTO（1, 20）与 ICA 均负相关，但是在统计上不显著，即内部控制有效性的提高对大股东的内幕交易行为的抑制作用不明显。

CRTO（-20, 20）、CRTO（-20, -1）与 SIZE 在5%水平上负相关，说明公司规模越大，大股东减持时发生内幕交易越少。原因可能是公司规模越大，公司的跟随分析师越多，受到外部人员的关注度越高，对公司的外部监督力量越强

表 9-17 Pearson 相关性检验

	CRTO1	CRTO2	CRTO3	ICA	SIZE	STATE	ROE	PE	Netprfgrt	Currt	Aditorchg	Restrt
CRTO1	1											
CRTO2	0.908***	1										
CRTO3	0.894***	0.625***	1									
ICA	-0.021	-0.036	-0.003	1								
SIZE	-0.085*	-0.087*	-0.065	0.130***	1							
STATE	-0.097***	-0.117***	-0.059	0.037	0.116***	1						
ROE	0.029	0.033	0.016	0.062*	-0.053	-0.077**	1					
PE	0.137***	0.113***	0.136***	0.160***	0.034	-0.119***	0.002	1				
Netprfgrt	-0.003	-0.004	0.002	-0.080**	0.022	0.025	0.152***	0.016	1			
Currt	-0.076**	-0.062*	-0.073**	0.053	-0.103***	-0.012	0.023	-0.082**	0.004	1		
Aditorchg	-0.015	0.000	-0.027	0.016	-0.052	-0.012	0.073**	-0.128***	0.036	0.088**	1	
Restrt	-0.036	-0.049	-0.016	-0.022	0.070*	-0.039	-0.012	0.061	0.033	0.073**	-0.005	1

注：*** 表示在1%水平上显著，** 表示在5%水平上显著，* 表示在10%水平上显著。CRTO1 表示 CRTO (-20, 20), CRTO2 表示 CRTO (-20, -1), CRTO3 表示 CRTO (1, 20)。

大，使得公司加强内部管理，建立健全的制度去完善公司治理，同时大规模的公司越更加倾向于向外部披露更多信息以向外部投资者传递公司运营良好的信息，这就减少了内部人员和外部投资者之间信息不对称程度，从而削弱了大股东的信息优势，进而抑制了内幕交易。CRTO（-20，20）、CRTO（-20，-1）与STATE在1%水平上负相关，即当公司第一大股东不是国有股东的时候，大股东减持时内幕交易越多。CRTO（-20，20）、CRTO（1，20）与Currt在5%水平上显著负相关，CRTO（-20，-1）与Currt在10%水平上显著负相关，说明偿债能力强、财务状况好的公司，大股东减持时内幕交易少。CRTO与ROE、Netprfgrrt、Aditorchg、Restrt在统计上相关性不明显，CRTO（-20，20）、CRTO（-20，-1）、CRTO（1，20）与PE均在1%水平上显著正相关。

2. 多元回归分析

我们对大股东减持内幕交易与内部控制进行多元回归，检验两者之间的关系。由表9-18可知，CRTO与ICA之间的相关性系数无论是41天的窗口还是减持前20天，减持后20天的窗口，均为负但不显著，即内部控制有效性的高低对大股东内幕交易的抑制作用不明显，假设10-4不成立。从理论上讲，内部控制有效性的提高能够提高公司的信息质量，降低公司内外部的信息不对称程度，从而削弱内幕信息知情者的信息优势，抑制大股东的内幕交易行为。但是在市场经济刚刚起步，市场机制缺失或者疲弱的新兴转轨经济国家，特别是在股权高度集中的情况下，包括董事会在内的公司高管往往听命于公司的大股东，大股东对公司的整个治理结构能够产生很大影响。为了显示大股东的"清白无辜"，大股东可能会在一定范围内表现出其"天使"的一面，改善公司治理水平，但是其还有不可忽略的"魔鬼"的一面，因而，基于操控公司治理和公司管理的需要，大股东可能避轻就重，选择对自己有利的内部控制机制。具体而言，可能为了更便利地实现大股东自身利益，更乐于建立一个完全听命于自己的董事会，那么在董事会主导下的内部控制结构往往向大股东倾斜，加之我国上市公司内部控制鉴证报告对于内部控制的评价往往限于对财务报告相关内部控制的评价，而不是对内部控制所有方面都进行评价。因此，财务报告内部控制的有效性提高可能并不能对大股东的内幕交易产生抑制作用。

表9-18 第二类内幕信息知情者（大股东）内幕交易和内部控制多元回归表

	模型1		模型2		模型3	
	CRTO（-20, 20）		CRTO（-20, -1）		CRTO（1, 20）	
	Beta	T	Beta	T	Beta	T
Constant	147.740**	2.418	72.754**	2.124	69.836**	2.200
ICA	-3.505	-0.502	-2.764	-0.706	-0.750	-0.207

续表

	模型 1		模型 2		模型 3	
	CRTO (−20, 20)		CRTO (−20, −1)		CRTO (1, 20)	
	Beta	T	Beta	T	Beta	T
SIZE	−5.263*	−1.845	−2.621	−1.639	−2.466*	−1.664
STATE	−12.034**	−1.988	−9.128***	−2.691	−2.817	−0.896
ROE	0.017	0.477	0.009	0.453	0.006	0.307
PE	0.014***	3.402	0.007***	2.824	0.007***	3.317
Netprfgrt	0.001	0.006	0.001	−0.036	0.000	0.128
Currt	−0.588*	−1.845	−0.267	−1.494	−0.295*	−1.779
Aditorchg	2.797	0.371	3.324	0.787	−0.534	−0.136
Restrt	−4.969	−0.848	−4.136	−1.259	−0.739	−0.243
Yr1	26.635**	2.185	18.281***	2.675	7.713	1.218
Yr2	21.254**	1.987	13.242**	2.209	7.311	1.316
Yr3	−0.054	−0.005	4.359	0.683	−4.768	−0.806
Yr4	4.217	0.327	3.431	0.475	0.437	0.065
AdjR^2	0.042		0.039		0.029	
F	3.564		3.417		2.729	

注：*** 表示在1%水平上显著，** 表示在5%水平上显著，* 表示在1%水平上显著。

从表 9-18 中还可以看到，CRTO（−20，20）、CRTO（1，20）与 SIZE 均在 10%水平上显著负相关，表明公司规模越大，大股东内幕交易越少。CRTO（−20，20）、CRTO（−20，−1）与 STATE 分别在 5%和 1%水平上显著负相关，说明当公司第一大股东是国有股东时，大股东内幕交易少，而第一大股东是民营股东时，大股东内幕交易多，可能是因为民营股东的利益倾向性更大，在公司内部治理机制建立方面更具有自我选择性，大股东能够通过这些偏好的机制进行内幕交易。CRTO（−20，20）、CRTO（−20，−1）、CRTO（1，20）与 PE 均在 1%水平上显著正相关；CRTO（−20，20）、CRTO（−20，−1）、CRTO（1，20）与 Currt 均在 10%水平上显著负相关，公司财务状况越好，大股东内幕交易越少。其余控制变量则未在统计上表现出显著性。

3. 稳健性检验

与对第一类内幕信息知情者（高管）内幕交易与内部控制相关性稳健检验一样，我们通过扩大和缩小事件窗口，即将事件窗口改为减持前后 30 天和减持前后 10 天，对大股东减持内幕交易与内部控制相关性进行结论稳健性检验。

如表 9-19 所示，大股东减持时发生的内幕交易与内部控制相关性的稳健结果显示内部控制有效性对大股东的内幕交易的影响不显著，即建立有效的内部控制并不能抑制大股东减持中的内幕交易。

表9-19 第二类内幕信息知情者（大股东）内幕交易与内部控制相关性稳健性检验

	CRTO (-30, 30)		CRTO (-10, 10)	
	Beta	T	Beta	T
Constant	222.041***	2.622	75.840**	2.137
ICA	−5.317	−0.549	−1.569	−0.387
SIZE	−8.289**	−2.097	−2.587	−1.561
STATE	−15.438*	−1.840	−7.043**	−2.003
ROE	0.016	0.319	0.014	0.683
PE	0.019***	3.313	0.007***	2.938
Netprfgrt	−0.001	−0.384	0.000	−0.330
Currt	−0.874**	−1.976	−0.333*	−1.796
Aditorchg	7.508	0.719	1.158	0.265
Restrt	−5.772	−0.711	−3.574	−1.050
Yr1	40.044**	2.370	16.874**	2.383
Yr2	34.144**	2.304	11.677*	1.880
Yr3	0.281	0.018	3.771	0.570
Yr4	9.785	0.548	2.050	0.274
AdjR²	0.046		0.032	
F	3.836		2.971	

注：*** 表示在1%水平上显著，** 表示在5%水平上显著，* 表示在1%水平上显著。

第六节 本章小结与讨论

我们以沪市披露的第一类内幕信息知情者（高管、董事、监事和高级管理人员）和深市披露的第二类内幕信息知情者（大股东）在二级市场上卖出股票的交易作为研究对象，研究这两类内幕信息知情者在卖出股票时是否利用内幕信息优势进行内幕交易，并且检验将这两类内幕信息知情者的内幕交易行为与公司内部控制相联系，以实证的方法检验建立健全内部控制是否能够对这两类内幕信息知情者的内幕交易产生抑制作用。研究结果如下：

第一，我们以累积相对换手率（CRTO）作为内幕交易的代理变量，运用事件研究法对沪市A股市场上从2008年1月1日至2012年12月31日期间第一类内幕信息知情者（高管）在二级市场上的交易行为进行检验，发现从卖出股票前后20天的短时间窗口来看，第一类内幕信息知情者（高管）在卖出股票前后本公司股票的累计相对换手率正向显著区别于0，说明在卖出股票时，第一类内幕信息知情者（高管）能够运用信息优势选择时机进行内幕交易。同样对第二类内幕信息知情者（大股东）的短时间窗口累计相对换手率检验发现，第二类内幕信息知情者（大股东）的减持交易中累计相对换手率也正向显著区别于0，说明其在交易中也存在内幕交易。

同时，为了确保结果的稳健性，我们以累计超额收益（CAR）对这两类内幕信息知情者的内幕交易进行检验，实证结果显示，这两类内幕信息知情者卖出股票前的窗口内累计超额收益正向显著区别于0，而卖出股票后的窗口内累计超额收益负向显著区别于0，从卖出股票前后整体窗口来看，累计超额收益曲线符合倒V形曲线，说明这两类内幕信息知情者在卖出股票时的确有能力选择时机获取超额利润，存在内幕交易。

因此，综上所述，两类内幕信息知情者在卖出股票时存在内幕交易。

第二，对第一类内幕信息知情者（高管）的内幕交易和内部控制相关性检验是通过Pearson相关系数检验和多元回归进行的。Pearson相关系数显示，CRTO（−20，20）、CRTO（−20，−1）、CRTO（1，20）与ICA都在1%水平显著负相关，相关系数分别为−0.083（sig. 0.000）、−0.075（sig. 0.004）、−0.077（sig. 0.000）。回归检验显示，CRTO（−20，20）、CRTO（−20，−1）、CRTO（1，20）与ICA的回归系数分别为−0.058（sig. 0.014）、−0.067（sig. 0.006）、−0.042（sig. 0.076）。说明内部控制有效性的提高能够抑制第一类内幕信息知情者（高管）的内幕交易。同时，公司规模越大、业绩好、财务状况好，第一类内幕信息知情者（高管）内幕交易越少。从交易行为特征来看，当第一类内幕信息知情出现逆向交易和同日两人以上交易时易发生内幕交易。

第三，对第二类内幕信息知情者（大股东）内幕交易与内部控制相关性检验结果显示，CRTO（−20，20）、CRTO（−20，−1）、CRTO（1，20）与ICA均负相关但是不显著，说明内部控制有效性提高并不能对大股东减持行为中的内幕交易产生抑制作用。原因可能是由于我国内部控制鉴证报告仅针对财务报告相关的内部控制进行评价，而非对公司整体的内部控制提供鉴证，同时由于我国处于市场经济起步阶段，市场机制缺失，上市公司股权高度集中，公司的董事会指导下的公司管理层往往听命于公司的大股东，而大股东"魔鬼"的一面又使其避轻就重，影响董事会及管理层建立的内部控制模式，最终选择虽符合财务报告内部控制有效性要求但又能为自己谋求私有利益的内部控制系统，因此，内部控制鉴证报告针对的与财务报告相关的内部控制有效性的提高并不能对抑制大股东内幕交易产生积极作用。

我们研究过程中也存在一些局限：

第一，我们将内幕信息知情者分为两类，董事、监事和高级管理人员为一类，大股东为另一类，分别称为第一类内幕信息知情者（高管）和第二类内幕信息知情者（大股东）。两类内幕信息知情者的内幕交易均通过二级市场卖出股票交易为对象，但是由于沪深两市对内幕信息知情者交易披露登记的要求不同，有些数据仅能在对应证券交易所网站上登记，因此，对第一类内幕信息知情者（高管）内幕交易以沪市 A 股上市公司为样本，第二类内幕信息知情者（大股东）内幕交易则以深市 A 股上市公司为样本，两类内幕信息知情者内幕交易样本范围存在一定差异。尽管我们相信样本数据从统计上来说具有说服性，在沪深两市共同基础上研究两类内幕信息知情者内幕交易情况将是我们未来的研究方向。

第二，我们在研究两类内幕信息知情者内幕交易时仅在短时间窗口评价内幕交易的存在性可能不是很全面。虽然有意识扩大了窗口（原来的前后 20 天的事件窗口扩大为前后 30 天），但仍算不上是在长时间窗口。因此，在未来的研究中可以考虑扩大事件窗口，考察内幕信息知情者内幕交易在长时间窗口中的时机选择能力。

第三，由于我国法律对公司内幕信息知情者买入本公司股票后再卖出存在 6 个月的限售期，我们考察内幕信息知情者内幕交易时仅以卖出交易为研究对象。将内幕信息知情者买入股票的行为同样纳入研究范围也是我们后续的研究方向。

参考文献

[1] Agrawal A., T. Copper. Insider Trading Before Accounting Scandals [D]. University of Alabama, 2008.

[2] Alexander Dyck, Luigi Zingales. Private Benefits of Control: An International Comparison [J]. Journal of Finance, 2004, 59 (4).

[3] Almazan, A., Hartzell, J., Starks, L. Active Institutional Shareholders and Cost of Monitoring: Evidence from Executive Compensation [J]. Financial Management, 2005, 34 (4).

[4] Almeida and Wolfenzon. A Theory of Pyramidal Ownership and Family Business Groups [D]. New York University, 2004.

[5] Altamuro J.and A. Beatty. How Does Internal Control Regulation Affect Financial Reporting? [J]. Journal of Accounting and Economics, 2010, 49 (1).

[6] Amihud, Yakov and Baruch Lev. Risk Reduction as a Managerial Motive for Conglomerate Mergers [J]. Bell Journal of Economics, 1981 (12).

[7] Andrew J. Leone. Factors Related to Internal Control Disclosure: A discussion of Ashbaugh [J]. Journal of Accounting and Economics, 2007, 44 (1).

[8] Anna M. Costello, Regina Wittenberg-Moerman. The Impact of Financial Reporting Quality on Debt Contracting: Evidence from Internal Control Weakness Reports [J]. Journal of Accdenting Research, 2011, 49 (1).

[9] Anup Agrawal, Gershon N. Mandelker. Large Shareholders and the Monitoring of Managers: The Case of Antitakeover Charter Amendments [J]. Journal of Financial and Quantitative Analysis, 1990, 25 (2).

[10] Ashbaugh-Skaife H, Collins D. W, Kinney W.R. The Discovery and Reporting of Internal Control Deficiencies Prior to SOX-mandated Audits [J]. Journal of Accounting and Economics, 2007 (44).

[11] Ashbaugh-Skaife H., D. W. Collins, W. R. Kinney and R. Lafond. The Effect of SOX Internal Control Deficiencies and Their Remediation on Accrual Quality [J]. The Accounting Review, 2008, 83 (1).

[12] Ashbaugh-Skaife H., D. W. Collins, W. R. Kinney and R. Lafond. The Effect of SOX Internal Control Deficiencies on Firm Risk and Cost of Equity [J]. Journal of Accounting Research, 2009, 47.

[13] Ashbaugh-Skaife H., Veenman D., Wangerin D. Internal Control over Financial Reporting and Managerial Rent Extraction: Evidence from the Profitability of Insider Trading [R]. Working Paper, 2011.

[14] Admati, Anat R., Paul Pfleiderer, and Josef Zechner. Large Shareholder Activism, Risk Sharing, and Financial Market Equilibrium [J]. Journal of Political Economy, 1994 (102).

[15] Ansoff H. L. Strategies for Diversification [J]. Harvard Business Review, 1957 (5).

[16] Arnould R. J. Conglomerate Growth and Public Policy. In Gordon L. Economics of Conglomerate Growth [D]. Corvallis: Oregon State University, Department of Agricultural Economics, 1969.

[17] Badrinath.S. G., G. D. Gay and J. R. Kale. Patterns of Institutional Investment, Prudence, and the Managerial safety-net Hypothesis [J]. Journal of Risk and Insurance, 1989, 56 (4).

[18] Barabanov, Sergey S., Ozocak, Onem, Turtle, H. J., Walker, Thomas J. Institutional Investors and Shareholder Litigation [J]. Financial Management, 2008, 37(2).

[19] Baron, R. M., D. A. Kenny. The Moderator-mediator Variable Distinction in Social Psychological Research: Conceptual, Strategic, and Statistical Considerations[J]. Journal of Personality and Social Psychology, 1986 (51).

[20] Beneish, Messod Daniel, Mary Brooke Billings and Leslie D. Hodder. Internal Control Weakness and Information Uncertainty [J]. The Accounting Review, 2008, 83 (3).

[21] Beng Wee Goh. Internal Control Failures and Corporate Governance Structures A Post Sarbanes-Oxley Act (SOX) Analysis [D]. A Dissertation of Georgia Institute of Technology, 2007.

[22] Berkman, H., Cole, R. A., Fu, J., Agency Conflicts, Expropriation and Firm Value: Evidence from Securities-Market Regulation in China [R]. Working Paper, 2005.

[23] Berle and Means. The Modern Corporation and Private Property [M]. New York: Macmillan, 1932.

[24] Bertrand, Marianne, Mehta, Paras, Mullainathan, Sendhil. Ferreting out Tunneling: An Application to Lndian Business Groups [J]. Quarterly Journal of Economies, 2002, 118.

[25] Beyer. A., Cohen D. A., Lys T. Z., Walther B. R. The Financial Reporting Environment: Review of the Recent Literature [J]. Journal of Accounting and Economics, 2010 (2-3).

[26] Biesta M. A., Doeswijk R. Q. The Profitability of Insider Trades in the Dutch Stock [R]. SSRN Work Paper.

[27] Bonnie K. Klamm, Marcia Weidenmier Watson. SOX 404 Reported Internal Control Weaknesses: A Test of COSO Framework Components and Information Technology [J]. Journal of Information Systems, 2009, 23 (2).

[28] Brickley J. A., R. C. Lease and C. Smith Jr. Ownership Structure and Voting on Antitakeover Amendments [J]. Journal of Financial Economics, 1988, 20 (1).

[29] Bronson S. N., Carcello J. V., Raghunandan K. Firm Characteristics and Voluntary Management Reports on Internal Control [J]. Auditing: A Journal of Practice & Theory, 2006 (25).

[30] Bryan, S., S. Lilien. Characteristics of Firms with Material Weaknesses in Internal Control: An Assessment of Tion 404 of Sarbanes-Oxley [R]. Working Paper, Wake ForestUniversity, 2005.

[31] Bushee B. J., Noe C. Corporate Disclosure Practices, Institutional Investors, and Stock Return Volatility [J]. Journal of Accounting Research, 2000, 38.

[32] Bushee, B. J. The Influence of Institutional Investors on Myopic R&D Investment Behavior [J]. The Accounting Review, 1998, 73 (3).

[33] Barclay, M. J., and C. G. Holderness. Private Benefits from Control of Public Corporations [J]. Journal of Financial Economics, 1989 (25).

[34] Bebchuk, Lucian, Reinier. Kraakman, and George Triantis. Stock Pyramids, Cross-Ownership, and Dual Equity: The Creation and Agency Costs of Separating Control From Cash Flow Rights [R]. Harvard Law School Working Paper, 1998.

[35] Berry, C. H. Corporate Growth and Diversification [J]. Journal of law and Economics, 1971 (14).

[36] Black, Bernard, and John Coffee, Hail Britannia? Institutional Investor Behavior under Limited Regulation [J]. Michigan Law Review, 1994 (92).

[37] Chan K. C., B. R. Farrell and P. Lee. Earnings Management of Firms Reporting Material Internal Control Weaknesses under Section 404 of the Sarbanes-

Oxley Act [J]. Auditing: A Journal of Practice&Theory, 2008, 27 (2).

[38] Charles D., Andy Gareia. Are Companies that Report Material Weaknesses in internal Control More Likely to Restate their Financial Staternents? [C]. 2007 AAA-IS Section Mid-Year Researeh SymPosium.

[39] Chen, X., Harford, J., Li, K. Monitoring: Which Institutions Matter? [J]. Journal of Financial Economics, 2007, 86 (2).

[40] Cheng C. S. A., H. H. Huang, Y. Li, G. Lo Bo. Institutional Monitoring Through Shareholder Litigation [J]. Journal of Financial Economics, 2010, 95 (3).

[41] Cheuk M.Y., Fan D.K., So R.W. Insider Trading in Hang Kong: Some Stylized Facts [J]. Pacific Basin Finance Journal, 2006 (14).

[42] Cheung, Y.L. Tunneling and Propping up: An Analysis of Related Party Transactions by Chinese Listed Companies [J]. Pacific-Basin Finance Journal, 2008 (4).

[43] Chih-Yang Tseng. Internal Control, Enterprise Risk Management, and Firm Performance [D]. Dissertation submitted to the Faculty of the Graduate School of the University of Maryland, 2007.

[44] Christine A. Botosan, Marlene A. Plumlee. A Re-examination of Disclosure Level and the Expected Cost of Equity Capital [J]. Journal of Accounting Research, 2002 (1).

[45] Claessens, S., Djankov, S and Lang, L.. The Separation of Ownership and Control in East Asian Corporations [J]. Journal of Financial Economics, 2000 (58).

[46] Cornett, M., Marcus, A., Saunders, A., Tehranian, H. The Impact of Institutional Ownership on Corporate Operating Performance [J]. Journal of Banking & Finance, 2007, 31 (6).

[47] Coval J. D. and Moskowitz T. J. Home Bias at Home: Local Equity Preference in Domestic Portfolios [J]. The Journal of Finance, 1999, 54 (6).

[48] Chandler Jr, A. D. The Visible Hand: The Managerial Revolution in American Business [M]. Cambridge, MA: Harvard Belknap, 1977.

[49] Chang, S. J. Ownership Structure, Expropriation, and Performance of Group-affiliated Companies in Korea [J]. Academy of Management Journal, 2003, 46 (2).

[50] Dechow, P.M., R.G. Sloan and A.P. Sweeney, Detecting Earnings Management[J]. The Accounting Review, 1995 (70).

[51] Denis, D.J., D.K.Denis and A.Sarin. Agency Problems, Equity Ownership,

and Corporate Diversification [J]. Journal oof Finance, 1997 (52).

[52] Douglas W. Diamond, Robert E. Verrecchia.. Disclosure, Liquidity, and the Cost of Capital [J]. Journal of Finance, 1991 (4).

[53] Doyle J., W. Ge, and S. McVay. Accruals Quality and Internal Control over Financial Reporting [J]. The Accounting Review, 2007, 85 (5).

[54] Doyle J., Ge W., and McVay S. Determinants of Weaknesses in Internal Control Over Financial Reporting [J]. Journal of Accounting and Economics, 2007 (1-2).

[55] Du, J.L., Dai, Y. Ultimate Corporate Ownership Structure and Capital Structure: Evidence from East Asia [J]. Corporate Governance, 2005, 13 (1).

[56] Dyck, A., L. Zingales. Private Benefits of Control: An International Comparison [R]. Working Paper, Harvard Business School and University of Chicago, 2001.

[57] Elliot J., Morse D., Richardson G. The Association between Insider Trading and Information Announcements [J]. Journal of Economics, 1984 (15).

[58] Elyasiani E., J. Jia. Distribution of Institutional Ownership and Corporate Firm Performance [J]. Journal of Banking& Finance, 2010, 34 (3).

[59] Emanuels J., Leeuwen O., Praaq B., Wallage P. Abnormal Returns around Disclosure of Problems in Internal Control over Financial Reporting [R]. Working Paper, University of Amsterdam, 2006 (2).

[60] Faccio M., Lang L., Young L. Dividends and Expropriation [J]. The American Economic Review, 2001, 91 (1).

[61] Fan J, Wong T.J.Corporate Ownership Structure and the Informativeness of Accounting Earnings in East Asia [J]. Journal of Accounting and Economics, 2002, 33 (8).

[62] Fan Joseph P.H., T J Wong, Tianyu Zhang. The Emergence of Corporate pyramids in China [R]. The Chinese University of Hong Kong, Working Paper, 2005.

[63] Faudzial Hanim Fadzil, Haron, H., Jantan.M. Internal Auditing Practices and Internal Control System [J]. Managerial Auditing Journal, 2005, 20 (8).

[64] Ferreira, M. and P. Matos. The Colors of Investor's Money: The Role of Institutional Investors Around the World [J]. Journal of Financial Economic, 2008, 88 (3).

[65] Finnerty Joseph E. Insiders and Market Efficiency [J]. The Journal of

Finance, 1976 (31).

[66] Franklin, Mitchell. Sarbanes Oxley Section 404: Can Material Weakness be Predicted and Modeled? An Examination of the ZETA Model in Prediction of Material Weakness [D]. Doctoral dissertation, Walden University, 2007.

[67] Friedman, Eric, Simon Johnson, and Todd Mitton. Propping and Tunneling [J]. Journal of Comparative Economics, 2003, 31 (4).

[68] Feng, M., C. Li, S. Mcvay. Internal Control and Management Guidance [J]. Journal of Accounting and Economics, 2009 (48).

[69] Gary, Spraakman, Transaction Cost Economics: a Theory for Internal Audit[J]. Managerial Auditing Journal, 1997, 12 (7).

[70] Ge W. and S. McVay. The Disclosure of Material Weaknesses in Internal Control after the Sarbanes-Oxley Act [J]. Accounting Horizons, 2005, 19 (3).

[71] Giannetti M., A. Simonov. Which Investors Fear Expropriation? Evidence from Investors Portfolio Choices [J]. Journal of Finance, 2006, 61 (3).

[72] Giovanna Michelon, Sergio Beretta, Saverio Bozzolan. Disclosure on Internal Control Systems as Substitute of Alternative Governance Mechanisms [DB/OL]. 2011-09-11. http://ssrn.com/abstract=1316323/.

[73] Givoly D., Palmon D. Insider Trading and the Exploitation of Insider Information: Some Empirical Evidence [J]. Journal of Business, 1985 (1).

[74] Gombola M.J., H.W.LEE, F-Y LIU. Further Evidence on Insider Selling Prior to Seasoned Equity Offering Announcements: The Role of Growth Opportunities [J]. Journal of Business Finance & Accounting, 1999 (26).

[75] Gong G., Ke B., Yu Y. Do Cross-listed Firms Provide the same Quality Disclosure as U.S. Firms Evidence from the Internal Control Deficiency Disclosure under Section 302 of the Sarbanes -Oxley Act [R]. Working Paper, 2007.

[76] Grinstein Y., Michaely R. Institutional Holdings and Payout Policy[J]. The Journal of Finance, 2005, 60 (3).

[77] Grossman, S.J., and Hart, O.D., Disclosure Laws and Takeover Bids [J]. Journal of Finance, 1980 (35).

[78] Gupta, P., Management's Evaluation of Internal Controls under Section 404 (a) Using the COSO 1992 Control Framework: Evidence from Practice [J]. International Journal of Disclosure and Governance, 2008, 5 (1).

[79] Ge W. and S. McVay. The Disclosure of Material Weaknesses in Internal Control after the Sarbanes-Oxley Act [J]. Accounting Horizons, 2005, 19 (3).

[80] Hadlock Charles, Michael Ryngaert, Shawn Thomas. Corporate Structure and Equity Offerings: are There Benefits to Diversification? [J]. Journal of Businss, 2001 (74).

[81] Hammersley J. S., Myers L. A., Shakespeare C. Market Reactions to the Disclosure of Internal Control Weakness and to Characteristics of Those Weaknesses under Section 302 of the Sarbanes Oxley Act [J]. Review of Accounting Study, 2008, 13 (1).

[82] Hart, Oliver and John Moore, Property Rights and Nature of the Firm [J]. Journal of Political Economy, 1990, 98 (6).

[83] Healy P.M., Palepu K.G.. Information Asymmdtry, Corporate Disclosure, and the Capital Markets: A Review of the Empirical Disclosure Literature [J]. Journal of Accounting and Economics, 2011 (31).

[84] Hermanson H. M. An Analysis of the Demand for Reporting on Internal Control [J]. Accounting Horizons, 2000, 14 (3).

[85] Hogan C. E. and Wilkins M. S. Evidence on the Audit Risk Model: Do Auditors Increase Audit Fees in the Presence of Internal Control Deficiencies? [J]. Contemporary Accounting Research, 2008, 25 (1).

[86] Hoitash, Rani; Hoitash, Udi; Bedard, Jean C. Internal Control Quality and Audit Pricing under the Sarbanes-Oxley Act [J]. Auditing: A Journal of Practice and Theory, 2008, 27 (1).

[87] Holderness, C., Kroszner, R., and Sheehan, D. Were the Good Old Days that Good? Changes in Managerial Stock Ownership since the Great Depression [J]. Journal of Finance, 1999 (54).

[88] IASB, FASB. Exposure Draft: Conceptual Framework for Financial Reporting: The Objective of Financial Reporting and Qualitative Characteristics and Constraints of Decision Useful Financial Reporting Information [EB/OL]. 2011-09-10. http://www.fasb.org/.

[89] Ijiri, Yuji, Theory of Accounting Measurement [M]. Sarasota, FL: American Accounting Association, 1975: ix.

[90] Jaffe J. The Effect of Regulation Changes on Insider Trading [J]. The Journal of Business, 1974 (3).

[91] Jean B. Sarbanes Oxley Internal Control Requirements and Earning Quality [J]. Journal of Accounting and Economics, 2006 (8).

[92] Jeffery D, Weili G, Sarah M. Accruals Quality and Internal Control over

Financial Reporting [J]. Journal of Accounting Review, 2007 (1).

[93] Jeng L.A., Metrick A., Zeckhauser R. Estimating the Returns to Insider Trading: A Performance –Evaluation Perspective [J]. Review of Economics and Statistics, 2003 (2).

[94] Jensen, M.C., and Meckling, W.H. . Theory of the Firm: Managerial Behavior, Agency Costs and Ownership Structure [J]. Journal of Financial Economics, 1976, 3 (4).

[95] Joseph Legoria, Jeff Boone, William W. Stammer johan. The Economic Benefits of FASB's Recommended Disclosures: Evidence from the Pharmaceutical Industry [J]. Advances in Accounting, Incorporating Advances in International Accounting, 2008 (24).

[96] Joshua D. Coval, Tobias J. Moskowitz. Home Bias at Home: Local Equity Preference in Domestic Portfolios [J]. The Journal of Finance, 1999 (6).

[97] Jacquemin, A., and Berry, C. Entropy Measure of Diversification and Corporate Growth [J]. Journal of Industrial Economics, 1979 (27).

[98] Ke B., Huddart S.J., Petroni K. What Insiders Know About Future Earnings and How They UseIt: Evidence from Insider Trades [J]. Journal of Accounting and Economics, 2003 (3).

[99] Kim, J., Song, B., and Zhang, L. Internal Control Weakness and Bank Loan Contracting: Evidence from SOX Section 404 Disclosures [J]. The Accounting Review, 2011, 86 (4).

[100] Kim, K., Nofsinger, J. Institutional Herding, Business Groups, and Economic Regimes: Evidence from Japan [J]. Journal of Business, 2005, 78 (1).

[101] Kim, Y.H., Shin, H., Agency Costs and Efficiency of Business Capital Investment: Evidence from Quarterly Capital Expenditures [J]. Journal of Corporate Financial, 2002, 18 (2).

[102] Kohlbeck, M. J. and B. W. Mayhew. Agency Costs, Contracting, and Related Party Transactions [R]. Working Paper, University of Wisconsin, 2004.

[103] Krishnan J. Audit Committee Quality and Internal Control: an Empirical Analysis [J]. The Accounting Review, 2005 (80).

[104] Krishnan, G.V., and G. Visvanathan. Reporting Internal Control Deficiencies in the Post –Sarbanes –Oxley Era: The Role of Auditors and Corporate Governance [J]. International Journal of Auditing, 2007, 11 (2).

[105] Kim, J., Song, B., and Zhang, L. Internal Control Weakness and

Bank Loan Contracting: Evidence from SOX Section 404 Disclosures [J]. The Accounting Review, 2011, 86 (4).

[106] La Porta, R.F. Lopez-de-Silanes, and A. Shleifer. Corporate ownership around the world [J]. Journal of Finance, 1999 (54): 471-517.

[107] Lakonishok J., Lee I. Are Insider Trades Informative? [J]. Review of Financial Studies, 2001 (1).

[108] Lambert R.A., Leuz C., Verrecchia R.E. Accounting Information, Disclosure, and the Cost of Capital [J]. Journal of Accounting Research, 2007 (2).

[109] Lang L., R.Stulz. Tobin's q Comporate Diversification, and Firm Perform Ance [J]. Joumal of Political Economy, 1994.

[110] Lang, M. and R. Lundholm. Cross-Sectional Determinants of Analyst Ratings of Corporate Disclosures [J]. Journal of Accounting Research, 1993 (31).

[111] LaPorta, R., Lopez-de-Silanes, F., Shleifer, A., Vishny, R. Agency Problems and Dividend Policies [J]. Around the World Journal of Finance, 2000.

[112] Lemmon, M. and K. Lins, Ownership Structure, Corporate Governance, and Firm Value: Evidence from the East Asian Financial Crisis [J]. Journal of Finance, 2003 (58).

[113] Lummer, S., McConell, J. Further Evidence on the Bank Lending Process and the Capital Market Response to Bank Loan Agreements [J]. Journal of Financial Economics, 1989, 25 (1).

[114] Lang L., R. Stulz. Tobin's q, Corporate Diversification and Firm Performance[J]. Joumal of Political Economy, 1994 (102).

[115] LaPorta, Rafael, Florencio Lopez-de-Silanes, AndreiShleifer, and Robert W. Vishny, Legal Determinants of External Finance [J]. Journal of Finance, 1997 (52).

[116] Lewellen W. G. A Pure Financial Rationale for the Conglomerate Merger [J]. Journal of Finance, 1971 (26).

[117] Maddala G.S. Limited-Dependant and Qualitative Variables in Econometrics [M]. London: Cambridge University Press, 1983.

[118] Maiga, Adam S., Fairness, Budget Satisfaction, and Budget Performance: A Path Analytic Model of Their Relationships [J]. Advances in Accounting Behavioral Research, 2006 (9).

[119] Maksimovic, V., G.Phillips. Do Conglomerate Firms Allocate Resources Inefficiently Evidence [J]. Joumal of Finance, 2002.

[120] Mcnally G, Eng L and Hasseldine R. Corporate Financial Reporting in Newzealand: an Analysis Information [J]. Accounting and Business Research, 1982 (12).

[121] Michel Benaroch, Anna Chernobai, James Goldstein. An Internal Control Perspective on the Market Value Consequences of IT Operational Risk Events [J]. International Journal of Accounting Information Systems, 2012: 1-25.

[122] Mitton, T. A Cross-Firm Analysis of the Impact of Corporate Governance on the East Asian Financial Crisis [J]. Journal of Financial Economics, 2002, 64 (2).

[123] Mohanmed A. Elbannan. Quality of Internal Control over Financial Reporting, Corporate Governance and Credit Ratings [J]. International Journal of Disclosure and Governance, 2009 (6).

[124] Mcvey, J. S. The Industrial Diversification of Multi-establishment Manufacturing Firms: a Developmental Study [J]. Canadian Statistical Review, 1972 (47).

[125] Mikkelson, W. H. and M. M. Partch. Managers Voting Rights and Corporate Control [J]. Journal of Financial Economics, 1989 (25).

[126] Noe C.F. Voluntary Disclosures and Insider Transactions[J]. Journal of Accounting and Economies, 1999 (27).

[127] Ogneva M., Raghunandan K., Subramanyam K. Internal Control Weakness and Cost of Equity: Evidence from SOX Section 404 Certification [R]. The Accounting Review, 2007, 82 (5).

[128] Partha Sengupta. Corporate Disclosure Quality and the Cost of Debt [J]. The Accounting Review, 1998 (4).

[129] Paul M. Healy, Krishna G. Palepu. Information Asymmetry, Corporate Disclosure, and the Capital Markets: A Review of the Empirical Disclosure Literature [J]. Journal of Accounting and Economics, 2001 (3).

[130] PCAOB. An Audit of Internal Control over Financial Reporting Performed in Conjunction with an Audit of Financial Statements [C]. 2004.

[131] PCAOB. Auditing Standard No.2 -An Audit of Internal Control Over Financial Reporting Performed in Conjunction with An Audit of Financial Statements [C]. 2004.

[132] PCAOB.Auditing Standard No.5 -An Audit of Internal Control Over Financial Reportingthat is Integrated with An Audit of Financial Statements [C]. 2007.

[133] Pettit R.R., Venkatesh P.C. Insider Trading and Long-Run Return Performance [J]. Financial Management, 1995 (2).

[134] Penrose E. The Theory of the Growth of the Firm [M]. London: Basil Blackwell, 1959.

[135] Ravina E., Sapienza P. What Do Independent Directors Know? Evidence from Insider Trading [J]. Review of Financial Studies, 2010, 23 (3).

[136] Richard Lambert. Accounting information, Disclosure, and the Cost of Capital [J]. Journal of Accounting Research, 2007 (2).

[137] Rogers J.L. Disclosure Quality and Management Trading Incentives [J]. Journal of Accounting Research, 2008 (46).

[138] Rumelt R. P. Strategy, Structure, and Economic Performance [M]. Cambridge: Harvard University Press, 1974.

[139] Sahut Jean-Michel, Gharbi Hidaya Othmani. Institutional Investors' Typology and Firm Performance: The Case of French Firms [J]. International Journal of Business, 2010, 15 (1).

[140] Samir Trabelsi, Rial Labelle, Pascal Dumontier. Incremental Voluntary Disclosure on Corporate Websites, Determinants and Consequences [J]. Journal of Contemporary Accounting & Economics, 2008 (2).

[141] SEC. Final Rule Managements Reports on Internal Control Over Financial Reporting and Certification of Disclosure in Exchange act Periodic Reports [C]. 2003.

[142] Seyhun H.N. Investment Intelligence from Insider Trading [M]. The MIT Press. 1998.

[143] Sheng-Syan Chen, Kim Wai Ho. Corporate Diversification, Ownership Structure, and Firm Cale [J]. International Review of Financial Analysis, 2000 (9).

[144] Shieifer, A. and R. Vishny. Large Shareholders and Corporate Control [J]. Journal of Political Economy, 1986 (94).

[145] Shin H., R. Stulz. Are Internal Capital Markets Efficient? [J]. Quaterly Journal of Finance, 1998 (113).

[146] SEC. Final Rule: Management's Reports on Internal Control over Financial Reporting and Certification of Disclosure in Exchange Act Periodic Reports [C]. 2003.

[147] Servaes H. The Value of Diversification During the Conglomerate Merger Wave [J]. Journal of Finance, 1996 (51).

[148] Tetlock, Philip E., Linda Skitka, Richard Boettger, Social and Cognitive Strategies for Coping with Accountability: Conformity, Complexity and Bolstering[J].

Journal of Personality and Social Psychology, 1989, 57 (4).

[149] Uma V. and David S. J., Institutional Ownership and the Quality of Earnings [J]. Journal of Business Research, 2006 (59).

[150] Wang, K. and X. Xiao, Ultimate Controlling Structures and Firm Value: Evidence from the Chinese Listed Companies [R]. Working Paper, 2006.

[151] Whisenant J.S., Sankaraguruwamy S., Raghunandan. Market Reactions to Disclosure of Reportable Events [J]. Auditing: A Journal of Practice and Theory, 2003 (3).

[152] Yakov Amihud, Haim Mendelson. Asset Pricing and the Bid-spread [J]. Journal of Financial Economics, 1986 (2).

[153] Zeff S.A. The Rise of Economic Consequences[J]. Journal of Accountancy, 1978 (6).

[154] Zhang, Y., Zhou, J., Zhou, N. Audi Committee Quality, Auditor Independence, and Internal Control Weaknesses [J]. Journal of Accounting and Public Policy, 2007, 26 (3).

[155] Zheng Yudan. Heterogeneous Institutional Investors and CEO Compensation [J]. Review of Quantitative Finance and Accounting, 2010, 35 (1).

[156] 白重恩, 刘俏, 陆洲, 宋敏, 张俊喜.中国上市公司治理结构的实证研究 [J]. 经济研究, 2005 (2).

[157] 薄澜, 姚海鑫.上市公司内部控制有效性的影响因素研究——基于公司治理和外部审计的实证分析 [J]. 首都经济贸易大学学报, 2012 (4).

[158] 薄仙慧, 吴联生. 国有控股与机构投资者的治理效应：盈余管理视角经济研究 [J]. 经济研究, 2009 (2).

[159] COSO 委员会 (Treadway 委员会).内部控制整合框架 (第一版) [M]. 方红星主译. 大连：东北财经大学出版社, 2008.

[160] 财政部会计司, 证监会会计部, 证监会上市部, 山东财经大学.我国上市公司 2013 年实施企业内部控制规范体系情况分析报告 [EB/OL]. 北京：财政部会计司, 2014. http: //kjs.mof.gov.cn/zhengwuxinxi/diaochayanjiu/201410/t20141009_1147429.html.

[161] 财政部会计司.企业内部控制规范讲解 (2010) [M]. 北京：经济科学出版社, 2010.

[162] 蔡丛光.内部控制缺陷信息披露的影响因素分析 [J]. 财务与金融, 2010(4).

[163] 蔡吉甫.我国上市公司内部控制信息披露的实证研究 [J]. 审计与经济

研究,2005 (2).

[164] 曹书军,刘星.股权制衡与公司投资——一个委托代理模型 [J].预测,2009,28 (3).

[165] 曾庆生.公司内部人具有交易时机的选择能力吗？——来自中国上市公司内部人卖出股票的证据 [J].金融研究,2008 (10).

[166] 曾庆生.上市公司内部人交易披露延迟及其经济后果研究——来自上海股票市场的经验证据 [J].财经研究,2011 (2).

[167] 曾亚敏,张俊生.上市公司高管违规短线交易行为研究 [J].金融研究.2009 (11).

[168] 曾颖,陆正飞.信息披露质量与股权融资成本 [J].经济研究,2006 (2).

[169] 陈共荣,刘燕.内部控制信息披露的市场反应 [J].系统工程,2007 (10).

[170] 陈关亭,李蓓.华夏证券公司的免疫缺陷综合症：内部控制严重失效 [J].财务与会计（理财版）,2009 (6).

[171] 陈关亭,张少华.论上市公司内部控制的披露及其审核 [J].审计研究,2003 (6).

[172] 陈汉文,董望.财务报告内部控制研究述评——基于信息经济学的研究范式 [J].厦门大学学报（哲学社会科学版）,2010 (3).

[173] 陈汉文,吴益兵,李荣等.萨班斯法案404条款：后续进展 [J].会计研究,2005 (2).

[174] 陈汉文,张宜霞.企业内部控制的有效性及其评价方法 [J].审计研究,2008 (3).

[175] 陈红,杨凌霄.金字塔股权结构、股权制衡与终极股东侵占 [J].投资研究,2012 (3).

[176] 陈家全.多元化经营下的内部控制研究 [J].内部控制与审计,2012 (10).

[177] 陈丽蓉,牛艺琳.内部控制有效性对审计意见影响的实证研究——来自中国证券市场的经验数据 [J].会计之友,2010 (9).

[178] 陈宋生,郭京晶.内部控制信息披露的市场反应：来自沪深股市的经验数据 [J].上海立信会计学院学报,2011 (2).

[179] 陈宋生,吕文岱.上市公司内部控制披露的制约因素——基于2007年沪市的经验证据 [J].财会通讯,2011 (12).

[180] 程晓陵,王怀明.公司治理结构对内部控制有效性的影响 [J].审计研

究，2008（4）.

[181] 陈艳，张勇. 自愿性披露内部控制鉴证报告的影响因素——基于2008年沪市A股数据的实证研究 [J]. 数学的实验与认识，2009（22）.

[182] 陈志斌，何忠莲. 内部控制执行机制分析框架构建 [J]. 会计研究，2007（10）.

[183] 程立. 公司治理、多元化与企业绩效 [D]. 复旦大学博士学位论文，2004.

[184] 程书强. 机构投资者持股与上市公司会计盈余信息关系实证研究 [J]. 管理世界，2006（9）.

[185] 程仲鸣，夏新平，余明桂. 政府干预、金字塔结构与德方国有上市公司投资 [J]. 管理世界，2008（9）.

[186] 程仲鸣，夏银桂. 控股股东、自由现金流与企业过度投资 [J]. 经济与管理研究，2009（2）.

[187] 池国华. 基于管理视角的企业内部控制评价系统模式 [J]. 会计研究，2010（10）.

[188] 崔学刚，张宏亮. "金字塔结构"、两权分离与公司价值 [J]. 上海立信会计学院学报，2011（2）.

[189] 崔志娟. 规范内部控制的思路与政策研究——基于内部控制信息披露"动机选择"视角的分析 [J]. 会计研究，2011（11）.

[190] 单华军. 内部控制、公司违规与监管绩效改进——来自2007~2008年深市上市公司的经验证据 [J]. 中国工业经济，2010（11）.

[191] 邓春华. 企业内部控制：现状及发展建议 [J]. 审计研究，2005（3）.

[192] 邓德强，刘玉. 投资者需求视角下的内部控制信息质量评价 [J]. 华东经济管理，2013（4）.

[193] 邓德强，金月娟. 我国内幕信息知情者择机获利能力分析——基于董监高和大股东交易的视角 [J]. 会计之友，2014（4）.

[194] 邓德强. 民营上市公司控制权私人收益研究 [D]. 东北财经大学博士学位论文，2007.

[195] 邓德强. 金字塔结构与内部控制信息披露——来自沪市上市公司的经验证据 [J]. 东北财经大学学报，2011（4）.

[196] 邓德强. 控制权私人收益：监督成本补偿与利益侵害 [J]. 生产力研究，2007（10）.

[197] 丁友刚，胡兴国. 内部控制、风险控制与风险管理——基于组织目标的概念解说与思想演进 [J]. 会计研究，2007（12）.

[198] 董大胜，韩晓梅.风险基础内部审计——理论、实务、案例 [M].大连：大连出版社，2010.

[199] 董望，陈汉文.内部控制、应计质量与盈余反应——基于中国2009年A股上市公司的经验证据 [J].审计研究，2011（4）.

[200] 窦炜，刘星，安灵.股权集中度、控制权配置与公司非效率投资——兼论大股东的监督抑或合谋？[J].管理科学学报，2011，14（11）.

[201] 范雪飞，黄晓波，李芳.上市公司自愿披露内部控制鉴证报告的动因分析 [J].经济研究导刊，2011（7）.

[202] 方红星，孙嬛，金韵韵.公司特征、外部审计与内部控制信息的自愿披露——基于沪市上市公司2003~2005年年报的经验研究 [J].会计研究，2009（10）.

[203] 方红星，孙嬛.交叉上市公司内部控制缺陷披露的影响因素与市场反应——基于兖州煤业的案例研究 [J].上海立信会计学院学报，2010（1）.

[204] 方红星，金玉娜.高质量内部控制能抑制盈余管理吗？——基于自愿性内部控制鉴证报告的经验研究 [J].会计研究，2011（8）.

[205] 方红星，金韵韵，赵文佳.交叉上市公司海外投资浮亏的市场反应——来自中国平安投资富通集团的案例研究 [J].财经问题研究，2010（2）.

[206] 方红星，孙嬛.强制披露规则下的内部控制信息披露——基于沪市上市公司2006年年报的实证研究 [J].财经问题研究，2007（12）.

[207] 方红星等.内部控制信息披露影响因素与经济后果 [M].大连：东北财经大学出版社，2012.

[208] 冯建，蔡丛光.上市公司内部控制信息披露研究 [J].财经科学，2008（5）.

[209] 冯均科.不同产权结构下内部控制效率的研究 [J].中国工业经济，2001（8）.

[210] 高雷，何少华，殷树喜.中国基金管理人持股偏好实证研究 [J].中国会计与财务研究，2006（2）.

[211] 高垚.内部人交易、信息获利动机与制衡因素——基于沪市A股上市公司的经验证据 [D].复旦大学博士学位论文，2008.

[212] 谷祺，邓德强，路倩.现金流权与控制权分离下的公司价值——基于我国家族上市公司的实证研究 [J].会计研究，2006（4）.

[213] 谷祺，张相洲.内部控制的三维系统观 [J].会计研究，2003（11）.

[214] 韩传模，汪士果.基于AHP的企业内部控制模糊综合评价 [J].会计研究，2009（4）.

[215] 韩洪灵，郭燕敏，陈汉文. 内部控制监督要素之应用性发展——基于风险导向的理论模型及其借鉴 [J]. 会计研究，2009（8）.

[216] 韩亮亮，李凯. 控制权、现金流权与资本结构———项基于我国民营上市公司面板数据的实证分析 [J]. 会计研究，2008（3）.

[217] 何佳，何基报. 深证股票市场重大事件信息披露与股价异动实证研究 [R]. 深圳证券交易所综合研究所研究报告，2001.

[218] 洪道麟，熊德华. 中国上市公司多元化与企业绩效分析——基于内生性的考察 [J]. 金融研究，2006（11）.

[219] 侯晓红，李琦，罗炜. 大股东占款与上市公司盈利能力关系研究 [J]. 会计研究，2008（6）.

[220] 侯正军. 上市公司内部控制有效性对股权成本影响的理论分析 [J]. 商业会计，2012（7）.

[221] 胡国柳，裘益政，黄景贵. 股权结构与企业资本支出决策：理论与实证分析 [J]. 管理世界，2006（1）.

[222] 黄福广，齐寅峰. 控股组织结构下的控制权与控制利益问题研究 [J]. 管理世界，2001（1）.

[223] 黄京菁. 美国 SOA 404 条款执行成本引发争议的评述 [J]. 会计研究，2005（9）.

[224] 黄寿昌，李芸达，陈圣飞. 内部控制报告自愿披露的市场效应：基于股票交易量及股票收益波动率的实证分析 [J]. 审计研究，2011（4）.

[225] 姜付秀，付志法，苏飞，黄磊. 管理者背景特征与企业过度投资行为 [J]. 管理世界，2009（1）.

[226] 姜付秀，刘志彪，陆正飞. 多元化经营、企业价值与收益波动研究——以中国上市公司为力的实证研究 [J]. 财经问题研究，2006（11）.

[227] 姜国华，岳衡. 大股东占用上市公司资金与上市公司股票回报率关系的研究 [J]. 管理世界，2005（9）.

[228] 蒋卫平. 公司治理结构与多元化投资——来自中国上市公司的经验证据 [J]. 财经理论与实践，2010（3）.

[229] 金晓斌，陈代云，路颖，联蒙珂. 公司特质、市场激励与上市公司多元化经营 [J]. 经济研究，2002（9）.

[230] 金玉娜. 公司治理、内部控制与非效率投资 [D]. 东北财经大学博士学位论文，2013.

[231] 靳明，邓广华. 上市公司多元化经营与绩效关系研究 [J]. 财经论丛，2009（6）.

[232] 赖建清，吴世农. 我国上市公司最终控制人的现状研究 [D]. 厦门大学管理学院工作论文，2005.

[233] 李超，王亮. 我国金字塔型控股结构下的大股东利益侵害行为研究 [J]. 金融市场，2012（1）.

[234] 李丹蒙. 金字塔股权结构与公司透明度 [J]. 经济评论，2008（3）.

[235] 李连华. 公司治理结构与内部控制的链接和互动 [J]. 会计研究，2005（2）.

[236] 李明辉，何海，马夕奎. 我国上市公司内部控制信息披露状况的分析 [J]. 审计研究，2003（1）.

[237] 李明辉. 浅谈上市公司内部控制报告 [J]. 审计研究，2001（3）.

[238] 李青原. 企业纵向一体化的决定因素与生产效率——来自我国制造业企业的经验证据 [J]. 南开管理评论，2010（3）.

[239] 李青原. 会计信息质量、审计监督与公司投资效率 [J]. 审计研究，2009（4）.

[240] 李少林. 机构投资者大幅减持紫鑫药业 [N]. 中国证券报，2011-10-20.

[241] 李书林. 企业内部控制缺陷信息披露研究 [D]. 贵州财经大学硕士学位论文，2012.

[242] 李万福，林斌，宋璐. 内部控制在公司投资中的角色：效率促进还是抑制？[J]. 管理世界，2011（2）.

[243] 李万福，林斌，杨德明，孙烨. 内部控制信息披露、企业过度投资与财务危机——来自中国上市公司的经验证据 [J]. 中国会计与财务研究，2010，12（4）.

[244] 李享. 美国内部控制实证研究 [J]. 审计研究，2009（1）.

[245] 李筱婉，孙慧倩，王烨. 内部控制信息披露的经济后果：基于对盈余质量影响的实证研究 [J]. 江苏科技大学学报，2012（1）.

[246] 李心合. 内部控制：从财务报告导向到价值创造导向 [J]. 会计研究，2007（4）.

[247] 李雪峰. 多元化经营与公司绩效关系研究 [D]. 华中科技大学博士学位论文，2011.

[248] 李颖琦，俞俊利. 股权制衡与内部控制有效性——基于2008~2010年酿酒类上市公司的案例分析 [J]. 会计研究，2012（2）.

[249] 李宇立. 自我感知的内部控制缺陷间的关系——基于问卷调查的路径分析 [J]. 审计研究，2011（6）.

[250] 李育红. 公司治理结构与内部控制有效性——基于中国沪市上市公司的实证研究 [J]. 财经科学, 2011 (2).

[251] 李增泉, 孙铮, 王志伟. "掏空"与所有权安排——来自我国上市公司大股东资金占用的经验证据 [J]. 会计研究, 2004 (12).

[252] 李增泉, 辛显刚, 于旭辉. 债务融资约束与金字塔结构 [J]. 管理世界, 2008 (1).

[253] 林斌, 李万福, 王林坚, 舒伟. 内部控制的影响因素及经济后果研究: 国外内部控制实证文献评述 [J]. 井冈山大学学报, 2010 (3).

[254] 林斌, 饶静. 上市公司为什么自愿披露内部控制鉴证报告？——基于信号传递理论的实证研究 [J]. 会计研究, 2009 (2).

[255] 林钟高, 徐虹. 分工、控制权配置与内部控制效率研究 [J]. 会计研究, 2009 (3).

[256] 林钟高, 徐虹, 唐亮. 股权结构、内部控制信息披露与公司价值 [J]. 财经论丛, 2009 (1).

[257] 林钟高, 徐虹, 吴玉莲. 交易成本与内部控制治理逻辑——基于信任与不确定性的组织内合作视角 [J]. 财经研究, 2009 (2).

[258] 林钟高, 郑军, 彭琳. 内部控制信息强制性披露研究——来自沪深两市特殊行业和垄断行业的经验证据 [J]. 上海立信会计学院学报, 2009 (4).

[259] 林钟高, 郑军, 王书珍. 内部控制与企业价值研究——来自沪深两市A股的经验分析 [J]. 财经研究, 2007, 133 (4).

[260] 林钟高, 郑军. 基于契约视角的企业内部控制研究 [J]. 会计研究, 2007 (10).

[261] 刘丹. 内部控制报告的披露与内部控制质量的关系研究——基于沪市A股上市公司2008年、2009年数据的统计分析 [J]. 会计之友, 2010 (11).

[262] 刘韩子. 内部控制信息披露质量的实证研究：来自我国制造业上市公司数据分析 [D]. 西南财经大学硕士学位论文, 2009.

[263] 刘建民, 刘星. 关联交易与公司内部治理机制实证研究——来自沪深股市的经验证据 [J]. 中国软科学, 2007 (1).

[264] 刘婧, 张双鹏. 内部控制有效性、代理成本与审计师选择 [J]. 财会通讯, 2011 (6).

[265] 刘明辉. 内部控制鉴证：争论与选择 [J]. 会计研究, 2010 (9).

[266] 刘睿智, 韩京芳. 大股东交易对市场定价效率的促进——基于错误定价与成长性驱动交易的视角 [J]. 系统工程, 2010 (10).

[267] 刘芍佳, 孙霖, 刘乃全. 终极产权论、股权结构及公司绩效 [J]. 经济

研究，2003.

[268] 刘星，窦炜.基于控制权私有收益的企业非效率投资行为研究 [J]. 中国管理科学，2009（5）.

[269] 刘亚莉，马晓燕，胡志颖.上市公司内部控制缺陷的披露：基于治理特征的研究 [J]. 审计与经济研究，2011（5）.

[270] 刘子兰.中爱两国国家养老储备基金管理制度比较研究 [J]. 中国人口科学，2005（4）.

[271] 罗琦，许俏晖.大股东控制影响公司现金持有量的实证分析 [J]. 统计研究，2009（11）.

[272] 罗巧.股票市场机构和内部人交易信息披露的信息含量研究 [D]. 浙江工业大学硕士学位论文，2008.

[273] 骆良彬，王河流.基于 AHP 的上市公司内部控制质量模糊评价 [J]. 审计研究，2008（6）.

[274] 雒敏.国家控制、债务融资与大股东利益侵占——基于沪深两市上市公司的经验证据 [J]. 山西财经大学学报，2011（3）.

[275] 马连福，赵颖.投资者关系非财务信息披露指数设计与应用研究 [J]. 经济与管理研究，2006（12）.

[276] 马曙光，黄志忠，薛云奎.股权分置、资金侵占与上市公司现金股利政策 [J]. 会计研究，2005（9）.

[277] 马忠，陈彦.金字塔型所有权结构及其代理成本：来自中国家族控股上市公司的经验验证 [J]. 第三届公司治理国际研讨会论文，2005.

[278] 梅国平，聂高辉.我国股市羊群效应存在性的实证分析 [J]. 金融与经济，2009（9）.

[279] 孟祥霞.大股东控制：利益协同效应——基于中国上市公司的实证分析 [J]. 经济理论与经济管理，2008（4）.

[280] 南京大学会计与财务研究院课题组.论中国企业内部控制评价制度的现实模式——基于 112 个企业案例的研究 [J]. 会计研究，2010（6）.

[281] 南京大学会计与财务研究院内部控制课题组.内部控制：融入现代企业制度引发的思考 [J]. 会计研究，2011（11）.

[282] 齐保垒，田高良，李留闯.上市公司内部控制缺陷与财务报告信息质量 [J]. 管理科学，2010（4）.

[283] 祁斌，黄明，陈卓思，机构投资者与股市波动性 [J]. 金融研究，2006（5）.

[284] 邱冬阳，陈林，孟卫东.内部控制信息披露与 IPO 抑价——深圳中小

板市场的实证研究 [J]. 会计研究, 2010 (10).

[285] 邱金辉, 侯剑平. 多元化对上市公司生产效率影响的实证研究 [J]. 系统工程, 2006.

[286] 瞿旭, 李明, 杨丹, 叶建明. 上市银行内部控制实质性漏洞披露现状研究——基于民生银行的案例分析 [J]. 会计研究, 2009 (4).

[287] 施先旺. 内部控制理论的变迁及其启示 [J]. 审计研究, 2008 (6).

[288] 石水平. 控制权转移、股权制衡与大股东利益侵占——来自上市公司高管变更的经验证据 [J]. 中大管理研究, 2009 (4).

[289] 宋京津. 经济后果观下的内部控制信息披露问题: 基于三大上市银行 2001 年-2008 年年报的思考 [J]. 经济与审计研究, 2011 (2).

[290] 宋京津. 内部控制信息披露问题研究 [D]. 江西财经大学博士学位论文, 2011.

[291] 宋蔚蔚. 内部控制鉴证报告"机会主义"倾向研究 [J]. 商业研究, 2011 (8).

[292] 苏启林, 朱文. 上市公司家族控制与企业价值 [J]. 经济研究, 2003 (8).

[293] 孙光国, 莫冬燕. 内部控制对财务报告可靠性起到保证作用了吗?——来自我国上市公司的经验证据 [J]. 财经问题研究, 2012 (3).

[294] 孙文娟. 内部控制报告与权益资本成本的关系研究 [J]. 财经理论与实践, 2011 (4).

[295] 孙铮, 李增泉, 王景斌. 所有权性质、会计信息与债务契约——来自我国上市公司的经验证据 [J]. 管理世界, 2006 (10).

[296] 谭燕, 陈艳艳, 谭劲松, 张育强. 地方上市公司数量、经济影响力与过度投资 [J]. 会计研究, 2011 (4).

[297] 唐松莲, 胡奕明. 机构投资者关注上市公司的信息透明度吗?——基于不同类型机构投资者选股能力视角 [J]. 管理评论, 2011 (6).

[298] 唐宗明, 蒋位. 中国上市公司大股东侵害度实证分析 [J]. 经济研究, 2002 (9).

[299] 唐宗明, 奚俊芳, 蒋位. 大股东侵害小股东的原因及影响因素分析 [J]. 上海交通大学学报, 2003 (4).

[300] 田高良, 齐保垒, 程瑶. 内部控制缺陷对会计信息价值相关性的影响——针对中国股票市场的经验研究 [J]. 西安交通大学学报, 2011 (3).

[301] 田满文. 股权分置改革中内幕交易和市场操纵行为研究 [J]. 审计与经济研究, 2007 (22).

[302] 田勇. 上市公司内部控制自我评价报告与及鉴证报告披露分析 [J]. 商业现代化, 2011 (2).

[303] 汪昌云, 孙艳梅. 代理冲突、公司治理和上市公司财务欺诈的研究 [J]. 管理世界, 2010 (7).

[304] 汪炜, 蒋高峰. 信息披露透明度与资本成本 [J]. 经济研究, 2004 (7).

[305] 王春峰, 蒋祥林, 韩冬. 中国股市的内部交易及监管——国际经验与中国对策 [J]. 国际金融研究, 2003 (3).

[306] 王光远. 管理审计理论 [M]. 北京: 中国人民大学出版社, 1996.

[307] 王海林. 内部控制能力评价的 IC-CMM 模型研究 [J]. 会计研究, 2009 (10).

[308] 王鸿, 朱宏泉, 涂瑞. 机构投资者持股与应计质量相关性的资产定价——来自中国 A 股市场的证据 [J]. 系统管理学报, 2011 (4).

[309] 王环环, 孙瑶. 上市公司内部控制信息披露影响因素分析——基于 2008 年沪市上市公司的经验证据 [J]. 财会通讯, 2010 (11).

[310] 王惠芳. 上市公司内部控制缺陷认定: 困境破解及框架构建 [J]. 审计研究, 2011 (2).

[311] 王杰, 梁强. 股权结构对内部控制信息披露质量影响的实证研究——基于沪市横截面数据的经验证据 [J]. 兰州学刊, 2012 (3).

[312] 王军只, 张军. 内部控制鉴证对盈余质量的影响研究——基于沪市 A 股公司的经验证据 [J]. 审计研究, 2010 (2).

[313] 王克敏, 姬美光, 李薇. 公司信息透明度与大股东资金占用研究 [J]. 财务管理, 2009 (4).

[314] 王敏, 夏勇. 内部控制质量与权益资本成本关系研究述评与展望 [J]. 经济与管理研究, 2011 (5).

[315] 王韧, 曾国平. 证券内幕交易与投资"套牢"的经济分析 [J]. 当代财经, 2003 (10).

[316] 王雄元, 王永, 喻少华. 经济后果: 选择性信息披露与信息披露管理 [J]. 会计论坛, 2005 (2).

[317] 魏明海, 陈胜蓝, 黎文靖. 投资者保护研究综述: 财务会计信息的作用 [J]. 中国会计评论, 2007 (1).

[318] 吴水澎, 陈汉文, 郑鑫成. 财务披露管理方式的维度观 [J]. 会计研究, 2002 (9).

[319] 吴益兵. 内部控制审计、价值相关性与资本成本 [J]. 经济管理, 2009 (9).

[320] 席龙胜.内部控制信息披露管制研究［D］.中国海洋大学博士学位论文,2013.

[321] 夏芸,徐欣.企业内部控制信息披露与债务契约:来自于中国房地产上市公司的经验数据［J］.经济管理,2011(3):114-122.

[322] 向锐,章成蓉,于胜道.终极控股、制度环境与信息披露质量及其经济后果:来自中国家族上市公司的经验证据［J］.四川大学学报,2012(1).

[323] 肖星,王琨.关于集团模式多元化经营的实证研究——来自"派系"上市公司的经验证据［J］.管理世界,2006.

[324] 肖星,王琨.证券投资基金:投资者还是投机者?［J］.世界经济,2005(8).

[325] 谢洪明,韩子天.组织学习与绩效的关系:创新是中介变量吗?——珠三角地区企业的实证研究及其启示［J］.科研管理,2005(9).

[326] 谢玲芳,朱晓明.董事会控制、侵占效应与民营上市公司的价值［J］.上海经济研究,2005(1).

[327] 谢志华.内部控制、公司治理、风险管理:关系与整合［J］.会计研究,2007(10).

[328] 谢志华.内部控制:本质与结构［J］.会计研究,2009(12).

[329] 辛清泉,林斌,王彦超.政府控制、经理薪酬与资本投资［J］.经济研究,2007(8).

[330] 徐虹,林钟高,郑军,彭琳.内部控制、价值管理和企业价值［J］.当代财经,2008(4).

[331] 徐康康.上市公司集团多元化经营与绩效关系的比较研究［D］.复旦大学博士学位论文,2003.

[332] 徐锐,翟敏,宋元东,黄群.紫鑫药业炮制惊天骗局 自导自演上下游客户［N］.上海证券报,2011-08-17.

[333] 许文彬.我国上市公司控制权私利的实证研究［J］.中国工业经济,2009(2).

[334] 许永斌,郑金芳.中国民营上市公司家族控制权特征与公司绩效实证研究［J］.会计研究,2007(11).

[335] 薛炜.多元化企业内部控制机制差异与高层管理团队选择［D］.南开大学硕士学位论文,2008.

[336] 晏艳阳,赵大玮.我国股权分置改革中内幕交易的实证研究［J］.金融研究,2009.

[337] 杨德明,胡婷.内部控制、盈余管理与审计意见［J］.审计研究,2010

(5).

[338] 杨德明, 林斌, 王彦超. 内部控制、审计质量与大股东资金占用 [J]. 审计研究, 2009 (5).

[339] 杨清香, 余麟, 宋丽. 内部控制信息披露与市场反应研究: 来自中国沪市上市公司的经验数据 [J]. 财务与会计, 2012 (1).

[340] 杨兴君, 宗长玉, 江艺. 民营企业控制多家上市公司实证研究 [C]. 深圳证券交易所第六届会员单位, 基金公司研究成果评选一等奖, 2003.

[341] 杨雄胜, 李翔, 邱冠华. 中国内部控制的社会认同度研究 [J]. 会计研究, 2007 (8).

[342] 杨雄胜, 夏俊等. 内部控制评价——理论、实务、案例 [M]. 大连: 大连出版社, 2009.

[343] 杨有红, 陈凌云. 2007 年沪市公司内部控制自我评价研究——数据分析与政策建议 [J]. 会计研究, 2009 (6).

[344] 杨有红, 胡燕. 试论公司治理与内部控制的对接 [J]. 会计研究, 2004 (10).

[345] 杨有红, 汪薇. 2006 年沪市公司内部控制信息披露研究 [J]. 会计研究, 2008 (3).

[346] 杨玉凤, 王火欣, 曹琼. 内部控制信息披露质量与代理成本相关性研究——基于沪市 2007 年上市公司的经验数据 [J]. 审计研究, 2010 (1).

[347] 杨忠智. 公司内部控制的价值分析 [J]. 经济管理, 2007 (18).

[348] 姚刚. 内部控制审计制度研究——一种新的内部控制审计观及其实现 [D]. 财政部财政科学研究所博士学位论文, 2012.

[349] 姚俊. 我国上市公司多元化与经济绩效关系的实证研究 [J]. 管理世界, 2004 (11).

[350] 姚瑶. 机构投资者持股与财务重述——基于中国资本市场的经验证据 [J]. 山西财经大学学报, 2010 (5).

[351] 于增彪, 王竞达. 企业内部控制评价体系的构建——基于亚新科工业技术有限公司的案例研究 [J]. 审计研究, 2007.

[352] 于忠泊, 田高良. 内部控制报告真的有用吗: 基于会计信息质量、资源配置效率视角的研究 [J]. 山西财经大学学报, 2009 (10).

[353] 袁秋云. 沪市上市公司 2008 年内部控制鉴证报告分析 [J]. 财经界, 2009 (9).

[354] 袁晓波. 内部控制与财务风险——来自中国沪市制造业上市公司的经验证据 [J]. 经济与管理研究, 2010 (5).

[355] 云丽娜. 中国上市公司多元化的动因和企业绩效研究 [D]. 厦门大学博士学位论文, 2008.

[356] 张川, 沈红波, 高新梓. 内部控制的有效性、审计师评价与企业绩效 [J]. 审计研究, 2009 (6).

[357] 张国清. 内部控制与盈余质量: 基于2007年A股公司的经验证据 [J]. 经济管理, 2008 (12).

[358] 张军, 王军只. 内部控制审核与操纵性应计项——来自沪市的经验证据 [J]. 中央财经大学学报, 2009 (2).

[359] 张俊生, 曾亚敏. 上市公司多元化经营、盈余管理与业绩背离 [J]. 审计与经济研究, 2010, 25 (4).

[360] 张荔, 施继攀, 章卫东. 股东性质、多元化类型与公司业绩关系的实证研究 [J]. 当代财经, 2011 (1).

[361] 张龙平, 王军只, 张军. 内部控制鉴证对会计盈余质量的影响研究 [J]. 审计研究, 2010 (2).

[362] 张然, 王会娟, 许超. 披露内部控制自我评价与鉴证报告会降低资本成本吗? ——来自中国A股上市公司的经验证据 [J]. 审计研究, 2012 (1).

[363] 张世云, 周杰. 公司多元化经营对信息不对称程度的影响——基于中国制造业上市公司的实证研究 [J]. 山西财经大学学报, 2009, 31 (9).

[364] 张旺峰, 张兆国, 杨清香. 内部控制与审计定价研究? ——基于中国上市公司的经验证据 [J]. 审计研究, 2011 (5).

[365] 张先治, 张晓东. 基于投资者需求的上市公司内部控制实证分析 [J]. 会计研究, 2004 (12).

[366] 张晓岚, 沈豪杰, 杨默. 基于熵模型计量的内部控制信息披露质量指数研究 [J]. 西安交通大学学报, 2012 (1).

[367] 张晓岚, 沈豪杰, 杨默. 内部控制信息披露质量与公司经营状况: 基于面板数据的实证研究 [J]. 审计与经济研究, 2012 (2).

[368] 张新, 祝红梅. 内幕交易的经济学分析 [J]. 经济学季刊, 2003 (1).

[369] 张学洪, 章仁俊. 金字塔结构下控制权、现金流权偏离与隧道行为 [J]. 经济经纬, 2010 (4).

[370] 张砚. 内部控制历史发展的组织演化研究 [J]. 会计研究, 2005 (2).

[371] 张宜霞. 企业内部控制的范围、性质与概念体系——基于系统和整体效率视角的研究 [J]. 会计研究, 2007 (7).

[372] 张翼, 刘巍, 龚六堂. 中国上市公司多元化与公司业绩的实证研究 [J]. 金融研究, 2005 (9).

[373] 张颖, 郑洪涛. 我国企业内部控制有效性及其影响因素的调查和分析 [J]. 审计研究, 2010 (1).

[374] 张兆国, 张旺峰, 杨清香. 目标导向下的内部控制评价体系构建及实证检验 [J]. 南开管理评论, 2011 (1).

[375] 赵建凤. 上市公司股权结构对内部控制有效性的影响研究 [D]. 首都经济贸易大学博士论文, 2012.

[376] 赵刘磊. 上市公司内部控制信息披露影响因素及对策研究 [J]. 经济研究导刊, 2012 (5).

[377] 中国财政部, 审计署, 证监会, 银监会, 保监会. 企业内部控制规范 [M]. 北京: 中国财政经济出版社, 2010.

[378] 中国上市公司内部控制指数研究课题组. 中国上市公司内部控制指数研究 [J]. 会计研究, 2011 (12).

[379] 周勤业, 王啸. 美国内部控制信息披露的发展及其借鉴 [J]. 审计研究, 2005 (2).

[380] 周曙光. 内部控制信息的需求动机供给现状与监管协调 [J]. 中国注册会计师, 2011 (9).

[381] 周鲜华, 张秀红. 我国公司治理结构对内部控制有效性的影响分析 [J]. 哈尔滨工业大学学报, 2007 (1).

[382] 周中胜, 陈汉文. 会计信息透明度与资源配置效率 [J]. 会计研究, 2008 (12).

[383] 朱茶芬, 李志文, 陈超. A 股市场上大股东减持的时机选择和市场反应研究 [J]. 浙江大学学报, 2011 (2).

[384] 朱茶芬, 姚静, 李志文. 高管交易能预测未来股票收益吗? [J]. 管理世界, 2011 (9).

[385] 朱红军, 汪辉. 公平信息披露的经济后果: 基于收益波动性、信息泄露及寒风效应的实证研究 [J]. 管理世界, 2009 (2).

[386] 朱江. 我国上市公司的多元化战略和经营业绩 [J]. 经济研究, 1999 (11).

[387] 朱琳琳. 内部控制缺陷信息披露浅析 [J]. 会计师, 2010 (4).

[388] 朱荣恩, 贺欣. 内部控制框架的新发展——企业风险管理框架——COSO 委员会新报告《企业风险管理框架》简介 [J]. 审计研究, 2003 (6).

[389] 朱荣恩, 应唯, 吴承刚, 邓福贤. 关于企业内部会计控制应用效果的问卷调查 [J]. 会计研究, 2004 (10).

[390] 朱荣恩, 应唯, 袁敏. 美国财务报告内部控制评价的发展及对我国的

启示 [J]. 会计研究, 2003 (8).

[391] 朱卫东, 李永志, 何秀余. 基于 BP 审计网络的企业内部控制体系评价研究 [J]. 运筹与管理, 2005 (4).

[392] 邓建平, 曾勇. L 市公司家族控制与股利决策研究 [J]. 管理世界, 2005 (7).

[393] 刘娟. 金字塔股权结构与中小股东利益——基于我国民营上市公司的实证分析 [D]. 苏州大学博士学位论文, 2011.

[394] 饶育蕾, 张媛, 彭叠峰. 股权比例、过度担保与隐蔽掏空——来自我国上市公司对子公司担保的证据 [J]. 南开管理评论, 2008 (1).

[395] 唐跃军, 李维安. 大股东对治理机制的选择偏好研究——基于中国公司治理指数 (CCGI~ (NK)) [J]. 金融研究, 2009 (6).

[396] 唐跃军, 谢仍明. 大股东制衡机制与现金股利的隧道效应——来自1999-2003 年中国上市公司的证据 [J]. 南开经济研究, 2006 (1).

[397] 王化成, 佟岩. 控股股东与盈余质量——基于盈余反应系数的考察 [J]. 会计研究, 2006 (2).

[398] 余明桂, 夏新平. 控股股东、代理问题与关联交易: 对中国上市公司的实证研究 [J]. 南开管理评论, 2004 (6).

[399] 张双鹏, 胡本源, 陈利军, 刘婧. 基于权变理论的内部控制与企业绩效的实证研究 [J]. 会计之友, 2011 (9).